Ignaz Lozo

Gorbatschow

Ignaz Lozo

GORBATSCHOW

Der Weltveränderer

wbg THEISS

Meinem Sohn Marc,
meiner Schwester Maria,
meinem Schwager Roland Lessig
und in dankbarer Erinnerung meinen Eltern

Die Deutsche Nationalbibliothek verzeichnet diese Publikation in der Deutschen Nationalbibliografie; detaillierte bibliografische Daten sind im Internet über www.dnb.de abrufbar.

wbg Theiss ist ein Imprint der wbg.

Die Herausgabe des Werkes wurde durch die Vereinsmitglieder der wbg ermöglicht.
Lektorat: Melanie Heusel, Freiburg
Gestaltung und Satz: Arnold & Domnick GbR, Leipzig
Umschlaggestaltung: Martin Veicht, Regensburg
Umschlagmotiv: Michail Gorbatschow, Fotografie von Yousuf Karsh,
Camera Press, London
Abb. auf S. 2: Michail Gorbatschow um 1950;
© Gorbatschow-Stiftung, Moskau

Gedruckt auf säurefreiem und alterungsbeständigem Papier
Printed in Germany

Besuchen Sie uns im Internet: **www.wbg-wissenverbindet.de**

ISBN 978-3-8062-4173-0

Elektronisch sind folgende Ausgaben erhältlich:
eBook (PDF): ISBN 978-3-8062-4210-2
eBook (epub): ISBN 978-3-8062-4211-9

INHALT

Vorbemerkung 7

1. Strickjacken und der Mantel der Geschichte 9

2. Kindheit und Jugend im Nordkaukasus 28

Stalins Terror 33
Das leckerste Eis der Welt 37
Vom reitenden Postboten zum Musterschüler 44
Griff nach den Sternen 53

3. Hochzeit in geliehenen Schuhen 57

Stalinist 57
Holpriger Start mit Raissa 61
Ja-Wort ohne Verwandtschaft 63
Junges Glück mit Rückschlägen 66

4. Vom Juristen zum Parteifunktionär 74

Tauwetter 80

5. Zar in der Provinz 90

Protektion aus dem Moskauer KGB 96
Ein Reformer schon in jungen Jahren? 100
Die erste Reise in die Bundesrepublik 103
Privilegiert und systemtreu 108

6. Im Moskauer Geflecht der Intrigen 114

Aufstieg ins Politbüro 115
Mehltau-Jahre 123
Andropows Kronprinz 129
Straucheln kurz vor der Spitze 146

7. 1985: Endlich auf dem Kreml-Thron 160

Gorbatschow holt Jelzin ins Team 163
Bürgernähe und Mobilmachung gegen Alkohol 165
Zurück zu Lenin 172
Ende der Eiszeit 177

8. Glasnost und die Nuklearkatastrophe von Tschernobyl 189

Der größte anzunehmende Unfall tritt ein 192
„In der Sowjetunion gibt es keinen Sex" 200
Perestroika light 202

9. Perestroika – die zweite russische Revolution? 211
Der Fall Jelzin 227

10. Abschied vom sowjetischen System 239

11. Kontrollverlust im Innern 256

12. Gorbatschow, die Befreiung Europas und der Mauerfall 266
Das Gemeinsame Europäische Haus 266
Unsere Deutschen, deren Deutsche 270
Wer zu spät kommt, den bestraft das Leben 282
Der Mauerfall aus sowjetischer Sicht 285

13. Deutsche Einheit für Nichterweiterung der NATO gen Osten? 292
Grünes Licht für die Wiedervereinigung 293
Westliche und östliche Positionssuche in der Bündnisfrage 296

14. Doppelherrschaft in Moskau – Anarchie und Agonie 305

15. 1991: Zerfall, Putsch und der Untergang der Sowjetunion 316
Der Blutsonntag von Vilnius 316
Zwei Züge auf Kollisionskurs 322
Der August-Putsch 1991 328
Der Totenschein für die Sowjetunion 336

16. Das Leben nach dem Kreml 348
Buchautor und Kommentator 351
Publikumsmagnet im Ausland 354
Gorbatschow, der Politiker nach 1991 357
Gorbatschow, der Privatmann 360

Epilog 365

Danksagung 371

Anmerkungen 373

Quellen- und Literaturverzeichnis 391

Personenregister 396

Bildnachweis 400

VORBEMERKUNG

Michail Gorbatschow gilt als einer der größten Reformer in der zweiten Hälfte des 20. Jahrhunderts. Doch über seine Absichten, seine Ziele und vor allem über die Folgen seiner Politik gehen die Meinungen und Bewertungen nicht nur in Russland auseinander. Entsprechend viele haben über Gorbatschow gesprochen oder geschrieben, wobei erstaunlicherweise bisher noch keine wissenschaftlich fundierte Biografie eines Historikers über ihn existierte, lediglich eine von einem amerikanischen Politologen.

Die vorliegende Biografie fokussiert auf den Menschen Gorbatschow und geht insbesondere der Frage nach, ob und wie sich dieser einst treue Leninist und Kommunist von der Ideologie und vom Block-Denken gelöst hat. Das landläufig herrschende Bild Gorbatschows als eines schon in seiner Amtszeit „westlichen" Demokraten ist allerdings zu korrigieren, was seine kolossalen historischen Leistungen nicht schmälert. Besonderes Augenmerk liegt darüber hinaus auf dem Weg zur Deutschen Einheit, von der Gorbatschow selbst 2019 sagte, sie sei eine seiner „wichtigsten Taten" gewesen.[1] Es geht darum, seine Evolution vom Dogmatiker hin zum „Freiheitsgeber" sowie seinen Einfluss auf die friedliche Revolution in der DDR nachzuzeichnen. Persönliche Gespräche mit damaligen Entscheidern und politischen Verhandlungspartnern sowie die Dokumentenlage werfen neues Licht auf das bis in die Gegenwart kolportierte Narrativ, Gorbatschow sei 1990 von westlicher Seite versichert worden, die NATO werde sich nach der deutschen Wiedervereinigung nicht nach Osten erweitern.

Die Komplexität von Michail Gorbatschows Persönlichkeit ist ebenso wie sein Wirken herausragend. Er hat einen bewegten Lebensweg zurückgelegt – voller Erfolge, Niederlagen und Widersprüche –, war Leninist, Marktwirtschaftler, Kommunist, Bewahrer wie Demontierer des sowjetischen Systems und nicht zuletzt Demokrat. Durch meine Arbeit als Filmautor und ehemaliger Korrespondent in Moskau hatte ich die Möglichkeit, Michail Gorbatschow in den vergangenen 28 Jahren oft zu interviewen. Eigens für das vorliegende Buch empfing er mich 2019 am Moskauer Sitz seiner Stiftung zu einem ausführlichen Gespräch, bei dem es um seine Kindheit, seine Jugend und den Beginn seiner politischen Karriere ging.

Schon seit seinem Amtsantritt als Kremlchef 1985, als er im Westen noch skeptisch beäugt wurde, beschäftige ich mich mit Gorbatschow und der Glasnost-Politik. Als Historiker wie als Journalist war es mir immer wichtig, Akteure und Zeitzeugen selbst zu befragen sowie an die historischen Schauplätze zu gelangen. Meine eindrucksvollen Erlebnisse, Begegnungen und Gespräche auf zahlreichen Reisen sind in dieses Buch eingeflossen mit dem Anliegen, Geschichte wissenschaftlich fundiert und angemessen lebendig zu erzählen.

Wiesbaden, im November 2020
Ignaz Lozo

1. STRICKJACKEN UND DER MANTEL DER GESCHICHTE

Zu den ikonischen Bildern der Deutschen Einheit gehören jene vom Sommer 1990 mit Michail Gorbatschow und Helmut Kohl im Kaukasus. Dort trafen sich die beiden Staatsführer und ihre Delegationen in einer sowjetischen Staatsdatscha. 25 Jahre später erhalte ich von der Präsidentenadministration Wladimir Putins die exklusive Erlaubnis, diesen bis heute streng abgeschirmten Ort zu besichtigen.

Nachdem die Wachmänner meine Personalien überprüft haben, öffnet ein Posten das massive Eisentor, das zum Anwesen führt. Es sind noch einige Hundert Meter Fahrt auf dem asphaltierten Weg durch den Wald und entlang schön angelegter Gärten, bevor die Staatsdatscha auf einer malerischen Lichtung sichtbar wird. „Datscha" ist eigentlich das falsche Wort, denn der Bau gleicht eher einer Trutzburg in der Größe von etwa drei Einfamilienhäusern. Der sowjetische Geheimdienst ließ das Objekt einst als Feriendomizil für die kommunistische Parteispitze bauen. Es liegt vor dem Ortseingang von Archys, einem kaukasischen Bergdorf, das heute rund 600 Seelen zählt.

Der damalige Chef des sowjetischen Geheimdienstes KGB, Juri Andropow, reiste eigens aus Moskau an, um das Gebäude zu begutachten und am 6. Oktober 1978 zu eröffnen. Hauswirtin Valentina Schaposchnikowa, die seit Inbetriebnahme und noch 2020 im Alter von 67 Jahren hier arbeitet, erinnert sich: Alles sei damals so geheim gewesen, dass nicht einmal die Hausbediensteten erfuhren, wer hier Urlaub machen oder als Gast kommen würde. Alle hätten eine Erklärung unterschreiben müssen, niemals auch nur ein Wort über die Datscha und die Gäste nach außen dringen zu lassen. Entsprechend hätten sie keine Fragen gestellt, auch nicht im Juli 1990. „Dass Präsident Gorbatschow und Kanzler Kohl kommen, verriet mir ein KGB-Mann erst in letzter Minute“, erzählt Schaposchnikowa und fügt hinzu: „Äußerlich ist hier alles wie seit der Eröffnung 1978: Die Möbel, die gesamte Einrichtung, selbst die Tapeten sind gleich geblieben. Nur untersteht das Gebäude jetzt nicht mehr dem KGB, sondern der Administration des russischen Präsidenten.“[1]

Helmut Kohl bezeichnete die Regierungsdatscha in seinen Memoiren als „alte Oberförsterei“, in anderen Publikationen ist die Rede von einer „Jagdhütte“, was beides nicht zutrifft. Im Eingangsbereich springt einem zwar ein ausgestopfter Gebirgsbock ins Auge, und auch im kleinen Konferenzraum hängt an der Wand der Kopf eines Ebers – aber das war es auch schon. In dieser Residenz für die Parteielite verbrachte Gorbatschow mit seiner Familie öfter seinen Winterurlaub und feierte ins neue Jahr hinein.

Warum fiel 1990 die Wahl ausgerechnet auf Archys als Ort für solch epochale Verhandlungen mit den Deutschen, warum nicht auf Moskau? Weil es die Heimat Gorbatschows und ein Privileg sei, von einem Russen nach Hause eingeladen zu werden, lautet seit Jahrzehnten die landläufige Erklärung. Tatsächlich aber befindet sich das Dorf in der Republik Karatschai-Tscherkessien. In Archys, rund 20 Kilometer von der Grenze zu Georgien entfernt, leben überwiegend turkstämmige Karatschaier – ein Bergvolk, das in Deutschland so gut wie niemand kennt. Gorbatschows Geburtsort Priwolnoje hingegen liegt gut sieben Autostunden und rund 450 Kilometer nördlich und ist überwiegend von Russen bewohnt. Helmut Kohl und seine Delegation, zu der unter anderen Außenminister Hans-Dietrich Genscher, Finanzminister Theo Waigel und der außenpolitische Kanzler-Berater Horst Teltschik gehörten, bekamen daher in jenen Juli-Tagen 1990 Gorbatschows eigentliche Heimat gar nicht zu Gesicht.

Bei ihren früheren Begegnungen ab 1988 hatten Kohl und Gorbatschow immer wieder ihre prägenden Erinnerungen an die Schrecken und Entbehrungen des Zweiten Weltkriegs ausgetauscht. Beim Überfall des „Dritten Reichs“ auf die Sowjetunion im Juni 1941 war Michail Gorbatschow zehn, Helmut Kohl elf Jahre alt gewesen. Diese Ge-

1 Sowjetische, jetzt russische Staatsresidenz in Archys/Kaukasus, links unten im Bild: der Gebirgsfluss *Bolschoi Selentschuk*.

meinsamkeit einer Kindheit im Krieg, wenn auch auf verschiedenen Seiten, verband die beiden ungemein.

Es ist Gorbatschow, der informell bei seinem Bonn-Besuch 1989 den Vorschlag macht, den Bundeskanzler ins kaukasische Stawropol einzuladen, wohin es den späteren Kreml-Chef nach seinem Studium in Moskau verschlug und wo seine politische Karriere begann. Das Stawropol des einen entspricht gewissermaßen dem Mainz des anderen, wo die Polit-Karriere des Pfälzers Kohl Fahrt aufnahm. Dem Bundeskanzler gefällt dieser Gedanke, weshalb er seinen außenpolitischen Berater Teltschik beauftragt, bei dessen Moskau-Besuch im Mai 1990, als es um dringende deutsche Finanzhilfe für die Sowjetunion geht, Gorbatschow an diesen Vorschlag zu erinnern. Erst zwei Monate später und nur wenige Tage vor der geplanten Moskau-Reise des Bundeskanzlers lässt Gorbatschow Teltschik ausrichten, dass tatsächlich neben Moskau auch Stawropol zum Programm gehören wird. Von Archys aber ist noch keine Rede.[2]

Die abgeschirmte „KGB-Datscha“ kommt aus mehreren Gründen

später noch ins Spiel: zum einen wegen der idealen Bedingungen für eine persönliche Begegnung, die sie den Hauptverhandlungspartnern bietet; dann wegen der landschaftlichen Schönheit ihrer unmittelbaren Umgebung; und schließlich wegen der Abgeschiedenheit und Unerreichbarkeit für unerwünschte Presse. Die meisten Medienvertreter sind ausgeschlossen und dürfen von Moskau und von Stawropol nicht nach Archys weiterreisen. Nur ein handverlesener Journalisten-„Pool" versorgt die Weltpresse mit Bildern. Informationen über die Verhandlungsergebnisse dringen jedoch vorerst nicht durch. Diese werden der Welt erst nach Abschluss des Treffens im 200 Kilometer entfernten Schelesnowodsk präsentiert.

Nach der Rückkehr von dieser historischen Reise wird Kohl nicht nur von seinen westlichen Verbündeten gefeiert, sondern selbst die innerdeutsche Opposition zollt ihm Respekt. Schnell ist in der Öffentlichkeit die Rede vom „Wunder vom Kaukasus" und vom „Strickjackentreffen". Doch was hatte Gorbatschow dazu bewogen, Deutschland die volle Souveränität zurückzugeben? Was hatte sich in der „Datscha" ereignet?

Nur die beiden Staatschefs waren direkt in der Regierungsdatscha untergebracht, während die Minister und übrigen Delegationsmitglieder in anderen Gebäuden außerhalb des streng bewachten Areals einquartiert waren. Vom Eingangsbereich im Erdgeschoss führt noch heute eine Tür geradewegs in ein überschaubares Verhandlungszimmer mit rundem Tisch. Links vom Flur befindet sich ein Billardzimmer und rechts ein geräumiger Speisesaal. Und genau dort, an einem langen Esstisch, verhandelten beide Seiten über den Abzug der Sowjetarmee aus der DDR und über die alles entscheidende Frage, ob Gesamtdeutschland Mitglied der NATO werden dürfe oder nicht.

Über eine Treppe – kein Aufzug damals für die beiden Staatsmänner von Welt! – gelangt man in das Obergeschoss, wo Gorbatschow und Kohl direkt nebeneinander in großzügigen Räumlichkeiten untergebracht waren: Sie verfügten jeweils über ein Schlafzimmer, einen Wohnraum und ein großes Tageslichtbad, nicht luxuriös, eher gutbürgerlich. Selbst auf die obligatorischen Personenschützer, die vor den Nachtquartieren von Staats- oder Regierungschefs üblicherweise postiert sind, verzichtete der Gastgeber damals.

Welche Diskrepanz: Einerseits die weltberühmten Archys-Aufnahmen an der Uferböschung des reißenden Flusses *Bolschoi Selentschuk*, wohin Gorbatschow und Kohl hinabgestiegen waren, oder die Fernsehbilder von einer Sitzgruppe aus Baumstümpfen, wo die beiden Staatsmänner mit ihrer jeweiligen Entourage Entspanntheit und Leichtigkeit zur Schau stellten. Andererseits: der immense politische, der wirtschaftliche und vor allem der nicht zu unterschätzende moralische Druck, der auf dem Kreml-Chef lastet. Nach fünf Jahren als Führer der Sowjetunion steht sein Land wirtschaftlich und politisch am Abgrund. Zusätzlich werfen ihm die sogenannten sowjetischen Patrioten vor, die territorialen Errungenschaften des Zweiten Weltkriegs, die mit dem Blut der Veteraninnen und Veteranen erkämpft worden sind, leichtfertig preiszugeben. 1990 leben noch viele Veteranen, zudem hat fast jede sowjetische Familie als Folge des deutschen Angriffskriegs ein Opfer zu beklagen. Und dennoch herrscht unter der Bevölkerung auch viel Verständnis für die deutsche Sehnsucht nach Wiedervereinigung.

Helmut Kohls Dienstreise nach Moskau, Stawropol, Archys und Schelesnowodsk Mitte Juli 1990 wird die wichtigste in seinen 16 Jahren als Bundeskanzler. Er spürt den Zeitdruck: Wenn überhaupt, kann er die Einheit nur unter Dach und Fach bringen, solange Gorbatschow am Ruder ist. Und würde der Kreml die DDR vom östlichen Verteidigungsbündnis in die NATO ziehen lassen? Ohne diese Zustimmung aus Moskau würden auch die USA bei der Einheit nicht mitspielen. Tatsächlich will und braucht Gorbatschow die politische Nähe des Kanzlers, braucht unbedingt wirtschaftliche und finanzielle Hilfe für die schon zu diesem Zeitpunkt kollabierende und implodierende Sowjetunion. Doch es wäre zu simpel und verzerrend, in dieser finanziellen Notlage die entscheidende Voraussetzung für die politischen Zugeständnisse des Kremls zu sehen.

*

2 Gorbatschow und Kohl am *Bolschoi Selentschuk* am 15. Juli 1990

Wirtschaftlich am Abgrund und gefangen in der Planwirtschaft – wie sich das im Alltag ausnahm, erlebte ich im Juni 1990 bei meiner ersten Reise nach Moskau. Als ich damals eines der Geschäfte auf dem *Kusnetski Most* nahe der Lubjanka, der berüchtigten KGB-Zentrale, betrat, konnte ich es nicht fassen: Im ganzen Laden nur leere Regale, keine Ware, nichts! Folgerichtig war ich auch der einzige Kunde, doch die Kassiererin hinter der manuellen Kasse musterte mich nur seelenruhig und dachte sich ihren Teil. Ich stellte mich höflich als Besucher aus Deutschland vor und wagte die naheliegende Frage, warum die Kasse überhaupt besetzt bleibe, wo es doch keinen einzigen Artikel zu kaufen gab: „Nun, das ist halt meine Arbeit", erwiderte die Frau eher teilnahmslos. Der deprimierende Gedanke, dass jemand mindestens acht Stunden lang in einem leeren Laden sinnlos vor einer Kasse sitzt, prägte sich mir ein, dabei war diese Frau sicher nur ein Sandkorn in der durch die Planwirtschaft verursachten sowjetischen Wüstenei.

*

Im Juli 1990 ging es in Archys für Gorbatschow in erster Linie darum, kurzfristig Hilfe von außen für seine Misere im Innern zu bekommen und mit der Bundesrepublik einen langfristigen wirtschaftlichen Partner zu gewinnen. Angesichts des kolossalen Drucks, dem er von verschiedenen Seiten ausgesetzt war, ist es erstaunlich und bewundernswert zugleich, mit welcher Ruhe Gorbatschow agierte. Doch an fehlendem Selbstbewusstsein hat er nach eigener Darstellung nie gelitten, im Gegenteil. „Ich war oft einfach zu selbstsicher", räumte er lange nach seinem Ausscheiden aus dem Amt ein.[3]

Blickt man auf die Ereignisse rund um sein Sommer-Treffen mit der deutschen Seite, stockt einem der Atem. Alltäglich schlugen allein in der ersten Juli-Woche umwälzende Nachrichten ein. Das Nachkriegsgefüge, der Kalte Krieg, alles, was sich bis dahin politisch mit der Sowjetunion und dem Block-Denken verband, schien obsolet, und es wurde von Ost und West eine neue Zeit ausgerufen: eine Zeit der Kooperation und sogar der Freundschaft. Die NATO selbst erklärte auf ihrem Gipfel am 5. und 6. Juli 1990 in London nicht nur die Block-Konfrontation für beendet, sondern kündigte auch eine neue Militärstrategie an sowie „neue Streitkräftepläne, die den revolutionären Veränderungen in Europa" Rechnung tragen sollten.[4] US-Präsident George H. W. Bush erklärte feierlich in London: „Ich bin froh, verkünden zu können, dass meine Kollegen und ich mit einer umfangreichen Umgestaltung der NATO begonnen haben – und wir betrachten dies als einen historischen Wendepunkt. Die Londoner Deklaration gestaltet das Verhältnis zu unseren früheren Gegnern neu. Den Regierungen, die uns im Kalten Krieg gegenüberstanden, reicht unser Bündnis die Hand zur Freundschaft."[5]

Vertreter der Sowjetunion konnten daher davon ausgehen, dass sich die NATO von einem militärischen hin zu einem politischen

Bündnis wandelte. Alle Staats- und Regierungschefs des Warschauer Pakts, des östlichen Militärbündnisses, wurden nicht nur persönlich in die Brüsseler NATO-Zentrale eingeladen, sondern es wurde ihnen auch die Möglichkeit gegeben, ständige diplomatische Verbindungen mit der NATO aufzunehmen. Dieses Angebot erging natürlich auch an die Sowjetunion, natürlich auch an Gorbatschow. Seine Zugeständnisse an die Deutschen hinsichtlich der militärischen und finanziellen Details sind unbedingt auch vor diesem Hintergrund zu erklären und nicht nur aufgrund der wirtschaftlichen Bedürftigkeit seines Landes in jener Phase. Grundsätzlich stand den Deutschen aber laut Schlussakte der Konferenz für Sicherheit und Zusammenarbeit in Europa (KSZE) das Recht zu, die Bündniswahl frei zu treffen; die Sowjetunion hatte da genauso wenig wie jeder andere Staat ein Mitsprache- oder gar Blockaderecht. Allerdings basierte die Schlussakte auf dem Prinzip der Selbstverpflichtung, sie hatte keinen verbindlichen Vertragscharakter.

Vor diesem Hintergrund fand 1990 die Kaukasus-Reise statt, die einem eng getakteten Zeitplan folgte. Am Samstag, den 14. Juli, landeten die Deutschen vom Flughafen Köln/Bonn kommend am späten Abend in Moskau, wo am nächsten Morgen die ersten Gespräche im Gästehaus des Außenministeriums begannen. Außer den beiden Dolmetschern Andreas Weiß und Iwan Kurpakow nahmen neben Gorbatschow und Kohl nur die beiden Berater Horst Teltschik und Anatoli Tschernajew daran teil. Bei der Begrüßung fiel der berühmte Ausdruck vom „Mantel der Geschichte" oder, was später medial entsprechend zurechtgebogen wurde, wie Helmut Kohl in seinen Memoiren festhielt:

> Gorbatschow begrüßte mich mit den Worten, die Erde sei rund und ich flöge ständig um sie herum. Mein Bedarf an Reisen sei gedeckt, erwiderte ich, aber es handle sich jetzt um historisch bedeutsame Jahre, und solche Jahre kämen und gingen, deshalb müsse man die Chance nutzen. Wenn man nicht handle, seien sie vorbei, meinte ich und führte Bismarck an mit dem Satz: „Man kann nicht selber etwas schaffen. Man kann nur abwarten, bis man den Schritt Gottes durch die Ereignisse hallen hört; dann

vorspringen und den Zipfel seines Mantels fassen – das ist alles" – die Medien machten daraus dann den viel zitierten „Mantel der Geschichte".[6]

Gorbatschow erwiderte, er kenne den Bismarck-Spruch nicht, fände die Aussage aber interessant und richtig. Während des fast zweistündigen Gesprächs versicherte Gorbatschow ruhig, das vereinte Deutschland könne Mitglied der NATO sein, und laut Protokoll wiederholte er diese sensationelle Aussage sogar. In der anschließenden Pressekonferenz in Moskau wich er jedoch aus und ruderte etwas zurück, indem er – darauf angesprochen – erklärte: „Alles fließt".[7]

Kommt hier ein (vermeintliches) Wesensmerkmal des Politikers Gorbatschows zutage, das ihm nicht nur seine Gegner im eigenen Lande, sondern auch einige westliche Politiker und Kommentatoren während und nach seiner Amtszeit vorhielten? Dass er wankelmütig, zaudernd und ohne klare Linie sei? In Wirtschaftsfragen traf dies sicherlich zu, weil er davon wenig verstand. Angesichts der Komplexität der Probleme und der sich zum Teil explosiv gegenüberstehenden innersowjetischen Interessen- und Machtkonstellationen, die Gorbatschow im Blick haben musste, ist dieser Vorwurf in der NATO-Frage jedoch nicht berechtigt, zumal auch die westlichen Siegermächte nach dem Mauerfall erst ihre Positionen finden mussten. In Moskau demonstrierten zeitgleich zum Kohl-Besuch Hunderttausende gegen den sowjetischen Zentralstaat an sich. Die deutsche Delegation bekam allerdings von diesen Massenprotesten nichts mit, da sie vom Gästehaus des Außenministeriums, einige Kilometer vom Kreml entfernt, direkt zum Regierungsflughafen gebracht wurde.

Die Flugzeit in das rund 1500 Kilometer südlich gelegene Stawropol im Nordkaukasus betrug etwa zwei Stunden. Hier hatte 1955 die Parteikarriere des 24-jährigen Gorbatschow begonnen. Stawropol war für die beiden Delegationen ein eher flüchtiger Aufenthalt mit drei Programmpunkten; verhandelt haben beide Seiten hier überhaupt nicht. Angesichts der Tatsache, dass Stawropol zwischen August 1942 und Januar 1943 unter deutscher Besatzung stand und ein Großteil der Bevölkerung damals vor der anrückenden Wehrmacht geflohen war, hatte der Besuch der deutschen Regierungsspitze aber einen hohen Symbolwert, der die uneingeschränkte Versöhnungsbereitschaft der sowjetischen Führung unterstreichen sollte. Am Ehrenmal für die Kriegstoten hielten Gorbatschow und Kohl inne – umringt von Hunderten Bürgern, darunter viele Veteranen.

Hans Klein, mitgereister Sprecher der Bundesregierung und Bundesminister für besondere Aufgaben, notierte dazu: „Ein Sprecher der Veteranen, die zu dieser Kranzniederlegung gekommen sind, appelliert an Kohl und Gorbatschow, alles zu tun, damit Deutsche und Russen Partner würden und nie wieder Leid übereinander brächten. Jetzt ist dem Kanzler die Rührung anzumerken. Die alten Kriegsteilnehmer sind ohne Jacke, im kurzärmeligen Hemd, aber mit Orden und Auszeichnungen auf der Brust erschienen."[8] Dann erklimmen Gorbatschow, sein Außenmister Eduard Schewardnadse und andere Mitglieder der sowjetischen Führung gemeinsam mit Kohl, Genscher und Waigel die Tribüne des wuchtigen Lenin-Denkmals mitten auf dem zentralen Platz von Stawropol, um von dort der Menge zu huldigen wie sonst die Parteiführung anlässlich der Paraden zum 1. Mai oder zum Jahrestag der Oktoberrevolution. Der Journalisten-Tross folgte ihnen auf Schritt und Tritt, aber inhaltlich gab es noch sehr wenig zu berichten.

Lenin, immer wieder Lenin. Sein Porträt hing auch noch in Gorbatschows altem Büro, das er den Deutschen im Haus der Sowjets von Stawropol zeigte. „Hier hat alles angefangen",[9] erläuterte damals der Kreml-Chef. Um anschließend in Gorbatschows Heimatdorf Priwolnoje und zu den Orten seiner Kindheit und Jugend zu gelangen, hätten die Delegationen jetzt gut 160 Kilometer nördlich reisen müssen. Sie flogen aber mit mehreren Hubschraubern in die entgegengesetzte Richtung, nach Archys, rund 300 Kilometer südlich von Stawropol.

Auf dem Weg dorthin legten sie einen kurzen Zwischenstopp auf dem Acker einer Kolchose im Dorf Iwanowskoje ein, wo die beiden Staatsmänner mit den Dorfbewohnern in Kontakt kamen, einen Mähdrescher bestiegen und ein Stück gemeinsam fuhren. Der westdeutsche Botschafter in Moskau, Klaus Blech, hielt alles mit seiner V-8-Videokamera fest und kam somit in Besitz eines einzigartigen Filmdokuments, waren die Möglichkeiten der Medienvertreter während dieser historischen Kaukasus-Reise doch äußerst eingeschränkt. Botschafter Blech erinnerte sich: „Der Flug nach Archys – ob das große Historie würde, wussten wir nicht, aber dass es spannend werden würde, das war klar.“[10] Noch vor der Dämmerung an jenem Sonntag, dem 15. Juli 1990, landeten Gorbatschow, Kohl und die Delegationen schließlich auf dem Hubschrauberplatz vor der Staatsdatscha.

Kurz nachdem sie ihre Zimmer bezogen hatten, ließ Gorbatschow anfragen, ob Kohl vor dem Abendessen noch an die frische Luft gehen wolle, was dieser zusagte. Die beiden Staatsmänner wechselten in legere Kleidung: Kohl trug nun eine dunkelblaue Strickjacke, Gorbatschow einen dunkelblauen Pullover. In Begleitung ihrer Minister, Gorbatschows Ehefrau Raissa und einer Handvoll sowjetischer und deutscher Journalisten, welche KGB-Sicherheitsleute erst nicht in die Nähe der Delegationen hatten durchlassen wollen, brachen sie auf – anders als später kolportiert jedoch nicht zu einer Wanderung mit Rast,[11] sondern lediglich zum hinter dem Haus gelegenen Fluss *Bolschoi Selentschuk* und zu jener am Ufer gelegenen Sitzgruppe aus Baumstümpfen. Als Gorbatschow recht wagemutig die steile und ungesicherte Böschung zum reißenden Fluss hinunterstieg, eilte sein persönlicher Leibwächter Wladimir Medwedew hinterher. Kohl, dem Gorbatschow bedeutete, er möge ihm folgen, schlug die helfende Hand des Leibwächters beim Hinunterklettern aus, und auch die ausgestreckte Hand Gorbatschows war an dieser Stelle nicht nötig.

Zurück auf sicherem Boden nahmen sie Platz an der Sitzgruppe und dem Tisch aus Baumstümpfen, wohin der Gastgeber auch Genscher bat. Diese Bilder einer vertrauensvollen Zusammenkunft gingen um die Welt, vor allem auch in die ganze Sowjetunion; seinen Bürgern wollte Gorbatschow zeigen, dass das Verhältnis zu den Deutschen ein fundamental neues war, das nichts mehr mit der dunklen Vergangenheit zu tun hatte. An Letztere erinnerte Gorbatschow den Bundeskanzler nichtsdestotrotz bei den offiziellen Gesprächen dieser Reise: „Wir können unsere Vergangenheit nicht vergessen. Jede unserer Familien wurde seinerzeit vom Unheil heimgesucht. Es gilt aber heute, sich Europa zuzuwenden und den Weg der Zusammenarbeit mit der großen deutschen Nation einzuschlagen."[12] Natürlich hing der Schatten dieser Vergangenheit auch über den Verhandlungen in Archys, denn der „Große Vaterländische Krieg", wie er in der Sowjetunion genannt wird, lag gerade einmal 45 Jahre zurück.

Die hölzerne Sitzgruppe wurde Jahre später abgebaut, nach Deutschland abtransportiert und ersetzt durch eine Nachbildung. Das Original dient als Exponat im Bonner Haus der Geschichte. Auch Gorbatschows Pullover und Kohls Strickjacke sind dort ausgestellt, ebenso wie ein sowjetischer Panzer des Typs T-34, mit dem noch am 17. Juni 1953 der Aufstand der DDR-Bürger gegen das SED-Regime blutig niedergeschlagen worden war.

Als die Film- und Fotoaufnahmen vom trauten Beisammensein am schlichten Holztisch gemacht waren, lud Gorbatschow die Deutschen zum Abendessen in die Staatsdatscha ein. Hauswirtin Valentina Schaposchnikowa hätte die Bewirtung allein nicht geschafft. Fünf Köche aus Moskau waren daher eingeflogen worden, um in der auch heute noch erstaunlich einfach eingerichteten Küche ans Werk zu gehen. Hinter dem Speisesaal und einer düsteren Kammer gelegen, unterscheidet sie sich wohl kaum von anderen Küchen in den umliegenden Bergen.

Während des Abendessens der beiden Delegationen waren keine Verhandlungen vorgesehen. Gorbatschow erzählte die eine oder andere Anekdote und vergaß nicht, Helmut Kohl anerkennend zum Fußballweltmeistertitel zu gratulieren. Am Sonntag zuvor, dem 8. Juli, war die DFB-Elf mit ihrem Teamchef Franz Beckenbauer und Kapitän Lothar Matthäus in Rom gegen Argentinien als Final-Sieger vom Platz gegangen. Der Bundeskanzler war live dabei gewesen.

Mit armenischem Cognac in der Hand hob Gorbatschow zu einem Trinkspruch an: ein Hoch auf Deutschland, das in jenen Tagen nicht nur politisch, sondern auch sportlich im Fokus der Weltöffentlichkeit stand. Dass Fußball etwas Völkerverbindendes hat, mag eine Binsenweisheit sein, hier in Archys diente er tatsächlich der Auflockerung und Entspannung. Kohl notierte in seinen Memoiren, Gorbatschow habe seinen Schilderungen über den Verlauf des Endspiels interessiert gelauscht und Zwischenfragen gestellt.

Zudem erzählte Gorbatschow von seiner Kindheit während des stalinschen Terrors in den 1930er-Jahren und von der deutschen Besatzung seines Dorfes Priwolnoje. Jener Mann, der in der Bundesrepublik das „Gorbi-Fieber" auslöste, lenkte das Tischgespräch auch auf den Parteitag der Kommunistischen Partei der Sowjetunion (KPdSU), der zwei Tage zuvor zu Ende gegangen war und nochmals offenbart hatte, dass die Sowjetunion inzwischen nicht nur ein tief zerrissenes Land war, sondern auseinanderzufallen drohte. Einen Ausweg aus der Krise sah Gorbatschow, wie er auch den kommunistischen Delegierten beim Parteitag vorgetragen hatte, im „Übergang zur Marktwirtschaft" – eine mit der Ideologie der Kommunistischen Partei nicht zu vereinbarende Position, die dem jahrzehntelangen Wettern gegen den westlichen Klassenfeind diametral entgegenstand. Verkehrte Welt, meinten die einen, Pragmatismus, meinten die anderen.

In Archys trafen sich Gorbatschow und Kohl nach dem Abendessen gegen 23 Uhr separat zu einem kurzen Gespräch, um die Verhandlungen des folgenden Tages vorzubereiten. Die uneingeschränkte NATO-Zugehörigkeit Gesamtdeutschlands, der Gorbatschow am Vormittag in Moskau noch zugestimmt hatte, war laut Kohl zu diesem Zeitpunkt immer noch nicht final gebilligt. Als Kohl nun in Archys erneut darauf zurückkam, habe Gorbatschow jedoch nur geschwiegen.[13]

Versuchte Gorbatschow den Preis hochzutreiben? War er sich seiner Position doch nicht sicher? Oder wurde er von Kohl missverstanden? Letzterer rief nach dem Gespräch mit Gorbatschow seine Leute zusammen, um die Verhandlungspunkte durchzugehen. Es sollte dabei auch um die Abzugsmodalitäten für das sowjetische Militär aus der DDR gehen – und somit nicht zuletzt um Geld. Am Ende eines sehr langen Tages zog sich der Bundeskanzler auf sein Zimmer zurück. Seine Anspannung und seine Gedanken am Vorabend der historischen Wegmarke beschrieb Kohl wie folgt: „Es war schon nach Mitternacht, als ich auf den Balkon der Datscha trat, über mir ein wunderschöner Sternenhimmel und vor mir die dunkle Silhouette des Kaukasus. Vieles ging mir durch den Kopf, vor allem fragte ich mich, was der morgige Tag wohl bringen würde. Es stand für uns Deutsche so viel auf dem Spiel."[14]

Valentin Falin, langjähriger Deutschlandberater Gorbatschows und in den 1970er-Jahren sowjetischer Botschafter in Bonn, hatte am Vorabend der Kaukasus-Reise, an der er selbst nicht teilnahm, noch einen fast verzweifelten Versuch unternommen, seinen Chef in einem Telefonat von weitgehenden Zugeständnissen abzubringen:

> Ich sagte zu Gorbatschow, es gehe jetzt nicht nur um das Schicksal der DDR und des Warschauer Paktes, sondern auch um das unseres Landes. Wenn das alles so kommt, verlieren wir unsere strategischen Positionen und verlieren das, was im Großen Vaterländischen Krieg erkämpft wurde. Er hörte mir zu, unterbrach mich nicht und sagte zum Schluss: „Ich werde alles in meinen Kräften Stehende tun. Aber ich glaube, *der* Zug ist schon abgefahren."[15]

Am nächsten Morgen – es war Montag, der 16. Juli 1990 – erschienen Gorbatschow und Kohl beide in Strickjacken, was dem legendären Treffen seinen Namen gab. Die deutsche Seite war mit zehn Männern vertreten: Kohl, Genscher, Waigel, Regierungssprecher Klein, Kanzler-Berater Teltschik, Botschafter Blech, Staatsminister im Außenministerium Dieter Kastrup, Ministerialdirektor im Bundesfinanzministerium Gert Haller, Kohls Büroleiter Walter Neuer und Dolmetscher Andreas Weiß. Auf sowjetischer Seite waren es sieben: Gorbatschow, Außenminister Eduard Schewardnadse, Finanzexperte und Vize-Regierungschef Stjepan Sitarjan, Europa-Abteilungsleiter im Außenministerium Juli Kwizinski, Botschafter in Bonn Wladislaw Terechow, Gorbatschows Pressesprecher Arkadi Maslennikow und Dolmetscher Iwan Kurpakow.

Kohl bringt zunächst den schon beim Gespräch in Moskau in Aussicht gestellten „Großen Vertrag" ins Spiel, der eine umfassende, langfristige und vor allem wirtschaftliche Zusammenarbeit zwischen der Sowjetunion und der Bundesrepublik vorsieht. In Archys herrscht insofern eine wechselseitige Abhängigkeit, als sich die Staatsmänner gegenseitig zum Erfolg verhelfen könnten. Gorbatschow sieht die Chance, sich bei seinen entglittenen, ja außer Kontrolle geratenen Reformversuchen Luft zu verschaffen. Und Kohl will unbedingt die deutsche Einheit verwirklichen, einen politischen Lebenstraum vieler Deutscher, der auch ein Ende der Teilung Europas bedeuten würde.

Fast vier Stunden ringen sie miteinander, doch am Ende steht die volle Souveränität Gesamtdeutschlands als Ergebnis fest. Für den Abzug der sowjetischen Truppen von deutschem Boden vereinbaren sie einen Zeitraum von drei bis vier Jahren. Gorbatschow hatte ursprünglich einen Übergangszeitraum von fünf bis sieben Jahren gefordert, denn immerhin müssen mehr als eine halbe Million Soldaten, Offiziere und Angehörige in die Heimat zurückgebracht werden. Hinzu kommen die schweren Waffen und sonstiges militärisches Gerät. Beschlossene Sache ist jetzt auch die NATO-Mitgliedschaft des vereinten Deutschlands, wobei auf dem Gebiet der DDR die Stationierung von NATO-Truppen tabu ist, solange die sowjetischen noch nicht abgezogen sind.

Die Bundeswehr wird – auch als Zeichen an die sowjetische Bevölkerung – deutlich verkleinert. Gorbatschow ist es wichtig, dass in das Dokument die Formulierung aufgenommen wird, Deutschland habe freie Militärbündniswahl, und dass das Wort NATO nicht erwähnt wird. Wäre Gorbatschow ein schwacher Staatslenker gewesen, hätte er dem Widerstand der Hardliner in der sowjetischen Politik nachgegeben. Doch er setzte um, was er für richtig hielt. Von seinen Kritikern im eigenen Land blieben allerdings ohnehin viele in Deckung, hielten sich mit Vorwürfen zurück, denn die deutsche Frage war angesichts der kolossalen innenpolitischen Probleme ein Randthema. Und auch die Weltpresse erfährt zunächst kein Wort von der historischen Einigung. Selbst, als sich die beiden Staatsmänner nach dem Ende ihrer Gespräche vor der Staatsdatscha zeigten, äußerten sie sich vor der kleinen Schar der Pressevertreter nicht inhaltlich. Für Gorbatschow jedoch wurde „Archys zu einem einzigartigen Symbol der deutschen Wiedervereinigung auf sowjetischem Boden. In jener wunderbaren Umgebung besiegelten wir die deutsche Einheit.“[16]

Vor dem Hintergrund des Zweiten Weltkrieges mit vielen Millionen Opfern und unendlichem Leid – ziehen ihre Staatslenker jetzt nicht nur einen Schlussstrich unter die schmerzliche Vergangenheit, sondern rufen eine Zeit der Partnerschaft, der gegenseitigen Hilfe und des Friedens aus. Denn für die beiden Kriegskinder war, wie Helmut Kohl schrieb, „Friede nicht nur ein Wort, sondern ein existenzielles Grundbedürfnis."[17]

Gorbatschow sucht nach dem Ende der offiziellen Verhandlungen zunächst die Nähe seiner Frau. Sie machen einen kurzen Spaziergang auf dem Gelände der Staatsdatscha. Er muss seiner Frau von den Ergebnissen berichtet haben, denn wenig später, als sie sich mit Hans-Dietrich Genscher unterhält, ist sie schon im Bilde. Die Rolle von Raissa Gorbatschowa ist in der Geschichte der Sowjetunion und nach ihrem Zerfall einmalig. Kein sowjetischer Kreml-Herr hat sich mit seiner Ehefrau in der Öffentlichkeit so bewusst als gleichberechtigtes Paar gezeigt; auch mit Raissas gelegentlich öffentlichem Widerspruch geht Gorbatschow gelassen um.

Wie den privaten Filmaufnahmen von Botschafter Blech zu entnehmen ist, macht Gorbatschow vor der Abreise noch einen zweiten Spaziergang mit Kohl – begleitet nur vom Dolmetscher. Raissa Gorbatschowa spricht währenddessen mit den Außenministern Hans-Dietrich Genscher, Eduard Schewardnadse und einem Dolmetscher. Die Rolle der „dekorativen" Ehefrau ist ihre Sache nicht. Genscher erinnerte sich, dass sie schon am Vortag höchst politisch wurde: „Als wir zu dem bekannten Treffen am Fluss gingen, griff die Frau Gorbatschow plötzlich von hinten meine Hand und zog mich zurück und sagte: ‚Wissen Sie, was mein Mann hier tut? Deutschland muss seine Verantwortung auch wahrnehmen, seine Zusagen auch einhalten.' Da habe ich gesagt: ‚Darauf können Sie sich verlassen.' – Das war die fürsorgende, politisch denkende Ehefrau."[18]

Von Archys aus fliegen Gorbatschow und Kohl rund 45 Minuten Richtung Nordosten: Schelesnowodsk liegt nur zehn Kilometer vom Flughafen der Stadt Mineralnije Wody entfernt. Die beiden Orte sind bekannt für ihre Heilwässer und ziehen Kurgäste aus der gesamten Sowjetunion an. Im Lungensanatorium von Schelesnowodsk treten die Staatschefs endlich gemeinsam vor die Weltpresse. Die Teilung Deutschlands, wie sie auf der Jalta-Konferenz im Februar 1945 von US-Präsident Franklin Roosevelt, dem sowjetischen Diktator Josef Stalin und dem britischen Premier Winston Churchill de facto zementiert worden war, ist nun überwunden. Um den Schauplatz dieser historischen Verkündung vom 16. Juli 1990 einordnen zu können, muss man jedoch noch einmal zurückblicken. Schelesnowodsk war im August 1942 von der Wehrmacht besetzt und im Januar 1943 von Truppen der Transkaukasus-Front der Roten Armee zurückerobert worden. Gut 47 Jahre nach der Befreiung sind nun nicht zufällig hier die internationalen Fernsehkameras und Mikrofone auf Michail Gorbatschow gerichtet. Er, vor allem er, hat die Versöhnung mit den Deutschen und die Wiedervereinigung ihres Landes maßgeblich ermöglicht. Dies allein hätte schon für den Friedensnobelpreis gereicht, den er drei Monate später, am 15. Oktober 1990, zugesprochen bekommen wird.

Doch Gorbatschow lässt seinem Gast den Vortritt. Der Kreml-Chef leitet die Pressekonferenz mit den Worten ein: „Sie können auf interessante Nachrichten gefasst sein." Der Bundeskanzler trägt „mit Genugtuung"[19], wie er sagt, in acht Punkten vor, worauf sich beide Seiten geeinigt haben. Darunter fallen die Tatsachen, dass das vereinigte Deutschland die Bundesrepublik, die DDR und Berlin umfassen, jedoch endgültig nicht mehr die ehemaligen deutschen Gebiete Ostpreußen, Schlesien und Pommern beanspruchen wird. Außerdem sollen mit dem Vollzug der Einheit die Rechte der vier Siegermächte USA, Sowjetunion, Großbritannien und Frankreich erlöschen und Deutschland somit seine volle Souveränität zurückerhalten. Zur Bündnisfrage führt er wörtlich aus: „Das vereinte Deutschland kann in Ausübung seiner uneingeschränkten Souveränität frei und selbst entscheiden, ob und welchem Bündnis es angehören will. Ich habe als die Auffassung der Regierung der Bundesrepublik Deutschland erklärt, dass das geeinte Deutschland Mitglied des Atlantischen Bündnisses sein möchte; und ich bin sicher, dies entspricht auch der Ansicht der Regierung der DDR."[20]

Dieser Satz legt sehr nahe, dass Kohl die am 18. März 1990 demokratisch gewählte DDR-Regierung vor seiner Reise in die Sowjetunion über die Verhandlungsinhalte nicht informierte. Auf jeden Fall steht fest, dass er die DDR-Regierung nicht sofort über die mit Gorbatschow erzielten Ergebnisse unterrichtete, obwohl es sich bei den Modalitäten für den Abzug der sowjetischen Truppen sowie den künftigen militärischen Status des Gebietes der DDR nicht nur um bundesrepublikanische Angelegenheiten handelte. An dem Treffen in Archys nahm kein einziger Vertreter der DDR teil, weder Ministerpräsident Lothar de Maizière noch Außenminister Markus Meckel. Letzterer spricht der damaligen Bonner Regierung zwar nicht ab, das Recht gehabt zu haben, allein in die Sowjetunion zu reisen. Doch da es bei den Verhandlungen insbesondere um die DDR gegangen sei, hätten Kohl und seine Minister über die Köpfe der ebenfalls zuständigen ostdeutschen Regierung entschieden.[21]

Horst Teltschik hält dagegen, dass Gorbatschow als Gastgeber die DDR-Seite hätte einladen können, was er aber nicht tat. Er meint, dass Gorbatschow deshalb so agierte, weil er mit der Bundesregierung indirekt auch über Finanzhilfen reden wollte sowie über den „Großen Vertrag" zwischen den Sowjets und den Deutschen, der dann im November 1990 in Bonn auch unterzeichnet wurde.[22] Fakt ist, dass zum Zeitpunkt der Kaukasus-Reise die DDR über keine Finanzhoheit mehr verfügte, da die Währungs-, Wirtschafts- und Sozialunion mit der Bundesrepublik zwei Wochen zuvor, am 1. Juli 1990, in Kraft getreten war.

Auf der Pressekonferenz in Schelesnowodsk unterstreicht Gorbatschow Deutschlands Atomwaffen-Verzicht, die drastische Reduzierung der Bundeswehr, aber vor allem die Bedeutung der Beschlüsse vom Londoner NATO-Gipfel, der zehn Tage zuvor zu Ende gegangen war – weg von einem rein militärischen Bündnis, hin zu einem mehr politischen. Und er erinnert daran, dass das östliche Bündnis Warschauer Pakt den ersten Schritt gemacht habe mit der Veränderung seiner Militär-Doktrin: „Das, was in London vor sich ging, war in der Tat so etwas wie der Anfang einer neuen historischen Entwicklung. Wir unterstreichen, dass dieser Kontext auch sehr wichtig ist. – Wenn also nicht dieser zweite Schritt in London gemacht worden wäre, wäre es sehr schwer gewesen, bei unserem gestrigen und heutigen Treffen weiter zu gehen."[23]

Immer wieder hatte schon der sowjetische Außenminister Schewardnadse in den Wochen vor Archys die Bedeutung des NATO-Gipfels für die Moskauer Kompromissbereitschaft in der deutschen Frage hervorgehoben.[24] Obwohl die NATO-Deklaration nicht explizit die

Wandlung des Bündnisses in eine politische Gemeinschaft beinhaltete und vielmehr Absichtserklärungen und Angebote im Geiste der neuen Freundschaft zwischen Ost und West zum Gegenstand hatte, fassten die Vertreter der Sowjetunion es gern und zu Recht so auf. Und sie konnten jetzt vor allem gegenüber der eigenen Bevölkerung von einer grundlegenden Veränderung der NATO sprechen, die nicht mehr eine Bedrohung darstelle, sondern ein Freund und Partner sei.

Das internationale Presse-Echo auf das historische Kaukasus-Treffen zwischen Gorbatschow und Kohl ist überwältigend. Das Nachrichtenmagazin *Der Spiegel* titelt mit einem Foto von Gorbatschow und Kohl: „Der Krieg ist zu Ende", was keine Übertreibung ist. Denn mit dem Ende der Teilung Deutschlands ist auch die Teilung des europäischen Kontinents nach 45 Jahren überwunden.

Gorbatschow und die sowjetische Delegation begleiten die Deutschen zum nahe gelegenen Flughafen in Mineralnije Wody. Der Kreml-Chef hatte den Besuch des Bundeskanzlers bezeichnet als eines „der bedeutendsten internationalen Ereignisse, die mit den grundlegenden Veränderungen in der europäischen und in der Weltpolitik verbunden sind".[25] Entsprechend teilen das Glücksgefühl Kohls über das Erreichte wohl auch die meisten deutschen Journalisten, die die Luftwaffen-Boeing besteigen. Am nächsten Tag tritt der Bundeskanzler in Bonn vor die Presse, und die Journalisten spenden ihm alle Beifall, obwohl so etwas dieser Berufsgruppe eigentlich wesensfremd ist. In Paris kamen zur gleichen Zeit die Außenminister der Zwei-plus-Vier-Verhandlungsstaaten zusammen – Markus Meckel für die DDR. Sein sowjetischer Kollege Schewardnadse habe dort ein schlechtes Gewissen gehabt, weil er, Meckel, als DDR-Vertreter und Verbündeter keine unmittelbare Unterrichtung durch die Sowjets erhalten hatte über die Ergebnisse von Archys.[26]

Das Ehepaar Gorbatschow reiste nach dem historischen deutsch-sowjetischen Kaukasus-Treffen in privater Angelegenheit weiter, was angesichts der innenpolitischen Turbulenzen und der Arbeitsbelastung von Michail Gorbatschow längere Zeit nicht möglich gewesen war. Sie besuchten in Priwolnoje die 79-jährige Mutter des Staatschefs, Maria Pantelejewna Gorbatschowa.

2. KINDHEIT UND JUGEND IM NORDKAUKASUS

Ein ausländischer Besucher, der heute zu Recherchezwecken in Gorbatschows Heimatdorf Priwolnoje reisen möchte, muss das vorher unbedingt mit dem Ortvorsteher abstimmen. Selbst Gorbatschows Cousine Maria Michalowa ist nur zu einem Interview bereit, als sie erfährt, dass eine entsprechende Erlaubnis vorliegt. Priwolnoje liegt in Südrussland zwischen dem Schwarzen und dem Kaspischen Meer, und Gorbatschows Elternhaus befand sich ganz am Ende dieses Dorfes. Die lang gezogene schmale Straße dorthin ist heute asphaltiert und von einer Reihe fester, elektrifizierter Ziegelstein-Häuser gesäumt – ganz anders als in der ersten Hälfte des 20. Jahrhunderts.

Die Behausung, in der Michail Gorbatschow am 2. März 1931 geboren wurde, ein Montagskind mit Sternzeichen Fisch, steht nicht mehr. Er kam in einer sogenannten *Chata* zur Welt. Das ist eine Art Hütte aus Ton oder Lehm, die in Belarus (Weißrussland), der Ukraine, in West- und Südrussland typisch war. Die Dächer bestanden meist aus Stroh, und Betten gab es darin nicht, bestenfalls Schlafgestelle.

Iwan Budjakow, Ende 1930 geboren, besuchte mit Michail Gorbatschow die Grundschule. Iwans Familie war noch ärmer als die seines Freundes Michail, den er oft daheim besuchte. Iwan hat immer in Priwolnoje gewohnt, und gern zeigt er den Acker, auf dem die *Chata* einst stand: Vom Ende der Dorfstraße sind es etwa 30 Schritte bis zu der Stelle, wo früher das kleine Grundstück der Gorbatschows lag, das nun Teil des Ackers ist. „Genau hier. Auf dieser Stelle wurde er geboren. Die *Chata* wurde abgerissen, nachdem er zum Studieren nach Moskau ging. Er konnte gut singen und Balalaika spielen. Die hatte ihm sein Vater gekauft. Von Michail lernte ich auch ein bisschen zu spielen. Wir kletterten auf den Ofen und dann sangen wir zur Balalaika […].“[1]

Iwan Budjakows Mutter war so bitterarm, dass der Sohn bald keine richtige Kleidung und keine Schuhe mehr bekam, geschweige denn Schulbücher. Noch in der ersten Klasse musste er die Grundschule abbrechen. Doch mit seinem Freund Michail blieb er sein Leben lang verbunden, auch wenn sie sich nur selten sahen. Als Iwan im Oktober 2016 im Alter von knapp 86 Jahren starb, widmete ihm sein da schon lange weltberühmter Freund einen persönlichen Nekrolog auf seiner Website gorby.ru.[2] Dieser Nachruf ist ein Beleg dafür, dass der ehemalige Führer der Supermacht Sowjetunion nie vergaß, woher er kam, und dass ihm Statusfragen privat völlig unwichtig waren.

Gorbatschows Mutter Maria, die ihren Sohn im Alter von knapp 20 Jahren zu Welt brachte, war Ukrainerin. So wie viele aus ihrer Generation lernte auch sie nie lesen und schreiben. Als die Bolschewiki 1917 unter der Führung Lenins die Macht übernahmen, waren 75 Prozent der russischen Landbevölkerung Analphabeten. Gorbatschows russischem Vater Sergej war es immerhin vergönnt, vier Jahre die Schule zu besuchen.

Maria war 18, Sergej 20 Jahre alt, als sie 1929 heirateten. Obwohl die Herrschaft der Sowjets zum Zeitpunkt der Eheschließung schon zwölf Jahre währte und die Machthaber sich entsprechend der kommunistischen Ideologie die Gleichberechtigung zwischen Mann und Frau auf die Fahnen geschrieben hatten, wurden vor allem in den Dörfern alle wichtigen Fragen nach wie vor von den männlichen Familienältesten entschieden. Michail Gorbatschow erzählte 2015: „Meine Mutter wollte meinen Vater nicht heiraten. Sie liebte ihn nicht stark genug. Mit der Zeit wurde es aber eine glückliche Ehe. Meine beiden Großväter hatten sich zusammengesetzt, alles beiseitegeschoben und verfügt: ‚Ihr werdet heiraten! Basta!‘“ Und in Anspielung auf die propagierte Sozialistische Demokratie in Form der Diktatur des Proletariats, die in sowjetischen Dörfern in Wirklichkeit eine Diktatur des Patriarchats geblieben war, fügte er lachend hinzu: „So funktionierte Demokratie damals!“[3]

Das Einmischen, ja die Bevormundung aufgrund des männlichen Senioritätsprinzips setzte sich fort: Nachdem die Jungvermählten Maria und Sergej ihren Sohn bekamen, einigten sie sich auf den Namen Viktor. „Ich hieß zwei Wochen lang Viktor", gibt Gorbatschow die Erzählungen seiner Eltern wieder. Mutter Maria war sehr gläubig und wollte ihn heimlich taufen lassen. Großvater Andrej Gorbatschow brachte den Säugling in die Dorfkirche des Nachbarortes Letnizkoje (heute heißt der Ort Letnik), denn die Bolschewiken hatten die Steinkirche in Priwolnoje schon geschlossen und die ältere Holzkirche zerstört.[4] „Und als man mich aus dem Taufbecken wieder herauszog, fragte der Pfarrer: ‚Wie soll der Junge heißen?' Es musste ja alles in die Kirchenbücher eingetragen werden. – Mein Großvater darauf: ‚MICHAIL!' – Und das war's. Auch diese Frage wurde ‚demokratisch' entschieden", fügte Gorbatschow wieder lachend hinzu.[5]

Michail Gorbatschows Großvater mütterlicherseits, Pantelej Gopkalo, war Vorsitzender einer Kolchose und somit ein wichtiger Mann im Dorf. Auch war er aufgrund seiner Funktion materiell etwas bessergestellt als die meisten anderen Bewohner. Der Großvater väterlicherseits hingegen, Andrej Gorbatschow, blieb Einzelbauer, weil er keiner Kollektivwirtschaft beitreten wollte. Zwar lehnte er sich nicht offen gegen das Sowjetregime auf, geriet aber 1934 dennoch in dessen Fänge als „Saboteur".

Bis Michail Gorbatschow 14 Jahre alt und der Krieg zu Ende war, hatte er schon drei große Lebenskatastrophen durchgestanden und überlebt, die ihn im Vierjahresrhythmus heimgesucht hatten: 1933, 1937 und 1941. Diese prägten sein späteres berufliches und politisches Wirken maßgeblich. Die erste Katastrophe war der Holodomor, der Millionen Todesopfer forderte. Die Bezeichnung geht auf das russische und ukrainische Wort *Golod* (Hunger) und das alte ostslawische Wort *Mor* (Tod, Massensterben) zurück. Vorausgegangen war eine Dürre im Jahr 1931, doch die Hauptursache für das Massensterben waren die von Stalin befohlene Kollektivierung der Landwirtschaft und der zunehmende Terror gegen Bauern, die nicht freiwillig den kommunistischen Vorgaben folgen wollten. Das Heimatdorf Gorbatschows im Nordkaukasus liegt nicht weit von der Ukraine, wo die Bevölkerung teilweise erbitterten Widerstand sowohl gegen die Sowjetmacht in Moskau als auch gegen die von dort verfügte Kollektivierung leistete. Die Hungersnot grassierte jedoch nicht nur dort, sondern erstreckte sich auch auf den angrenzenden Nordkaukasus.

Selbst Mitglieder von Stalins Führungsclique schienen über das grausame Ausmaß der Not bedrückt, aber nur die wenigsten hatten den Mut, dies anzusprechen. Politbüro-Mitglied Kliment Woroschilow, im August 1932 mit dem Zug in der Ukraine und im Kaukasus unterwegs, schrieb an Stalin, der gerade in Sotschi am Schwarzen Meer Urlaub machte: „Im gesamten Umland von Stawropol haben wir kein einziges bebautes Feld gesehen. Wir hatten mit einer guten Ernte gerechnet, doch daraus wird wohl nichts [...] Und die Ukraine wirkte vom Zugfenster aus noch verödeter als der Nordkaukasus [...] Es tut mir leid, dich damit in den Ferien behelligen zu müssen, aber ich konnte es einfach nicht verschweigen."[6]

Am 27. November 1932 sprach Stalin von „Schwierigkeiten bei der Getreidebeschaffung", für die er Saboteure innerhalb der Kolchosen und Sowchosen verantwortlich machte. Die Parteizeitung *Prawda*, führendes Sprachrohr Stalins, rief zwischen dem 4. und 8. Dezember 1932 daher zu einem „entschiedenen Kampf gegen die Kulaken", die Großbauern, auf, insbesondere in der Ukraine. Stalin setzte den Hunger als Waffe gegen sogenannte „anti-sowjetische Elemente" ein: Die kommunistischen Parteikader stellten unerfüllbare Getreide-Abgabequoten auf, Brigaden der Bolschewiki suchten nach versteckten Lebensmitteln, ganze Dörfer wurden ausgeplündert und Hofbesitzer drangsaliert. Es handelte sich um nichts anderes als staatlichen Terror. In der Ukraine fielen dem Holodomor in den Jahren 1932 und 1933 schätzungsweise viereinhalb Millionen Menschen zum Opfer, und in der Bevölkerung kam es zu Kannibalismus. Jahrzehntelang war es in der Sowjetunion verboten, diese Tragödie öffentlich zu thematisieren. Erst nachdem Gorbatschow 1985 die Macht im Kreml übernahm, änderte sich das.

In der Region Stawropol im Nordkaukasus brach die Hungerkatastrophe 1933 aus, und in Priwolnoje starb mindestens ein Drittel der Bewohner. Gorbatschows Freund aus Kindertagen, Iwan Budjakow, verlor Vater und Bruder durch die Hungersnot. 2015 erzählte er: „Die Menschen starben; und weil es keine Särge gab, wurden die Leichen in Tücher eingewickelt und so begraben. Man kam mit Pferden und sammelte die Toten auf. Meine Mutter wusste nicht, wo mein Vater beigesetzt wurde. Diejenigen, die Kühe besaßen, aßen sie auf. Am Leben geblieben sind meine Schwester und ich. Wir krochen herum und aßen Gras, rissen etwas Lauch raus."[7]

Michail Gorbatschow rettete vor allem, dass sein Großvater Pantelej Gopkalo als Leiter einer Kolchose materiell privilegiert war und politisch auf der ‚richtigen' Seite stand. Er hatte es bei den Großeltern nicht nur bezogen auf die Verpflegung relativ komfortabel; vor allem genoss er bei ihnen völlige Freiheit.

Dagegen war er selten beim Großvater väterlicherseits, Andrej Gorbatschow, und dessen Frau Stepanida. Das Paar hatte ursprünglich sechs Kinder, doch drei von ihnen starben während der grausamen Hungerkatastrophe. Zudem wurde Andrej im Frühjahr 1934 verhaftet und zur Zwangsarbeit ins sibirische Irkutsk geschickt, weil er als Einzelbauer die Planvorgaben der Behörden nicht erfüllen konnte. Nach seiner Verhaftung musste sich Sergej, der Vater von Michail Gorbatschow, als damals 24-Jähriger um seine noch verbliebenen beiden Geschwister und um die Mutter Stepanida kümmern. Insofern war es für ihn eine Entlastung, dass sich seine Schwiegereltern des kleinen Michails annahmen. Sie wurden zu besonderen Bezugspersonen und blieben es auch nach der Rückkehr Andrejs aus der sibirischen Verbannung. Denn dieser hatte großes Glück im Unglück: Schon nach rund einem Jahr durfte er zurück nach Priwolnoje, weil er sich bereit erklärt hatte, einer Kolchose beizutreten. Jetzt konnte sich sein Sohn Sergej wieder in erster Linie um seine eigene Familie kümmern.

Noch immer streiten Moskau und Kiew darüber, ob es sich beim Holodomor um eine absichtlich herbeigeführte Katastrophe handelte oder nicht. Russland lehnt die von der Ukraine international dafür geforderte Bezeichnung ‚*Genozid*' ab, während das europäische Parlament den Holodomor im Jahr 2008 in einer Resolution als Verbrechen gegen die Menschlichkeit anerkannt hat.

Stalins Terror

Die zweite große Lebenskatastrophe Michail Gorbatschows ereignete sich im Sommer 1937, als auch der geliebte Großvater Pantelej mitten in der Nacht verhaftet und verschleppt wurde. Damals trafen Stalins sogenannte „Große Säuberungen" großflächig und in voller Wucht die Bevölkerung, nachdem Verfolgungen, Verhaftungen und Erschießungen schon vorher begonnen hatten. Konstruiert wurden Beschuldigungen wie „wirtschaftliche Sabotage" oder politische Vergehen wie Spionage, „konterrevolutionäre Tätigkeit" oder die „Mitgliedschaft in einer illegalen rechtstrotzkistischen Organisation" und vieles mehr. Stalin verwandelte das ganze Land in einen Ort der Angst, des Misstrauens, der Denunziation, der Paranoia, der völligen Willkür und Rechtlosigkeit. Erneut forderte sein Terror millionenfach den Tod unschuldiger Menschen.

Gorbatschows Großvater Pantelej Gopkalo wurde Opfer einer unfreiwilligen Denunziation. Ein Bezirksfunktionär der Kommunistischen Partei war zuvor verhaftet worden; der Tatvorwurf gegen ihn lautete, Mitglied einer trotzkistischen Organisation zu sein. Leo Trotzki war ein Mitstreiter Lenins, Anführer der Roten Armee und Hauptkonkurrent Stalins um die Nachfolge von Lenin nach dessen Tod. Stalin verdrängte ihn aus dem Machtzirkel und ließ ihn 1940 im mexikanischen Exil ermorden. Der Vorwurf, Mitglied einer trotzkistischen Organisation zu sein, kam 1937 fast immer einem Todesurteil gleich. Unter Folter machte der Bezirksfunktionär das falsche Geständnis, viele Komplizen gehabt zu haben, darunter auch Pantelej Gopkalo. Der war aber nicht nur ein überzeugter Kommunist, sondern auch Stalin-Anhänger und hatte inzwischen sogar eine Führungsposition im Bezirk inne. Mit Trotzki, dem Mitstreiter Lenins und Stalins Hauptkonkurrenten, hatte er nicht das Geringste zu tun. Dennoch wurde auch Gorbatschows Großvater Pantelej Gopkalo gefoltert. Doch er beugte sich nicht und bekannte sich auch nicht schuldig. Neben der Mitgliedschaft in einer trotzkistischen Organisation wurde ihm „subversive Schädlingsarbeit" in der Kolchose vorgeworfen.

An diese erschütternden Kindheitserlebnisse erinnerte sich Michail Gorbatschow 78 Jahre später immer noch sehr klar:

3 Michail Gorbatschow als Sechsjähriger mit seinen Großeltern mütterlicherseits im Jahr 1937

Es war eine schreckliche Zeit, das Jahr 1937. Schrecklich! Der Großvater mütterlicherseits wurde verhaftet – als Saboteur und Volksfeind. 14 Monate war er eingesperrt und wurde verhört. Seine Frau – also meine Großmutter – zog zu uns. Nach seiner Verhaftung besuchte uns niemand mehr tagsüber. Unsere Verwandten konnten nur nachts kommen, frag-

> ten, was sie kaufen könnten, und halfen uns. Unser Haus war das Haus eines Volksfeindes! Nach Abschluss des Verfahrens gegen meinen Großvater lautete das Urteil: Erschießen! Doch dann trat glücklicherweise 1938 eine neue Richtlinie in Kraft, dass die Erschießungsurteile von der lokalen Staatsanwaltschaft bestätigt werden müssten. Großvater wurde freigesprochen! Ich kann mich an das Gespräch erinnern, das er am Abend seiner Rückkehr führte. Am großen Tisch im Dorf saßen alle Verwandten, und er erzählte, wie es gewesen war. Es war erschütternd. Alle weinten. Er hatte es geschafft, alle Folter zu ertragen.[8]

Als Gorbatschow Jahrzehnte später als lokaler Parteifunktionär die Möglichkeit gehabt hätte, die Vernehmungsprotokolle einzusehen, schreckte er davor zurück – zu groß sei die psychologische Barriere damals noch gewesen. Erst in seinem letzten Amtsjahr als Staatschef der Sowjetunion forderte er die Akten zu seinem Großvater an. Dass ihn die Verhaftung des anderen Großvaters hingegen scheinbar kalt ließ, ist leicht zu erklären. 1934, als Andrej Gorbatschow nach Sibirien zur Zwangsarbeit deportiert wurde, war Michail gerade mal drei Jahre alt. Als Pantelej Gopkalo verhaftet wurde, war er hingegen sechseinhalb und somit in einem erinnerungsfähigen Alter. Außerdem wohnte er damals schon mehrere Jahre bei ihm, als das Verhaftungskommando kam. Andrej Gorbatschow, der 1935 wieder nach Priwolnoje zurück durfte, war zudem stets sehr viel strenger mit dem Jungen und hatte ihm aufgrund seiner Armut weit weniger Annehmlichkeiten zu bieten.

Mit seinem Großvater Pantelej hatte Gorbatschow auch seine erste Begegnung mit Deutschen, die ihm gut in Erinnerung blieb. Im Nachbardorf gab es eine deutsche Siedlung, wo Lebkuchen verkauft wurde. „Da hörte ich zum ersten Mal überhaupt von Deutschen, und da sie diesen wohlschmeckenden Kuchen backten, war ich überzeugt, es müssten gute Menschen sein.“[9] Erst mit der Einschulung im September 1938 sorgten die Eltern dafür, dass ihr Sohn Michail nicht mehr bei den Großeltern, sondern ständig bei ihnen wohnte. Das Leben normalisierte sich: Stalin ließ den Terror gegen die eigene Bevölkerung weitgehend einstellen und bestrafte jetzt diejenigen, die das Morden in seinem Auftrag ausgeführt hatten – unter ihnen Nikolaj Jeschow, Volkskommissar für innere Angelegenheiten. Er wurde Ende 1938 abgesetzt und 1940 erschossen. Auf diese Weise gelang es Stalin, sich zu entlasten, und selbst Pantelej Gopkalo, der nicht nur verhaftet, sondern auch gefoltert worden war, war zeitlebens felsenfest davon überzeugt, der „große Führer" habe von all den Ungerechtigkeiten nichts gewusst. Dieses Stalin-Bild übernahm der Enkel von seinem Großvater und hegte es noch in den ersten Jahren seines Studiums in Moskau. Die prägenden Kindheitsjahre in dessen Haus und auch die tiefe Gläubigkeit seiner Mutter Maria waren Ursachen dafür, dass Gorbatschow in seiner Amtszeit als Kreml-Chef erst vorsichtig, dann ganz offen und schließlich sogar durch Gesetze die Religionsfreiheit im Land zuließ und auch festschrieb. Vorher wäre das nicht möglich gewesen, denn entsprechende Vorstöße als Lokalpolitiker hätten das Ende seiner Parteikarriere bedeutet.

Bei seinen Großeltern mütterlicherseits wuchs er zwar in einer Atmosphäre auf, in der politisch nur das Wort der kommunistischen Partei galt, doch führten bei ihnen Bücher von Marx, Engels, Lenin oder Stalin eine friedliche Koexistenz neben Ikonen und Heiligenbildern. Großmutter Wasilisa war sehr gläubig und hatte dies ihrer Tochter Maria erfolgreich weitergegeben. Hinzu kam, dass Großvater Pantelej Religiosität tolerierte, obwohl sie mit der kommunistischen Ideologie an sich nicht vereinbar war. Der junge Michail oder *Mischa,* wie er daheim und in der Schule genannt wurde, besuchte die Dorfschulen in Priwolnoje: während der ersten vier Jahre ein Gebäude, das inzwischen ein Wohnhaus ist; von der fünften bis zur achten Klasse die „neue" Schule.[10]

Es wird nicht überraschen, dass Gorbatschow ein guter Schüler war, auch wenn er die Schule „nur" mit einer Silbermedaille abschloss, weil er in Deutsch die Bestnote verfehlte. Einige seiner Lehrerinnen gaben nach seinem Machtantritt in Moskau an, er sei schon in der Schulzeit diskussionsfreudig und nie ein Raufbold gewesen, sondern habe immer nur Argumente sprechen lassen. Außerdem habe er Balalaika und Ziehharmonika gespielt und dabei gern und schön gesungen.[11]

Das leckerste Eis der Welt

Diese ruhige Kindheitsphase endete 1941 abrupt, und es brach über dem inzwischen zehnjährigen Michail die dritte Lebenskatastrophe herein: Hitler hatte den Überfall auf die Sowjetunion geplant, und in den Nachtstunden des 22. Juni schlug die Wehrmacht angeblich völlig überraschend los. Tatsächlich waren die Planungen zu diesem Angriff der Sowjetunion jedoch keineswegs verborgen geblieben, sondern Stalin hatte schlicht die Warnungen seines Geheimdienstes – sogar mit korrektem Angriffstag – in den Wind geschlagen. Anlässlich des 70. Jahrestages des deutschen Überfalls wurden in Moskau erstmals Geheimdokumente der sowjetischen Auslandsaufklärung publiziert, die den jahrelang kolportierten Mythos vom Überraschungsangriff endgültig zerstörten.[12]

Warum wurden diese Dokumente endlich freigegeben, obwohl doch auch Präsident Putin am Bild vom weitsichtigen Stalin festhält, dem letztlich der Sieg über das nationalsozialistische Deutschland zu verdanken sei? Vieles spricht dafür, dass der Auslandsgeheimdienst, in welchem auch Wladimir Putin arbeitete, ins rechte Licht gerückt werden sollte und nicht länger als eine Truppe dastehen sollte, die eine derartige Bedrohung verschlafen hatte. Dennoch wird Stalin auch in dieser jüngeren Publikation nicht offen verantwortlich gemacht. Dort ist lediglich die Rede davon, dass ihm vorab alle Informationen vorlagen. Die nie gänzlich aufgegebene Legende vom kriegsentscheidenden und taktisch klugen Feldherrn Stalin erklärt dessen relativ hohe Popularitätswerte in der russischen Bevölkerung, wohingegen Gorbatschow bei der Mehrheit auch Jahrzehnte nach seiner Amtszeit noch als ein schlechter Staatslenker gilt.

Tatsächlich kostete Stalins Fehleinschätzung aber vielen sowjetischen Zivilisten und Soldaten das Leben. Er selbst konnte die ersten Angriffsmeldungen zunächst nicht glauben. Schockiert zog er sich zurück und überließ es seinem Außenminister Wjatscheslaw Molotow, sich an die Bevölkerung zu wenden. Auch in diesem Schlüsselmoment erfüllte er seine Führungsrolle nicht, wie man es hätte erwarten dürfen, während etwa Winston Churchill mit seiner „Blut-Schweiß-und-Tränen-Rede“ von 1940, in der er seine Landsleute für den „Sieg um jeden Preis" mobilisierte, nicht nur bei Briten in Erinnerung blieb. Auch Schlusssätze von Molotows Ansprache, die um 12 Uhr mittags Moskauer Zeit am 22. Juni 1941 in das Riesenreich ausgestrahlt wurde, kennt in Russland und in den Nachfolgestaaten der Sowjetunion so gut wie jeder. In Priwolnoje verfolgten alle Bewohner dessen pathetischen Aufruf zum Kampf und zum Widerstand, der aus einem Lautsprecher am Parteigebäude hallte. Auch die Gorbatschows hörten so jene ungemein mobilisierenden und prägenden Worte Molotows: „Unsere Sache ist gerecht! Der Feind wird vernichtet! Wir werden siegen!"

Jetzt begann die Angst um den Vater, den Ehemann, den Sohn oder den Bruder, die in einen Krieg ziehen mussten, der geografisch noch weit weg von Priwolnoje war. Der Bote des Wehrbezirks kam zu Pferd und immer am späten Nachmittag oder frühen Abend, um den Einberufungsbefehl zu überbringen. „Hoffentlich kommt er nicht zu uns", bangte dann auch der junge Michail, wenn er die Hufschläge des Pferdes von der Dorfstraße vernahm und noch nicht wusste, vor welcher *Chata* der Bote halten würde. Noch größer war die Angst im weiteren Kriegsverlaufs davor, der Bote könnte der Familie die Nachricht vom Tod eines Angehörigen überbringen.

> Mein Vater wurde am 3. August, also etwas später einberufen, weil er und andere für die Ernte gebraucht wurden. Meine Mutter weinte, packte die ganze Nacht seine Sachen. Dann fuhren wir in die Kreisstadt zum Sammelplatz. Ich sah alles mit eigenen Augen. Es war ein herzzerreißendes Bild. Alle weinten. Man nahm Abschied und wusste nicht, ob man sich wiedersehen würde. Mein Vater schenkte mir zum Abschied eine Balalaika. Ich schnitzte mit dem Messer das Datum hinein: 3. August 1941. Und er kaufte mir einen Riesenbecher Eis. Das war das leckerste Eis, das ich je in meinem Leben gegessen habe.[13]

Sofern sie keine Hiobsbotschaften enthielten, sorgten Briefe von der Front für wahre Glücksmomente. Der zehnjährige Michail las die Front-Briefe der Mutter vor, und diese diktierte ihm die Antworten. Zudem hatte Sergej Gorbatschow die Parteizeitung *Prawda* abon-

4 Maria Gorbatschowa mit ihrem Sohn Michail im August 1941

niert, die Priwolnoje immer etwas verzögert erreichte. Kaum traf eine neue Ausgabe ein, kamen die Dorffrauen zusammen, viele wie Maria Gorbatschowa Analphabetinnen, und dann las Mischa ihnen die Berichte über den Kriegsverlauf vor. Zwangsläufig übernahm er auch jene Arbeiten des abwesenden Vaters, die lebenswichtig waren – das Graben und Jäten des Gemüsegartens, die Beschaffung des Brennstoffs für die *Chata*, des Heus für die eigene Kuh und vieles mehr.

Ende 1941 vermochten die sowjetischen Truppen die Wehrmacht vor den Toren Moskaus zu stoppen. Das war die erste echte Niederlage der Deutschen in diesem Krieg. Im Süden der Sowjetunion jedoch rückte die Wehrmacht im Sommer 1942 wieder vor, sodass sich die Front dem Dorf Priwolnoje bedrohlich näherte. In dieser Kriegsphase, als die Entscheidungsschlachten im Süden und Südwesten der Sowjetunion tobten, gab Stalin den legendären Befehl № 227 vom 28. Juli 1942 aus, den in Russland jeder kennt und der ganz simpel lautete: „*Ni schagu nazad!*", nicht einen Schritt zurück! Dieser Haltebefehl sah bei mangelnder Kampfbereitschaft oder bei vermeintlicher Feigheit vor dem Feind die Todesstrafe vor. Der Wehrmacht war es einen Tag zuvor gelungen, Rostow am Don einzunehmen, das „Tor zum Kaukasus", wie die Nationalsozialisten die Stadt bezeichneten. In Priwolnoje brach Panik aus, die Deutschen waren jetzt nur noch rund 200 Kilometer entfernt.

Viele flohen vor der anrückenden deutschen Armee weiter Richtung Süden, so auch Michail Gorbatschows Großeltern Pantelej und Wasilisa. Schon wenige Tage nach der Eroberung von Rostow nahm die Wehrmacht auch Priwolnoje ein, widerstandslos, weil sich dort die sowjetischen Verbände in Auflösung befanden. Damit begann die Zeit der deutschen Besatzung für den inzwischen elfjährigen Michail, der schon in der Ferne das Gedröhn und die Explosionen gehört und zum ersten Mal in seinem Leben eine Salve der Raketenwerfer „Katjuscha" am Himmel gesehen hatte. Doch Priwolnoje wurde nicht durch feindliche Panzer eingenommen, sondern in das Dorf kamen motorisierte, leicht bewaffnete Infanteristen, hauptsächlich auf BMW- oder Zündapp-Motorrädern. Zu Exzessen kam es hier offenbar nicht: „Die Deutschen haben sich zumindest bei uns nicht schlimm verhalten.

Wohl aber in Mineralnije Wody. Später kamen Freiwillige aus der Ukraine nach Priwolnoje", erinnert sich Gorbatschow.[14]

Tatsächlich wurden die Wehrmacht-Soldaten anfangs nicht nur in der Ukraine oder Belarus teilweise als Befreier vom kommunistischen Joch begrüßt. Selbst unter Russen gab es noch viele, die als „Weiße" im Bürgerkrieg gegen die „Roten" gekämpft hatten und nun auf Revanche aus waren. Der Bürgerkrieg war gerade mal zwei Jahrzehnte her, und entsprechend wurde auf sowjetischer Seite häufig behauptet, erst der deutsche Angriffskrieg habe das Land geeint. Michail Gorbatschow erinnert sich an einen deutschen Soldaten namens Hans, der in der *Chata* der Eltern ein- und ausging und sehr freundlich gewesen sei.[15] Und seine Klassenkameradin Raissa Kopejkina berichtet, ein Arzt der deutschen Besatzer habe ihre damals neunjährige Schwester behandelt, nachdem sie von einem Schäferhund der Deutschen ins Bein gebissen worden war.[16] In Priwolnoje mordeten die Wehrmacht und auch die SS offenbar nicht, doch in Mineralnije Wody, in Rostow oder in Krasnodar erschossen die Deutschen viele Tausend Menschen, überwiegend Juden, aber auch Kommunisten und Partisanen, oder sie schickten sie ins Gas.

So wie Michail Gorbatschow und Raissa Kopejkina kann sich auch Iwan Budjakow, der die Besatzer in Priwolnoje als Kind erlebt hat, an keine deutsche Untaten in seinem Dorf erinnern. „Als sie hier waren, taten sie keinem etwas Böses, auch während des Abzugs nicht."[17] Auch in Archys, so erzählen es einige verbliebene alte Bewohner, sei es zu keinen Exzessen seitens der Wehrmacht gekommen. Einmal nur hätte ein deutscher Soldat einen Bewohner erschossen, weil er sich nicht an die abendliche Ausgangssperre gehalten habe. Prägender war an diesen Orten offenbar die sowjetische Verfolgung: Stalin ließ während des Krieges ganze Bevölkerungsgruppen im Kaukasus deportieren, meist nach Zentralasien. Der Vorwurf lautete „Spionage", „Verrat" oder „Kollaboration mit dem Feind". Das kleine Volk der Karatschaier gehörte zu diesen Opfern. Die hochbetagte Chalimat Tokowa war acht Jahre alt, als sie mit ihrer karatschaischen Familie 1943 aus Archys deportiert wurde, nachdem die Deutschen abgezogen waren. Viele starben während des Transports oder in der Verbannung. Sie sagt: „Es waren die Unsrigen, es war Stalin, der uns Leid zugefügt hat – nicht die Deutschen. Wir durften erst im August 1957 zurück nach Archys.“[18] Das war Nikita Chruschtschow zu verdanken, der zunächst parteiintern, später öffentlich mit seinem Vorgänger Stalin abgerechnet hatte.

Sergej Gorbatschow, für seine Tapferkeit ausgezeichnet, kämpfte zunächst in der Hafenstadt Taganrog am Asowschen Meer, etwa 100 Kilometer südöstlich von Donezk, dann in Rostow am Don. Neben seinem Einsatz an vielen anderen Frontabschnitten nahm er auch an der Schlacht von Kursk und an der Befreiung von Kiew teil. Seinem Sohn Michail verheimlichte er die Schrecken des Krieges nicht:

> Er erzählte mir davon, und nicht nur einmal. Er nahm auch an Nahkämpfen teil, Mann gegen Mann. Und als er mit einer Schilderung begann, veränderte sich dieser Mensch plötzlich direkt vor meinen Augen. Er sagte: „Man brauchte mehrere Stunden, um danach wieder zu sich zu kommen. Dieser Nahkampf – da war nur entscheidend: Wer besiegt wen? Entweder du den Gegner oder er dich.“ Vater war zwei oder drei Mal im Nahkampf, genau in unserer Gegend, unweit von Taganrog.[19]

Gebannt verfolgten die Bewohner von Priwolnoje die finale Schlacht um Stalingrad, die rund 450 Kilometer nordöstlich von ihnen tobte. Von der Niederlage und der Zerschlagung der 6. Armee erfuhren sie von den deutschen Besatzern ihres Dorfes, die jetzt schnell ihre Sachen packten und flüchteten, weil sie fürchteten, bald ebenfalls von der sowjetischen Armee eingekesselt zu werden. Gerüchte kamen auf, dass sowjetische Systemgegner, die auf der Seite der Deutschen standen, nun an den Kommunisten im Dorf Rache üben würden. Zu ihnen gehörte Pantelej Gopkalo als Kolchosführer. Michail Gorbatschow erinnert sich sehr präzise an das Drama, das er als knapp 12-Jähriger erlebte:

> Wir bekamen einen anonymen Brief, dass Vergeltungsaktionen geplant sind. Meine Mutter war ganz aufgelöst, wusste zunächst nicht, was sie tun sollte. Man beschloss, mich zu meinem Großvater Andrej zu bringen, der

> vier Kilometer entfernt auf einem Hof arbeitete. Wir gingen in der Dunkelheit los; es regnete, alles war voll Matsch. Wir kannten den Weg, doch weil es absolut dunkel war, verliefen wir uns! Mutter wollte schon aufgeben, sagte: „Jetzt sind wir verloren." Dann wurde aus dem Regen ein richtiges Gewitter. Ich sagte: „Los, wir müssen weiter!" Und in dieser angespannten, hoffnungslosen Situation erleuchtete sich plötzlich der Himmel: Es blitzte, wir bekamen die Orientierung zurück! Das war wohl göttliche Fügung.[20]

Noch vor der offiziellen Kapitulation der 6. Armee durch Friedrich Paulus war Priwolnoje befreit, wo am 21. Januar 1943 sowjetische Soldaten einrückten. Die Dorfbewohner, hauptsächlich Frauen, Kinder und Alte, waren jetzt zwar außer Gefahr, doch das Zittern um die noch kämpfenden Ehemänner, Väter, Söhne und Brüder an anderen Frontabschnitten ging weiter. Nicht wenige von ihnen fielen: Auf dem Kriegerdenkmal in Priwolnoje stehen die Namen von sieben Gorbatschows. Vater Sergej kämpfte gegen Kriegsende in den Karpaten. Drei Jahre lang hatte er alles überlebt, dann der Schock: „Im August 1944 bekamen wir einen Brief von der Front – von Soldaten geschrieben. Ihm lagen Fotos von uns bei und Briefe, die wir Vater geschrieben haben. In dem Brief hieß es, der Vater sei den Heldentod gestorben. – Drei Tage nur Tränen", erzählt Michail Gorbatschow.[21] Doch diese Todesmeldung war ein Irrtum! Einige Tage später traf erneut ein Brief ein, dieses Mal vom tot geglaubten Vater selbst. Im Kampfgetümmel, so stellte sich später heraus, hatte Sergej Gorbatschow seine Dokumententasche verloren. Kameraden fanden sie, glaubten, der Besitzer sei tot, und machten Meldung. Der inzwischen 13-jährige Michail schrieb seinem Vater einen Brief, in welchem er seinen Unmut über diese voreilige Todesmeldung durch die Kameraden zum Ausdruck brachte. „Mein Vater schrieb mir zurück, ich solle nicht so streng sein mit ihnen. Denn im Krieg und an der Front würden allerlei Dinge passieren. Es sei doch ein großes Glück, dass er am Leben geblieben sei."[22]

Sergej Gorbatschow, so erinnern sich die Dorfbewohner, die ihn noch kannten, war ein sanftmütiger und ausgeglichener Mann. Anders als seine Ehefrau Maria, die sehr resolut und temperamentvoll sein konnte. Auch Iwan Budjakow bestätigt das: „Seine Mutter konnte derb schimpfen, aber sein Vater war ruhig, er benutzte auch nie Schimpfwörter oder so.“[23]

Vom reitenden Postboten zum Musterschüler

Nachdem die deutschen Besatzer aus Priwolnoje abgezogen waren, kehrte allmählich das alte Leben ins Dorf zurück, auch der Schulbetrieb, der mit der deutschen Besatzung ein Ende gefunden hatte, wurde wieder aufgenommen. Hier klafft eine bisher unentdeckte Lücke im Lebenslauf von Michail Gorbatschow: In seinen weit mehr als 1 000 Seiten umfassenden Memoiren ist zwar zutreffend die Rede davon, dass er zwei Jahre nicht zur Schule gegangen sei. Dass die anderen Schüler seines Jahrgangs jedoch bereits 1943 und nicht wie er erst 1944 das Lernen wieder aufnahmen, wird darin nicht erwähnt. Seine einstige Klassenkameradin Raissa Kopejkina (geb. Litowtschenka) berichtet, dass Michail Gorbatschow nach dem Abzug der Deutschen zunächst als Postbote arbeitete, während sie und die anderen Gleichaltrigen wieder zur Schule gingen. Entsprechend schloss er erst 1950 die zehnte Klasse ab, sie dagegen schon 1949.[24] Mit dem Pferd der Kolchose machte sich Michail fortan in die Kreisstadt Molotowskoje auf (heute Krasnogwardejskoje), wo er die Post entgegennahm, die er nach der Rückkehr in sein Dorf verteilte.

Der Heranwachsende hatte einfach keine Lust auf die Schule. Sein Vater kämpfte 1943 noch an verschiedenen Fronten, hatte somit keinen direkten Zugriff auf ihn, und die Mutter machte ihm keinen besonderen Druck. Sie selbst war schließlich überhaupt nicht zur Schule gegangen und hielt vier absolvierte Schuljahre daher wohl für ausreichend. Doch Sergej Gorbatschow ließ nicht locker: „Vater schrieb von der Front: ‚Michail, du musst verstehen …‘ und ‚Ich bitte dich …‘ Und meiner Mutter schrieb er: ‚Alles, was sich verkaufen lässt: bitte verkaufen und dann alle Schulbücher anschaffen. Michail muss zurück in die Schule!‘“[25] Doch auch die sonst so resolute Mutter konnte sich gegenüber ihrem jungen Teenager-Sohn nicht durchsetzen. Er hatte ja nicht mal anständiges Schuhwerk zum Anziehen. Michail Gorbatschow erklärt diese Entwicklungsphase so: „Ich hatte zwei

Jahre Freiheit genossen und wollte nicht mehr an die Schule denken. Es gab aber noch Großvater Pantelej. Er war der wichtigste Mensch bei uns. Und er hat seinen Beitrag geleistet, indem er sagte: ‚Mischa, man muss in die Schule gehen!' Und wenn dieser Großvater etwas sagte, hörten ihm alle zu. Immer, ein Leben lang."[26]

Und noch eine Respektsperson im Dorf wirkte auf ihn ein: Jefim Gordejewitsch Litowtschenko, der Vater seiner Mitschülerin Raissa. Er war wie Michails Großvater Pantelej Vorsitzender einer Kolchose. Litowtschenko sagte mehrfach zu ihm: „Michail, lass das mit der Post! Wirf die Tasche weg! Geh wieder zur Schule!" Viele Jahre später, als er schon politisch Karriere machte, bedankte sich Michail Gorbatschow ausdrücklich und öffentlich bei Litowtschenko. Auf einer Versammlung im benachbarten Dorf Pregradnoje trat Gorbatschow als Redner auf und erblickte unter den Zuhörern auch Litowtschenko, den er mit den Worten würdigte: „Dank Jefim Gordejewitsch habe ich die Posttasche liegen lassen, ging wieder zur Schule und erhielt somit meine Ausbildung. Dank ihm wurde ich zu dem, der ich jetzt bin."[27] Das mag wohl auch dem Moment geschuldet gewesen sein, doch tatsächlich hat Litowtschenko wohl eine wichtige Rolle neben Vater und Großvater gespielt.[28]

Sie alle versuchten, ihn wieder zum Schulbesuch zu bewegen, und auch seine Mutter Maria tat, wie sie ihr Mann geheißen hatte. Der erste Versuch der Wiedereingliederung in die Schule ging jedoch mächtig schief. Noch vor Unterrichtsende ging Michail Gorbatschow einfach heim und warf das einzige Buch weg, das er besaß. Die Mutter weinte, gab jedoch nicht auf, sondern ging aufs Ganze. Sie verkaufte oder tauschte Gegenstände aus dem Hausstand und kam abends gleich mit mehreren Büchern zurück. Und ihr Coup gelang: Michail begann zu lesen, verschlang die Lektüre förmlich bis tief in die Nacht und entschied endlich, am nächsten Morgen doch wieder zur Schule zu gehen. Und die Begeisterung für die Lektüre blieb. In der winzigen Dorfbibliothek lieh er sich ein Buch von Wissarion Grigorjewisch Belinski aus. „Es wurde zu meiner Bibel. Ich war begeistert, las es immer wieder und hatte es stets bei mir", schrieb Gorbatschow in seinen Erinnerungen von 1995 – immer noch voller Euphorie.[29]

Belinski war ein russischer Philosoph und ein bedeutender Literaturkritiker aus der ersten Hälfte des 19. Jahrhunderts. In seinem romantischen Drama *Dmitri Kalinin* übte er Kritik an der Leibeigenschaft, was ihn in Konflikt mit dem Zarenregime brachte. Als Literaturkritiker verhalf Belinski unter anderen Fjodor Dostojewski zum literarischen Durchbruch, indem er dessen ersten Roman *Arme Leute* überaus positiv besprach. Über diesen Sammelband von Belinski aus der Priwolnojer Dorfbibliothek kam Gorbatschow rasch zu den Großen der russischen Literatur und verschlang die Werke von Alexander Puschkin und Michail Lermontow.

Lermontow eckte wie auch Belinski bei der Obrigkeit an und wurde zeitweise in den Kaukasus verbannt. Sein Roman *Ein Held unserer Zeit* scheint Gorbatschow, der auch viele seiner Verse auswendig kannte, besonders beeindruckt zu haben. Darin schildert der Dichter die Situation der gebildeten und freiheitlich denkenden Jugend seiner Zeit, die aufgrund des Stillstands unter dem Zaren unzufrieden war. Aus einer viel späteren Literatengeneration gefiel Gorbatschow insbesondere der sowjetische Futurist Wladimir Majakowski. All dieser Lesestoff bot viel Inspiration für einen Heranwachsenden in der nordkaukasischen Provinz und später auch Anlass für Gespräche in seiner Ehe mit Raissa.

Hunger, Terrorjahre und den Krieg hatte Michail Gorbatschow inzwischen hinter sich, ein Übermaß an Lebenserfahrung für den inzwischen 14-Jährigen. Entsprechend wankten erstmals die kindlichen Vorstellungen vom späteren Berufsleben: „Ich wollte Matrose sein. Ich glaube, es lag an den Uniformen, die mir sehr gefallen haben. Aber was konnte ein Junge aus der tiefen, fernen Provinz schon wissen? In unserem Dorf gibt es ein Flüsschen, den Jegorlyk. Er speist sich aus dem Kuban-Strom, der hat genug Wasser. Aber der Jegorlyk trocknete im Sommer immer aus. Und ich beschloss also, Matrose zu werden!“[30] Doch es sollte anders kommen.

9. Mai 1945 – der Große Vaterländische Krieg ist zu Ende. Vater Sergej, der fast vier Jahre erbitterte Kämpfe an zahlreichen Fronten in Ost- und Mitteleuropa überlebt hat, ist noch kurz vor Kriegsende in der Nähe der slowakischen Stadt Kosice schwer verwundet worden, als deutsche Jagdbomber vom Typ Messerschmitt seine Stellung an-

griffen. Basierend auf den Schilderungen seines Vaters gibt Michail Gorbatschow das Drama wieder:

> Jemand schrie: „Hinlegen! – Und ich warf mich hin auf den Boden", sagte er. Doch das linke Bein ragte etwas empor. Dann kam die Explosion, und er wurde getroffen. Ein Splitter ging durch das Fleisch des linken Beins, 12 Zentimeter lang, aber der Knochen blieb unversehrt. Er kam zunächst in ein Frontspital, danach nach Krakau. Und so kam seine ganze Geschichte an der Front zu einem Ende. Seine Genesung nahm viel Zeit in Anspruch."[31]

Als Sergej Gorbatschow wieder halbwegs auf die Beine kam und nach Priwolnoje zurückkehren konnte, fand er ein verändertes Dorf vor. Verlassene und heruntergekommene Hütten, noch mehr Armut als vorher, viele Witwen und Waisen. Ende 1945 nahm er seine alte Arbeit als Mechaniker und Mähdrescherfahrer in der Maschinen-Traktoren-Station wieder auf. Sie liegt außerhalb von Priwolnoje, der Weg dorthin ist noch 2015 selbst für einen Geländewagen recht mühsam. Moderne Erntefahrzeuge stehen hier heute in Reih und Glied, eine riesige Halle dient als Getreidespeicher. In dieser vormaligen Kolchose verdiente einst der junge Michail sein erstes Geld als Helfer seines Vaters. Der hatte ihn nach der Rückkehr von der Front und seiner Genesung zur Seite genommen und zu ihm gesagt: „Mischa, du bist jetzt groß genug. Ich habe mit dir etwas Wichtiges zu besprechen. Du siehst ja, es ist alles zerstört. Es fehlt an allem. Keine Kleidung, keine Schuhe. Man muss Geld verdienen. Und das geht nur, wenn man arbeiten geht."[32]

Michail Gorbatschow redet mit Stolz von seinem Vater, er sei ein hochgeschätzter Mähdrescherfahrer gewesen, die Arbeit mit ihm habe großen Spaß gemacht und bald schon seien sie wie Freunde gewesen.

> In der neunten Klasse, das war 1948, hatten wir die erste Nachkriegsernte. [...] Die davor waren schlecht. Der Boden war ja überwuchert, keine Düngemittel, kaum landwirtschaftliches Gerät. 1948 gab es Staubstürme. Vater war äußerst verstimmt, dass man wieder Pech hatte. Wieder eine Dürre. Einmal sagte er an einem Sonntag zu mir: „Wir werden in die

5 Gorbatschows Vater Sergej um 1950

> Steppe fahren und sehen, was mit dem Getreide auf dem Feld passiert." Und dann sind wir losgefahren. Das Gewächs wurde vom Wind ausgepeitscht bis [...] zur Wurzel. Vater war höchst beunruhigt. Ich verstand das damals alles noch nicht. Erstaunlicherweise setzte aber zwei oder drei Tage nach unserer Fahrt in die Steppe Regen ein. Ein ruhiger Regen, kein Sturzregen. [...] Vier Tage regnete es rund um die Uhr, und alles begann zu wachsen! Das Getreide, das Kraut. Und die Menschen erwachten wieder zum Leben.[33]

Michails Leben bewegte sich nun in drei verschiedenen Welten: In der Schule, auf dem Feld und im zaghaften Privatleben, das damals schon nach dem fast obligatorischen Eintritt in den kommunistischen Jugendverband Komsomol im Herbst 1948 auch politisch war. Die pubertäre Trotzphase hatte er längst hinter sich gelassen und war zu einem Musterschüler aufgestiegen. Er begeisterte sich für Geschichte und

Literatur, und die Fächer Mathematik und Physik zogen ihn ebenso an. Als Fremdsprache lernte er Deutsch. Das Wort „Ordnung" hat sich ihm offensichtlich besonders eingeprägt, denn er warf es Jahrzehnte später als Weltpolitiker gern bei Gesprächen oder Interviews mit Deutschen gelegentlich ein. Sport dagegen lag ihm weniger. In Priwolnoje konnten Schüler nur bis zur achten Klasse die Schule besuchen. Die neunte und zehnte absolvierten sie in der Kreisstadt, falls die Eltern oder Kriegswitwen das Geld dafür aufzubringen vermochten.

In dieser Phase bekamen Sergej Gorbatschow und seine Ehefrau Maria noch einmal Nachwuchs: Am 7. September 1947 wird Alexander geboren. Michail hat nun einen 16 Jahre jüngeren Bruder, was der sowjetischen Öffentlichkeit noch in den ersten Jahren der Perestroika nicht bekannt war. So tabuisiert waren selbst banale biografische Angaben über hohe Parteifunktionäre in der von fast manischer Geheimniskrämerei durchdrungenen Sowjetunion zu Zeiten des Kalten Krieges.

*

Eine Generation später stoße ich 2016 bei der Spurensuche im Dorf Priwolnoje mit meinem Kamerateam unerwartet auf Relikte, die aus heutiger Sicht in völlig überflüssiger, fast komischer Weise wie ein Staatsgeheimnis gehütet wurden. Das in den 1970er-Jahren gebaute Steinhaus der Gorbatschows ist verwaist, und vor dem Eingang wucherte es mannshoch. Ein angrenzender Schuppen, vielleicht auch eine ehemalige Behausung oder Anliegerwohnung, ist offen zugänglich. Die Neugierde treibt uns hinein, und wir finden in einem Regal alte Hefte mit Schulnoten. Datiert sind sie auf das Jahr 1961. Sie gehörten Gorbatschows Bruder Alexander, der 2001 an Krebs verstarb. Einen Augenblick überlege ich, die Hefte nach Moskau mitzunehmen, um sie der Gorbatschow-Stiftung zu übergeben. Kamera-Mann Dmitri meint jedoch, es sei besser, alles so zu belassen, wie es ist. Ich stimme ihm zu.

*

Alexander Sergejewitsch Gorbatschow, so sieht es sein Bruder Michail, hatte eine leichtere Kindheit und Jugend als er selbst. „Das wirkte sich auf seinen Charakter und seine Einstellung zum Leben aus. Mir behagte das nicht sonderlich, und ich versuchte, ihn meinen Lebensvorstellungen anzupassen", räumt er in seinen Memoiren ein. „Doch Saschka [Koseform für Alexander – I. L.] ist sich selbst treu geblieben."[34]

In den ersten Lebensjahren von Alexander haben die Eltern mit finanziellen Sorgen zu kämpfen, da vor allem Vater Sergej seinem Sohn Michail eine gute Ausbildung ermöglichen möchte. Alles wurde dafür getan, dass Michail die Oberschule in Molotowskoje besuchen konnte. Diese Stadt mit ihren zahlreichen Namen spiegelt bestens die wechselvolle Zeit der Stalin-Ära und der Terror-Jahre wider.

Molotowskoje, die Ende der 1940er-Jahre, als Michail Gorbatschow dort hinzog, etwa 10 000 Einwohner zählte, hieß ursprünglich Medweschje. 1935 verfügte Stalin, sie solle Jewdokimowskoje heißen – zu Ehren seines Mitstreiters Jefim Jewdokimow. Dieser war ein brutaler Verfolger der Bauern und organisierte zuvor im Russischen Bürgerkrieg Massenerschießungen auf der Krim. Vor allem aber war er ein enger Vertrauter vom Moskauer Geheimdienstchef Jeschow, der Stalins Großen Terror und die sogenannten „Großen Säuberungen" landesweit umsetzte. 1938 fiel Jewdokimow jedoch bei Stalin in Ungnade und entsprechend wurde Jewdokimowskoje in Molotowskoje umbenannt – jetzt also zu Ehren von Wjatscheslaw Molotow. Und damit nicht genug: 1957 verfügte der neue Kreml-Chef Chruschtschow, Molotowskoje solle fortan Krasnogwardejskoje heißen – ein Name zu Ehren aller Rotgardisten. Der Grund für diese neuerliche Umbenennung war, dass Molotow einer Dreier-Gruppe angehörte, die Chruschtschow stürzen wollte.

Gorbatschow war 17 Jahre alt, als er in der Spät-Stalin-Ära in diese Kreisstadt zog, wo der Vater einen Schlafplatz für ihn gemietet hatte. Am Wochenende ging er oft die 20 Kilometer zu Fuß zu seinen Eltern und 20 wieder zurück, um Lebensmittel zu holen. Dennoch war das Leben freier, niemand kontrollierte mehr seine Hausaufgaben.

In seinem Heimatdorf wohnte Nadezhda Jefimowna Litowtschenka (1933–2007), Schwester seiner Klassenkameradin Raissa und Tochter des Kolchos-Vorsitzenden Jefim Litowtschenko. Mit ihr hatte er nach Aussage von Raissa seine erste Romanze überhaupt.[35] Michail und ihre inzwischen verstorbene Schwester Nadezhda hätten damals Fotos ausgetauscht und seien eine Zeit lang ein Paar gewesen. Doch sehr verliebt war Michail Gorbatschow offenbar nicht, der den Erzählungen seiner Klassenkameradin über das Verhältnis mit ihrer Schwester zwar nicht widerspricht, allerdings bekennt, er könne sich nicht mehr recht erinnern.[36]

Ganz anders verhielt es sich im Fall von Julia Karagodina. Sie hatte es dem jungen Gorbatschow wirklich angetan. Die beiden lernten sich in der weiterführenden Schule in Molotowskoje kennen, als er eines Tages zu einer Schüler-Theatergruppe ging. Einer sowjetischen Zeitschrift erzählte Julia Karagodina 1991 aus jener Zeit Ende der 1940er-Jahre und von ihrem ersten Eindruck: „Es war nicht so, dass er mir anfangs nicht gefallen hätte, doch er schien irgendwie übermäßig energisch, resolut zu sein. Ich nahm aber sein besonderes Interesse an mir wahr. Damals war ich in der zehnten Klasse und Michail in der neunten. Außerdem hatte ich schon einen Freund, der später auch mein Mann wurde: – Wolodja [Koseform für Wladimir – I. L.] Tschernyschew."[37]

Diese Laien-Theatergruppe war erfolgreich und hatte zahlreiche Auftritte in der Kreisstadt und in den umliegenden Dörfern. Anerkennung, Applaus und Blumen waren ihr sicher. Zum Repertoire gehörte Lermontows *Maskerade,* im Original ein Versdrama in vier Akten; außerdem führte die Gruppe das Märchenspiel *Snegurotschka* auf, zu Deutsch: Schneemädchen. Dieses Stück von Alexander Ostrowski, einem der bekanntesten russischen Dramatiker des 19. Jahrhunderts, hat nichts von unserem Schneewittchen. Im russischen Märchenspiel verliebt sich das Schneemädchen, Tochter von Väterchen Frost und der Frühlingsgöttin, in einen Jüngling, den sie heiraten will. Julia Karagodina spielte die Hauptrolle, den Jüngling mimte Michail Gorbatschow. Dass die beiden in ihren jeweiligen Schulklassen zu den Besten gehörten, brachte sie ebenfalls einander näher. Julia Karagodina erklärt im Zeitschrifteninterview für damalige sowjetische Verhältnisse ziemlich offen: „Wir hatten natürlich nicht so eine Beziehung wie das heute bei jungen Leuten üblich ist. Sie verstehen, wovon ich rede. Damals war alles anders. Sich nur leicht zu berühren oder sich zu streifen, war schon etwas ganz Besonderes. Unsere Freundschaft habe ich als etwas wirklich Großes und Reines in Erinnerung."[38]

Auch wie resolut Michail Gorbatschow gegenüber den Lehrern und der Schuldirektorin sein konnte, schildert Julia Karagodina eindrücklich: „Er war wahrscheinlich der Einzige unter uns Schülern, der es wagte, den Lehrern auch mal zu widersprechen. Ich wusste, dass er von seinem Platz aufstehen und der Geschichtslehrerin sagen konnte: ‚Sie liegen falsch. Die Fakten sind diese und jene.'"[39]

Lang währte das Verhältnis zwischen Julia und Michail nicht: Da sie ein Jahr früher als er die Schule beendete, verließ sie die Kreisstadt. Einige Male besuchte er sie noch. Michail mochte verliebt gewesen sein, doch in der damaligen Zeit hätte er, um eine feste Beziehung einzugehen, zumindest eine Heiratsabsicht haben, wenn auch noch kein Heiratsversprechen abgeben müssen. Diese Absicht hatte er offensichtlich nicht, zumindest erinnert sich Julia: „Er war unentschlossen. Aber wir passten wahrscheinlich auch nicht wirklich zusammen."[40] So blieb sie bei ihrem Freund Wolodja und heiratete ihn einige Jahre später.

*

Die damalige Schule heißt jetzt Gymnasium Nr. 1, und die Direktorin Oxana Akulowa ist stolz auf ihren berühmten Absolventen. Sie nimmt sich Zeit für Erläuterungen und eine kleine Führung. Am 30. April 2000 sei Michail Gorbatschow als Präsident a. D. zur Einweihung einer Gedenktafel gekommen, die darüber informiert, dass er hier von 1948 bis 1950 zur Schule ging. 2001 sei er wiedergekommen, dieses Mal mit seinem Freund Hans-Dietrich Genscher, der sich ebenfalls in das Gästebuch der Schule eintrug. Er schrieb: „Glück und Frieden den Schülerinnen und Schülern dieser Schule und ihren Lehrern."[41] Anders als nach dem historischen „Strickjackentreffen" in Archys mehr als zehn Jahre zuvor, war Genscher nun tatsächlich in die Heimatregion Gorbatschows gekommen, wo er auch das Geburtsdorf seines russischen Freundes besuchte.

Griff nach den Sternen

Michail konzentrierte sich auf die Schule und arbeitete weiter auf dem Feld als Gehilfe seines Vaters. Diese Knochenarbeit sollte sich auszahlen: Sie ebnete ihm im „Reich der Arbeiter und Bauern" den Weg nach Moskau – ohne dass er das zum Zeitpunkt dieser Schufterei schon wusste. Gorbatschow erinnert sich immer wieder gern daran:

> Stalin hatte damals Folgendes verfügt: Die Mähdrescherführer, die bei der Ernte 10 000 Doppelzentner Korn einfahren, sollten den Titel „Held der sozialistischen Arbeit" bekommen. Die Ernte fiel gut aus. Mein Vater und ich als sein Helfer legten los! Wir arbeiteten zusammen mit den Jakowenkos, ebenfalls ein Vater-Sohn-Gespann. [...] Mir machte die Arbeit auf dem Mähdrescher Riesenspaß, und ich konnte ab dem dritten Jahr bereits nach Gehör feststellen, wenn etwas nicht richtig lief. [...] Ich habe in den fünf Jahren auf dem Feld viel Staub geschluckt.[42]

Zusammen mit den Jakowenkos fuhren Vater Sergej und Sohn Michail 19 600 Doppelzentner ein und verfehlten den Helden-Titel damit nur knapp. Doch den Vätern brachte das immerhin den begehrten Lenin-Orden und den Söhnen den „Orden des Roten Arbeitsbanners" ein. Für Michail Gorbatschow war es die erste gesellschaftliche Auszeichnung, und sie stellte für ihn noch im hohen Alter die wertvollste in seinem Leben dar. Jedenfalls sagte er das und schrieb es auch, wobei er vermutlich den Friedensnobelpreis vergaß, den er gut 40 Jahre später erhielt. „Ja, der Orden des Roten Arbeitsbanners war eine große Überraschung. Und was für eine angenehme. Zuerst die gute Ernte, dann der große Lohn, dann bekamen wir noch Getreide extra und schließlich diese Auszeichnung! In der Schule folgte eine Veranstaltung. Da hielt ich meine erste öffentliche Rede. Ich erzählte, wie schwer es ist, mit einem Mähdrescher zu arbeiten und Getreide anzubauen."[43] Es war diese Auszeichnung für seine Feldarbeit, die ihm als „Dorfjungen" ohne entsprechende Verbindungen die Zulassung zur angesehensten und begehrtesten Universität im Lande bescherte: zur Lomonossow-Universität in Moskau.

Nach der zehnten Klasse, die er 1950 mit einer Silbermedaille absolvierte, stellte sich für ihn wie für jeden jungen Menschen die Frage, wohin und was weiter?

> Meine Entscheidung war: Nach Moskau und nirgendwohin sonst! Nur nach Moskau! Ich schickte Anfragen an mehrere Hochschulen: an die Hochschule für Stahl, an die Hochschule für Wirtschaft – insgesamt waren es fünf oder sechs verschiedene Universitäten. Von allen bekam ich Rückmeldungen, in denen stand, zu welchen Bedingungen was zu machen war. Ich entschied mich für eine Bewerbung an der Fakultät für Rechtswissenschaften an der Lomonossow-Universität. Ich weiß nicht, warum gerade Jura! Vielleicht, weil das Unrecht gegenüber meinem Großvater vor meinen Augen passiert war. Es hatte mich aufgerüttelt. Mir gefiel auch der Posten eines Staatsanwaltes und dessen Bedeutung. Aber daheim hatte ich mich mit niemandem beraten.[44]

Die Wahl der Fachrichtung wirkt eher beliebig, nur in einem war der 19-jährige Michail fest entschlossen: raus aus dem Dorf! Auch sollte es keine Großstadt in der Nähe sein wie zum Beispiel Rostow am Don – nein: Es musste Moskau sein. Das war ein Griff nach den Sternen für einen jungen Mann aus der tiefen südrussischen Provinz, und es war ein Ausdruck seines Selbstbewusstseins, das später noch während der fast sieben Jahre im Kreml eine große Rolle spielen sollte.

Nicht, dass Gorbatschow mit der kommunistischen Partei in seiner Jugend nichts zu tun gehabt hätte. Im Gegenteil: Wie fast alle war er im Jugendverband Komsomol. Und wie die meisten wollte er in die Kommunistische Partei aufgenommen werden, weshalb er ab 1950 ein sogenannter Anwärter auf die volle Parteimitgliedschaft war. Doch bei der Bewerbung um die Uni-Zulassung konnte er damit nicht punkten, denn das entsprach einem Mindeststandard. Was gab also den Ausschlag? Tatsächlich waren im stolzen Staat der Arbeiter und Bauern Dorfjungen mit der Auszeichnung des Roten Arbeitsbanners eine absolute Seltenheit.

> Ich schickte die Bewerbungsunterlagen ab und ging weiter der Feldarbeit mit dem Mähdrescher nach, um Geld zu verdienen. Lange keine Ant-

> wort, nichts. Ich hatte bei dem Schreiben vermerkt, dass der Absender das Porto für die Rückantwort bezahlt. Und dann kam sie doch noch! Der Postbote bringt mir einen Brief zum Mähdrescher. Ein Telegramm! Nur eine Zeile, aber was für eine! Wie ein Gedicht! Was da geschrieben stand, klang zeit meines Lebens wie Musik für mich: „Sie sind immatrikuliert – mit Wohnheim." Man hatte sogar darauf verzichtet, mich zu einem Vorstellungsgespräch einzuladen.[45]

Diese Zusage war zweifellos eine Sternstunde in Gorbatschows Leben. Er hob aufgrund seiner Herkunft den Anteil der echten Arbeiter- und Bauern-Kinder an der Universität, denn viele Studenten waren Städter aus bildungsnahen Schichten oder hatten die richtigen Parteibeziehungen, um an der begehrtesten und wichtigsten Universität des Landes aufgenommen zu werden. Gorbatschow hingegen hatte es mit seinen schulischen Leistungen und dem Arbeitsorden aus eigener Kraft geschafft. Für ihn begann damit etwas Neues und im Sommer 1950 hieß es Abschied nehmen von Priwolnoje.

> Ich fuhr also dahin. Und wie ich nach Moskau fuhr! Einmalige Eindrücke! Aus einem Dorf, wo es kein Radio und keinen Strom gab, wo es nichts gab. Es gab keine Straßen, es war die entlegenste Ecke der Welt. Wenn im Herbst der Regen einsetzte, war es kaum mehr möglich, zu uns zu kommen – so viel Matsch. Moskau hat mich einfach erschlagen. Heute ist es lustig, davon zu erzählen. Ich musste erst lernen, U-Bahn zu fahren oder die Rolltreppe zu benutzen. Aus dem Mähdrescher konnte ich während der Fahrt aussteigen, am Rad hinab. Aber hier? Die Lichter der Stadt, die laute Straßenbahn, die einen kaum schlafen lässt. […] Als ich wegzog, um an der Universität in Moskau zu studieren, stand Großvater neben dem Kleinlaster, in dem wir zu zweit oder zu dritt saßen. Alles war schon beladen für unsere Fahrt zur Bahnstation im Gebiet Rostow am Don. Die Station hieß und heißt heute noch Pestschanokopskaja. Ich freute mich, war prima Stimmung, denn bald würde es ja losgehen. Plötzlich bemerke ich Großvater [Pantelej], wie er da steht, auf uns schaut und weint. Für ihn war das wohl eine Art Bilanz seines Lebens.[46]

Drei Jahre später wird Großvater Pantelej im Alter von 59 Jahren sterben. Doch jetzt kommt erst einmal der Dorfjunge Gorbatschow voller Neugier, Lebenslust und dem Willen, Erfolg im Studium zu haben, in Moskau an, in der Hauptstadt des Weltkommunismus. Die Reise mit dem Zug dorthin war die erste überhaupt in seinem Leben. Er wohnt nun in einem Studentenwohnheim – im ersten Studienjahr mit 22 anderen Menschen in einem Raum, im zweiten gemeinsam mit elf anderen, im dritten Jahr in einem Sechs-Mann-Zimmer – alles entsprechend der sozialistischen Ordnung. Und bald schon wird er hier eine Bekanntschaft machen, die erneut alles verändert. Er lernt die junge Raissa Titarenko kennen, die Liebe seines Lebens.

3. HOCHZEIT IN GELIEHENEN SCHUHEN

Das Studentenwohnheim, in das Michail Gorbatschow in Moskau einzieht, hat mehr Bewohner als ganz Priwolnoje. Es liegt am Flüsschen *Jausa*, nordöstlich vom Stadtzentrum. Zur juristischen Fakultät, direkt gegenüber dem Manage-Platz und dem Kreml, fährt er mit öffentlichen Verkehrsmitteln. In diesem alten Universitätsgebäude-Komplex werden auch Marxismus-Leninismus, Philosophie und andere Fächer gelehrt. Sein Studentenwohnheim bietet alles, was es für ein Studentenleben braucht: eine Bibliothek, Cafés und einen Tanz-Club.

> Das war natürlich eine kolossale Welt. 4000 oder 6000 Leute, ich weiß es gar nicht mehr genau. Wir machten es uns dort also bequem. Unter den Studenten waren auch ehemalige Frontsoldaten oder Austauschstudenten aus der DDR. Ein solcher Junge studierte mit mir und war mein Nachbar. Ein kräftiger Kerl, ein Berliner. Der sagte zum Beispiel [Gorbatschow spricht den folgenden Satz auf Deutsch]: „Machen sie bitte das Licht aus!". Man sagte es dann zueinander: „Licht". Er erkrankte an Tuberkulose und reiste ab. Ich wollte ihn später ausfindig machen, aber es kam irgendwie nicht dazu. Ich weiß nicht, was aus ihm geworden ist. Und kannst du dich an Zdeněk Mlynář erinnern? [...] Das war mein bester Freund. Wir trafen uns [in den 1990er-Jahren – I. L.] wieder, setzten uns zusammen und gaben ein gemeinsames Buch heraus.[1]

Stalinist

Gorbatschows Freund aus der Studentenzeit, Zdeněk Mlynář (1930–1997), stieg zum engsten Vertrauten des tschechoslowakischen KP-Generalsekretärs Alexander Dubček auf, war also direkt beteiligt an der Freiheitsbewegung, die 1968 als „Prager Frühling" in die europäische Nachkriegsgeschichte einging. Bekanntlich wurde dieser Freiheitswille vom „großen sowjetischen Bruder" und den Zwangsverbündeten mit Panzern niedergeschlagen. Darüber hinaus war Mlynář Mitbegründer der „Charta 77", der tschechoslowakischen Bürgerrechtsbewegung. Und doch räumen sowohl Gorbatschow als auch Mlynář in einem veröffentlichten Dialog ganz offen ein, in ihrer Jugend überzeugte Stalinisten gewesen zu sein. Gorbatschow unterstreicht darin, sie beide hätten Stalins Tod 1953 als schweren Schlag empfunden und eine ganze Nacht angestanden, um an den Sarg zu treten. Mlynář liefert im Gespräch ein eindrückliches Zeugnis davon, wie verunsichert und besorgt sie der Tod Stalins zurückließ.[2]

Tatsächlich war Gorbatschow damals ein „Hundertprozentiger" und ein höchst aktiver Parteigänger. Schon in seinem ersten Studienjahr 1950/51 war er Parteisekretär des kommunistischen Jugendverbandes Komsomol in seiner Semester-Gruppe der juristischen Fakultät. Freimütig bekennt er sich zu seinen Anfängen als Kommunist und zu seinem Gefallen an Führungsrollen:

> Für mich war wesentlich, dass auch Vater Kommunist wurde – und zwar an der Front. Ich muss aber hinzufügen, dass auch noch etwas anderes eine Rolle spielte, was in mir selbst, in meinem Charakter angelegt war. Heute [1993 oder 1994 – I. L.], da ich mich selbst sozusagen von außen betrachte, kann ich darüber sprechen. Schon seit meiner früher Jugend spielte ich mich unter meinen Altersgenossen gern als Anführer auf. Dieses Bedürfnis blieb auch, als ich in den Komsomol und später in die Partei eintrat, es war die Art und Weise meiner Selbstverwirklichung. Ich glaube, mit Ideologie hatte das wenig zu tun.[3]

Diese Begeisterung für die Rolle der Leitfigur war es unter anderem, die Gorbatschow dazu bewog, Jura zu studieren: „Mir gefiel [...] das Amt des Staatsanwaltes. Das hatte was von einem großen Chef."[4]

Die Indoktrination der kommunistischen Dogmen und der kommunistischen Lehre machte vor keiner Fachrichtung Halt. Entsprechend hatten auch Gorbatschow und seine Kommilitonen die umfangreiche Polit-Lektüre aufzunehmen und zu verinnerlichen, weshalb ihre Ausbildung damals kaum mit einem heutigen Jura-Studium zu vergleichen ist. Ebenso hat beispielsweise seine spätere Ehefrau Raissa weniger Philosophie in unserem Sinne studiert, wie verkürzt kolportiert wurde, sondern sie studierte Philosophie/Marxismus-Leninismus. Später wurde sie promoviert in Soziologie.

Die Studentenzeit Gorbatschows war im Grunde zweigeteilt: Die erste Hälfte vom 1. September 1950 bis 5. März 1953 lag in der Stalin-Ära, während in der zweiten Hälfte bis Sommer 1955 die politische Tauwetter-Periode begann. Anfang der 1950er-Jahre erlebte er jedoch zunächst die Stalin'sche Hetze gegen Juden, die meist als „Kosmopoliten" bezeichnet wurden, und auch die Paranoia rund um die sogenannte „Ärzteverschwörung". Dabei handelte es sich um eine von Stalin erfundene Anschuldigung, die in einen Komplott gegen Ärzte mündete, die ihn und einige seiner Getreuen angeblich durch das Verabreichen von Gift oder auf andere Weise umbringen wollten. Viele dieser auch im Kreml tätigen Ärzte waren Juden. Anders als 1937 hatte der Terror in den 1950er-Jahren eine deutlich antisemitische Stoßrichtung.

Es folgten Denunziationen, Verhaftungen, Folterungen sowie eine inszenierte Presse-Kampagne, die in der *Prawda*-Schlagzeile vom 13. Januar 1953 gipfelte: „Bösartige Spione und Mörder unter der Maske akademischer Ärzte". Wer sich diese gesellschaftliche Situation und die kritiklose Gefolgschaft Gorbatschows in diesen Jahren vor Augen führt, beginnt zu bergreifen, welche Wegstrecke er zurückgelegt hat, bis er diesem System, das auf Angst und Anpassung beruhte, den Rücken kehrte. Doch vorerst dominierten beim inzwischen 22-jährigen Michail Gorbatschow die Trauer und die Orientierungslosigkeit wie bei vielen Sowjetbürgern nach dem Dahinscheiden des „großen Führers der Völker". „Für mich war Stalins Tod ein Problem, für Raissa nicht."[5]

Als Gorbatschow mit seinem Freund Zdeněk Mlynář aufbricht, um zum offenen Sarg Stalins im „Haus der Gewerkschaften" zu gelangen, das sich ganz in der Nähe des Kremls und der Geheimdienstzentrale Lubjanka befindet, hat er großes Glück. Ohne dass noch nachvollziehbar wäre, warum, meiden sie und ein paar Kommilitonen den Trubnaja-Platz, wo es an diesem Abend des 8. März zur Tragödie kommt:

Aufgrund der riesigen Menschenmenge, die unterwegs ist und immer stärker anwächst, geht es auf diesem überschaubaren Platz irgendwann weder vor noch zurück. Panik bricht aus, und Menschen kommen zu Schaden. Sie werden erdrückt, erstickt oder totgetrampelt. Die Schätzungen reichen von 500 Todesopfern bis zu mehreren Tausend. Die sowjetische Presse verschweigt diese Katastrophe.

Immer wieder kommt Gorbatschow als Kreml-Chef a. D. auf seinen Großvater zurück, wenn es um Stalin geht. In den publizierten Dialogen, die er Mitte der 1990er-Jahre mit Mlynář führte, wird noch mal deutlich, wie sehr und wie nachhaltig der Großvater, aber auch Vater Sergej sein Stalin-Bild prägten:

> Er [Großvater Pantelej – I. L.] glaubte, dass Stalin von den Verbrechen nichts wisse. Und dies umso mehr, als jene, die ihn und andere gequält und gefoltert hatten, alsbald selbst eingesperrt oder erschossen wurden. Es schien, als träfe die nächste Welle der Repression die tatsächlich Schuldigen. Das war die hinterhältige Taktik Stalins. Mein russischer Vater Sergej, der Maria, die Tochter dieses Mannes heiratete, teilte dessen Überzeugungen und stand auf dessen Seite – obgleich doch sein eigener Vater, also mein anderer Großvater, viele Jahre sich weigerte, in die Kolchose einzutreten, und Einzelbauer blieb.[6]

Auch Michail Gorbatschow verband diese Stimmungsmache gegen Ärzte und „Kosmopoliten", die keineswegs den sozialistischen Tugenden wie Gleichheit und Gerechtigkeit entsprach, nicht mit Stalin. Schockiert war er jedoch über einen Angriff auf seinen Studienfreund Waldimir Liberman:

> Er war ein Frontsoldat, ein guter Kerl. Einmal verspätete er sich zum Unterricht. Als er dann doch kam, sah er sehr mitgenommen und zerfleddert aus, so als ob man auf ihm herumgetrampelt hätte. „Was ist passiert, Wolodja", fragte ich. „Was ist los? Geht es dir schlecht?" Er sagte: „Mischka, ich wurde vorhin aus der Straßenbahn geworfen – weil ich Jude bin." Es war die Zeit der sogenannten Ärzteverschwörung. Ich sagte zu ihm: „Komm, hör auf!" Er darauf: „Doch! Kannst du dir das vor-

stellen? Gerade ich!" Er war Jahrgang 1925, war an der Front gewesen, hatte Orden und so weiter."[7]

Wladimir – „Wolodja" – Liberman spielte eine große Rolle in Gorbatschows Leben, wenn auch nicht bewusst. Dasselbe gilt für Juri – „Jura" – Topilin, der mit Gorbatschow in einem Gemeinschaftszimmer wohnte. Denn diesen beiden Weggefährten verdankt Gorbatschow im Grunde die erste Begegnung mit seiner späteren Frau.

Holpriger Start mit Raissa

Wie so häufig versuchten die Freunde auch an einem Abend im Herbst 1951, Michail Gorbatschow von den Büchern loszureißen: „Ich wollte alles wissen. Meine Neugierde kannte keine Grenzen. Unten gab es eine Bibliothek, und wir pflegten dort zu lernen. Doch ich saß in unserem Zimmer. Im Studentenclub war jeden Abend etwas los." Liberman und Topilin kamen herein, und einer von ihnen sagte zu Gorbatschow: „Hör mal, Mischa, komm jetzt mit. Lass gut sein!" Als dieser wissen wollte, warum er ausgerechnet an diesem Abend unbedingt dabei sein solle, lautete die Erklärung, es sei ein außergewöhnlich tolles Mädchen gekommen. „Geht schon mal vor, ich komme gleich", erwiderte Gorbatschow.[8] Noch in seinem Lebensherbst schildert er die damaligen Ereignisse mit so leuchtenden Augen, als wäre es gestern gewesen.

> Ich hatte gar nicht vor, nachzukommen. Aber dann klopfte etwas in mir. Oder jemand klopfte. […] Oder es klopfte einfach hier? [Gorbatschow zeigt auf sein Herz. – I. L.] Ich schloss das Buch und ging hinaus. Als ich im Studentenclub ankam, befanden sie sich in einer Gruppe mit Mädchen von der philosophischen Fakultät. Ich lernte alle kennen. Von Raissa war ich sofort beeindruckt, war auf der Stelle hin und weg! Aber offen gesagt, weckte ich ihre Aufmerksamkeit nicht. Oder sie verheimlichte es. Ich habe sie nie gefragt, wie sie unsere erste Begegnung empfand – während unseres gesamten gemeinsamen Lebens nicht. Ich glaube, wir hatten beide Glück. Sie und ich, wir hatten so eine Freundschaft und so eine innige Beziehung zueinander. So ein tiefes, festes und gegenseitiges Vertrauen.[9]

Gorbatschow selbst hat in seinem Buch *Alles zu seiner Zeit* ausführlich die etwas holprigen Anfänge mit und sein Werben um Raissa Titarenko beschrieben. Entscheidend war dabei wie auch bei seinem politischen Aufstieg dreierlei: Behutsamkeit einerseits, große Zielstrebigkeit andererseits sowie drittens schlicht und einfach Glück.

In Russland und im Westen gilt das Paar Gorbatschow als musterhaft. Selbst russische Bürger, die Gorbatschows Politik völlig ablehnen, ihn teilweise sogar schmähen, bewundern die gegenseitige Hingabe der Eheleute, die zu Lebzeiten Raissas für jeden sichtbar war. Inszenierte Zweisamkeit wie beim deutschen Bundeskanzler Kohl und seiner Ehefrau Hannelore alljährlich am Wolfgangsee hatten sie nicht nötig. Und jede russische, beziehungsweise sowjetische Frau sah, wie Michail Gorbatschow seine Ehefrau auf Händen trug, sie als gleichberechtigte, auf Augenhöhe agierende Partnerin behandelte und respektierte. Dabei scherte er sich wenig darum, dass Raissa mit ihren öffentlichen Auftritten allein oder an seiner Seite nicht dem sowjetischen Frauenbild entsprach.

Damals jedoch, als der 20-jährige Michail Gorbatschow Raissa Titarenko im Moskauer Studentenclub kennenlernte, war diese schon liiert und ignorierte ihn deshalb anfänglich. Einmal bemerkte er Raissa mit einem hochgewachsenen jungen Mann und bat seine Freunde, Erkundigungen über ihn einzuholen. Nach einiger Zeit kam der Freund zurück mit dem für Gorbatschow niederschmetternden Ergebnis: Dies sei ein gewisser Anatoli Saretski, ein Physik-Student. Raissa und er hätten große Zukunftspläne.[10] Gorbatschow stellte seine Bemühungen sofort ein.

Nach ungefähr zwei Monaten besucht Gorbatschow ein Konzert im Wohnheim-Komplex. Der Saal platzt aus allen Nähten und vergeblich hält er nach einem Sitzplatz Ausschau. Plötzlich jedoch steht eine junge Frau auf, Raissa, und bietet ihm ihren Platz an, weil sie ohnehin gehen wolle. Einem inneren Impuls folgend schlägt ihr Gorbatschow vor, mitzukommen, und Raissa hat nichts einzuwenden.[11] Daraus wird ein ausgedehnter Spaziergang von rund zwei Stunden. Anfangs siezten die beiden sich, wie es selbst bei jungen Studenten damals üblich war. Mehrere Treffen folgen, bis Raissa plötzlich nicht mehr will: „Wir sollten uns nicht mehr treffen und unserer Beziehung abbrechen, solange es noch nicht zu spät ist“, erklärt sie ihm. Völlig konsterniert erwidert er, er könne ihre Bitte unmöglich erfüllen, denn das käme für ihn einer Katastrophe gleich. „Ich werde auf dich warten“, erwidert er beharrlich. „Am Ende wurde eine Liebeserklärung daraus“, schreibt er in seinen Memoiren von 1995. Zwei Tage später sahen sie sich erneut und gingen nie wieder auseinander.

Einziger Grund für das anfängliche Zögern Raissas war offenbar die noch nicht verwundene Trennung von Anatoli Saretski. Dieser, selbst nicht durchsetzungsfähig, hatte sie auf das Drängen seiner Mutter verlassen, der Raissa nicht gefiel.[12] Was sich für die junge Frau zunächst wie ein großes Unglück und eine schwere Kränkung ausnahm, war zugleich die Voraussetzung für die lange und glückliche Ehe mit Gorbatschow.

Ja-Wort ohne Verwandtschaft

Im Juni 1952, nachdem Michail zahlreiche andere Verehrer ausgestochen hatte, wurden sie ein Paar, und ein Jahr später beschlossen sie zu heiraten. „Es war eine Studentenhochzeit. Einige Mädchen aus ihrer Gruppe kamen, dann meine Jungs – das war nichts Großes.“[13] Weder Michails noch Raissas Eltern waren bei der Vermählung dabei. Wo hätten sie auch übernachten sollen? Das Wohnheim kam nicht infrage, und Hotels waren in Moskau nur schwer zu bekommen und zu teuer. Dennoch musste der Verlobte, um die Hochzeit zu finanzieren, Geld verdienen. Daher reiste er in den Sommerferien 1953 in die Heimat, um wieder mit dem vertrauten Mähdrescher auf dem Feld zu arbeiten und seine Eltern in die Hochzeitspläne einzuweihen.

Parallel allerdings absolvierte er ein dreimonatiges Praktikum bei der Staatsanwaltschaft von Molotowskoje. Allein die physische Kraft, die er in jenen Monaten aufbrachte, ist bemerkenswert. „Ich bin bis zu 20 Stunden auf den Beinen“, schrieb er in einem Brief an Raissa, in welchem er ihr von seinem Alltag auf dem Feld und in der Staatsanwaltschaft berichtete. Über das Praktikum verliert er dabei keine guten Worte: Leere, Langeweile, überhebliche Vorgesetzte, die keine Autorität ausstrahlen. Sein vernichtendes Urteil lautet: „Die Atmo-

6 Michail Gorbatschow und Raissa Titarenko vor ihrer Hochzeit 1953

sphäre hier ist deprimierend."[14] Offenbar war diese Praktikumserfahrung das erste Warnsignal, dass der Beruf des Juristen für ihn nicht der richtige sein könnte. Doch jetzt ging es erst einmal darum, mit dem Studium weiterzumachen und vor allem das Geld für die bevorstehende Hochzeit zusammenzubekommen.

> Ich verdiente 1000 Rubel! In der damaligen Zeit war das viel. Das waren zehn Doppelzentner Getreide, Weizen und so weiter. Ich kaufte mir den ersten richtigen Anzug in meinem Leben, einen dunkelblauen. Auf dem Weg zur Universität lag eine tolle Nähwerkstatt. Dort wurde er gefertigt. Für Raissa kauften wir weißen Chiffon-Stoff, und wir ließen daraus das Hochzeitskleid herstellen. Für Schuhe aber reichte das Geld nicht. Und so waren wir gezwungen, diese bei einer Freundin zu leihen. Es waren weiße Schuhe.[15]

Auch Raissa fuhr im Sommer 1953 heim. Ihre Eltern lebten in Baschkirien, etwa 1500 Kilometer östlich von Moskau, nahe der Grenze zu Kasachstan. „Aber ihren Eltern sagte sie nichts von der bevorstehenden Hochzeit", so Gorbatschows Version, während seine Frau berichtet, diese seien immerhin „im letzten Moment" in Kenntnis gesetzt worden.[16] Am 25. September 1953 jedenfalls heiraten Michail und Raissa standesamtlich; die Hochzeitsfeier im Studentenwohnheim legen sie auf den 7. November, den damals größten Feiertag in der Sowjetunion zu Ehren der sogenannten Großen Oktoberrevolution von 1917.

Kurz darauf zogen Michail, Raissa und viele andere Kommilitonen um, da ein neues Wohnheim bezugsfertig wurde. Im Oktober 1953, also nach der standesamtlichen Hochzeit, fand die Einweihung des Gebäudes auf den Lenin-Bergen statt. „Die älteren Semester der geisteswissenschaftlichen und der naturwissenschaftlichen Fächer wurden dorthin verlegt. Es wurde ‚Das Adelsnest' genannt."[17] Gorbatschow verwendet die alte Bezeichnung „Lenin-Berge", die seit 1999 wieder „Sperlingsberge" heißen. Sie gehören zu den schönsten Plätzen Moskaus und bieten einen herrlichen Ausblick auf die Stadt.

Hier liegt ebenfalls das imposante Hauptgebäude der Lomonossow-Universität, das als Stalinbau im Zuckerbäcker-Stil zu den sogenannten „Sieben Schwestern" Moskaus gehört. Es wurde einen Monat vor dem neuen Studentenwohnheim feierlich eingeweiht. Mit seinen 182 Metern – die Stahlspitze nicht eingerechnet – ist es 25 Meter höher als der Kölner Dom und war lange das höchste Gebäude Europas. Michail und Raissa Gorbatschow(a) gehörten zu den ersten Studenten, die dort ein- und ausgingen, wenn sich ihre jeweiligen Fakultäten auch weiterhin im alten Universitätsgebäude gegenüber dem Kreml befanden.

„Adelsnest" hieß das neue Wohnheim deshalb, weil es sehr viel komfortabler war als das frühere Wohnheim an der *Stromynka.* Hier waren auch die Besuchszeiten nicht mehr so streng geregelt. Entsprechend erklärt Michail Gorbatschow: „Erst als wir dorthin umgezogen waren, wurden wir zu Mann und Frau.[18]

Junges Glück mit Rückschlägen

So schön die Hochzeitsfeier mit den rund 30 Kommilitonen auch gewesen war, so glücklich das junge Paar auch in die gemeinsame Zukunft startete – schon bald war der erste private Rückschlag zu überwinden. Raissa wurde zwar schwanger, doch es traten Komplikationen auf. Erst 2012 äußerte sich Michail Gorbatschow zu dieser schweren Phase.

> Wir vergaßen alles um uns herum und waren nicht darauf vorbereitet, dass Raissa schwanger wurde. Die Sache war die, dass sie ein Jahr zuvor eine schwere Form des Rheumas durchleben musste. All das – die Krankheit und die Behandlung – wirkten sich sehr auf ihre Herzfunktion aus. Die Ärzte sagten: „Wir können nicht garantieren, dass es mit der Geburt klappt. Daher wird zu entscheiden sein müssen: entweder das Leben der Mutter oder das Leben des Kindes." Wir wussten nicht, was wir tun sollen. Raissa weinte die ganze Zeit. Ich sagte zu ihr: „Wir werden noch Kinder gemeinsam haben. Aber jetzt müssen wir tun, was die Ärzte sagen." In der Geburtsklinik an der Schabolowskaja [Moskauer Ausfallstraße Richtung Süden – I. L.] unterzog sie sich dann der Operation."[19]

2014 offenbarte Gorbatschow gegenüber der populären Zeitung *Komsomolskaja Prawda,* dass es ein Sohn geworden wäre, und noch etwas später, anlässlich seines 88. Geburtstags 2019, verriet er der Zeitung, wie er hätte heißen sollen: „Sergej. – Sergej Michailowitsch – das wäre schön gewesen."[20] Raissa erholte sich. Die Ärzte hatten ihr empfohlen, sich in ein gesünderes Klima zu begeben. Da bot sich der Nordkaukasus an, zumal sie sich dort auch endlich den Schwiegereltern vorstellen musste.

Im Sommer 1954 ist es so weit: Als Michail und Raissa in Priwolnoje ankommen, schauen sie zuerst bei Großmutter Wasilisa vorbei, weil es auf dem Weg zum Haus der Eltern liegt und weil Großvater Pantelej im Herbst 1953 gestorben ist. Die Witwe empfängt beide sehr herzlich und mit offenen Armen, macht Raissa sogar Komplimente zu ihrem Aussehen. Danach geht es zum Haus der Eltern:

> Raissa hat meinem Vater sofort gefallen. Er nahm sie wie eine Tochter auf. Seine Gefühle gegenüber Raissa bei dieser ersten Begegnung blieben und hielten für immer an. Aber bei meiner Mutter war alles ganz anders. Eine warmherzige Begegnung kam nicht zustande. Im Großen und Ganzen war sie auf Raissa eifersüchtig. In jenen Tagen machte sie mir Vorhaltungen: „Was hast du da für eine Schwiegertochter mitgebracht? Die wird doch nicht anpacken und sie wird keine Hilfe sein." Ich entgegnete: „Sie hat das Universitätsstudium abgeschlossen und wird lehren." Mutter darauf: „Und wer wird uns helfen? Du hättest lieber eine Frau von hier nehmen sollen!"[21]

Doch Gorbatschow stand unverrückbar zu seiner Frau und zeigte klare Kante. Nie zuvor und nie danach war er so deutlich gegenüber seiner Mutter Maria: „Ich will dir jetzt mal was sagen, was du dir für immer merken musst! Ich liebe sie. Sie ist meine Frau. Nie wieder wirst du zu mir irgendetwas in dieser Richtung sagen!" Sie fing an zu weinen, was dem Sohn zwar leidtat, aber er hielt es für nötig, „das ein für alle Male klarzustellen".[22] Dennoch gab sich die energische Maria wenig versöhnlich gegenüber Raissa, die nur mit den besten Absichten nach Priwolnoje gekommen war. Einmal nötigte die Schwiegermutter sie, Wasserkübel aus dem Brunnen zu ziehen, um damit den Garten zu wässern. Schwiegervater Sergej sah das jedoch, erfasste sofort die Situation und sprang Raissa mit den Worten bei: „Lass uns beide das zusammen machen."[23] Es sollte lange dauern, bis sich die Spannungen zwischen Gorbatschows Mutter und Raissa legten und alles in halbwegs normalen Bahnen lief.

Das junge Paar reiste zurück nach Moskau, wo sich die Frage stellte, wie es beruflich weitergehen sollte. Raissa legte ihre Abschlussprüfungen schon im Sommer 1954 ab und setzte ihr Studium in der für das sozialistische Bildungssystem typischen „Aspirantur" fort, eine Art Forschungsstudium zum Erlangen höherer wissenschaftlicher Grade. Michail hatte ohnehin noch ein Jahr Studium vor sich.

Mit dem Ende der Stalin-Ära wurde das gesellschaftliche Klima insgesamt liberaler – auch oder gerade an der Universität. Gorbatschow zufolge herrschten dort eine gewisse Freizügigkeit und eine durchaus schöpferische Atmosphäre. Das habe viel dazu beigetragen, dass er anfing, Dinge neu zu betrachten und zu hinterfragen.[24]

> Am meisten vermittelten uns einige hervorragende Professoren. Zum Beispiel einer wie [Stepan] Ketschekian, der Vorlesungen über die Geschichte des politischen Denkens hielt. Er entdeckte uns die Welt der verschiedenen Ideen, der indischen Wissenschaften, brachte uns Konfuzius, Platon, Aristoteles, Machiavelli und Rousseau nahe. Letzten Endes hat mir die Universität auch den Marxismus vermittelt. Vor allem fesselten mich Polemiken, die auch die Argumente der Opponenten offenlegten.[25]

Dass Gorbatschow offensichtlich kein glühender Jurist war, sondern eher zum Politiker taugte, zeigte sich erneut beim Einstieg in die Arbeitswelt. Im damaligen System hatte ein Berufsanfänger nicht die freie Wahl, in welcher Stadt er oder sie arbeiten wollte, und auch die Arbeitsstelle wurde von staatlicher Seite bestimmt und zugewiesen. Genauso wenig war es möglich, einfach den Wohnort ohne Erlaubnis zu wechseln und sich niederzulassen, wo es einem gefiel.

Gorbatschow glaubte allerdings, als Sekretär der Komsomol-Organisation einen Vorteil zu haben. Denn kraft dieses Amtes saß er in der Kommission, die darüber entschied, wo die Universitätsabsolventen nach ihrem Abschluss eingesetzt werden würden. Er wollte in Moskau bleiben, auch weil Raissa hier mit dem Graduiertenstudium begonnen hatte. Doch es kam anders:

„Als ich die letzte Prüfung hinter mir hatte, kam ich nach Hause, genauer gesagt ins Wohnheim. Da finde ich einen Brief. Ich solle bitte in die Staatsanwaltschaft der Sowjetunion kommen. Ich war sehr froh. Doch mit meiner tollen Stimmung war es schnell vorbei. Der Personalchef teilte mir mit – ein gewisser Sajzew, den Namen weiß ich noch –, dass es Änderungen mit der Zuordnung gibt. Die sowjetische Regierung habe im Mai 1955 verordnet, dass die Absolventen nicht mehr in den zentralen Rechtsorganen eingestellt werden dürfen."[26]

Als „zentral" wurden jene Organe bezeichnet, die sich in der Hauptstadt befanden. Das war vorerst das Aus für Gorbatschow in Moskau, aber auch für alle anderen Absolventen, die dort bleiben und ihre Arbeit als Jurist oder als Juristin aufnehmen wollten. „Offen gestanden, war ich verletzt. Mir wurde Krasnojarsk angeboten. Ich habe all die Namen schon vergessen. Oder die Staatsanwaltschaft der Republik Tadschikistan. Oder ich sollte in Stupino als Staatsanwalt in einem Rüstungsbetrieb arbeiten."

Michail Gorbatschow beriet sich mit seiner Frau. Nichts kam infrage. „Ich habe alles abgelehnt, dann aber gefragt: ‚Haben Sie die Möglichkeit, mich nach Stawropol zu schicken?'" Das erwies sich als möglich. „In der Arbeitszuweisung wurde dann die Passage ‚… der Staatsanwaltschaft der Sowjetunion zuzuordnen …' durch die Passage ‚… der Staatsanwaltschaft der Region Stawropol zuzuordnen …' ersetzt."[27]

Auch wenn Gorbatschow nun in den vertrauten Nordkaukasus zurückkehren würde – für das junge Ehepaar war es dennoch ein herber Schlag, weil Raissa nun ihr Graduiertenstudium in Moskau nicht fortsetzen konnte. Vor dem Umzug nach Stawropol im Sommer 1955 nahm sich das Paar noch eine unangenehme Sache vor: den Besuch bei Raissas Eltern im Dorf Ermolajewka in Baschkirien. Diese waren zu Recht gekränkt und empört, weil sie erst im letzten Moment oder sogar erst im Nachhinein von der Hochzeit in Kenntnis gesetzt worden waren. Der familiäre Hintergrund Raissas spiegelt ebenso wie der ihres Mannes die besonders dunklen und schrecklichen Seiten der sowjetischen Geschichte.

Die Großeltern mütterlicherseits überlebten den Horror der 1930er-Jahre nicht: Großvater Pjotr Parada war einer der Bauern, welche die kommunistischen Machthaber im Zuge der Kollektivierung enteigneten. Sie verurteilten ihn im damals üblichen Schnellverfahren durch eine „Troika" zum Tode und erschossen ihn aufgrund des konstruierten Tatvorwurfs, „Trotzkist" zu sein. Seine Ehefrau Anastasia Parada wurde daraufhin von den Dorfbewohnern aus ihrem Haus gejagt und starb vor aller Augen an Hunger und Trauer.[28] Ihr Leben sei „nichts als Schinderei gewesen – das war kein Leben", habe Raissas Mutter Alexandra über ihre eigene Mutter immer wieder gesagt.[29]

Raissas Großvater väterlicherseits, Andrej Titarenko, saß vier Jahre im Gefängnis, überlebte aber. Er war Ukrainer, kam aus einer Region etwa 120 Kilometer nordöstlich von Kiew und arbeitete als Eisenbahnbauer. Sein Sohn Maxim, also Raissas Vater, schlug beruflich denselben Weg ein, weshalb er oft umzog. Nachdem es ihn 1929 in die Altai-Region verschlagen hatte, traf er Alexandra Parada und heiratete sie.

Maxim und Alexandra Titarenko (geb. Parada) bekamen drei Kinder: die erstgeborene Raissa, Sohn Jewgeni und die zweite Tochter Ludmilla. Auch hier mag es zunächst erstaunen, dass Raissa, die aus einem völlig bildungsfernen Elternhaus kam, als Mädchen gefördert wurde, später zur Universität ging und sich schließlich sogar einen akademischen Titel erarbeitete, der in Deutschland etwa einer Promotion entspricht. Ihre Eltern hatten nicht einmal die Grundschule besucht, waren also beide Analphabeten. Entsprechend las auch Raissa als Kind ihren Eltern vor,[30] wie Michail Gorbatschow die Frontbriefe und die Zeitung vorgelesen hatte. Lediglich Raissas Mutter nahm noch als verheiratete Erwachsene am kommunistischen Bildungsprogramm „Likbes" teil. Diese Abkürzung steht für *Likwidacija besgramotnosti*, die Liquidierung des Analphabetentums. In diesen drei- bis viermonatigen Schnellkursen lernten Erwachsene lesen und schreiben.

Die allgemeine Grundschulpflicht von vier Klassen wurde 1930 von der Kommunistischen Partei auf dem XVI. Parteitag beschlossen. Die Schulpflicht begann spätestens mit acht Jahren, doch wurden auch ältere Kinder und Jugendliche einbezogen, die bis dahin noch nicht zur

Schule gegangen waren. Zusammen mit dem Programm „Likbes" gelang es auf diese Weise vor allem auf dem Land, den Anteil der Analphabeten deutlich zu senken. Raissas Mutter (1913–1991) bezeichnete die Tatsache, nicht in den Genuss von Bildung gekommen zu sein, als ihre „Lebenstragödie". Aus diesem Grunde sah sie es als „ihre zentrale Lebensaufgabe an, ihren eigenen Kindern eine gute Bildung zu ermöglichen."[31] Entsprechend waren die Eltern Raissas anfangs unzufrieden darüber, dass die Tochter das Graduiertenstudium in Moskau aufgab, weil sie einem Ehemann in die nordkaukasische Provinz folgen musste, dessen Berufsaussichten noch eher vage waren. Aber die anfängliche Skepsis und der Unmut wichen bald einem herzlichen Verhältnis.

Ende Juli 1955 kehrte Michail Gorbatschow also gezwungenermaßen von Moskau zurück in den Nordkaukasus. Er wohnte vorübergehend in einem kleinen Hotel in Stawropol und kümmerte sich um ein neues Zuhause, während Raissa derweil noch bei ihren Eltern blieb. Schließlich mietete Michail in Stawropol ein elf Quadratmeter großes Zimmer, in der vom Stadtzentrum etwas abgelegenen Kasanskaja-Straße. Besuch zu empfangen, war dort aufgrund der Enge praktisch unmöglich.

Gorbatschows Cousine Maria Michalowa wohnt immer noch in Priwolnoje. Sie erinnert sich: „Wir waren da nie. Sie hatten ja für sich selbst kaum Platz. Nur sein Vater oder seine Mutter war mal dort und erzählte: ‚Man kann sich da nicht einmal umdrehen. Es war ein winziges Zimmer. Es standen dort ein Bett, dann eine Kiste, in der die Bücher lagen. Und auf dieser Kiste mussten sie lesen, schreiben, kochen und essen.'"[32]

Fließendes Wasser gab es nicht, es musste mit Eimern von einer draußen gelegenen Wasserpumpe geholt werden. Vor der Ankunft seiner Ehefrau schaffte es Michail Gorbatschow mit seinen kargen finanziellen Mitteln immerhin, zwei Stühle zu kaufen. „Damit war die Möbelfrage dann auch gelöst", schreibt er selbstironisch in seinem Buch *Naedine s soboj.*[33] Die Vermieter waren ein pensioniertes Lehrer-Ehepaar, nette Leute. Raissa erinnerte sich, der Mann sei eher wortkarg gewesen, was sich nur änderte, wenn er alkoholisiert war. „Und

7 In diesem Haus in Stawropol lebte das junge Ehepaar Gorbatschow ab Sommer 1955 in einem gemieteten kleinen Zimmer, wo auch Tochter Irina zur Welt kam.

dann belehrte er mich in seinem deutlich angetrunkenen Zustand, ich solle ‚immer klar und nüchtern auf das Leben schauen'."[34]

Michail und Raissa waren damit ein ganz gewöhnliches junges Paar in der Sowjetunion, das sich ein Jahrzehnt nach Kriegsende seinen Platz im Leben erkämpfen musste, während nicht nur eine große Wohnungsnot, sondern auch quälende Armut herrschte. Der ausgebildete Jurist trat seine Arbeit in der Staatsanwaltschaft von Stawropol vorschriftsmäßig zunächst als Praktikant an. Im Nachhinein haben Journalisten sowie angebliche enge Weggefährten schon in Gorbatschows frühen Berufsjahren Anzeichen für seine Systemkritik, gar für sein revolutionäres Gedankengut erkennen wollen. Diese Interpretationen weist er selbst aber nicht nur weit von sich, sondern betont im Gegenteil, er sei ein treuer und überzeugter Anhänger der kommunistischen Idee gewesen und habe sich mit seinem Staat identifiziert.

> Nach dem Kriege kehrten die Soldaten, also vor allem junge Menschen, von der Front zurück, sie waren stolze und selbstbewusste Sieger und hatten ein Stück der durch Krieg zwar zerstörten, aber dennoch anderen europäischen Welt gesehen. Die Zukunft stellten sie sich im Rahmen der kommunistischen Ideologie vor, die sowohl soziale Gerechtigkeit als auch Herrschaft des Volkes verkündete. Die Schulkenntnisse, vor allem Geschichte, bestätigten mir, dass weder der russische Zarismus und der Kolonialismus der europäischen Großmächte noch die Krisen und Kriege Propaganda waren. Sie gab es wirklich. Das bestärkte mich und meine Generation darin, keinen Gedanken darauf zu verschwenden, die Ordnung zu verändern, in der wir lebten.[35]

4. VOM JURISTEN ZUM PARTEIFUNKTIONÄR

Die Arbeit in der Staatsanwaltschaft Stawropol behagt Michail Gorbatschow nicht, was er schon nach einigen Tagen merkt. Daher entschließt er sich zu einem sehr ungewöhnlichen Schritt, der mit Systemkritik zwar nichts zu tun hat, aber doch persönlichen Mut erfordert. Gorbatschow sucht das Parteikomitee der Region Stawropol auf. Wem dort das Verdienst gebührt, die wichtige berufliche Weiche – weg vom Juristen und hin zum Politiker – im Leben Gorbatschows gestellt zu haben, ist unstrittig. Es war der damalige stellvertretende Abteilungsleiter für Parteiorganisation, Nikolaj Timofejewitsch Porotow.

*

Ich suchte Porotow im Oktober 2019 auf, das war zehn Monate vor seinem Tod. Er wurde 96 Jahre alt. Er empfing mich in seiner Stawropoler Wohnung in der Dserschinski-Straße. Porotow war noch rüstig und erzählte gern. „Diese Wohnung habe ich 1975 zugeteilt bekommen mithilfe von Gorbatschow, der damals hier Erster Parteisekretär war; seither lebe ich hier."[1] Als ich ihn bat, mir die Geschehnisse der 1950er-Jahre zu schildern, gab er bereitwillig Auskunft.

*

Porotow bekommt im Sommer 1955 einen Anruf vom Wachmann am Eingang des Parteigebäudes. Ein junger Mann bitte darum, empfangen zu werden. Diesem Besucher, keinem anderen als Michail Gorbatschow, wird Einlass gewährt. Er stellt sich Porotow vor, skizziert seine bisherige Vita und erkundigt sich nach Möglichkeiten der Beschäftigung. Porotow drängt entsprechend der ungeschriebenen Kadergesetze zunächst darauf, einen möglichen Wechsel mit seiner Dienststelle abzuklären: „,Nur unter der Bedingung', sagte ich zu Mischa, ,dass der Staatsanwalt dich gehen lässt. Wenn das der Fall ist, sprechen wir uns wieder.'"[2] Gemeint war Wasili Petuchow (1916–2003), der höchste Staatsanwalt der Region und ein angesehener Mann, der in der Chruschtschow-Ära viel für die Rehabilitierung der Stalin-Opfer tun sollte. Bedrückt erwidert Gorbatschow, er glaube nicht, bis zum Staatsanwalt vorgelassen zu werden. Doch als er das Büro verlässt, ruft Porotow den Staatsanwalt an und bittet diesen, Gorbatschow zu empfangen.[3]

Wie das Gespräch zwischen dem Staatsanwalt und Gorbatschow verlaufen ist – darüber gibt es zwei Versionen. Nach Gorbatschows Darstellung war es unangenehm, und er habe sich Vorwürfe anhören müssen. Dagegen behauptet Porotow, Gorbatschow sei später zu ihm ins Büro zurückgekommen und habe sich sehr freundlich und positiv über den Staatsanwalt geäußert. Gorbatschow habe gesagt, Staatsanwalt Petuchow sei schwer in Ordnung. Letzterer schickte Gorbatschow Jahrzehnte später zwei seiner Bücher mit persönlichen Widmungen. Darin gratuliert er ihm zu seinem Aufstieg und hebt seine damalige Entscheidung als richtig hervor, Gorbatschow keine Steine in den Weg gelegt zu haben. Letzterer legt in seinen Memoiren dennoch dar: „Damals [1955 – I. L.] hinterließ das Gespräch mit Petuchow einen unangenehmen Nachgeschmack." Im selben Atemzug lobt er den Staatsanwalt als prinzipienfesten Mann, wovon er sich auch später wiederholt habe überzeugen können.[4]

Wie auch immer die Unterredung zwischen dem Staatsanwalt und Gorbatschow tatsächlich ablief, sie verschaffte Porotow, der sie eingefädelt hatte, Handlungsspielraum. Nach Porotows Darstellung habe ihm der Staatsanwalt erlaubt, Gorbatschow zu nehmen, weil dieser ein anständiger Bursche zu sein scheine.[5] Seinem ersten Vorschlag, als Komsomol-Sekretär für die Landwirtschaft anzufangen, sei Gorbatschow allerdings ausgewichen, so Porotow. Er habe gesagt, seine Frau leide an einer Schilddrüsenerkrankung. Zudem sei diese Stelle weit weg, irgendwo in der Steppe. Dort werde sie sicher keine adäquate Arbeit finden. Das zweite Angebot hingegen, als Instrukteur des Komsomol zu arbeiten, schlug er nicht aus. Gorbatschow nahm es mit den Worten an: „Wenn Sie mir das zutrauen, ja". Daraufhin – so die weitere Darstellung Porotows – habe er den Leiter des Komsomol der Region Stawropol angerufen, Viktor Mironenko, den er bat, Gorbatschow zu empfangen und zu schauen, ob er Verwendung für ihn habe, da er einen guten Eindruck mache. [6]

Das Treffen zwischen Mironenko, dem Ersten Sekretär des Komsomol, und Gorbatschow verlief beiden Seiten zufolge sehr gut und war entscheidend für die berufliche Neuausrichtung des unglücklichen Nachwuchsjuristen. Entsprechend habe Mironenko Porotow angerufen und gesagt: „Ein guter Bursche. Moskauer Universität, kennt sich auf dem Land aus, schnelle Auffassungsgabe, kann gut reden. Was will man mehr? Wir haben hier eine freie Stelle: *stellvertretender* Leiter der Abteilung Agitation und Propaganda. Das würde passen, wenn Sie nichts dagegen haben." Porotow hatte keine Einwände.[7]

In Gorbatschows Büchern findet Porotow, der doch eine zentrale Rolle in seinem Leben spielte und zuständig war für die Parteiorganisation, keinerlei Erwähnung. Fakt ist, dass sich dieser in späteren Jahren negativ über den Kreml-Chef geäußert hat, ihn als „eitel" beschrieben hat, als „schnell beleidigt" und sogar als einen „Mann mit zwei Gesichtern", der „unterschiedliche Dinge zu verschiedenen Menschen sage".[8] Und auch Viktor Mironenko, der beim Wechsel Gorbatschows in die Politik eine wichtige Figur war, findet in dessen Memoiren von 1995 nur kurze Erwähnung. 2015 erinnerte sich Gorbatschow immerhin an die Schlüsselszene von 1955, wenn auch anders als Porotow.[9] Im Gespräch mit Mironenko klagte Gorbatschow nach eigener Darstellung weniger über die Arbeit in der Staatsanwaltschaft, sondern er habe vielmehr betont, warum er sich in der Parteijugend engagieren wolle: „Ich war all die Jahre im Komsomol, sodass ich das für meine Berufung halte. Ich habe Erfahrung und vieles mehr, sagte ich zu ihm."[10]

Viktor Mironenko war somit der erste Vorgesetzte Gorbatschows. Er war zwei Jahre älter und verstarb 2018. Dass er es war, der Gorbatschow aufnahm und ihm seinen ersten Posten als Parteifunktionär gab, findet jedoch nur selten Erwähnung. Es ist offensichtlich, dass Mironenko nach dem Zerfall der Sowjetunion nicht mit Gorbatschow in Verbindung gebracht werden wollte, ja, dass er ihre gemeinsamen Jahre in Stawropol verleugnete. Sein ganzes Berufsleben verbrachte er in der Partei oder in staatlichen Funktionen, die von der Partei abhingen. Und in der postsowjetischen Zeit war es in kommunistischen Kreisen, denen Mironenko treu geblieben war, schlicht nicht en vogue, etwas mit Gorbatschow zu tun zu haben – und schon gar nicht als sein früherer Förderer dazustehen.

Ganz anders verhielt sich der ehemalige Frontkämpfer Porotow: Er verleugnete nie, dass er Gorbatschow in den Parteisattel half, selbst wenn auch er offenbar zeitlebens damit haderte. Er veröffentlichte 1992 sogar eine Broschüre mit dem Titel: „Unvergessenes aus dem Leben und der Tätigkeit von M. S. Gorbatschow in Stawropol". Diese Broschüre ist Bestandteil seiner mehr als 200 Seiten starken Sammlung von Artikeln, Reden, Interviews und Aufsätzen, die einige Jahre später in Buchform erschien.[11] Obwohl er Gorbatschow zum Teil wegen seiner Perestroika-Politik scharf und öffentlich kritisierte, bekannte er: „Ich habe mit ihm auf persönlicher Ebene kein Problem."[12] 2018 gratulierte er Gorbatschow sogar telefonisch zum Geburtstag.[13] Danach gefragt, wie er dazu kam, jemandem, der öffentlich ein politischer Verräter der Sowjetunion und der kommunistischen Partei genannt wurde, zu gratulieren, erklärte er bloß: „Wir sind doch jetzt alle alt. Es bleibt nicht mehr viel Zeit."[14]

William Taubman bezeichnet Nikolaj Porotow in seiner Gorbatschow-Biografie als den ersten Vorgesetzten Gorbatschows („Gorbachev's first boss").[15] Diese Darstellung ist nicht zutreffend. Die Bestätigung dafür liefert nicht nur Porotow selbst: „Ich war nicht Gorbatschows Vorgesetzter. Ich habe ihm lediglich geholfen, von der Staatsanwaltschaft in die Parteiarbeit zu wechseln."[16] Auch Gorbatschow stellte klar, Viktor Mironenko sei sein erster Chef gewesen.[17]

Porotow kämpfte 1942 im Nordkaukasus gegen die Deutschen und deren Verbündete und wurde mehrfach ausgezeichnet. Ebenso wie Michail Gorbatschows Vater Sergej erlebte er den besonders brutalen Nahkampf. Einmal, so erzählte er, warf er eine Handgranate in Richtung des deutschen Schützengrabens, traf sein Ziel aber nicht. Nach der Explosion streckte ein Wehrmachtsoldat den Kopf aus dem Graben, erblickte Porotow und flehte um sein Leben – mit Worten, die Porotow nicht alle verstand. Doch er hörte den Todgeweihten verzweifelt rufen: „Meine Kinder! Meine Kinder!" Dennoch streckte er alle drei Wehrmachtsoldaten im Schützengraben nieder. Mitleid habe er keines empfunden, schließlich hatten sie zuvor seine Freunde und Kameraden getötet.[18]

Porotow, in dessen Wohnung noch 2019 ein großes Stalin-Porträt hing, war immer Kommunist, und er bekannte, die Partei sei sein Lebensmittelpunkt gewesen und habe ihn als Person geformt.[19] Politisch musste es daher unweigerlich zwischen ihm und Gorbatschow zum Bruch kommen. Doch dass Porotow nichtsdestotrotz eine wichtige Rolle gespielt hat, deutet Gorbatschow indirekt selbst an. In seinen Memoiren schrieb er: „Meine Situation wurde dadurch erleichtert, dass Mironenko meinen Wechsel zur hauptamtlichen Tätigkeit im Jugendverband mit dem Regionsparteikomitee abgesprochen hat."[20] Mit wem Mironenko genau sprach, lässt Gorbatschow offen.

Da in der sowjetischen Ära Staatsanwälte und Richter verlängerte Arme der Partei waren, stand im Streitfall fest, wer das Sagen hatte. Ob die Vorgesetzten sich tatsächlich vor den Kopf gestoßen fühlten, weil der Nachwuchsjurist mit Moskauer Universitätsabschluss schon nach einer Woche genug hatte und gehen wollte, bleibt unklar. Doch nach den damaligen Regeln wäre Gorbatschow verpflichtet gewesen, drei Jahre lang die zugewiesene Stelle auszuüben. Entsprechend habe ihn die Personalabteilung der Staatsanwaltschaft – „Abteilung für Kader" – von oben herab behandelt, klagte Gorbatschow.[21] Ob das stimmt, kann nicht mehr verifiziert werden.

Sicher aber war ein junger Jura-Absolvent mit einem ausgezeichneten Diplom der renommiertesten Universität des Landes etwas Besonderes in der Provinz. Hier genoss er die Aura eines „jungen Mannes von Welt", was möglicherweise auch Neid hervorrief. In einem Brief an Raissa, die zum Zeitpunkt des Berufswechsels ihres Mannes noch gar nicht in Stawropol angekommen war, schrieb er: „Man hat in der Staatsanwaltschaft noch mal mit mir gesprochen.

8 Nikolaj Porotow (1924–2020) half Gorbatschow entscheidend bei seinem Berufswechsel vom Juristen zum hauptamtlichen Parteifunktionär, zunächst im Jugendverband der KP.

Jeder dort schimpfte mit mir nach Belieben. Man einigte sich auf meinen Weggang – hin zum Komsomol des Gebietes."[22] Dieser Propaganda-Posten stand in der Parteihierarchie zwar ganz unten und gehörte noch nicht einmal zum Parteiapparat selbst. „Aber dann ging es mit der Karriere bergauf", konstatierte Gorbatschow 2015 nüchtern.[23]

1955 waren die Rechtsorgane hoffnungslos überfordert mit den unzähligen Rehabilitierungsanträgen von politisch Verfolgten und ihren Angehörigen. Doch diese Fälle waren nichts für Berufsanfänger – damit wurden nur erfahrene Juristen betraut. Und die Aktenarbeit lag Gorbatschow nicht so sehr wie der direkte Kontakt mit den Menschen, was zum Anforderungsprofil seiner neuen Arbeitsstelle gehörte.

Tauwetter

Die sogenannte Tauwetter-Periode war nicht nur verbunden mit Wiedergutmachungsversuchen gegenüber den Stalin-Opfern, sondern auch mit einer Lockerung der Zensur und mit gewissen neuen künstlerischen und literarischen Freiheiten. Die Epochenbezeichnung ‚Tauwetter', auf Russisch *Ottepel*, geht zurück auf den gleichnamigen Kurzroman des russisch-jüdischen Schriftstellers Ilja Ehrenburg (1891–1967). Dieses Werk war gleichermaßen in der Sowjetunion wie im Westen ein großer Erfolg. Es erschien 1954 zunächst in der Zeitschrift *Snamja* und zwei Jahre später in Buchform. Stalins Namen erwähnt Ehrenburg darin zwar nicht, doch erstmals in der Sowjetliteratur finden die Ärzteverschwörung und die Verbannung in Arbeitslager Erwähnung. Zudem lässt dieser Roman dem Leser Raum für Hoffnung auf eine bessere Zukunft, obwohl er von der offiziellen sowjetischen Literaturkritik als zu düster kritisiert, ja geschmäht wurde.

‚Tauwetter' als Bezeichnung für eine liberalere Epoche war in der russischen Geschichte allerdings nicht neu. So führt der Slawist Reinhard Lauer unter Berufung auf die wissenschaftlichen Ergebnisse von Peter Thiergen aus: „Schon einmal, in der Mitte des 19. Jahrhunderts, nach dem Tod von Nikolaus I., war der sich abzeichnende Klimawechsel im politischen und geistigen Leben mit der gleichen Vokabel benannt worden."[24] Die Tauwetter-Epoche ab Mitte der 1950er-Jahre war es jedoch, die den jungen Gorbatschow, wie auch den späteren Gorbatschow im Kreml und seine Politik entscheidend prägte. Sie wird häufig als Blaupause für Gorbatschows Perestroika (Umgestaltung) und von Glasnost (Offenheit) bezeichnet, was jedoch nur zu einem geringen Teil zutrifft. Richtig ist jedoch, dass die Entstalinisierung, die damals begann und erst nach Chruschtschows Sturz 1964 von dessen Nachfolger Leonid Breschnew gestoppt wurde, unter Gorbatschow mehr als zwanzig Jahre später wieder aufgenommen wurde. Allerdings ging Gorbatschow sehr viel intensiver und großflächiger vor, wobei sich schon die Liberalisierung nach Stalins Tod nicht nur auf die inneren Verhältnisse der Sowjetunion beschränkte und bereits punktuell zur Entspannung mit dem Westen führte.

Nach Lesart Moskaus repräsentierte die Bundesrepublik damals den einstigen Aggressor und trug allein die Schuld am Zweiten Weltkrieg, während man in der DDR eine antifaschistische Bastion und einen Verbündeten sah. Und eben diese Bundesrepublik nahm jetzt, zehn Jahre nach Kriegsende, mit der Sowjetunion diplomatische Beziehungen auf. Auf Einladung der sowjetischen Regierung reiste Bundeskanzler Konrad Adenauer vom 8. bis 14. September 1955 nach Moskau. Diese Aufnahme diplomatischer Beziehungen war gekoppelt an die Freilassung der verbliebenen deutschen Kriegsgefangenen und der Verschleppten, die sich in der sowjetischen Besatzungszone oder in der neu gegründeten DDR tatsächlich oder vermeintlich aufgelehnt hatten. 20 000 solcher Zivilisten waren von sowjetischen Militärtribunalen abgeurteilt und in sowjetische Arbeitslager deportiert worden. Die Zahl der Kriegsgefangenen lag bei 9 626, weshalb ihre Rückführung als „Rückkehr der letzten 10 000" in die deutsche Nachkriegsgeschichte einging.

Auch der junge Gorbatschow konnte den Adenauer-Besuch verfolgen, weil die sowjetischen Medien offen darüber berichteten. Selbst die deutschen Kriegsgefangenen und Verschleppten – oder zumindest ein Teil von ihnen – erfuhren erlaubterweise in den Arbeitslagern über das Radio davon. Bei der Ankunft auf dem Moskauer Flughafen sagte Adenauer: „Ich hoffe sehr, dass der erste Kontakt, den wir mit unserer Anwesenheit in Moskau aufnehmen, die Herstellung normaler, guter Beziehungen einleitet."[25] Fast unvorstellbar, dass sogar die Nationalhymne des einstigen Aggressors und Feindes auf dem Flugplatz gespielt und im sowjetischen Radio übertragen wurde.

Adenauer schafft den Durchbruch nach zähen Verhandlungen, was nach dem unvorstellbaren Leid, das durch den deutschen Überfall auf die Sowjetunion verursacht worden war, einem starken Friedenssignal gleichkam. Zwar waren bereits bis 1955 rund zwei Millionen deutsche Gefangene von der Sowjetunion freigelassen worden. Doch die verbliebenen rund 10 000 Wehrmachtsoldaten, darunter auch SS-Männer, sowie die verschleppten Zivilisten waren eine Art Pfand gewesen, ein Druckmittel, das politisch im richtigen Moment genutzt werden sollte.

Der junge Parteifunktionär Gorbatschow hat der Jugend nicht nur die aktuelle Parteilinie und die gelegentlichen Wendungen in innenpolitischen und außenpolitischen Fragen nahezubringen, sondern auch herauszufinden, was sie denkt, was sie bedrückt, welche Erwartungen sie an die Gebietsführung hat. Daher ist er viel unterwegs, vor allem auf den Dörfern. Seine Berufsbezeichnung, die im Russischen „Propagandist und Agitator" heißt, verzerrt im Deutschen etwas das Bild seiner frühen Tätigkeit. In erster Linie sind seine Begegnungen mit der Jugend Erkundungsreisen, bei denen Probleme erörtert werden, sei es die offiziell im sozialistischen System nicht existierende Arbeitslosigkeit, sei es das Fehlen von Freizeiteinrichtungen oder überhaupt von lokalen Begegnungsstätten. Denn tatsächlich war Arbeitslosigkeit ein Thema. Selbst Gorbatschows Frau Raissa fand lange keine Stelle als Philosophie-Dozentin. Ihr blieb daher zunächst nichts anderes übrig, als in der Gebietsbibliothek in der Abteilung für ausländische Literatur zu arbeiten.

Gorbatschow machte sich mit Feuereifer an seine Aufgabe und wollte seine Altersgenossen natürlich im Geiste des Kommunismus mobilisieren. Daher rief er in Stawropol einen Diskussionsklub der Jugend ins Leben. „Das Interesse war so gewaltig, dass wir von Mal zu Mal größere Veranstaltungsräume finden mussten. Die Menschen begannen aufzuwachen. Gefühle der Einengung und der Angst verloren sich."[26] Nach einem Jahr als „Propagandist und Agitator" stieg Gorbatschow 1956 zum Ersten Sekretär des Stadtkomitees des Partei-Jugendverbandes Komsomol auf. Das war ein einschneidendes Jahr, politisch und privat.

Nikita Chruschtschow beginnt auf dem inzwischen historischen XX. Parteitag der KPdSU damit, seinen Vorgänger Stalin als Verbrecher zu entlarven, nachdem der sowjetischen Bevölkerung jahrzehntelang eingetrichtert worden ist, er sei der größte, der weiseste, der gütigste, der gerechteste, der genialste Staatslenker auf Erden. Diesem Stalin-Kult setzt Chruschtschow in einer Geheimrede, die nicht lange geheim bleiben sollte, ein Ende. Viele Sowjetbürger, sogar Opfer der Verfolgungen, haben bis dahin tatsächlich an den *Velikij Voschd* geglaubt, an den „Großen Führer", wie er sich nennen ließ.

Auch Michail Gorbatschow und Raissa Titarenko waren aufgewachsen mit der Losung: „Danke Genosse Stalin für unsere glückliche Kindheit."

Insofern war die Entstalinisierung auf dem Parteitag von 1956 für die meisten Parteimitglieder, aber auch für große Teile der Bevölkerung ein Schock. Stalin war es gelungen, dass die unübersehbaren Repressionen gegen die eigene Bevölkerung nicht – oder nur in geringem Maße – mit ihm in Verbindung gebracht wurden. Ähnliches hatte im Zusammenhang mit Hitler und dem Holocaust in Deutschland stattgefunden, wo es aus vieler Munde hieß: „Der Führer hat's nicht gewusst. Und wenn er davon erfahren hätte, dann …" Entsprechend war der XX. Parteitag ebenfalls für Gorbatschow „ein Schock", wie er bekennt. „Aber das war nicht etwas, was ich als Verlust der Orientierung empfand. Ich habe es nicht als Zusammenbruch, sondern als Chance und Beginn von etwas Neuem wahrgenommen. Als neue, riesige Möglichkeit für die Zukunft."[27]

Wie treu Gorbatschow damals gegenüber dem System und der neuen Führung war, zeigte sich auch daran, dass er im Herbst 1956 die Niederschlagung des Volksaufstandes in Ungarn für berechtigt hielt, wo sowjetische Panzer gegen eine Bevölkerung vorgingen, die den Sozialismus nicht als Segen der Menschheit ansah, sondern Freiheit wollte. Die Niederschlagung des Aufstandes sei notwendig gewesen, so Gorbatschows damalige Sicht, weil der Westen danach strebte, „das Rad der Geschichte zurückzudrehen, wogegen wir uns wehrten."[28] Glaubt man seiner retrospektiven Darstellung aus den 1990er-Jahren, kamen ihm aber schon kurz nach dem Ungarn-Aufstand Zweifel an der Richtigkeit der Niederschlagung. Zahlreiche sowjetische Publikationen seien damals mit der klaren Absicht verfasst und unter die Leute gebracht worden, die Ereignisse in Ungarn als die notwendige Verteidigung gegen die Konterrevolution darzustellen. Gerade die Vielzahl der Publikationen habe bei ihm jedoch das Gegenteil bewirkt und Zweifel genährt.

So oder so hätte sich ein 25-jähriger, aufstrebender Komsomol-Funktionär wie Gorbatschow ohnehin nicht gegen die Parteilinie stellen, ja nicht einmal vorsichtige Zweifel äußern können. Im Statut des

Jugendverbandes war als wichtigste Aufgabe niedergelegt, „junge Menschen im Geiste des Kommunismus zu erziehen" und sie zur „aktiven Unterstützung der Partei" anzuleiten.[29] Insofern blieb Gorbatschow ein „Hundertprozentiger", musste es bleiben, um seine Position nicht zu gefährden. Ob er diese Haltung nur gezwungenermaßen nach außen hin zeigte oder aber nach wie vor verinnerlicht hatte, ist nicht mehr zu beurteilen.

Privat kündigte sich 1956 ein hoch erfreuliches Ereignis an: Raissa war erneut schwanger. Nach der medizinisch erforderlichen Abtreibung zwei Jahre zuvor mischte sich in die Freude allerdings auch die große Sorge und Angst, ob alles gut gehen würde. Diesmal verlief alles normal: In der Nacht vom 6. Januar 1957 gebar sie daheim Tochter Irina. Das junge Paar war überglücklich. Das freudige Familienereignis trug auch dazu bei, das Verhältnis zwischen Gorbatschows Mutter und Raissa deutlich zu verbessern. Maria Pantelejewna war Großmutter geworden und fortan milder gestimmt. Doch wie sollte die Kleinfamilie weiterhin in einem Elf-Quadratmeter-Zimmer wohnen? „Dank der Anstrengungen von Michail Sergejewitschs Kollegen bekamen wir im selben Jahr eine staatliche Wohnung", erzählte Raissa 1991.[30] Es handelte sich um zwei Zimmer in einer *Kommunalka,* einer riesigen Gemeinschaftswohnung, die sich in einem mehrstöckigen Gebäude befand. Diese bestand aus insgesamt acht Zimmern mit einer gemeinsamen Küche und einem gemeinsamen Bad. Sowjetischer geht es nicht mehr.

Michail und Raissa lernten das raue Leben des real existierenden Sozialismus jetzt auch von dieser Seite kennen. Sie wussten also später auf dem Gipfel der Macht, wovon sie sprachen, wenn in der Politik die Rede „vom Leben der Menschen" war. In der *Kommunalka* wohnte ein Alkoholiker mit seiner Mutter, ein Mechaniker einer Bekleidungsfabrik, ein Gasschweißer, ein Oberst im Ruhestand – alle mit Familie. Und vier Single-Frauen. „Das war ein Staat mit seinen ungeschriebenen, aber klaren Gesetzen für alle. Hier arbeiteten und liebten wir, gingen aneinander vorbei. Wir tranken auf Russisch, stritten auf Russisch und vertrugen uns auf Russisch, spielten abends Domino, feierten gemeinsam Geburtstage",[31] erinnerte sich Raissa, die drei Jahre mit Mann Michail und der kleinen Irina in der *Kommunalka* lebte.

Es waren schwierige Jahre der Enge und der Armut. Und doch fielen sie in eine Zeit der Euphorie und Aufbruchsstimmung im Land. Eine entscheidende Ursache dafür waren die sowjetischen Erfolge in der Raumfahrt. Der Start des ersten künstlichen Erdsatelliten Sputnik 1 am 4. Oktober 1957 war ein Schock für den Westen, insbesondere für die USA. Wie konnte es sein, dass ein Land mit Planwirtschaft solch eine wissenschaftliche Pionierleistung vollbrachte?

„Gott, was haben wir damals gejubelt und triumphiert", beschreibt Raissa Gorbatschowa das kollektive Gefühl.[32] Und ihr Mann Michail: „Das hat auch mich bewegt und nicht nur mich, sondern eine Vielzahl von Menschen. Wir waren damals sehr aufrichtige Anhänger der Politik Chruschtschows."[33] Vor allem in den USA breitete sich ein Bedrohungsgefühl aus, was zunächst zu Veränderungen in der Bildungspolitik führte und zu einer beträchtlichen Steigerung der Forschungsausgaben, natürlich auch im Bereich der Rüstung: Die Gründung der NASA 1958 kann als direkte Folge des sowjetischen Sputnik-Erfolgs angesehen werden. Zweifellos war die sowjetische Bevölkerung und ihre politische Führung zu diesem Zeitpunkt überzeugt, der Sozialismus/Kommunismus sei dem westlichen System tatsächlich überlegen und die eigene Propaganda spiegele nur die Wirklichkeit.

In einen wahrhaften Siegestaumel geriet das Land, als der Kosmonaut Juri Gagarin am 12. April 1961 mit dem Raumschiff Wostok 1 als erster Mensch ins Weltall flog und die Welt umrundete. *„Pojechali!"*, auf geht's, waren seine legendären Worte unmittelbar vor dem Abflug, was sich jedem Kind und jedem Erwachsenen in der Sowjetunion und in den Nachfolgestaaten eingeprägt hat. Das Ereignis hatte eine einigende Wirkung und schuf einen „sowjetischen" Nationalstolz. Die Namensgebung *Wostok (Osten)* für das Raumschiff war vor dem Hintergrund des Kalten Krieges selbstverständlich ideologisch.

Nicht nur Einzelpersonen, sondern ganze Völker hatte Stalin nach Sibirien und anderswo deportieren lassen, darunter Karatschaier, Kalmücken und Krimtataren. Diese Völker holte Chruschtschow ab 1957 zurück in ihre angestammten Regionen und sorgte für ihre Rehabilitierung. Doch all diese Menschen mussten nun auch irgendwo unterkommen. Viele von ihnen stammten aus der Region Stawropol, wo der Wohnraum schon zuvor knapp gewesen war. Dem Komsomol-Mann Gorbatschow fiel die Aufgabe zu, das Netz von kommunistischen Jugendorganisationen auszubauen, um ausgerechnet den Kindern dieser Rückkehrer die Ideen Lenins nahezubringen. Doch vom Kommunismus und von allem, was damit zusammenhing, hatten die Deportierten mehr als genug.

Im April 1958 stieg Gorbatschow erneut innerhalb des Komsomol auf: Er wechselte von der Stadtebene auf die Regionsebene, zunächst als Zweiter und ab März 1961 als Erster Sekretär. In dieser Zeit bekamen er und seine Frau endlich auch die erste richtige Wohnung zugeteilt: 38 Quadratmeter, zwei Zimmer, eine eigene Küche und ein eigenes Bad. Es ging aufwärts, endlich auch beruflich für Raissa, die eine Stelle als Philosophie-Dozentin am Institut für Medizin antrat. Raissa Gorbatschowa zählte auf, zu welchen verschiedenen Themenfeldern sie Vorlesungen hielt: Werke oder Theorien von Hegel, Lenin, Kant, soziologische Konzepte und die Rolle von Persönlichkeiten für den Lauf der Geschichte. Ihre Dissertationsschrift von 1967 hatte hingegen unserem Verständnis nach ein eindeutig soziologisches Thema: Herausbildung neuer Merkmale der Lebensweise der Kolchosbauern auf der Grundlage soziologischer Forschungen in der Region Stawropol. Der Begriff ‚Philosophie' war in der Sowjetunion sehr weit gefasst. Selbst Lenin galt damals als Philosoph und Denker, natürlich als ein ganz großer.

Bis zu ihrer Anstellung 1961 hatte die fleißige und ehrgeizige Raissa in Stawropol beruflich nicht Fuß fassen können. Aufgrund der noch niedrigen Karrierestufe ihres Mannes war auch auf Protektion und Beziehungen nicht zu hoffen gewesen. „Der berufliche Schmerz" sei lange groß gewesen, bekannte sie. Auch sei es bei der Stellenvergabe oft nicht um Qualifikation gegangen; einige Dozenten seien schlicht „unfähig" gewesen, und es habe niemanden gekümmert, dass die Studenten mit den Vorlesungen unzufrieden gewesen seien. Freie Stellen in den Instituten seien in der Regel intern vergeben worden. Sie selbst habe zunächst, wenn überhaupt, nur befristet oder als Aushilfe gearbeitet. „Vier Jahre lang hatte ich keine feste Arbeit."[34] Sich nach der Geburt ihrer Tochter ausschließlich um die Familie zu kümmern, kam für Raissa nicht infrage, was nicht nur mit der beschränkten finanziellen Situation zusammenhing:

> Die Arbeit war für mich nicht nur das Gehalt. Sie war etwas, ohne das ich mein Leben als arm und unvollkommen angesehen hätte. Die Vorlesungen, die Seminare, die wissenschaftstheoretischen Konferenzen, die Versammlungen und das intellektuelle Ringen auf fachlicher Ebene – wie viel Kraft, Zeit, seelische Anspannung und sogar schlaflose Nächte hat es gefordert. Doch all das gab mir selbst sehr viel. Es gab mir eine mit nichts zu vergleichende innere Befriedigung.[35]

Ohne eine Kinderfrau, ohne Krippe, ohne Kindergarten und ohne das gelegentliche Einspringen von Gorbatschows Mutter hätte sie der Doppelbelastung vermutlich nicht standgehalten. Auch ihr Ehemann Michail versuchte, es sich so einzurichten, dass er bei Engpässen zur Stelle war.

Wie sehr sich das sowjetische Bildungssystem und das Verhältnis von Dozenten zu Studenten im Vergleich zum Westen unterschied, zeigt sich nicht zuletzt daran, dass die Lehrenden und Lernenden auch privat viel zusammen waren. Und überall wurde diskutiert:

> […] im Wohnheim, auf der Kolchose, wo wir – Dozenten und Studenten – hinfuhren zur Mais-, Wein- und Kartoffelernte! Ja, sogar bei mir in der Wohnung waren meine Studenten. Wir redeten über alles: Über neue Theateraufführungen, neue Filme, über das Lehrinstitut, über das Leben in der Region und im Land. Bis zur Heiserkeit. Und natürlich über den Sinn des Lebens. Die Blumen, die ich in meinem Leben von den Studenten bekommen habe, die Briefe von längst selbstständigen und Familie habenden und sogar schon in die Jahre gekommenen Menschen sind meine wertvollsten Geschenke. Und genauso viel bedeuten mir ihre strengen, aber gerechten Beurteilungen, die sowohl mich selbst als auch meine Arbeit betreffen.[36]

Während Raissa Gorbatschowa sich mit vollem Engagement ihrer Lehrtätigkeit widmete und darin aufging, erklomm ihr Mann im

März 1961 die letzte Stufe im Komsomol: Er wurde Erster Sekretär des Regionskomitees und durfte im selben Jahr zum ersten Mal in den Moskauer Kreml. Als einer der Delegierten seiner Region nahm er am XXII. Parteitag der KPdSU teil und erlebte dort aus nächster Nähe zwei wichtige Momente der sowjetischen Geschichte.

Zum einen ließ Kreml-Chef Nikita Chruschtschow ein neues Parteiprogramm verabschieden, das den Sowjetbürgern eine paradiesische Zukunft versprach. Ihm waren die zweifellos sensationellen und imponierenden Erfolge in der Raumfahrt, mit denen die Sowjetunion die USA überholt hatte, offenbar zu Kopf gestiegen. So besagte das neue Parteiprogramm, dass die Sowjetunion 1970 die USA wirtschaftlich überholen werde und die Sowjetbürger 1980 nicht mehr im Sozialismus als einer Vorstufe des Kommunismus leben werden, sondern im Kommunismus selbst. Die SED-Führung im „Bruderstaat" DDR feierte dies am 1. November 1961 auf der Titelseite ihres Zentralorgans *Neues Deutschland* und in großen Lettern: „Ein neuer Abschnitt der Weltgeschichte. Das grandiose Programm zum Aufbau des Kommunismus beschlossen." Einige Tage zuvor hatten die deutschen Genossen geschrieben: „Die Verwirklichung dieses Programms bedeutet den Anbruch der glücklichsten Ära in der Menschheitsgeschichte."[37]

Das Parteiprogramm, dieses Opus magnum der Chruschtschow-Führung, wurde im sowjetischen Fernsehen in voller Länge vorgelesen, sage und schreibe fünf Stunden lang. Die Euphorie Chruschtschows, die dahinterstand, scheint echt gewesen zu sein. Er glaubte offensichtlich wirklich, was er da sagte und verabschieden ließ. Und so ging es auch dem 30-jährigen Gorbatschow, der damals nach eigenem Bekunden ein „aufrechter Anhänger" des Parteichefs war und entsprechend gefesselt im Kreml lauschte.

Das zweite wichtige Moment auf diesem historischen Parteitag war, dass Chruschtschow nochmals gegen seinen Vorgänger ausholte und damit versuchte, die Entstalinisierung zu forcieren. Die Frage allerdings, wo er selbst und seine Genossen in der Führungsriege in der damaligen Zeit gewesen waren, beantwortete er nicht. Alle hatten sie zu Stalins Lebzeiten den Terror und das millionenfache Unrecht mitgetragen. Wer sich dagegen stellte oder auch nur den Anschein erweckte, wurde umgebracht. In Anbetracht dieser unmittelbaren und permanenten Bedrohung in Stalins Reich, sind moralische Urteile schwerlich zu fällen. Es sei denn, man hätte die Möglichkeit gehabt, rechtzeitig und unverdächtig aus dem Führungskreis freiwillig auszusteigen, den Stalin nach und nach etabliert hatte.

Hatten ab 1956 die Rehabilitierungen der Opfer im Vordergrund gestanden sowie die Wiedergutmachungsversuche, so sorgte Chruschtschow jetzt dafür, dass Stalin aus dem öffentlichen Leben zunehmend verschwand. Denkmäler ließ er beseitigen und zahlreiche Städte umbenennen. Aus der Vielzahl seien hier nur die drei wichtigsten genannt: Stalingrad hieß ab jetzt Wolgograd; die ostukrainische Stadt Stalino bekam den Namen Donezk; und die Hauptstadt der tadschikischen Sowjetrepublik wurde umbenannt von Stalinabad in Duschanbe.

Sogar Alexander Solschenizyns *Ein Tag im Leben des Iwan Denissowitsch* – eine Novelle über den menschenverachtenden Alltag eines Gefangenen in einem sowjetischen Arbeitslager – durfte 1962 erscheinen. Die größte Symbolik hatte aber Chruschtschows Entscheidung, Stalins Leichnam umzubetten. Nach seinem Tod 1953 hatte er den größten Ehrenplatz im Mausoleum auf dem Roten Platz bekommen – neben dem Staatsgründer Lenin. Sogar die Schrift über dem Haupteingang lautete „Lenin Stalin“. Am Abend des 31. Oktober 1961 jedoch, nachdem der Parteitag geendet hatte, ließ Chruschtschow den einbalsamierten Leichnam Stalins in einen Sarg legen und an der Kreml-Mauer beerdigen. Acht Jahre lang war es nur ein einfaches Grab, bis Chruschtschows Nachfolger Leonid Breschnew 1969 dort eine Büste anbringen ließ.

5. ZAR IN DER PROVINZ

Gorbatschow hatte rund sieben Jahre im Jugendverband Komsomol gearbeitet, als er im März 1962 von den Parteioberen in Stawropol als politisch erwachsen angesehen wurde und das Angebot bekam, vom Komsomol in den Parteiapparat zu wechseln – ein Wechsel, der mit deutlich besseren Aufstiegschancen verbunden war.

Im Grunde war es ein Mann, der ihn förderte: Fjodor Kulakow. Bereits 1960 hatte Kulakow die Spitze der kommunistischen Macht in Stawropol erklommen. Als Erster Sekretär einer Region war er, wie es damals hieß, „Zar und Gott“ in einer Person. Ihm wurde nicht minder gehuldigt als dem obersten Parteichef in Moskau, und in der kommunistischen und monopolisierten Lokalpresse waren nur Lobpreisungen über ihn zu lesen. Dieser Kulakow also bot Gorbatschow zunächst den Posten des Parteiorganisators für drei landwirtschaftliche Bezirke in der Region an, und nur neun Monate später, am 1. Januar 1963, wurde Gorbatschow Leiter der Abteilung für Parteiorgane im landwirtschaftlichen Parteikomitee der Region Stawropol.

Sein Jura-Studium, das er mit Auszeichnung abgeschlossen hatte, war zwar nicht umsonst gewesen, aber er konnte und wollte seine Fachkenntnisse nicht oder nur beiläufig anwenden. Stattdessen halste er sich schon 1961 ein neues Studium auf: „Fjodor Dawydowitsch Kulakow empfahl mir, mich an der Universität für Landwirtschaft zu immatrikulieren, denn er meinte: ‚Man muss sich mit der Wirtschaft befassen, und das muss nachgeholt werden.‘ Ich absolvierte die agro-ökonomische Fakultät. Und das Studium dort machte mir viel Spaß.“[1] Sich in Landwirtschaftsfragen gut auszukennen, war tatsächlich entscheidend, denn die Region Stawropol galt ebenso wie die Ukraine als eine Kornkammer der Sowjetunion. Außerdem handelte es sich um ein Fernstudium, sodass er neben der Arbeit und der Betreuung von Irina lernen und 1967 das Studium abschließen konnte. Und diese Investition sollte sich lohnen: Mit dem Studium qualifizierte er sich aus Sicht der Moskauer Parteiführung dafür, dass man ihm Ende der 1970er-Jahre die Verantwortung für die Landwirtschaft der ganzen Sowjetunion übertrug.

Kulakow, den Gorbatschow als teilweise sehr fordernd gegenüber seinen Mitarbeitern beschreibt, war eine Art Lehrmeister, dem er bis zu dessen Tod im Jahre 1978 eng verbunden blieb. Ihm verdanke er in entscheidendem Maße seine Karriere, bekannte er.[2] Einmal jedoch nahm sich der Vorgesetzte etwas heraus, was nur durch das Rollenverständnis eines Zaren und Gottes zu erklären ist. Als Gorbatschow von einer mehrtägigen Dienstreise zurückkehrte, erzählte ihm seine Frau Raissa von einem verstörenden Vorfall: Kulakow habe sie in Gorbatschows Abwesenheit daheim angerufen und sie zu einem Treffen eingeladen. Sie habe erwidert: „Fjodor Dawydowitsch, Ihnen ist doch bekannt, welche Beziehung Michail und ich haben." Kulakow darauf: „Das weiß ich. Sie können diese Beziehung doch weiter fortführen." Raissa erwiderte, das sei bei ihnen nicht üblich, und legte auf.[3]

Aller beruhigenden Worte von Raissa zum Trotz entschied sich Gorbatschow, Kulakow darauf anzusprechen. Bei der nächsten Gelegenheit stellte er Kulakow die simple Frage, die als Feststellung, aber auch als Vorwurf verstanden werden konnte: „Sie haben neulich Raissa angerufen?" Der Vorgesetzte hatte offensichtlich nicht damit gerechnet, suchte zunächst nach Worten, so die Darstellung Gorbatschows, um schließlich zu behaupten: „Ich wollte dich sprechen, dachte, du seist zurück von der Dienstreise und würdest mir deine Eindrücke schildern."[4] Damit war die Angelegenheit erledigt: Kulakow hatte sich immerhin eine Ausrede einfallen lassen müssen, und Gorbatschow, der damit durchaus seine politische Karriere riskierte, hatte sehr diplomatisch, aber doch resolut eine Grenze aufgezeigt. Das professionelle Verhältnis blieb davon unversehrt. Kulakow setzte sich weiter für Gorbatschow ein, auch nachdem er die Leitung der Region Stawropol 1964 aufgab. In jenem Jahr hatte Kulakow sich am Sturz von Kreml-Chef Nikita Chruschtschow beteiligt und wurde von dessen Nachfolger Leonid Breschnew belohnt, indem er nach Moskau gerufen wurde und dort den wichtigen Posten des Sekretärs für Landwirtschaft im Zentralkomitee (ZK) übernahm.

Damit bekam Gorbatschow einen neuen Chef in Stawropol: Leonid Jefremow, der wiederum aus Moskau nach Stawropol abgeschoben worden war, weil er sich nicht aktiv am Sturz Chruschtschows beteiligt hatte. Wie würde Gorbatschow mit ihm zurechtkommen, welchen Posten würde der Neue für ihn vorsehen? Es herrschte große Unruhe im Parteiapparat von Stawropol; jeder Funktionär kämpfte für sich und musste sehen, wo er unter dem neuen „Zaren" blieb. Gorbatschow, der unter Jefremow zunächst Erster Sekretär des Stadtkomitees Stawropol werden sollte – und damit faktisch Bürgermeister der Stadt –, bekam schließlich den Posten des Abteilungsleiters für Parteiorgane auf der Regionsebene von Stawropol. Lieber wäre er „Bürgermeister" geworden, doch er fügte sich natürlich. Auf der Ochsentour durch die Parteiinstanzen hinauf bis zum Kreml-Chef sollte er noch fünf Beförderungen erleben. Politische oder soziale Leistungen und Errungenschaften für die Bevölkerung spielten dabei eine untergeordnete Rolle: Wichtig waren im Partei-Kosmos Konformität und Anpassungsgabe, woran es Gorbatschow nicht gemangelt hat, nicht mangeln durfte, wenn er weiterkommen wollte.

Im Frühjahr 1966 brach er zu seiner ersten Auslandsreise auf: Er flog mit einer sowjetischen Delegation in die DDR und landete am 31. Mai in Berlin-Schönefeld. Laut der Akten und des Besuchsberichts im SED-Parteiarchiv, das im Bundesarchiv aufging, lautete der Zweck der zehntägigen Reise: „Studium der Führungstätigkeit der SED".[5]

So vieles hatte Gorbatschow bis dahin von Berlin gehört, vor allem im Zusammenhang mit dem Krieg. Jetzt war er da, und es wühlte ihn auf. Er sah nur den östlichen Teil bis zur Mauer, denn auch eine „Besichtigung der Staatsgrenze" war ein offizieller Programmpunkt, und Berlin erschien Gorbatschow „düster und kalt". Neben der DDR-Hauptstadt besuchten die sowjetischen Funktionäre auch Potsdam, Dresden und Cottbus. Gemeinsam mit den anderen sieben Delegationsmitgliedern traf er am 8. Juni 1966 zum ersten Mal das SED-Politbüro-Mitglied Erich Honecker, der auch ZK-Sekretär für

Sicherheitsfragen war. Honecker sei schon damals „sehr selbstsicher" aufgetreten und habe sich der Delegation gegenüber „überaus freundschaftlich" verhalten, erinnert sich Gorbatschow.[6]

Der von einem SED-Funktionär verfasste Besuchsbericht hielt neben den zahlreichen Funktionärstreffen beider Seiten als Hauptergebnis fest: „Alle Mitglieder der sowjetischen Delegation betonten, dass sie gute Erfahrungen und Hinweise für die Verbesserung ihrer eigenen Arbeit erhielten. Sie sprachen sich sehr anerkennend über die kluge, beharrliche und kontinuierliche Politik unseres ZK beim Aufbau des Sozialismus und im Kampf gegen den westdeutschen Imperialismus zur Lösung der nationalen Frage aus."[7] Für Gorbatschow war auf dieser Reise allerdings etwas anderes entscheidend: In der DDR habe man gerade experimentiert, „eine Art Anreizsystem" geschaffen und „den Betrieben größere wirtschaftliche Freiheiten" gewährt.[8] Die Frage, ob das möglicherweise auch für ihr Land brauchbar wäre, drängte sich den sowjetischen Besuchern daher auf.

Einige Monate nach seiner ersten DDR-Reise, im September 1966, wird Gorbatschow schließlich doch noch zum „Bürgermeister" von Stawropol gewählt – natürlich nicht von den Bürgern selbst, sondern vom Stadtparteikomitee. Wie unauffällig er damals in der Partei-Nomenklatur mitschwamm, zeigen vor allem seine öffentlichen Auftritte, die von der lokalen Parteipresse brav begleitet wurden. Er verfasste aber auch selbst zum Teil ermüdend lange Reden, Artikel und Aufsätze. Davon zeugt etwa ein kleiner Ausschnitt aus der Feder von Gorbatschow, erschienen in der *Stawropolskaja Prawda* am 28. November 1967:

> Nachdem die sowjetischen Menschen das Jubiläum der Sowjetmacht, den 50. Jahrestag der Großen Sozialistischen Oktoberrevolution, feierlich begangen haben, kämpfen sie nun mit neuer Tatkraft für die Erfüllung der Pläne zum Aufbau des Kommunismus. An die Stelle der Losung „Unsere Leistungen dem Jubiläum" ist die neue Losung getreten: „Den Fünfjahrplan vorfristig erfüllen!" Dieser Aufruf der Moskauer hat bei allen Werktätigen lebhaftes Echo gefunden und dem Arbeitsalltag eines jeden Kollektivs neuen Inhalt gegeben.[9]

Diese unauffällige, völlig systemkonforme Haltung erlaubte es Gorbatschow, weiter aufzusteigen, was Anfang August 1968 geschah, als er von der Stadt- erneut auf die Regionsebene wechselte und zwar als Stellvertreter des allmächtigen Leonid Jefremow, des Ersten Sekretärs der Region Stawropol. Zur selben Zeit erschütterte die Welt die Niederschlagung der Freiheitsbewegung in der Tschechoslowakei durch sowjetische Panzer und Militäreinheiten aus anderen sozialistischen „Bruderstaaten".

Weil sich Jefremow gerade im Urlaub befand, fiel Gorbatschow die Aufgabe zu, den Bürgern der Region dieses gewaltsame Vorgehen zu erklären und es zu rechtfertigen. Das Büro des Regionsparteikomitees, dem Gorbatschow vorsaß, nahm eine Entschließung an, in der die „entschiedenen und rechtzeitigen Maßnahmen zum Schutz der Errungenschaften des Sozialismus" in der Tschechoslowakischen Sozialistischen Republik (ČSSR) gebilligt wurden.[10] Mit anderen Worten: Gorbatschow betrachtete die Freiheitsbewegung unter dem Namen Prager Frühling als Versuch der „Konterrevolution", die zu Recht gestoppt werden musste. Noch als er Kreml-Chef war und schon als großer Reformer weltweit gefeiert wurde, konnte er sich nicht dazu durchringen, den sowjetischen Einmarsch 1968 infrage zu stellen oder gar zu verurteilen. Bei seinem Staatsbesuch in Prag im April 1987 vermied er daher in seinen Reden jegliche Erwähnung des Prager Frühlings, womit er laut Zdeněk Mlynář Millionen Bürger zutiefst enttäuschte. Indirekt habe Gorbatschow das Regime unter Gustáv Husák sogar gestützt, warf er ihm vor: „Und was hast du erklärt? Sie sollen stolz darauf sein, was sie in den vergangenen zwanzig Jahren erreicht haben. 1968 habe Chaos geherrscht, nun aber liege die ‚schwere Zeit' hinter uns. Und du hast gesagt, dass ihr mit uns wart in dieser schweren Zeit! Ja, das wart ihr – auch mit euren Panzern!"[11] Diesem Vorwurf seines Freundes hatte Gorbatschow nichts Substanzielles entgegenzusetzen. Er berief sich lediglich auf den Standpunkt des Moskauer Politbüros und darauf, dass er die Niederschlagung 1987 in seiner Ansprache immerhin nicht ausdrücklich gebilligt habe, wozu ihn die Prager Führung aufgefordert habe. Dennoch habe er Verständnis dafür, wenn Mlynář seine Erklärung als doppelzüngig interpretiere.[12]

Schon früh war Gorbatschow ein Meister darin, heikle politische Situationen entweder mit Schweigen oder mit rhetorischem Geschick zu umschiffen. Mehr als ein Jahr nach der Niederschlagung des Prager Frühlings reiste er im Dezember 1969 als Stawropoler Funktionär nach Prag. Dort brodelte es innerhalb der Jugend weiter. Daher bat die KP-Führung unter Husák den großen sowjetischen Bruder, er möge Leute schicken mit Erfahrung in der Jugendarbeit. So wurde Gorbatschow Teil einer Delegation, die in der Tschechoslowakei schauen sollte, wie man die Jugend dort auf den ‚richtigen' Pfad bringen könne.

Welch naive Vorstellung, dass ausgerechnet Gesandte der verhassten Sowjetunion Gehör bei der renitenten tschechoslowakischen Jugend finden würden! Wie ideologisch gefangen und uninformiert Gorbatschow damals gewesen ist, weil er nur über die sowjetische Darstellung der Ereignisse verfügte und die Parteidirektiven aus Moskau dazu las, belegt seine Begegnung mit der Wirklichkeit. Im Grunde war er ein Opfer der eigenen Propaganda. „Die Dienstreise in die Tschechoslowakei hatte für mich weitreichende Folgen. Ich sah mit eigenen Augen und hörte mit eigenen Ohren, dass das tschechische und das slowakische Volk das, was im August 1968 geschehen war, mehrheitlich nicht akzeptierte."[13] Die Indoktrination und die Abschottung waren in der Sowjetunion systemimmanent und hatten offensichtlich lückenlos funktioniert. In seiner Erinnerung an diese Begegnung 1969 mit dem real existierenden Sozialismus im Bruderstaat fährt er fort: „Man zeigte uns in Brno eine Waffenfabrik. Sie wandten sich von uns ab, wollten nicht mit uns reden. In Bratislava wiederholte sich das. Das schockierte mich."[14]

Er habe damals Mlynář in Prag erreichen wollen, doch man habe ihm gesagt, er sei nicht in der Stadt.[15] Zu diesem Zeitpunkt war sein Freund längst in Ungnade gefallen, weil er zu den Reformern in der Partei und den Aktivisten des Prager Frühlings gehörte. Ideologisch und mitunter physisch bekämpft wurde im Innern der Sowjetunion, aber auch in den Bruderstaaten jegliche Abweichung von der Moskauer Parteilinie, die womöglich den Machtanspruch und die Kontrolle der KPdSU untergrub oder ernsthaft gefährdete. Und dass der Geheimdienst KGB gegen „Subversivität" vorging, dass Opponenten des Systems oder auch nur Regimekritiker mitunter in psychiatrische Anstalten gesteckt wurden, war Gorbatschow durchaus bekannt.

Protektion aus dem Moskauer KGB

Ausgerechnet den Mann, der Zdeněk Mlynář und dessen Mitkämpfern das Leben schwer machte, lernte Gorbatschow in jener Zeit kennen: Juri Wladimirowitsch Andropow, der Chef des KGB, der sich im April 1969 während eines Erholungsurlaubs in der Stawropoler Region aufhielt.

Im Gegensatz zu anderen Regionsführungen der Sowjetunion bot die von Stawropol einen enormen Karrierevorteil: Aufgrund des gesunden Höhenklimas und der Heilquellen machten viele Politbüro-Mitglieder oder andere Spitzenfunktionäre hier Urlaub. Die vier berühmten Kurorte mit den entsprechenden Mineralquellen in der Region Stawropol waren und sind die Städte Schelesnowodsk, Pjatigorsk, Jessentuki und Kislowodsk, wo der russische Schriftsteller Alexander Solschenizyn geboren wurde. Auch die Abgeschiedenheit dieser Orte zog die Mitglieder der Moskauer Führung an, die in Ruhe Schlamm- oder Schwefelbäder genossen, um Erkrankungen des Verdauungstrakts, der Harnwege sowie des Stoffwechsels zu kurieren.

Es war üblich, dass ein Vertreter der Regionsführung sich um die hohen Gäste aus Moskau kümmerte. In diesem Fall war es Gorbatschow in seiner Funktion als Stellvertreter des Ersten Sekretärs, und er nutzte diese Chance, sich zu empfehlen und das Parteinetzwerk weiter zu knüpfen. Auch die Bekanntschaft mit Andropow, der selbst aus der Gegend stammte, machte Gorbatschow auf diese Weise. Ihre schicksalhafte Begegnung fand in Schelesnowodsk statt – jenem Ort, der für die deutsche Wiedervereinigung einmal so bedeutsam werden sollte. Die Ehepaare Andropow und Gorbatschow fanden schnell zueinander und machten in der Gegend gemeinsam Urlaub, unternahmen Bergtouren oder Wanderungen. Saufgelage waren Andropows Sache hingegen nicht, wie sich Gorbatschow erinnert: „Ihm waren eine südliche Nacht, Stille, ein Lagerfeuer und ein offenes Gespräch entschieden angenehmer.“[16]

Nun hatte Gorbatschow als zweiter Mann in Stawropol mit Andropow einen höchst mächtigen Vertrauten in Moskau, der wiederum engster Vertrauter von Kreml-Chef Leonid Breschnew war. Zufall oder nicht – schon ein Jahr später, im April 1970, stieg Gorbatschow mit gerade einmal 39 Jahren zum Ersten Sekretär der Region auf. Inwieweit sein abgeschlossenes Landwirtschaftsstudium eine Rolle bei dieser Entscheidung von Kreml-Chef Breschnew spielte, ist nicht bekannt. Sein Hauptkonkurrent war Nikolaj Bosenko (1918–1995), der aufgrund seines höheren Alters über mehr Erfahrung in der Parteiarbeit verfügte und schon einen größeren Industriebetrieb geleitet hatte. Der scheidende Leiter der Region Stawropol, Leonid Jefremow, empfahl Kreml-Chef Breschnew im März 1970 sowohl Gorbatschow als auch Bosenko als würdige Nachfolger.[17] Doch Gorbatschow hatte mit Fjodor Kulakow und Juri Andropow offensichtlich die mächtigeren Fürsprecher.

Es war ein System der wechselseitigen Abhängigkeit: Entzog ein Parteichef einem Regionsfürsten das Vertrauen, war dessen Karriere zu Ende. Umgekehrt war der Parteichef abhängig von den Politbüro-Mitgliedern, den ZK-Sekretären und den Leitern der Regionen, die in der Regel ebenfalls im Zentralkomitee der KP in Moskau saßen und ihn im Falle einer entsprechenden Mehrheit stürzen könnten – wie mit Chruschtschow geschehen. Traditionell war der Geheimdienst-Chef immer eine Hauptstütze des Kreml-Chefs, und sein Wort hatte deshalb besonderes Gewicht.

In dieser Position ging Andropow von 1967 bis 1982 unerbittlich gegen Dissidenten in der Sowjetunion vor. Waren diese prominent, schützte sie das ein wenig, wie auch im Fall des Systemkritikers und Literaturnobelpreisträgers Alexander Solschenizyn. Er stand unter Beobachtung des Geheimdienstes, und im August 1973 entdeckte der KGB das Manuskript von *Archipel Gulag*, von dem im Westen eine Sicherheitskopie existierte, die zu veröffentlichen Solschenizyn unverzüglich anwies. Es war Andropow persönlich, der die Ausbürgerung und Ausweisung des Literaturnobelpreisträgers betrieb und sich dafür den Segen des Politbüros geben ließ.

Natürlich hatte Gorbatschow als Erster Sekretär der Region Stawropol damit nichts zu tun. Doch sein enges Vertrauensverhältnis zu einem Hardliner wie Andropow ist ein starkes Indiz dafür, dass er vom existierenden System und der Notwendigkeit, es nach innen und außen zu verteidigen, damals völlig überzeugt war. Auch Andropow war geprägt von der harten sowjetischen Linie, nicht zuletzt deswegen, weil er 1956 während der dramatischen Tage in Ungarn als Botschafter in Budapest war. Die Niederschlagung der Freiheitsbewegung, bei der es sich nach sowjetischer Lesart um eine „Konterrevolution" handelte, hatte er selbst hautnah und als Akteur erlebt. Dieselbe Rücksichtslosigkeit, mit der er gegen Dissidenten vorging, traf auch die Menschen in seinem unmittelbaren Umfeld. Seine erste Ehefrau, mit der er zwei kleine Kinder hatte, ließ er ohne jede finanzielle Unterstützung für eine andere Frau sitzen. Das war sicherlich mit ein Grund dafür, dass sein Sohn aus erster Ehe, Wladimir, auf die schiefe Bahn geriet: Er saß wegen Diebstahls ein, wurde später Alkoholiker. Als Andropow im Laufe seiner Karriere von der Parteiarbeit in den KGB wechselte, durfte dieser Werdegang seines Sohnes Wladimir auf keinen Fall bekannt werden. Denn straffällig gewordene enge Verwandte waren ein Ausschlusskriterium für den Dienst im KGB. Doch selbst als Andropow 1975 schon einige Jahre KGB-Chef war und dieses Familiengeheimnis seine Position nicht mehr hätte gefährden können, ignorierte er die Bitten des im Sterben liegenden Wladimir, ihn im Krankenhaus zu besuchen. Nicht einmal zu dessen Beerdigung erschien Andropow.

Auch vor der Repression gegen einen intelligenten und durch die Weltöffentlichkeit halbwegs geschützten Kritiker schreckte Andropow nicht zurück: Der Kernphysiker Andrej Sacharow, der vor den von ihm mitentwickelten Atomwaffen warnte, sich ab Ende der 1960er-Jahre verstärkt für die Einhaltung der Menschenrechte in der Sowjetunion einsetzte und insbesondere dagegen protestierte, dass Regimekritiker in psychiatrische Kliniken eingewiesen wurden, geriet zunehmend ins Visier des KGB: Nachdem Sacharow 1975 den Friedensnobelpreis zugesprochen bekommen hatte, verboten ihm die Machthaber, nach Oslo zu reisen, um den Preis entgegenzunehmen. Als er auch noch den sowjetischen Einmarsch in Afghanistan Ende 1979 verurteilte, ließ ihn der KGB – und damit Andropow – festnehmen. Die KGB-Leute verbannten ihn nach Gorki, eine für Ausländer bis 1991 geschlossene Stadt – rund 400 Kilometer östlich von Moskau gelegen. Erst im Zuge des Zerfalls der Sowjetunion erhielt Gorki seinen früheren Ortsnamen Nischni Nowgorod zurück und wurde wieder eine offene, normale Stadt.

*

Als ich 1998 die Wohnung von Sacharow auf dem Gagarin-Prospekt in Nischni Nowgorod aufsuchte, war sie inzwischen als eine Art Museum öffentlich zugänglich. Eine völlig durchschnittliche sowjetische Wohnung in einem typischen Hochhaus mit zwölf Stockwerken. Sacharow wohnte von Anfang 1980 bis Ende 1986 in dieser düsteren und beklemmenden Erdgeschosswohnung, wo noch das Telefon stand, auf dem er den sensationellen Anruf von Kreml-Chef Gorbatschow persönlich entgegennahm, der ihm zu seinem völligen Unglauben mitteilte, er sei nun ein freier Mann. Andropow hatte Sacharow eingesperrt, sein Protegé Gorbatschow entließ ihn wieder in die Freiheit. Hätte der Hardliner Andropow gewusst, welchen politischen Weg Gorbatschow als Kreml-Chef einschlagen würde, hätte er ihn sicherlich nicht nur nicht gefördert, sondern sehr wahrscheinlich ins Gefängnis gesteckt.

*

Gorbatschows Entwicklung war damals jedoch noch nicht im Geringsten abzusehen. Im Rückblick als Präsident der Sowjetunion a. D. tritt Gorbatschow selbst dem Mythos entgegen, er habe schon in den frühen Abschnitten seiner Laufbahn das System grundlegend verändern wollen. Als junger Kommunist habe er zwar – wie viele andere auch – auf Veränderungen gehofft. Aber: „Kein Gedanke daran, dass es dazu notwendig sei, die existierenden ökonomischen und politischen Verhältnisse von Grund auf zu verändern. Die Vorstellung war völlig abwegig, dass wir uns auf einem falschen Weg befinden könnten.“[18]

Dennoch erkannte er nach seinem Aufstieg zum Chef der Region von Stawropol, dass das System Schwächen hatte, wirtschaftlich nicht effizient genug war, und damit war er nicht allein. Er dachte zunächst jedoch, nur in seiner Region sei das so. „Meine Reisen und die Kontakte mit meinen Kollegen zeigten mir, dass sie die gleichen Sorgen und Probleme drückten. Sie hatten kapituliert oder begriffen, dass es klug sei, sich nicht dagegen aufzulehnen. Opportunismus war das nicht, eher vernünftig."[19]

Ein Reformer schon in jungen Jahren?

Was bewirkte er in seinen Stawropoler Jahren politisch? Als Funktionär des Jugendverbandes Komsomol waren seine Möglichkeiten ohnehin begrenzt. Als späterer Leiter der Abteilung Parteiorgane auf Regionsebene war er ein typischer Apparatschik, der sich im Parteikosmos bewegte. Seine Bürgermeister-Tätigkeit von 1966 bis 1968 war zu kurz für wesentliche Veränderungen, und als stellvertretender Regionsleiter konnte er nicht eigenständig agieren. Lediglich in seiner Zeit als Regionsleiter von Stawropol von 1970 bis 1978 nahm er wirklich Einfluss auf die Entwicklung. Doch selbst damals waren nur kleinere Experimente und neue Lösungsversuche innerhalb der Grenzen der Kommandowirtschaft möglich, da alles Wichtige von der staatlichen Planungsbehörde in Moskau *(Gosplan)* und den zuständigen Ministerien genehmigt werden musste.

1971 wurde er Vollmitglied des Zentralkomitees in Moskau, einem rund 300-köpfigen Gremium, das zweimal im Jahr zusammenkam. Es wählte damit auch den Generalsekretär der Partei, wenngleich das Politbüro eine nicht bindende Vorentscheidung traf. Gorbatschow konnte nun auf dem neuen Posten in Stawropol, für den ihn Kreml-Chef Breschnew persönlich bestimmte, seine praktischen und theoretischen Agrar-Kenntnisse einbringen. Darin ging er auf, ungeachtet der Zwänge und der Starrheit des vertikal strukturierten planwirtschaftlichen Systems, das er selbst nicht grundsätzlich infrage stellte.

Als 39 Jahre junger Provinzfürst machte Gorbatschow sich durchaus auch Feinde, indem er auf den höheren Parteiebenen der Region eine Reihe von personellen Umbesetzungen vornahm. Ihm ging es um fachliche Qualifikation – und da waren die bequemen Jahre für jene vorbei, die es sich in einer zuweilen leistungsfreien Umgebung für Parteikader eingerichtet hatten. So schickte Gorbatschow etwa seinen Stellvertreter, Nikolaj Scheslow, der 19 Jahre älter war, wegen „Trinkgelagen, Jagden [und] Angelpartien“[20] nach einigen Jahren der Zusammenarbeit in Rente.

Gorbatschow wollte die Effizienz der Landwirtschaft erhöhen. Schlechte Ernten waren in der Vergangenheit vor allem auf ein mangelhaftes Bewässerungs- und Berieselungssystem zurückzuführen gewesen. Mit seinen Mitstreitern in der Führung packte er dieses Problem an und ließ eine Eingabe an das ZK in Moskau vorbereiten, in welcher vorgeschlagen wurde, einen 480 Kilometer langen Kanal zu bauen. Der junge Regionsleiter fand Gehör und konnte den Minister für Wasserwirtschaft in Moskau von dem Plan überzeugen: Das Zentralkomitee und die sowjetische Regierung genehmigten Anfang 1971 per Beschluss sowohl die beschleunigte Errichtung des Großen Stawropoler Kanals als auch der Bewässerungs- und Berieselungssysteme. Die Lobby-Arbeit des für Gorbatschow wichtigen Förderers Fjodor Kulakow, der in Moskau als ZK-Sekretär für Landwirtschaft arbeitete, war dabei sehr hilfreich.

Landesweit wurde ein neues Ernte-Experiment im Jahre 1977 bekannt, das in Gorbatschows Region entwickelt wurde: Die sogenannte „Ipatowski-Methode“, benannt nach dem Gebiet der ersten Anwendung. Dabei ging es um einen flexibleren Einsatz von Brigaden und technischem Gerät für das schnellere und ertragreichere Einfahren der Ernte. Parteichef Breschnew wurde auf die punktuelle Erntesteigerung aufmerksam gemacht, und Gorbatschow rückte landesweit in den Fokus, obwohl er gar nicht der Initiator war und dies auch nicht für sich reklamierte. Dennoch erfuhr er am 16. Juli 1977 seinen medialen Ritterschlag, als das erste landesweite Interview mit ihm in der richtungweisenden Parteizeitung *Prawda* erschien. Einige Jahre später wurde die „Ipatowski-Methode“ allerdings wieder begraben, weil die Folge- und Nebenkosten im starren Plansystem ganz offensichtlich zu hoch waren.

Was seinen persönlichen Horizont betrifft, eröffneten sich Gorbatschow durch seinen neuen Posten als Chef der Region aufregende Reisemöglichkeiten: Als politisch besonders zuverlässig durfte er erstmals ins westliche Ausland, also zum Klassenfeind. Die Gefahr,

9 Privilegiert als Mitglieder der Nomenklatura: Italien-Rundreise des Ehepaars Gorbatschow 1971, hier: Raissa Gorbatschowa in Florenz

dass er sich absetzen könnte, sah man bei ihm nicht. Zwei Wege führten daher für ihn ins Ausland: Entweder als Mitglied einer sowjetischen Delegation in offizieller Mission oder als Privatperson auf Einladung einer „kommunistischen Bruderpartei". Seinen ersten nicht verzerrten Blick auf den Westen bot ihm Italien 1971: Rom, Turin, Florenz, das sizilianische Taormina und dann der Monte Pellegrino, den schon Goethe in seiner Italienischen Reise als „das schönste Vorgebirge der Welt" bezeichnete. Selbst der Vatikan stand für die aus Leninisten bestehende Besuchergruppe auf dem Programm, zu der auch Raissa Gorbatschowa gehörte. Was war das plötzlich für ein Leben für jemanden, der in einem System zu Hause war, in dem angeblich alle gleich waren und alle dieselben Rechte hatten? Ein Jahr später folgte ein Aufenthalt in Belgien und den Niederlanden. In Amsterdam fielen ihm dabei „die Hippies" auf, „dieses eigenartige Symptom der im Westen aufziehenden Krise", wie er in seinen Memoiren vermerkte.[21]

Doch er sah auch kilometerlange Straßen mit adretten Häusern. „Die Menschen fegten ihre asphaltierten Zufahrtswege oder arbeiteten in ihren Gärten. Ich fragte mich, wie lange es wohl bei uns noch dauern werde, bis wir so weit sein würden. Es war ein weiterer Anlass, darüber nachzudenken, wie verzerrt uns in der Sowjetunion das Ausland dargestellt wurde."[22] Dieser Befund ist charakteristisch für das gesamte damalige innere und äußere Sowjetreich, wo nicht einmal Repräsentanten und Machthaber richtig informiert waren. Das Schwarzmalen des ideologischen Gegners und die ständige Schönfärberei des eigenen Systems mussten langfristig zwangsläufig zum Niedergang beitragen.

Konnte Gorbatschow seine westlichen Eindrücke nutzen? Auf seinem damaligen Posten sicherlich nicht. Ganz offensichtlich genoss er aber die exklusiven und inspirierenden Westreisen, denen schon bald weitere folgten.

Die erste Reise in die Bundesrepublik

Als ein den westdeutschen Medien zu diesem Zeitpunkt völlig unbekannter und uninteressanter Sowjetfunktionär reiste er im Mai 1975 in die Bundesrepublik. Der Anlass war der 30. Jahrestag des Kriegsendes, und die Stationen waren Frankfurt, Nürnberg Stuttgart und Saarbrücken. Die Deutsche Kommunistische Partei (DKP) hatte eine Großveranstaltung in der Nürnberger Meistersinger-Halle organisiert, auf der Gorbatschow eine Rede hielt. Erhalten sind davon lediglich DKP-Publikationen, für die sich in der Regel nur eine Handvoll Mitglieder und Sympathisanten interessierte, und nicht einmal die Lokalpresse berichtete über das Ereignis. Der erste öffentliche Auftritt von Michail Gorbatschow in der Bundesrepublik blieb daher weitgehend unbemerkt. Zehn Jahre später, als Gorbatschow gerade einige Monate Kreml-Chef und weltweit in aller Munde war, veröffentlichte die DKP daher mit unverhohlenem Stolz und einer gewissen Schadenfreude eine Rede- und Interviewsammlung von ihm, worin auch sein Nürnberger Auftritt in Wort und Bild dokumentiert ist:

> Als er im März 1985 zum Generalsekretär der KPdSU gewählt wurde, klingelten plötzlich die Telefone in den Büros der DKP. Journalisten wollten Bilder, wollten Informationen, wollten Einschätzungen von uns.

> Selbst die in Nürnberg erscheinenden „Nürnberger Nachrichten" waren total „überrascht", dass der sowjetische Parteiführer schon einmal in Nürnberg war. Die eigene Ignoranz, [...] die ‚Schere-im-Kopf', wenn es um die DKP geht, hatte die Massenmedien selbst ins Abseits gestellt.[23]

Was Gorbatschow in seiner Nürnberger Rede von sich gegeben hatte, hätte auch ein Erich Honecker ideologisch treuer und historisch verzerrter nicht formulieren können. Den Sieg über Hitler-Deutschland schreibt Gorbatschow darin den Kommunisten in Europa zu, auch und vor allem den deutschen Genossen. Und als entschiedener Klassenkämpfer geht Gorbatschow nicht nur auf den Zweiten Weltkrieg, sondern ebenso auf die weltpolitischen Spannungen Mitte der 1970er-Jahre ein:

> In diesem Krieg wurde das Schicksal des ersten sozialistischen Staates in der Welt entschieden, die Zukunft der Weltzivilisation und der Demokratie. Selbst in den schwierigsten Tagen des Krieges, als die Faschisten direkt vor das Tor Moskaus rückten, Leningrad belagerten, zur Wolga vorstießen, wussten und glaubten die sowjetischen Menschen, dass es auch ein anderes Deutschland gibt – das Deutschland der Fortsetzer der Sache von Karl Liebknecht und Rosa Luxemburg, das Deutschland des großen Sohns des deutschen Volkes, Ernst Thälmann. Wir verfolgen aufmerksam auch das, was im anderen Teil des Erdballs vor sich geht – in Indochina. Hervorragende Siege der patriotischen Kräfte in Südvietnam, sowie Erfolge der Patrioten Kambodschas sind mit großer Freude von allen sowjetischen Menschen begrüßt worden.[24]

Knapp einen Monat zuvor, am 17. April 1975, hatten die Roten Khmer unter ihrem Anführer Pol Pot in Kambodscha mithilfe der Sowjetunion die Macht errungen. Während der anschließenden Schreckensherrschaft wurden schätzungsweise zwei Millionen Kambodschaner auf den Killing Fields ermordet. Ob Gorbatschow damals den Unsinn selbst glaubte, dass „alle sowjetischen Menschen" den Sieg der Roten Khmer „mit großer Freude" begrüßten, ist nicht bekannt. Jedenfalls betete er bei seiner Ansprache in Nürnberg noch die offiziell in Moskau vorgegebene außenpolitische Linie nach. Denn trotz der Entspannungspolitik, die sich hauptsächlich auf Europa bezog, kämpften die militärischen Supermächte USA und Sowjetunion damals erbittert um den Einfluss in der Welt; wo immer sich die Chance ergab, wollten sie einen „Regime-Change" herbeiführen: Während die USA zum Beispiel in Chile Diktator Pinochet unterstützten, half die Sowjetunion dem vermeintlich sozialistischen Regime in Afghanistan oder unterstützten mit Geld und Waffen vorgeblich anti-imperialistische Befreiungsbewegungen und militante Gruppen in Afrika oder Mittelamerika.

In der Bundesrepublik versuchte gleichzeitig die Terrororganisation Rote Armee Fraktion (RAF), ihren einsamen und selbstdeklarierten „Klassenkampf" mit Anschlägen, Entführungen und Morden zu etablieren, und blieb damit auf verlorenem Posten. Wurde sie dabei vom sowjetischen Geheimdienst unterstützt oder gar gesteuert – wie Verschwörungstheoretiker und selbst vereinzelte Wissenschaftler spekulieren? Gorbatschows Förderer und Vertrauter in Moskau, KGB-Chef Juri Andropow, hätte durchaus versuchen können, diese „Hilfe" zu veranlassen. Denn der KGB war nicht nur zuständig für die Unterdrückung jeglicher innenpolitischer Opposition und für die Auslandsspionage, sondern auch für die Unterstützung von politischen Gruppierungen im Ausland, die von der sowjetischen Führung für die eigenen Interessen als nützlich eingestuft wurden. Eine wissenschaftliche Studie mit dem Titel „Terrorismusmythen – Die Sowjetunion, der KGB und die RAF" aus dem Jahre 2017, basierend auf neuen Aussagen von sowjetischen Entscheidungsträgern sowie auf Archiv-Dokumenten, belegt jedoch eindeutig, dass Moskau den RAF-Terror zu keinem Zeitpunkt unterstützt hat. Somit war auch Gorbatschow, der seit 1978 in der Hauptstadt agierte und der Führung angehörte, daran nicht beteiligt – weder aktiv noch passiv. Die Studie fasst als Ergebnis zusammen, dass das übergeordnete Interesse an der Entspannungspolitik und dem Prozess der KSZE, deren Schlussakte die Sowjetunion im August 1975 unterzeichnete, sowie das Interesse an der Terrorismusbekämpfung im eigenen Land vor den Olympischen Spielen 1980 sehr viel schwerer wogen als die Unterstützung vermeintlich anti-imperialistischer Terroristen in Westeuropa.[25]

Wie detailsicher Gorbatschow Mitte der 1970er-Jahre die außenpolitische Linie der Sowjetunion beherrschte, die ohne den Begriff „Entspannung“ in jenen Jahren nicht auskam, belegt eine weitere Passage seiner ersten, aber immer noch wenig bekannten Rede auf bundesdeutschem Boden vor den DKP-Genossen:

> Wir, die sowjetischen Kommunisten, verfolgen aufmerksam euren Kampf. Keine Repressalien oder Verfolgungen können jedoch den Willen eines Kommunisten brechen, der mit seinem Volk verbunden ist, der auf den Positionen des proletarischen Internationalismus steht und sich auf die große Lehre von Marx, Engels und Lenin stützt. Unumstritten sind die Erfolge, die im Kampf für Entspannung, Frieden und Sicherheit der Völker, für die praktische Umsetzung der friedlichen Koexistenz erreicht wurden.[26]

Gastgeber in Nürnberg war offiziell der DKP-Vorsitzende Herbert Mies (1929–2017), indirekt aber die SED, die die DKP finanzierte. Gorbatschow und Mies waren schon 1958 aufeinandergetroffen, als Letzterer in Moskau einen Lehrgang absolvierte und Gorbatschow zu Besuch in der sowjetischen Hauptstadt war. Vorgestellt wurden sie einander von einem Stawropoler Studienfreund von Mies. Zum DKP-Chef avancierte Mies dann 1973, und aufgrund seiner Funktion als „Kommunisten-Chef in der Bundesrepublik“ war er für Gorbatschow durchaus ein interessanter und vielleicht nützlicher Kontakt, zumal Mies sich gelegentlich auch mit dem sowjetischen Parteichef Breschnew traf. In Nürnberg hätten sie sich „ewige Freundschaft“ geschworen, schrieb Mies 2015. Und die bekannten Kommunisten und Nazi-Widerstandskämpfer Emil Carlebach und Max Reimann hätten „ihren Segen“ dazu gegeben.[27] Tatsächlich empfing ihn Gorbatschow sogar einige Male als Kreml-Chef in Moskau, worüber auch die SED-Parteizeitung *Neues Deutschland* berichtete.[28] In der Politik von Freundschaft zu sprechen, ist jedoch sicherlich oft eine Frage der Interpretation und der jeweiligen Interessen, und in Gorbatschows Memoiren deutet wenig auf eine solche Freundschaft hin. Aber das liegt höchstwahrscheinlich daran, dass Herbert Mies – ebenso wie

10 Michail Gorbatschow als Gast der DKP am 7. Mai 1975 in Nürnberg. Slogan der Veranstaltung: „30 Jahre Befreiung vom Faschismus. Kampf gegen das Großkapital. Für Frieden, Demokratie und Sozialismus."

Erich Honecker – Gorbatschow als einen Verräter der kommunistischen Sache betrachtete und das auch öffentlich deutlich kundtat. In der Tageszeitung *junge Welt* veröffentlichte Mies etwa einen Artikel mit dem Titel „Anfang und Ende meiner Freundschaft zu Gorbatschow", in dem er ihm die Aufgabe der gemeinsamen Weltanschauung und den Verrat an der DDR vorwarf.[29]

Herbert Mies blieb ein Vertreter und Anhänger des real existierenden Sozialismus, der in der eingezäunten und eingemauerten DDR einem Kasernenhof-System glich. Er erhielt seine Parteigelder von diesem Unrechtsstaat, was die DKP jahrzehntelang leugnete, bis im

Zuge der Wende 1989/1990 die Wahrheit ans Licht kam.[30] Menschen entwickeln sich weiter oder nicht, Politiker überprüfen ihre Überzeugungen und korrigieren sie oder nicht. Entsprechend fasst Gorbatschow zusammen: „Ich war mit Mies befreundet, aber irgendwann haben wir uns einfach verloren."[31] Doch Mitte der 1970er-Jahre war auch ein Gorbatschow noch meilenweit davon entfernt, seine politischen Überzeugungen auch nur ansatzweise zu korrigieren.

Privilegiert und systemtreu

Mit seiner Familie führte er das höchst privilegierte Leben eines Systemprofiteurs, materiell und auch hinsichtlich der Reisemöglichkeiten, die für einen sowjetischen Durchschnittsbürger außerhalb jeder Reichweite standen. Selbst wenn diese ins verteufelte Ausland hätten fahren dürfen, wäre dies am Devisenmangel gescheitert. Gorbatschow hingegen genoss als Angehöriger der Nomenklatura die Rundumversorgung der Partei, die mit den Staatsgeldern nach Belieben umgehen konnte. Die nächste Reise ins kapitalistische Ausland führte Gorbatschow 1976 nach Frankreich. Diese Dienstreise muss ihm so gefallen haben, dass er im Folgejahr mit seiner Ehefrau wieder hinfuhr, diesmal um dort Urlaub zu machen.

Tochter Irina begleitete sie dabei nicht. Sie war längst erwachsen und heiratete ein wenig später – im Alter von 21. Sie studierte Medizin, ihr Mann auch. Sich derart jung zu binden, war in der Sowjetunion völlig normal. Eine Frau, die mit 25 noch nicht unter der Haube war, geriet zunehmend unter gesellschaftlichen Druck. Auch war das frühe Heiraten ein Weg, um den engen räumlichen Verhältnissen in den Elternhäusern zu entkommen. Nur mit dem Trauschein hatte man das Recht, die Zuteilung einer eigenen Wohnung zu beantragen. Wann man diese dann bekam, war allerdings eine andere Frage.

In Frankreich wie zuvor in den anderen westlichen Ländern verspürte Gorbatschow bei den Begegnungen auch außerhalb des Kreises der Auslandsgenossen keine Feindseligkeit, sondern traf auf echtes Interesse an einem Austausch. Diese Reisen, so bekannte er später, wurden daher „zu Bausteinen für ein neues Denken, das sich in mir allmählich herausbildete. Warum ging es gerade uns schlechter als anderen entwickelten Industrieländern? Das war die Frage, die mir seither unablässig durch den Kopf ging."[32] Und diese Frage, wie der Lebensstandard seiner Landsleute erhöht werden könnte, trieb ihn auch in erster Linie um, als er 1985 Kreml-Chef wurde. Noch war keine Rede von einer politischen Reform im Innern; völlig abwegig blieben vorerst Gedanken an einen Pluralismus. Das alles kam erst, nachdem seine Perestroika-Politik, die zunächst „nur" eine ökonomische Stoßrichtung hatte, nach zwei Jahren nicht nur keine Erfolge zeigte, sondern auf diesem Feld sogar eine Negativ-Bilanz aufwies. In seiner Stawropoler Zeit bis 1978, aber auch noch danach in Moskau bis zu seinem Amtsantritt als Kreml-Chef huldigte Gorbatschow Breschnew.

Dieser hatte eine Mini-Trilogie über seine Zeit im Zweiten Weltkrieg verfasst – oder besser verfassen lassen –, in der er seine Rolle maßlos überhöhte und sich zahlreiche Heldentaten zuschrieb. Sie trug den Titel: *Kleines Land. Neuland und Wiedergeburt.* Die Lobeshymnen der Partei-Unteren auf diese Pamphlete des Chefs kannten keine Grenzen, alle versuchten, sich in Schmeicheleien zu übertreffen. Auch Gorbatschow stimmte öffentlich in diesen Chor ein. Seiner Rede widmete die *Stawropolskaja Prawda* am 6. Mai 1978 eine ganze Seite unter der Überschrift: „Aus dem Vortrag des Genossen Gorbatschow". Darin hieß es unter anderem:

> Im Amt des Generalsekretärs des ZK der KPdSU und Vorsitzenden des Präsidiums des Obersten Sowjets der UdSSR hat L. I. Breschnew in leuchtender Weise seine Fähigkeit als Führer Lenin'schen Typs gezeigt. Leonid Iljitsch Breschnews Buch *Malaja Semlja* [dt. *Kleines Land* – I. L.] kann man wahrhaft als Hymne der Kommunistischen Partei bezeichnen. Es ist längst ein kulturelles Ereignis geworden. Die Kommunisten und Werktätigen Stawropols sind Leonid Iljitsch Breschnew unendlich dankbar für sein literarisches Werk […].[33]

Das Büchlein Breschnews wurde sogar obligatorisch in den Lehrplan des Parteiunterrichts aufgenommen – selbst in den diplomatischen Auslandsvertretungen. Alexander Jakowlew, damals sowjetischer

Botschafter in Kanada, schrieb viele Jahre später dazu: „Eine Lawine des Schwachsinns rollte über das Land, als hätten alle einen Sonnenstich bekommen.“[34]

Was seine eigene Person betrifft, vermied Gorbatschow jeglichen Anschein, er wolle sich in der lokalen Presse in den Vordergrund spielen. In den ersten Wochen nach seinem Amtsantritt als Leiter der Region von Stawropol im April 1970 findet sich kaum ein Foto von ihm in der *Stawropolskaja Prawda*. Darauf angesprochen, sagt er mit einem Lächeln: „Ich war halt bescheiden.“[35] Natürlich war es aber vor allem politische Taktik und Vorsicht, um ja nicht den Eindruck zu erwecken, er befördere einen Personenkult. Dies überließ er gern Breschnew und anderen Parteifunktionären, die höhergestellt waren als er selbst. In jenen Jahren blieb auch seine Ehefrau Raissa noch eine weitgehend unsichtbare und unbekannte Gattin. Dennoch profitierte er auch weiterhin von den Urlaubsaufenthalten der Parteiobersten in seiner Region. Auf dieselbe Weise wie zuvor Andropow lernte er die Nr. 2 im Staat kennen: Michail Suslow, den dogmatischen Parteiideologen, zu dem er ebenfalls eine gute und sehr nützliche Verbindung aufbaute. Suslow war noch unter Stalin aufgrund besonderer „Verdienste“ aufgestiegen und von diesem offenbar als Nachfolger in Betracht gezogen worden.[36] Als Nachwuchsfunktionär in Rostow am Don hatte Suslow 1938 Massenverhaftungen von angeblichen „Volksfeinden“ angeordnet. Anschließend war er von 1939 bis 1944 Leiter der Region Stawropol, wo er die Deportationen des Volkes der Karatschaier und die Unterdrückung und Verfolgung insbesondere der Litauer umsetzte. 1947 machte ihn Stalin zum ZK-Sekretär für Agitation und Propaganda, später auch zum Mitglied des Politbüros. Bis zu seinem Tod 1982 blieb er der gefürchtete Aufseher über die Medien und die Kunstschaffenden, denen er die Luft zum Atmen nahm. Geringste Abweichungen von der reinen Parteilehre konnte er scharf ahnden. Als Leiter der Region Stawropol war er ein Amtsvorgänger Gorbatschows und blieb der Gegend immer verbunden. 1978 reiste er zu der 200-Jahr-Feier anlässlich der Stadtgründung Stawropols als Ehrengast an. Die Stadt bekam die Auszeichnung „Orden der Oktoberrevolution“. Hauptredner Gorbatschow sagte in seiner Festrede unter anderem:

„Wir danken dem Zentralkomitee der Partei und der Sowjetregierung auf das herzlichste, dass sie den Beitrag der Region Stawropol zum Aufbau des Kommunismus so hoch würdigen. Und wir alle freuen uns, dass Michail Andrejewitsch Suslow, Mitglied des Politbüros und Sekretär des Zentralkomitees der KPdSU und einstmals 1. Sekretär des Regionskomitees der Partei der Region Stawropol, an diesem Tag unter uns weilt. Mit Michail Andrejewitsch Suslows Namen sind viele Leistungen der Einwohner der Region Stawropol in den Jahren des Aufbaus des Sozialismus als auch während des Kampfes gegen die faschistischen deutschen Okkupanten untrennbar verbunden.“ [37]

Dass Suslow zur Mörder-Riege gehörte, die in den 1930er-Jahren Gorbatschows Großvater Pantelej und Hundertausende anderer vermeintlicher „Volksfeinde“ einsperrte, in Arbeitslager steckte, folterte oder gar umbringen ließ, ignorierte er – eine Eigentümlichkeit, wie sie für diese Nachfolgegeneration der Sowjetfunktionäre typisch war. Verurteilt hat er die Taten Suslows nie – nicht einmal nach dem Auszug aus dem Kreml. Ebenso hält er seinen Förderer KGB-Chef Andropow eher in Ehren, als dass er kritische Worte über ihn findet. „Mit Andropow hatte ich ein gutes Verhältnis. Er ist eine große Persönlichkeit“, verteidigt er ihn stattdessen. Den Hinweis, dass Andropow für die Verfolgung von Andersdenkenden zuständig war und sie auch praktizierte, lässt Gorbatschow ins Leere laufen. Stattdessen betont er nur sein fortgeschrittenes Alter und das Schwinden der Erinnerung.[38] Dagegen ist er sich der dunklen Seite Lenins sehr bewusst gewesen. Lenin sei neben seiner politischen Brillanz „zugleich ein Fanatiker“ gewesen. „Der Dogmatiker Lenin, der das Jakobinertum und den revolutionären Terror verehrte, ist mir fremd“, bekannte Gorbatschow und brachte damit eine gewisse Distanz zu dem „Revolutionsführer“ zum Ausdruck - allerdings erst, nachdem er Ende 1991 nicht mehr Präsident der Sowjetunion war.[39]

Sein erster mächtiger Förderer, Fjodor Kulakow, starb völlig unerwartet im Juli 1978 in Moskau, wo er als ZK-Sekretär für die Landwirtschaft der Sowjetunion verantwortlich gewesen war. Doch was für Gorbatschow hinsichtlich seiner Karriere zunächst als ein Rückschlag

11 Michail Gorbatschow mit dem sowjetischen KGB-Chef Juri Andropow (Mitte) in der Region Stawropol 1978. Rechts: Wsewolod Murachowski (1926-2017), Nachfolger Gorbatschows im Amt des Ersten Parteisekretärs von Stawropol

erschien, verkehrte sich ins Gegenteil: Kulakows Tod begründete seinen Aufstieg vom Provinz-Parteichef zu einem Mitspieler in der Moskauer Führungsriege. Gorbatschow wurde für ihn selbst völlig überraschend von Leonid Breschnew zum Nachfolger bestimmt und stieg ins Politbüro auf – zunächst als Kandidat und ab 1980 als Vollmitglied.

Warum fiel die Wahl auf Gorbatschow für die Nachfolge Kulakows? Ausschlaggebend dafür war ein Treffen gewesen, das bisher in diesem Zusammenhang wenig Beachtung fand: Am 19. September 1978, gut zwei Monate nach Kulakows Tod und nachdem die Nachfolgefrage noch immer nicht entschieden war, war Leonid Breschnew in einem Sonderzug nach Baku gereist, Hauptstadt der Sowjetrepublik Aserbaidschan. Begleitet worden war er von seiner „rechten Hand", Konstantin Tschernenko. Auf dem Weg nach Baku hatte Breschnews Sonderzug einige Zwischenstopps gemacht, darunter in der Stadt Mineralnije Wody in Gorbatschows Verwaltungsregion. KGB-Chef Juri Andropow, der sich wieder zur Erholung in der Stawropoler Region aufgehalten hatte, hatte darin für seinen Protegé Gorbatschow die Chance gesehen, sich als Gastgeber zu profilieren und als Nachfolgekandidaten für den verstorbenen Kulakow ins Spiel zu bringen.

Aber eigentlich war Gorbatschow mit seinen damals 47 Jahren noch zu jung, um den Moskauer Olymp besteigen zu können, wo das Durchschnittsalter der Führungsriege bei Ende 60 lag. Zumal schon geringe Verschiebungen im Machtgefüge Moskaus übervorsichtig vorgenommen und von allen Seiten aufmerksam beobachtet wurden. Die Ausgangspositionen für potenzielle Erben Breschnews könnten sich schließlich durch neues Personal verbessern oder verschlechtern. Dort, am Bahnhof von Mineralnije Wody und unweit von Andropows Erholungsort, trafen sich nun vier Führer des Sowjet-Imperiums: Der amtierende Breschnew, sein Nachfolger Andropow, dessen Nachfolger Tschernenko und Gorbatschow als Gastgeber.

Laut den Erinnerungen Gorbatschows gingen sie den Bahnsteig entlang, wobei kein Gespräch in Gang kam. „Nach Begrüßungen und Gemeinplätzen über Gesundheit und Erholung trat Schweigen ein. Der Generalsekretär schaltete ab, wie mir schien, bemerkte die neben ihm Laufenden gar nicht.“[40] Breschnews Gesundheitszustand war damals schon längst angeschlagen, er verkörperte ebenso wie seine beiden Nachfolger Andropow und Tschernenko die Agonie des Systems. Insofern dauerte es noch weitere zwei Monate, bis die Nachfolge Kulakows entschieden war. Gorbatschow wurde schließlich am 27. November 1978 auf der Plenarsitzung des ZK der KPdSU zum Sekretär für Landwirtschaft „gewählt“, mit anderen Worten: Breschnews Entscheidung wurde von diesem Gremium abgenickt.

Ein weiteres Mal zieht Gorbatschow nach Moskau. Zu seinen Privilegien gehören unter anderem fortan eine SIL-Limousine, ein Offizier zu seinen Diensten, kostenlose Verpflegung bis 200 Rubel monatlich und eine Datscha. Ein neues Leben beginnt: für ihn, seine Familie – und bald auch für sein Land, die „Bruderstaaten“ und die Welt.

6. IM MOSKAUER GEFLECHT DER INTRIGEN

Das Zentralkomitee der Kommunistischen Partei residierte nicht im Kreml, sondern an der *Staraja Ploschtschad,* am ‚Alten Platz', etwa 800 Meter entfernt. Hier ging Gorbatschow nun seiner Arbeit nach, wobei er fortan für die Landwirtschaft und für die Ernteergebnisse zuständig war. Diese Aufgabe war verglichen mit denen anderer ZK-Sekretäre mit dem wohl größten Karriere-Risiko verbunden, denn die Versorgung der Bevölkerung stand neben der Verteidigung ganz oben auf der Prioritätenliste des Sowjetführers Leonid Breschnew. Die Landwirtschaft war seit jeher die Achillesferse der sowjetischen Wirtschaft. Hätte sich Gorbatschow als Regionsleiter in Stawropol noch mit Loyalitätsbekundungen, Huldigungen und Schmeicheleien gegenüber dem Staats- und Parteichef durchmogeln können, wenn Leistungen zu wünschen übrigließen, so zählten in Moskau vor allem seine Führungsarbeit im Ressort und deren messbare Erfolge.

Und noch etwas änderte sich grundlegend: Gorbatschow wurde jetzt permanent beobachtet. Aus Angst, abgehört zu werden, unterhielt er sich selbst mit seiner Frau über heikle Themen „nur beim nächtlichen Spaziergang auf dem Grundstück".[1] Echte freundschaftliche Beziehungen zu Parteigenossen in Moskau waren kaum möglich. Während er und Raissa mit KGB-Chef Andropow und dessen Ehefrau Tatjana in der Stawropoler Zeit ein enges Verhältnis gepflegt hatten mit gemeinsamen Wanderungen oder Abendessen, so hatte dies in Moskau ein Ende.

Aufstieg ins Politbüro

Im Herbst 1979 wurde Gorbatschow von Breschnew zum Kandidaten des Politbüros berufen, während er parallel dazu ZK-Sekretär für Landwirtschaft blieb, und nur ein Jahr später stieg er zum Vollmitglied des Politbüros auf. Das war faktisch das mächtigste Gremium im Staat, wenn auch nicht laut Verfassung. Hier saßen zwölf Vollmitglieder und noch einmal so viele Kandidaten, wobei die Mitgliederstärke nirgends festgeschrieben war und nach Gutdünken des Generalsekretärs variierte.

In dieser von der sowjetischen Bevölkerung völlig abgehobenen Nomenklatura existierten feinste Abstufungen hinsichtlich der Privilegien. So stand etwa einem Kandidaten des Politbüros eine weniger luxuriöse Dienstwohnung oder Datscha zu als einem Vollmitglied, und auch bei der Versorgung mit Delikatessen und Westprodukten wurden Unterschiede gemacht. Michail Voslenski, ein sowjetischer Wissenschaftler, der 1972 von einem Besuch in der Bundesrepublik nicht in die Sowjetunion zurückkehrte, beschrieb diese Privilegien in seinem Werk *Nomenklatura.* Voller Verwunderung hielt er darin fest: „Im Westen sah ich zum ersten Mal, dass Minister von ihrem Gehalt leben müssen wie andere Menschen auch.“[2]

Hohe Parteifunktionäre, zu denen Gorbatschow in Moskau zählte, bekamen für ihren Urlaub kostenlos ein Sanatorium oder ein Ferienhaus gestellt – vorzugsweise an der Schwarzmeerküste. Die Ehefrauen durften natürlich mit und mussten nur einen symbolischen Betrag zahlen. Zudem bekamen die hohen Funktionäre für ihre Arbeit zum Wohle des Volkes Bezugsscheine für Lebensmittel und Coupons für die Kreml-Kantine. Dort gab es nur erstklassige Produkte, die man in keinem Moskauer Geschäft kaufen konnte. Wohnung, Datscha, Auto – alles stellte der Staat, der praktisch die Partei war, und im Krankheitsfall erfolgte eine bevorzugte Behandlung in Spezialkliniken, die nur der Nomenklatura vorbehalten waren. Michail Voslenski charakterisierte all die Zustände und Vorrechte als „parasitär“.

Dieses materiell höchst komfortable Leben fand jedoch in einem unbequemen goldenen Käfig statt, wo Argwohn, Missgunst und eine penible Rangordnung dominierten. Als die Gorbatschows etwa zu einer „Stawropoler Tafel" luden, stieß Andropow sie vor den Kopf. Er lehnte rundheraus ab und erklärte, das würde sofort Gerede und Fragen nach sich ziehen: Wer, wie, wozu und was wurde erörtert? Wenn er mit seiner Frau herüberkäme, würde man das sofort Leonid Breschnew melden. „Ich sage dir dies, Michail, vor allen Dingen für dich."[3]

An die Moskauer Spielregeln auf höchster Ebene musste sich auch Raissa erst gewöhnen, denn bei den üblichen Treffen der „Kreml-Ehefrauen" spiegelten sich die Hierarchie und die Hackordnung der Männer wider. Einmal hatte sich Raissa bei einem Empfang arglos irgendwo hingestellt und wurde von der Ehefrau eines langjährigen Politbüro-Mitglieds vor aller Augen und Ohren zurechtgewiesen. Mit ausgestrecktem Zeigefinger deutete sie auf das Ende der Reihe und belehrte Raissa: „Ihr Platz ist dort!"[4] Völlig konsterniert kam Raissa der Zurechtweisung nach und fühlte sich nach diesem Erlebnis noch stärker abgestoßen vom Kreis der Kreml-Frauen und der Atmosphäre innerhalb der Nomenklatura. Entsprechend machte sie es nachweislich anders, nachdem ihr Mann zum Parteichef gewählt worden war. Selbst Naina Jelzina, Ehefrau des ersten russischen Präsidenten und späteren Hauptwidersachers von Gorbatschow, äußerte sich in ihren Memoiren von 2017 höchst anerkennend über sie:

> Raissa Maximowna Gorbatschowa lud als Ehefrau des Generalsekretärs regelmäßig die Frauen der Politbüro-Mitglieder und der Kandidaten zum Tee ein. Sie sprach davon, dass sie gemeinsame Museums- und Theaterbesuche plane. Ich hatte den Eindruck, dass sie ganz aufrichtig anstrebte, die Beziehungen zwischen den Ehefrauen der Parteiführung weniger formal zu halten. Sie bemühte sich, dass die Gespräche ihren gezwungenen Charakter verlieren. Ich war immer der Meinung, dass Raissa Maximowna Respekt verdient als jemand, der viel Kraft nicht nur für ihre Familie, sondern auch für das Land gab.[5]

Nachdem er als Politneuling in der obersten Moskauer Kaste angekommen war, traf sich Gorbatschow nur einmal privat mit einem Politbüro-Mitglied. Doch in diesem Einzelfall folgte er einer Einladung des fast 30 Jahre älteren Michail Suslow, und auch ihn traf er nicht zu Hause, sondern in einer leerstehenden Datscha, die Stalin genutzt hatte.[6] Mit seinen politischen Förderern Andropow und Suslow, beides sowjetische „Hardliner", die im Verborgenen insbesondere die Verfolgung Oppositioneller und Andersdenkender betrieben, stand Gorbatschow auch in dieser Zeit eng in Verbindung.

Als ZK-Sekretär für Landwirtschaft geriet er immer dann besonders unter Druck, wenn die Ernte dürftig ausfiel. Ein undankbarer Posten war es auch deshalb, weil Gorbatschow gestalterisch die Hände gebunden waren. Die Absurdität der Planwirtschaft zeigte sich schon darin, dass er sich als zuständiger ZK-Sekretär mit einem Landwirtschaftsminister auf Unionsebene, mit dem Chef der staatlichen Planungsbehörde *(Gosplan)* und mit dem Finanzminister abzustimmen hatte. Das daraus folgende Kompetenzgerangel verhinderte ein effektives Arbeiten, und die Treffen zu viert charakterisierte Gorbatschow als „überaus aufreibend".[7] Insbesondere war die Doppelung von einerseits Landwirtschaftsminister, andererseits ZK-Sekretär für Landwirtschaft überflüssig, doch sie war ein zentrales Element des Sowjetsystems. Misserfolge blieben allerdings allein am ZK-Sekretär haften, weil der Parteiposten wichtiger war als der Staatsposten.

Das flächenmäßig größte Land der Erde, das nicht nur reich an Rohstoffen war, sondern sich auch selbst mehr als ausreichend hätte ernähren können, scheiterte schon am Einfahren und Lagern der Ernte: Millionen Tonnen Getreide verrotteten, sei es aufgrund fehlender Lagerkapazitäten und Transportmittel oder aus anderen Gründen. In seinen Memoiren schildert Gorbatschow, der nicht nur über entsprechende praktische, sondern auch über wissenschaftliche Kenntnisse verfügte:

> Mitunter hatte man es mit reinstem Irrwitz zu tun. Planauflagen für die Weizenbeschaffung wurden beispielsweise den Agrarbetrieben der Gebiete Leningrad, Jaroslawl, Kalinin und den anderen Gebieten der Nichtschwarzerde-Zone vorgegeben, wo Weizen eine derart niedrige Qualität hatte, dass er sich manchmal selbst zu Futterzwecken nicht eignete. Wenn diese Gebiete dann Zehntausende Tonnen minderwertigen Getreides an den Staat lieferten, erhielten sie vom gleichen Staat Hunderttausende

Tonnen Futtergetreide für ihre Viehhaltung und noch größere Mengen für Nahrungsmittel. Überdies wurden dort, um den Getreideanbau zu fördern, 24 Rubel pro Tonne, in den Regionen Stawropol und Krasnodar aber, in denen hochwertiger Weizen gezogen wurde, nur sieben bis zehn Rubel gezahlt.[8]

Als 1979, in Gorbatschows erstem Amtsjahr, die Ernte bedeutend niedriger ausfiel als zuvor, richteten sich die Augen im Politbüro auf ihn. Seine heimlichen Gegner dürften schadenfroh gewesen sein, dass der nicht einmal 50 Jahre alte „Emporkömmling" in die Defensive geraten war, was sich etwa bei einem Kreml-Empfang zeigte. Parteichef Breschnew nutzte die Gelegenheit, um Gorbatschow zu fragen, wie denn die Ernteaussichten seien. Gorbatschow antwortete unter anderem, dass man in Kasachstan dringend Kraftwagen für die Getreidetransporte bereitstellen sollte. Darauf mischte sich Ministerpräsident Alexej Kossygin barsch in das Gespräch ein und forderte, mit dem Betteln müsse endlich Schluss sein. Es gelte den Beschaffungsplan zu erfüllen. Kossygin fügte gereizt hinzu: „Wir haben keine Devisen mehr, um Getreide zu kaufen."[9]

In der Vergangenheit war es bei Engpässen nie ein größeres Problem gewesen, Getreide aus dem Westen zu importieren. 1975 etwa war ein besonders schlechtes Jahr gewesen. Das deutsche Nachrichtenmagazin *Der Spiegel* hatte seinerzeit unter Berufung auf die *New York Times* geschrieben:

> Der Kreml kann seine Bürger nicht ohne West-Hilfe ernähren: Missernte und Misswirtschaft zwingen die Sowjet-Union – bei acht Mal soviel Landarbeitern wie in den USA – wieder zu Großeinkäufen von Getreide in Nordamerika und Australien. Nach US-Schätzungen wird die Sowjet-Ernte mit 165 Millionen Tonnen (Plan: 215 Millionen) noch unter dem schlechten Ergebnis von 1972 liegen, als jeder sechste Sowjetbürger Brot aus US-Getreide aß.[10]

Gorbatschow konnte auch in der Frage der Getreide-Importe nicht selbstständig agieren und entscheiden. Die Zurechtweisung durch

Ministerpräsident Kossygin wollte er aber so nicht stehen lassen. Mutig konterte er in Anwesenheit von Breschnew, wenn Kossygin der Meinung sei, „dass ich und die Landwirtschaftsabteilung Schwächen gezeigt hätten, so möge er seinen eigenen Apparat damit beauftragen, das Getreide zu beschaffen, und die Ablieferungsaktion zu Ende bringen."[11] Der Zusammenstoß mit dem viel höherstehenden und deutlich älteren Kossygin, mit dem Gorbatschow eigentlich ein gutes Verhältnis hatte, schadete ihm keinesfalls. Es sprach sich vielmehr bald herum, Gorbatschow habe seine „Durchsetzungsfähigkeit gegenüber Kossygin persönlich bewiesen".[12]

Auch in dieser Zeit war es Michail Suslow, der Gorbatschows Karriere behutsam voranbrachte. Ursprünglich hatte Gorbatschow sofort Vollmitglied im Politbüro werden sollen, nicht erst Kandidat, doch Suslow schützte Gorbatschow vor noch mehr Neidern und Anfeindungen, indem er sich dagegen aussprach. Er sagte zu ihm: „Wir werden Sie zum Kandidaten des Politbüros vorschlagen. So wird es besser sein. An Ihrer Seite arbeiten Sekretäre fünf, zehn, ja fünfzehn Jahre lang. Wozu brauchen Sie unnötige Spannungen um sich?" Gorbatschow schrieb rückblickend über diesen Beförderungsschritt: „Er hatte recht."[13]

An den Ernte-Ergebnissen kann die Beförderung vom 27. November 1979 zum Kandidaten des Politbüros nicht gelegen haben. Gorbatschow profitierte vielmehr davon, dass er im Machtzirkel des Kremls ‚richtig' stand. Es bleibt unklar, ob er sich bewusst selbst so positioniert hatte oder mächtigere Politbüro-Mitglieder, die ihn als Verbündeten für ihre persönlichen Zwecke und Machtambitionen brauchten. Es spricht einiges dafür, dass Gorbatschow prinzipienfest war und nicht um jeden Preis Karriere machen wollte. Denn allein die standhaften, alles andere als devoten Widerworte gegenüber Alexej Kossygin hätten auch ein Karriereende oder gar eine Degradierung zur Folge haben können.

Aufgrund der Weizenimporte aus den USA und anderen Ländern hatte Gorbatschow ein Ressort, das ihn erstmals in die internationale Arena katapultierte, obwohl er im Westen namentlich noch weitgehend unbekannt war. Daheim aber wurde jetzt sein Konterfei auf meterhohen Porträt-Schildern abgebildet, weil er zum Kandidaten des Politbüros aufgestiegen war und Schüler, Pioniere und Komsomolzen seinen Namen und seine Funktion auswendig lernen und parat haben mussten.

Ende Dezember 1979 versetzte die Sowjetunion die Welt in einen Schockzustand, indem sie in Afghanistan einmarschierte. Die Entspannungspolitik der 1970er-Jahre war damit zu Ende. Gorbatschow gehörte zur Führungsriege, war aber wie viele andere Politbüro-Mitglieder oder Kandidaten an dieser Entscheidung weder beteiligt noch hatte er überhaupt von ihr Kenntnis. Erst 1992, im Zuge der kurzen „Archiv-Revolution“ nach dem Untergang der Sowjetunion, kamen Dokumente des Politbüros ans Tageslicht, die jene dramatischen Ereignisse rekonstruieren helfen. Der russische Historiker Rudolf Pichoja war an der von Präsident Jelzin betriebenen Archiv-Öffnung beteiligt. Nach seinen Erkenntnissen waren es Leonid Breschnew, KGB-Chef Andropow, Verteidigungsminister Ustinow und Außenminister Gromyko, die den Truppeneinmarsch und somit den Krieg beschlossen.[14] Breschnew war dabei offenbar nicht die treibende Kraft, im Gegenteil: Der Verteidigungsminister und der KGB-Chef hatten ihn in den Monaten zuvor so lange bearbeitet, bis er nachgab. Dabei war selbst die sowjetische Militärführung mehrheitlich gegen den Einmarsch, und Generalstabschef Nikolaj Ogarkow warnte eindringlich und äußerst hellsichtig vor dem in seinen Augen aussichtslosen Krieg: „Wir werden den gesamten Islam im Osten gegen uns aufbringen und politisch in der ganzen Welt verlieren.“ Daraufhin wurde er von KGB-Chef Andropow zurechtgewiesen: „Kümmern Sie sich um militärische Fragen! Mit Politik befassen wir uns, befasst sich die Partei und Leonid Iljitsch [Breschnew].“[15]

Gorbatschow rückte nach dem Einmarsch in Afghanistan und dem darauf folgenden Aufschrei im Westen noch stärker in den Fokus des Politbüros, denn US-Präsident Jimmy Carter verfügte sofort, dass die bereits vereinbarte Lieferung von 17 Millionen Tonnen Weizen an die Sowjetunion im Wert von zwei Milliarden Dollar ersatzlos gestrichen wurde. Aufgrund der ohnehin angespannten Versorgung stand Gorbatschow als ZK-Sekretär für Landwirtschaft damit vor zusätzlichen Problemen. Im Januar 1980 lud Breschnew ihn gemeinsam mit Außenminister Gromyko und Verteidigungsminister Ustinow zu sich ein. Zum ersten Mal war er Teilnehmer einer so exklusiven Runde. Gorbatschow schilderte die besorgniserregende Situation und setzte ein Programm durch, das die Sowjetunion unabhängig von Getreideimporten machen sollte. Aber von der Konzeption bis zur Verabschiedung durch das ZK-Plenum war es ein langer Weg, weil das Programm mit etlichen Stellen und Personen abgestimmt werden musste. Im Mai 1982 trat es immerhin in Kraft, doch bis es durchschlug, zog noch mehr Zeit ins Land. Gorbatschow schildert die Ausgangslage eindrücklich:

> Seit mehr als einem Jahr hatte ich versucht, dem Nahrungsgüterproblem auf den Grund zu gehen, denn ich wusste: Die Verhältnisse waren grauenvoll. Das Land, die Erde, unsere Ernährerin, wie wir sie zu nennen pflegen, bot sich mir zerrissen, vernachlässigt, ja sogar verlassen dar – eine Folge der seit Jahrzehnten betriebenen Politik. […] Bildlich gesprochen zog man den Pflug quer durch das ganze Land, von den Schwarzerde-Gebieten bis zu den Sandböden. Millionen von Hektar wurden dadurch entwertet, denn die Winde trugen die wertvolle Krume davon. Millionen von Hektar wurden von der Wüste ‚aufgefressen'. Dabei braucht man Jahrzehnte, wenn nicht Jahrhunderte, um fruchtbaren Boden wiederherzustellen. Das war ein Problem, mit dem ich bereits im Stawropolschen Gebiet konfrontiert worden war, und so wusste ich, dass jede Klimazone, jeder Boden ein eigenes Verfahren der Bestellung erfordert. Man kann gar nicht genug von den Bodenverhältnissen wissen, wenn man deren Fruchtbarkeit bewahren und erhöhen will.[16]

Als weiteres großes Problem erkannte Gorbatschow die Landflucht. Die Bevölkerung in den Dörfern fühlte sich wie Bürger zweiter Klasse. Sie verdienten schlechter als die Städter, und weder Straßen, noch Schulen und medizinische oder kulturelle Einrichtungen waren auf dem Land in angemessener Form vorhanden. Daher stellte Gorbatschow die soziale Entwicklung des Dorfes als ein wesentliches Element des Lebensmittelprogramms heraus. Dafür sollten 140 Milliarden Rubel bereitgestellt werden.[17] Als es jedoch darum ging, die

Finanzierungsquellen für dieses Programm zu erschließen, wurde Gorbatschow vom Chef der Staatlichen Planungsbehörde, Nikolaj Baibakow, zu erkunden gebeten, ob es möglich sei, eine Umverteilung der Ressourcen zu veranlassen, das heißt, einige Mittel für Rüstung und Verteidigung zugunsten der Landwirtschaft umzuleiten. Als der Gefragte sagte, das sei ihm nicht möglich, erwiderte Baibakow nur lapidar, ihm gehe es genauso.[18] Die Episode zeigt nicht nur wie sakrosankt der Verteidigungs- und Rüstungssektor war, sondern auch, dass selbst hochgestellte Funktionäre regelrecht Angst davor hatten, diese ausufernden Kosten auch nur zu thematisieren.

Genaue Zahlen etwa zu den Kriegsausgaben in Afghanistan gibt es nicht. Schätzungsweise gingen aber umgerechnet fünf Milliarden Dollar pro Kriegsjahr aus dem sowjetischen Staatshaushalt dafür verloren. Dennoch trug Gorbatschow diesen Krieg natürlich mit, denn alles andere wäre politischer Selbstmord gewesen. Die Entspannungspolitik lag damit in Trümmern, und die globale politische Atmosphäre wurde wohl durch nichts deutlicher symbolisiert als durch den westlichen Boykott der Olympischen Spiele in Moskau. Den sowjetischen Medien war es verboten, über den Krieg und die menschlichen Verluste zu berichten, und das Protokoll einer Politbüro-Sitzung am 30. Juli 1981 ist in diesem Zusammenhang aufschlussreich. Gorbatschow war als Vollmitglied anwesend, schwieg jedoch:

> Andropow: „Die Beerdigungen sollen natürlich ehrenvoll gestaltet werden. Aber für ein ewiges Gedenken ist es noch zu früh."
>
> Kirilenko: „Es ist nicht zielführend, Grabaufschriften anzubringen."
>
> Suslow: „Wir sollten uns auch Gedanken darüber machen, welche Antworten wir den Eltern der in Afghanistan Gefallenen geben. Hier sollte es Grenzen geben. Die Antworten müssen kurz und sehr standardisiert sein."[19]

In den neun Jahren des Krieges fielen nach offiziellen Moskauer Angaben 15 000 sowjetische Soldaten. Diese Zahl dürfte aber nicht der

Realität entsprechen und sehr viel höher liegen angesichts einer Million Afghanen, die ums Leben kamen, und mindestens vier Millionen, die aus dem Land flüchten mussten. „Für den verlorenen Krieg hatte Moskau rund 85 Milliarden Dollar ausgegeben."[20]

Wenig untersucht wurde, inwieweit die Milliarden-Ausgaben – nicht nur für den Afghanistan-Krieg, sondern auch für die Unterstützung von kommunistischen Parteien und Bewegungen im Ausland – zum Untergang der Sowjetunion beigetragen haben. Gorbatschow jedenfalls kämpfte Anfang der 1980er-Jahre leidenschaftlich um Verbesserungen in der sowjetischen Landwirtschaft, und etwas Erleichterung bescherte ihm ausgerechnet der größte Klassenfeind: Kurz nachdem Ronald Reagan im Januar 1981 Präsident der USA geworden war, hob er das von seinem Amtsvorgänger Jimmy Carter verhängte Getreide-Embargo gegen die Sowjetunion auf. Die Interessen der amerikanischen Farmer waren Reagan „im Zweifelsfall wichtiger als ideologische Grundsätze."[21]

Mehltau-Jahre

Wie stark der Verfall des Landes bereits fortgeschritten war und wie altersschwach sich inzwischen die Führungsclique ausnahm, sollte noch, so gut es geht, verborgen bleiben. Der leitende Kreml-Arzt Professor Jewgeni Tschasow, dem die Oberaufsicht über die Gesundheit der Politbüro-Mitglieder, ZK-Sekretäre und Minister oblag, schrieb in seinen Memoiren, Breschnew sei schon seit 1976 gesundheitlich schwer beeinträchtigt gewesen und habe somit die sechs Jahre bis zu seinem Tod 1982 „faktisch nicht gearbeitet". Er habe auch keine Vorstellung davon gehabt, was in Afghanistan vorgehe, und Entscheidungen seinem engsten Kreis anvertraut.[22]

Die wöchentlichen Politbüro-Sitzungen gerieten oft zur Farce: Die Tagesordnungspunkte wurden meist nur abgehakt, und nach nicht einmal zwanzig Minuten ging man wieder auseinander. Anfangs war Gorbatschow „erstaunt", ja „schockiert". „Es gab Momente, in denen Leonid Iljitsch [Breschnew] Schwierigkeiten hatte, der Arbeit des Politbüros überhaupt zu folgen."[23] Vor diesem Hintergrund ist es erstaunlich, dass Breschnew noch einige Auslandsreisen absolvieren konnte, darunter im November 1981 eine in die Bundesrepublik, wo er in Bonn mit Bundeskanzler Helmut Schmidt zusammentraf. Dort gab es keine Zwischenfälle, während sein Besuch bei Erich Honecker im Oktober 1979 anlässlich des 30. Jahrestags der Staatsgründung der DDR fast zu einem Desaster geworden wäre. Am ersten Tag in Ost-Berlin sollte er vormittags eine feierliche Rede halten. Am Morgen hatte es sich jedoch gezeigt, dass Breschnew außerstande war, das Bett zu verlassen. Erschrocken sagte er zum mitgereisten Kreml-Arzt Tschasow: „Jewgeni, ich kann nicht gehen, meine Beine bewegen sich nicht.“[24] Bis zu seinem Auftritt blieb noch eine Stunde.

Weder Massagen noch Stimulationsmittel zeigten irgendeine Wirkung. Mithilfe der Leibwächter wurde Breschnew daher in den Garten getragen. Hier, an der frischen Luft, geschah dann das kleine Wunder: Langsam kehrte die Kraft in seine Beine zurück, weshalb er sich doch noch zu den deutschen Genossen fahren ließ. Alle fieberten mit, ob er das Verlesen des vorbereiteten Textes schaffen würde. Das gelang zwar, doch weitere Termine wie das offizielle Mittagessen mit den Gastgebern musste er vorzeitig verlassen. Dem Politbüro in Moskau – und somit auch Gorbatschow – war all dies bekannt, doch niemand wagte, etwas zu unternehmen. Das Geflecht aus politischen Fallstricken und Intrigen war zu gefährlich, um sich aus der Deckung zu wagen.

Die diktatorischen Leitungsgremien, das Politbüro und das Zentralkomitee, waren keinerlei Kontrolle unterworfen – weder durch ein Parlament und schon gar nicht durch das Volk. Somit endete eine Mitgliedschaft nur durch den Tod oder durch eine Absetzung, beziehungsweise einen Sturz. Erschütterungen folgten nicht nur auf den Tod oder den Sturz des ersten Mannes, sondern auch auf das Ausscheiden eines gewöhnlichen Politbüro-Mitglieds. Denn die austarierte Machtbalance kam auch dadurch ins Wanken und musste neu „justiert“ werden – so auch im Fall des Todes von Michail Suslow am 25. Januar 1982. Gorbatschow war mittlerweile schon etabliert innerhalb der Machtelite, sodass der Tod seines bisherigen Förderers zu diesem Zeitpunkt für seine Karriere nicht mehr ins Gewicht fiel. Aber wer würde an Suslows Stelle treten?

In den drei Jahren von Anfang 1982 bis zu seinem Durchbruch an die Spitze im März 1985 beschäftigte sich Gorbatschow noch mehr als zuvor mit dem Schmieden von politischen Allianzen. Das gegenseitige Belauern und das ständige Interpretieren von dieser oder jener Aktion eines Politbüro-Mitglieds war allgegenwärtig, insbesondere weil die potenziellen Amtsnachfolger von Leonid Breschnew mindestens so gesundheitlich angeschlagen waren wie er.

An Suslows Stelle trat – für Gorbatschow denkbar günstig – schließlich Juri Andropow, der das Amt des Geheimdienstchefs nach nunmehr 15 Jahren abgab. Am 24. Mai 1982 wurde er vom ZK-Plenum zum Sekretär gewählt und leitete somit das mächtige ZK-Sekretariat. Er war nun der zweite Mann hinter Breschnew. Dieser hatte ihn schon einen Monat zuvor damit beauftragt, das Referat zum 112. Geburtstag von Lenin zu halten. Nach den ungeschriebenen Machtgesetzen bedeutete dies, dass Breschnew Andropow favorisierte. Wer hält welche Rede? Wer hat welchen Platz am Politbüro-Tisch? Wer führt die Begräbnis-Kommission? Solche vermeintlichen Nebensächlichkeiten waren Indikatoren dafür, wo jemand in der Hierarchie stand.

Was gewiss aus heutiger Sicht lächerlich erscheint, war fester Bestandteil des politischen Systems. Und Gorbatschow räumt ein, dass weder die Praxis des Politbüros, noch die haarsträubenden Auswüchse der Planwirtschaft oder die absurd-gigantischen Rüstungsausgaben bei ihm Zweifel an der staatlichen Grundkonstruktion hervorriefen. „Voller Überzeugung kann ich behaupten, dass weder ich noch meine Kollegen damals die allgemeine Situation als Krise des Systems bewerteten.“[25] Umso dringlicher stellt sich die Frage: Wann keimte bei ihm der Gedanke, es könnte notwendig sein, die Sowjetunion einer Perestroika, einer Umgestaltung, zu unterziehen? Und gab es dafür einen Auslöser? Bis zu seiner Wahl zum Kreml-Chef 1985 sollten immerhin nur noch etwa drei Jahre vergehen, drei Jahre besonders ausgeprägter Agonie – nicht nur innerhalb der sowjetischen Führung, sondern für das ganze Land.

Der gesundheitliche Niedergang Breschnews wurde weiter vertuscht, wie Professor Tschasow zu berichten weiß. Sehr lästig wurden Breschnew mittlerweile die traditionellen Sommerbesuche von Parteiführern der sozialistischen Staaten. Bei Tschasow beklagte er sich: „Die bitten um ein Treffen. Absagen wäre mir unangenehm. Ja, das darf ich auch nicht, denn sie könnten dann glauben, dass ich wirklich schwer krank bin."[26] Einer derjenigen, die um ein solches sommerliches Treffen baten, war Erich Honecker. Er verbrachte seinen Urlaub auf der Krim und wollte sich bei dieser Gelegenheit mit Breschnew treffen, der sich ebenfalls dort erholte. Am 11. August 1982 empfing er Honecker in seiner Schwarzmeer-Residenz in Oreanda, wenige Kilometer südwestlich von Jalta. Einen Tag später titelte die DDR-Parteizeitung *Neues Deutschland* auf der ersten Seite mit großem Foto: „Freundschaftliches Treffen zwischen Leonid Breshnew [sic!] und Erich Honecker." Dieses habe in „brüderlicher Atmosphäre" stattgefunden. Neben den quälend langweiligen Freundschaftsbekundungen nahmen die DDR-Leser, wenn sie den Aufmacher-Artikel überhaupt gelesen haben, auch zur Kenntnis, Breschnew und Honecker hätten in allen politischen Fragen übereingestimmt.[27] Tatsächlich hatte Breschnew nur einen kurzen von seinen Mitarbeitern vorbereiteten Text vorgelesen und dann mit Mühe und Not das Mittagessen mit Honecker überstanden, berichtet Tschasow. Es sollte das letzte Mal gewesen sein, dass sich Honecker und Breschnew begegneten.

In diesem Urlaub kurz vor seinem Tod versuchte Breschnew seiner Führungsrolle weiter nachzukommen. Es war durchaus üblich, ihm selbst in Erholungszeiten Regierungs- oder Parteipapiere zu schicken, wenn der Absender sie für wichtig erachtete. Entsprechend hatte auch Gorbatschow eine Denkschrift vorbereitet und ihm zukommen lassen, die sich mit der Wirtschaftspolitik befasste – streng genommen nicht sein Ressort. Breschnew las sie und rief ihn von der Krim aus an: „Alles richtig, nur der Schluss gefällt mir nicht – schon wieder eine Kommission. Ich kann Kommissionen nicht leiden, nichts als leeres Geschwätz. […] Mein Vorschlag ist folgender: Lass uns im ZK eine Abteilung für Wirtschaftspolitik schaffen und überlege dir, wer als Leiter infrage kommt. Es müsste ein vernünftiger Mann sein, der sich dann nur noch mit Wirtschaftsfragen befasst."[28] Diese Episode illustriert das Niveau und den Zustand in der Führungsetage der militärischen Supermacht – im Grunde ein Armutszeugnis. Einerseits unterbreitet Gorbatschow als nicht zuständiger ZK-Sekretär, der gar kein Wirtschaftsfachmann war, ein ökonomisches Konzept für das Land. Andererseits macht der Staatschef den Vorschlag, es solle sich künftig ein vernünftiger Mann nur noch mit Wirtschaftsfragen befassen. Wo war denn der dafür zuständige Ministerpräsident?

Tatsächlich existierte das Amt eines Wirtschaftsministers nicht, sondern diese Rolle hatte die 1923 gegründete staatliche Planungsbehörde inne. Unter Lenin und in den ersten Stalin-Jahren war noch der Oberste Rat der Volkswirtschaft (WSNCh) maßgebend gewesen. Doch fachfremden Personen ein Ressort zu übertragen, das inhaltliche Kompetenz voraussetzt, ist sicherlich kein Spezifikum der Sowjetunion gewesen. Aus machtpolitischen Gründen ist dies auch in westlichen Ländern durchaus üblich. So konnten unter anderen der Deutsch-, Geschichts- und Sportlehrer Jürgen Möllemann in der Bundesrepublik Wirtschaftsminister werden oder die Ärztin Ursula von der Leyen Bundesverteidigungsministerin – um nur zwei Beispiele zu nennen.

Der Vorstoß Gorbatschows vom Sommer 1982 hatte allerdings eine Personalentscheidung zur Folge, die ab 1985 enorme Relevanz für das Land haben sollte: Gemeinsam mit Juri Andropow entschied Gorbatschow, das Nikolaj Ryschkow diesen von Breschnew vorgeschlagenen neuen Posten wahrnehmen sollte. Ryschkow, ehemaliger Leiter des Maschinenbaubetriebes *Uralmasch* und seit 1979 stellvertretender Leiter der staatlichen Planungsbehörde, stieg später zum Ministerpräsidenten der Sowjetunion auf und blieb es fast während der gesamten Perestroika-Ära. Eine Keimzelle für die großen Reformen unter Gorbatschow war also unbeabsichtigt schon von Breschnew gelegt worden, dessen Wohlbefinden in jenen Monaten sehr schwankte.

Professor Tschasow hatte fast schon eine politische Funktion, da nicht nur die Gesundheit von Breschnew im Fokus stand, sondern auch die seiner potenziellen Nachfolger. Und das Thema Gesundheit eignete sich im Falle von Andropow vorzüglich für Intrigen, die seinen Aufstieg an die Spitze verhindern sollten. Breschnew sah Andropow als seinen Nachfolger und nicht – wie oft kolportiert wird – seinen langjährigen Vertrauten Konstantin Tschernenko, der Politbüro-Mitglied war und Breschnew kaum von der Seite wich. Rund zwei Wochen vor seinem Tod rief Breschnew Jewgeni Tschasow zu sich. Hintergrund waren kursierende Gerüchte, Andropow sei todkrank und seine Tage seien gezählt. „Jewgeni, warum hast du mir nichts über die Gesundheit von Andropow gesagt? Wie steht es um ihn? Du weißt ja, dass viel auf ihm ruht und ich auf ihn setze. Berücksichtige das. Er muss arbeitsfähig bleiben."[29] Tatsächlich hatten lediglich Feinde Andropows diese Fehlinformationen gestreut.

Auch für Gorbatschow stand jetzt einiges auf dem Spiel: Sollte sein Förderer Andropow als Kronprinz ausfallen, würde die Politbüro-Gruppe um Konstantin Tschernenko obsiegen, zu der er definitiv nicht gehörte. Andropow erfuhr natürlich von der Instrumentalisierung seiner Gesundheit im politischen Kampf und bat Professor Tschasow, beruhigend auf Breschnew einzuwirken und dessen Zweifel zu zerstreuen. Breschnew selbst hatte gegenüber Andropow angekündigt, dass er Tschasow nach der Feier am 7. November anlässlich des 65. Jahrestags der Oktoberrevolution kontaktieren werde. Während dieser Feierlichkeiten stand Breschnew noch auf der Tribüne des Lenin-Mausoleums und nahm die Militärparade ab. Drei Tage später jedoch, in der Nacht zum 10. November 1982, starb er in seiner Datscha in Saretsche, rund 25 Kilometer westlich von Moskau. Tschasow wurde von einem Leibwächter Breschnews angerufen, er solle dringend kommen und zu reanimieren versuchen. Der Kreml-Chefarzt kam herbeigeeilt und sah mit einem Blick, dass es zu spät war. Derweil kamen auch die zusätzlich herbeigerufenen Notärzte, die mit Wiederbelebungsmaßnahmen begannen. Dies habe eher formalen Charakter gehabt, wohl um sagen zu können, man habe alles versucht. Jetzt kam es darauf an: Wer aus dem Politbüro sollte als Erster informiert werden? Schon das würde die Wahl des Nachfolgers möglicherweise entscheidend beeinflussen. Tschasow rief Andropow an, der sich sofort zu Breschnews Datscha aufmachte.

Besonders aufschlussreich ist folgende Schilderung Tschasows: Nachdem Andropow eingetroffen war, schlug er vor, auch Konstantin Tschernenko herbeizurufen, der ebenfalls starke Ambitionen hatte, neuer Kreml-Chef zu werden. Es war Breschnews Ehefrau Viktoria, die einwarf, Tschernenko werde ihren Mann nicht wiederbringen und habe außerdem in der Datscha nichts zu suchen. Tschasow äußerte selbst einen nachvollziehbaren Verdacht, warum die Ehefrau ihn nicht kommen lassen wollte: „Ich wusste, dass sie Tschernenko für einen der Freunde hielt, die Breschnew mit Beruhigungsmitteln versorgt hatten, deren Einnahme ihm ärztlich untersagt war."[30]

Gorbatschow erfuhr von all dem zunächst nichts. Noch gehörte er nicht zu den Politbüro-Mitgliedern, mit denen man im streng geheimen Zirkel sondierte, um sich auf die Nachfolge festzulegen. Er hatte am 10. November 1982 eine Delegation aus der Tschechoslowakei zu Gast, als ihm plötzlich ein Zettel hereingereicht wurde. Andropow bitte ihn dringend zu sich. Gorbatschow entschuldigte sich gegenüber der Delegation und ging sofort zu Andropow. In dessen Arbeitszimmer erfuhr er von Breschnews Tod und dass die Ehefrau niemand aus dem Politbüro sehen wolle außer Andropow. Vor allem aber erfuhr er, dass Andropow mit den mächtigen Politbüro-Mitgliedern Ustinow (Verteidungsminister), Gromyko (Außenminister) und Tichonow (Ministerpräsident) bereits gesprochen habe und sie sich auf seine Kandidatur geeinigt hätten.

Gorbatschow versicherte ihm: „Was auch passieren mag. Sie dürfen nicht weichen. Ich meinerseits werde Ihre Kandidatur mit aller Kraft unterstützen."[31] Auf Gorbatschows Unterstützung kam es aber gar nicht mehr an: Noch am selben Abend schlug kein anderer als der unterlegene Tschernenko, der zu spät vom Tod Breschnews erfahren hatte, um seine Unterstützer zu mobilisieren, bei einer Sitzung des Politbüros Andropow als neuen Generalsekretär vor. Verteidigungsminister Ustinow ergriff daraufhin das Wort und verkündete: „Die Armee unterstützt den Genossen Andropow."[32] Damit war die Diskussion beendet. So funktionierte damals die „sozialistische Demokratie", und eine Kampfabstimmung wäre ohnehin undenkbar gewesen, denn die heilige „Einheit der Partei" stand immer an erster Stelle.

Andropows Kronprinz

Am 12. November 1982 wurde die „Entscheidung" des Politbüros auf der Plenartagung des ZK bestätigt und Andropow zum neuen Generalsekretär gewählt. Gorbatschows Machtzuwachs war in der Folge enorm. Er selbst schildert, wie Andropow ihn schon Ende 1982 auf die Führung des Sowjetimperiums vorbereiten wollte mit den Worten: „Michail, beschränke deine Verpflichtungen nicht auf den Agrarsektor. Versuche vielmehr, Einblick in alle Angelegenheiten zu gewinnen. Überhaupt solltest du so handeln, als würdest du eines Tages die gesamte Verantwortung übernehmen. Ich meine das im Ernst.“[33]

Eigene Ideen, um die politische Stagnation, die Korruption und die mangelnde Arbeitsdisziplin der „Werktätigen“ zu bekämpfen, hatte der 68-jährige Andropow offenbar nicht. Lediglich repressive Maßnahmen fielen ihm ein, die sein Protegé Gorbatschow aber als ineffektiv ansah und als zu rigoros ablehnte. Bekannt wurde Andropow in seiner kurzen Amtszeit vor allem durch seinen Drang, Disziplin und Ordnung zu schaffen. So wurden etwa Personen, die während der Arbeitszeit anderen Dingen nachgingen, einfach festgenommen. Keiner fragte, warum sie sich beispielsweise vor oder in Geschäften aufhielten, zumal doch allen Sowjetbürgern bekannt war, dass man einen Teil seiner Zeit mit dem Anstehen nach Ware verbringen musste. Natürlich gab es auch solche, die die Arbeitszeit für Besuche im Schwimmbad oder für einen Gang zum Friseur, zum Schachspiel und so weiter nutzten. Andropow ließ diese „Arbeitsschwänzer“ durch Sicherheitskräfte festnehmen, als ob es sich um Verbrecher handelte.

Im Ausland genoss Andropow allerdings den völlig ungerechtfertigten Ruf eines besonnenen, ja feingeistigen Führers, der als „Intellektueller“ den vermeintlich behäbigen und uninspirierten Breschnew abgelöst habe. Andropows Kader-Personalakte, die während der Sowjet-Ära unter Verschluss blieb, dokumentiert etwas anderes: Sieben Jahre Schule, vier Jahre Besuch des Technikums mit Schwerpunkt „Wassertransport“, Berufserfahrung nur in der Partei.[34] Hier wirkte er als Komsomol-Funktionär, als Apparatschik auf der mittleren Ebene, als Akteur und Profiteur der Stalin'schen „Säuberungen“, als Botschafter in Ungarn, wo er die harte Linie von Moskau 1956 forderte und bekam, und später als Chef des KGB, wo sein berufliches Tätigkeitsfeld insbesondere durch die Verfolgung von Dissidenten und ihre Einweisung in psychiatrische Kliniken geprägt war. Niemals hatte er eine Region, ein Gebiet, eine Stadt, ja nicht einmal einen Betrieb geführt. Sein „Intellektuellen-Image“ im Westen, das Gerücht etwa, er schreibe gelegentlich Gedichte, hatte Andropow selbst forciert und den KGB entsprechend instruiert. In Deutschland übernahm *Die Zeit* solche sympathisch wirkenden Attribute und steigerte sie sogar zum Superlativ – „der intelligenteste Mann aus der Kreml-Garde" –, aber auch der *Der Spiegel* und andere Publikationen malten an diesem Bild.[35]

Viele Jahre nach seinem Tod hat eine Reihe von Historikern in ihren einschlägigen Werken[36] auch nachgewiesen, dass der KGB und anschließend der Kreml unter Andropow die westdeutsche Friedensbewegung nicht nur instrumentalisiert, sondern sie stellenweise auch zu beeinflussen versucht hat. Zwar gelang es dem KGB mithilfe der ostdeutschen Stasi nicht, die Friedensbewegung als einseitige Opposition gegen die USA und ihre Verbündeten zu gewinnen und zu positionieren. Doch insbesondere durch die „Anti-Reagan-Slogans" („Anti-Andropow-Slogans" gab es nicht) war klar, wo diese den eigentlichen Feind ausmachte. Dabei war es der sowjetische Verteidigungsminister Ustinow, der ab Mitte der 1970er-Jahre gemeinsam mit KGB-Chef Andropow auf die Einführung, die Produktion und die Stationierung der SS 20-Raketen bestand.[37] Dies hatte bekanntlich unter dem maßgeblichen Drängen von Bundeskanzler Helmut Schmidt den NATO-Doppelbeschluss erst verursacht, durch den ein Gegengewicht zur bedrohlichen Aufrüstung der Sowjetunion geschaffen wurde. Andropow, zweifellos ein Falke in der Moskauer Führung, wusste aber, dass er etwas gegen den Niedergang der Wirtschaft unternehmen musste.

Zu seinen ersten Personalentscheidungen gehörte die Beförderung des damals 53-jährigen Nikolaj Ryschkow zum Leiter der neuen Wirtschaftsabteilung im ZK. Dessen Aufgabe bestand in erster Linie darin, eine Analyse der Wirtschaftsprobleme zu erstellen. Ryschkow sollte dies gemeinsam mit Gorbatschow und dem ZK-Sekretär für Schwerindustrie und Energie, Wladimir Dolgich, bewerkstelligen. Detailliert sollten „Plus und Minus des damals existierenden sowjetischen Wirtschaftssystems herausgearbeitet und Reformempfehlungen dazu gemacht werden", erinnert sich Ryschkow.[38]

Zwei Jahre lang dauerten diese Arbeiten, und die damit beauftragte Dreiergruppe zog Wissenschaftler und Wirtschaftspraktiker beratend hinzu. In dieser Phase kamen Gorbatschow erstmals Zweifel an der Funktionstüchtigkeit des sowjetischen Wirtschaftssystems, und Ryschkow behauptet sogar, mit der Bildung dieser ZK-Abteilung für Wirtschaftsfragen habe die Perestroika ihren Anfang genommen. In einem Interview Anfang 1992 konstatierte er:

> Die Arbeit an den Reformvorbereitungen in der Wirtschaft habe ich nie bereut. Die Lage war so ernst, die Krise wurde immer sichtbarer. Wir nahmen uns der Wirtschaft an – und damit begann die Perestroika 1985, als praktisch die Ergebnisse und Schlussfolgerungen jener Arbeit aus den Jahren 1983/1984 da einflossen und man sich ihrer bediente. Hätten wir das nicht getan, wäre alles noch viel schlimmer gekommen.[39]

Ryschkow war zunächst ein langjähriger Mitstreiter Gorbatschows, der ihn sogar zum Ministerpräsidenten des Landes machte. Nach dem Untergang der Sowjetunion aber wandte er sich von seinem Förderer ab und verunglimpfte ihn und seine Reformpolitik, an der er selbst als Akteur beteiligt gewesen war. Dabei räumt er selbst ein, dass die Perestroika nicht nur unbedingt notwendig gewesen sei, sondern dass sie auch den ökonomischen Abwärtstrend und Verfall gebremst habe. In jedem Fall traute Andropow den jungen Kräften Gorbatschow und Ryschkow weit mehr zu als den übrigen Politbüro- und ZK-Mitgliedern. Die Verantwortung für den beschleunigten Verfall des Staates und die apathische Stimmung in der Bevölkerung Anfang der 1980er-Jahre, in der Mehltau-Ära, lag vor allem an der Partei-Nomenklatur, die Reformen und Reformer als Gefahren für ihren Besitzstand und ihre Privilegien ansah. Die Wirtschaftszahlen dazu sind eindeutig: Das Wachstum des Bruttonationalprodukts fiel immer geringer aus: 1966 bis 1970 betrug es noch 4,8 Prozent, dann sank es bis 1975 auf 2,1 Prozent, und in der Zeit von 1976 bis 1980 betrug es nur noch 1,0 Prozent.[40] Ähnlich sinkende Zahlen kennzeichnen auch den Verlauf der Arbeitsproduktivität und der Produktion von Gütern des täglichen Bedarfs. Dass es überhaupt zeitweise eine positive Wachstumsbilanz gab, lag weitaus eher an der gigantischen Ausbeutung von Ressourcen als an technologischer Innovation, und Exportgewinne flossen weniger in Ausbau oder Modernisierung der Industrie und der Transportwege als in militärische ‚Abenteuer' wie den Afghanistan-Krieg und in hochmoderne Waffensysteme.[41]

Da sich die in den Wind gesprochenen Warnungen des Generalstabschefs Nikolaj Ogarkow bewahrheitet hatten und die Sowjetunion in einem ebenso aussichtslosen wie verlustreichen Afghanistan-Krieg steckte, suchte Andropow nach einem Ausweg aus dem Desaster, das er selbst angezettelt hatte. Laut Kreml-Chefarzt Tschasow, der auch Mitglied des Zentralkomitees war und sich auf vertrauliche Gespräche mit Andropow beruft, quälte sich der Generalsekretär „mit den zwei drängendsten Fragen, auf die er keine Antwort finden konnte: Wie kommt man wieder würdig aus dem Afghanistan-Krieg heraus und wie soll man das Problem der Mittelstreckenraketen in Europa im Zusammenhang mit den US-Vorschlägen lösen."[42] Eine Lösung in Afghanistan konnte es jedoch nur geben, wenn man einräumte, dass der Einmarsch ein Fehler gewesen war, weshalb es unter Andropow nur bei ernsthaften Überlegungen blieb. Den erforderlichen Mut und die Kraft, diesen Fehler einzugestehen und den Rückzug anzuordnen, brachte er nicht auf.

Andropow, der angetreten war, innenpolitisch für „Ordnung" und „Disziplin" zu sorgen, begann auch, die Korruption und die Unterschlagung von Staatseigentum zu bekämpfen. Er tat dies mit Furcht einflößenden Mitteln, und sein Vorgehen war nicht allein motiviert durch ein staatliches, sondern vor allem durch ein persönliches Interesse daran, die Macht zu stabilisieren und gelegentlich auch Vergeltung zu üben. Meist sammelten dafür nicht die Rechtsorgane, sondern der KGB belastende Informationen und verhaftete die Verdächtigen. Zu den prominentesten Geschassten gehörte der sowjetische Innenminister Nikolaj Schtscholokow, der zunächst sein Amt verlor und dann aus dem ZK ausgeschlossen wurde. Er sollte sich illegal bereichert und Verwandte mit staatlichen Mitteln begünstigt haben.

Die Welle der Verhaftungen im Zusammenhang mit Korruptionsvorwürfen oder erwiesenen Delikten traf nicht nur Moskau, wo Andropows und Gorbatschows Gegner Viktor Grischin der städtische Parteiführer war. Auch in den Sowjetrepubliken Usbekistan und in der Ukraine nahm Andropow mehrere Tausend Partei- und Staatsfunktionäre ins Visier, die ihre Ämter verloren. Er wollte mit diesen Verfolgungen seine Gegner treffen, allen voran Konstantin Tschernenko, der im Kampf um Breschnews Nachfolge gegen ihn verloren hatte, ihm deshalb an der Spitze der Partei keinen Erfolg wünschte und gegen ihn arbeitete. Tschernenko verkörperte den mächtigen Teil in der Führung und im Parteiapparat, dem es primär um Besitzstandswahrung ging. Nach Möglichkeit wollten diese Parteimitglieder jede politische oder personelle Veränderungen vermeiden. Die absurden Auswüchse dieser Gerontokratie machten ein politisches Handeln zuweilen unmöglich. Nur mit großer Mühe und viel Zeitaufwand konnte etwa der schwer an Demenz erkrankte Andrej Kirilenko aus dem Politbüro „hinausgeführt" werden, nachdem er lange Zeit eines der mächtigsten Führungsmitglieder gewesen war. Breschnew hatte es 1981 noch zugunsten der „Kader-Stabilität" geduldet, dass Kirilenko auf dem 26. Parteitag der KPdSU sämtliche Namen auf einer Vorschlagsliste von Kandidaten für das ZK falsch aussprach, „obwohl sie eigens für ihn in riesengroßen Buchstaben getippt worden waren."[43] Erst als Kirilenko dann auch Personen nicht mehr wiedererkannte und unzusammenhängend redete, hatte Breschnew schweren Herzens Andropow damit beauftragt, seinen jahrzehntelangen Freund Kirilenko zu überreden, freiwillig in Pension zu gehen. Mit 76 hatte dieser das gesetzliche Rentenalter für sowjetische Männer, das damals bei 60 Jahren lag, schon längst überschritten. Kirilenkos Verabschiedung in den Ruhestand durch das ZK-Plenum am 22. November 1982 erlebte Breschnew selbst nicht mehr.

Es dauerte allerdings nicht lange, bis Andropow selbst, damals 68, fast völlig arbeitsunfähig wurde, und seinem politischen Hauptgegner Tschernenko, der drei Jahre älter war, ging es nicht anders. Er litt seit Langem an schwerem Asthma, sodass im Grunde zwei Invalide um die politische Richtung der innerlich ausgehöhlten Sowjetunion rangen. Kreml-Arzt Tschasow offenbarte, was nicht nur im Westen, sondern auch in der Sowjetunion lange geheim gehalten wurde: Andropow war schon zwei Monate nach seinem Amtsantritt als Parteichef ein ständiger Krankheitsfall. „Anfang 1983 passierte das, wovor wir uns alle fürchteten. Andropows Nieren versagten. Besonders lebensgefährlich war der hohe Kaliumgehalt in seinem Organismus. Zweimal in der Woche musste er ins Krankenhaus zur Blutreinigung."[44] Nur einige Monate konnte Andropow daher seine Amtsgeschäfte zumindest eingeschränkt führen, teilweise auch Besucher empfangen. Nach und nach spielte er jedoch den 20 Jahre jüngeren Gorbatschow in den Vordergrund, auch wenn er Tschernenko die Politbüro-Sitzungen leiten ließ, da er selbst an ihnen nicht mehr teilnehmen konnte.

Was Personalentscheidungen anging, vertraute Andropow jetzt ganz auf Gorbatschow, den er gelegentlich vorschickte. So war es auch im Fall von Jegor Ligatschow, dem Ersten Parteisekretär im sibirischen Tomsk. Gorbatschow rief ihn im Auftrag Andropows an und bot ihm den prestigeträchtigen Posten des Leiters für Parteiorganisation und Kaderfragen an. Ligatschow nahm das Angebot hocherfreut an und wurde nicht nur für Andropow eine wichtige Machtstütze, sondern später auch für Gorbatschow – allerdings nur solange die Perestroika ihre systemkonforme Ausrichtung behielt.

Ein weiteres Signal für Gorbatschows Kronprinzenrolle war, dass Andropow ihm die Ausarbeitung und den Vortrag der Rede zum 113. Geburtstag von Lenin am 22. April 1983 übertrug. Darin kommt gut zum Ausdruck, wie sehr Gorbatschow selbst damals noch dem Erbe der Sowjetunion die Treue hielt, und es war keineswegs so, dass Gorbatschow dabei andere Überzeugungen kaschierte. Auf der Festveranstaltung sagte er beispielsweise:

> Mit großem Stolz wiederholen wir die eindringlichen Zeilen: „Lenin ist heute lebender, als die am Leben sind. Er verleiht uns Wissen, Kraft und Waffen." Im Feuer der Klassenschlachten und in der Aufbauarbeit bildete sich die Einheit von Partei und Volk heraus. Das Volk sieht in der Partei seine zuverlässige Vorhut, seine klugen Lehrer und erprobten Führer. Die imperialistische Reaktion brennt wie schon so oft darauf, die Geschichte zu revidieren, den Weltsozialismus zu verdrängen, die Befreiungsbewegung der Völker aufzuhalten. Wir sind davon überzeugt, dass man den historischen Prozess des Übergangs der Menschheit zum Sozialismus nicht aufhalten kann![45]

Man könnte vermuten, Gorbatschow sei damals zu solchen Formulierungen gezwungen gewesen. Aufschlussreich ist daher seine eigene spätere Bewertung der Festrede. Er habe dafür bewusst auf Lenins Werkausgaben zurückgegriffen, die den Zeitraum nach 1917 umfassen. Dort habe Lenin eingestanden, die Bolschewiki hätten auch Fehler gemacht, und auf viele seiner Ideen habe Gorbatschow in den 1980er-Jahren zurückgreifen können.[46] Im Grunde ist dies ein weiterer Beleg dafür, dass die Perestroika ursprünglich nicht nur auf der Ideologie Lenins basierte, sondern auch von ihr teilweise inspiriert war. Gorbatschow suchte sich entsprechende Passagen des umfangreichen Lenin'schen Gesamtwerks heraus, um sie dann so zu interpretieren und zu gewichten, wie er es für richtig hielt.

Einen wichtigen Mitstreiter fand er dabei in Kanada. Dort arbeitete Alexander Jakowlew als Botschafter. Er bereitete die erste westliche Auslandsreise Gorbatschows in dessen Funktion als Vollmitglied des Politbüros vor. Gorbatschow kam im Mai 1983 auf Einladung des kanadischen Landwirtschaftsministers, traf aber auch mehrfach mit Premierminister Pierre Trudeau zusammen. Später nahmen die Kanadier für sich in Anspruch, Gorbatschow „entdeckt" zu haben. In jedem Fall aber kam der ZK-Sekretär für Landwirtschaft Gorbatschow dort zum ersten Mal mit US-Korrespondenten in Kontakt. Ein Rundfunkreporter stellte ihm bei dieser Gelegenheit die höchst verfängliche Frage: „Mr. Gorbatschow, stimmt es, dass Andropow Sie als seinen Nachfolger aufbaut und Sie auch deshalb ins Ausland schickt?"[47] Gorbatschow wich aus und sprach stattdessen über den Grund seines Besuches, nämlich nach neuen Lösungen für die Lebensmittelversorgung in der Sowjetunion zu suchen. Doch offensichtlich bezogen ihn die politischen Analytiker westlicher Regierungen jetzt in ihre personellen Prognosen für die Machtnachfolge im Kreml ein. Erneut kam Gorbatschow in Bedrängnis, als er mit der kanadischen Unterhaus-Kommission zu Fragen der Außenpolitik und Verteidigung zusammentraf. Afghanistan, Polen, sowjetische Aufrüstung? Gorbatschow wiederholte die Moskauer Stereotypen, unter anderem, dass die sowjetischen Truppen „auf Ersuchen der rechtmäßigen Regierung" in Afghanistan seien. Dabei gilt es zu berücksichtigen, dass 1983

12 Die politische und die militärische Führung der Sowjetunion am 1. Mai 1983 auf der Tribüne des Lenin-Mausoleums auf dem Roten Platz in Moskau. In der Mitte (4.v.l.) Verteidigungsminister Dmitri Ustinow, rechts daneben Parteichef Juri Andropow, Ministerpräsident Nikolaj Tichonow, Viktor Grischin, Außenminister Andrej Gromyko, Michail Gorbatschow und Geidar Alijew überall auf der Welt emotionale Rüstungsdebatten geführt wurden und viele Menschen Angst vor einem Atomkrieg hatten. Gorbatschow blieb ruhig, tat jedoch westliche Darstellungen, die Sowjetunion sei eine Bedrohung und sei militärisch überlegen, als „Lügenmärchen" ab. „Wir haben nur Gegenmaßnahmen ergriffen. Dazu hat uns die berechtigte Sorge um die Gewährleistung unserer Verteidigungsfähigkeit gezwungen und nicht mehr."[48]

Sicher gehört in das Reich der Legenden, was insbesondere in der westlichen Presse hartnäckig behauptet wurde, dass nämlich im Mai 1983 in Kanada die Perestroika geboren worden sei durch die Begegnung zwischen Gorbatschow und Botschafter Jakowlew.

Jakowlew wird in diesem Zusammenhang gern als „Erfinder", „Initiator", „Vordenker", „Architekt" und „Ideologe" der Perestroika oder auch als „Vater von Glasnost" tituliert, was eine völlige Verzerrung der Realität ist.

Richtig ist, dass Botschafter Jakowlew und das Politbüro-Mitglied Gorbatschow eine Verspätung des kanadischen Landwirtschaftsministers dazu nutzten, einen längeren Spaziergang auf dessen Farm zu machen. Jakowlew schreibt in seinen Memoiren dazu nur: „Zunächst das übliche Geplauder, doch plötzlich gab es ein offenes Gespräch. Er [Gorbatschow] redete über die wunden Punkte in der Union und verwendete Begriffe wie ‚Rückständigkeit des Landes', ‚Notwendigkeit grundlegender Veränderungen', ‚Dogmatismus'. Auch ich erzählte freimütig, wie primitiv und beschämend von hier aus die Politik der UdSSR aussah."[49] Gorbatschow erwähnt in seinen Memoiren diesen Spaziergang und dieses Gespräch überhaupt nicht, das angeblich eine politische Initialzündung gewesen sei. Er sorgte aber dafür, dass Jakowlew, der 1973 als Botschafter nach Kanada abgeschoben worden war, kurze Zeit nach dieser Begegnung zurück nach Moskau beordert und faktisch „rehabilitiert" wurde.

Dort gingen die subtilen Kämpfe zwischen den Anwärtern auf die Kreml-Nachfolge weiter, zumal nicht mehr zu verbergen war, dass Andropow schwer krank war. Doch auch der gesundheitliche Zustand von Gorbatschows Rivalen Tschernenko verschlechterte sich im Sommer 1983 deutlich. Während des üblichen August-Urlaubs hatte er sich eine Vergiftung zugezogen, „die seine Herz- und Lungenfunktion schwer beeinträchtigte", wie der Kreml-Chefarzt Tschasow schreibt.[50] Zunächst musste Tschernenko so schnell wie möglich nach Moskau gebracht werden, um notbehandelt zu werden. Tschasow übermittelte Andropow die streng geheime Information über den dramatischen Zustand Tschernenkos und fragte ihn, ob er, da es sich möglicherweise um einen Anschlag handelte, seine eigenen Reisepläne für die Krim nicht ändern wolle. Dieser reagierte nach Darstellung Tschasows aber „völlig ruhig" und sagte: „Ich kann ihm mit nichts helfen. Aber Gorbatschow bleibt ja im ZK und ist über alle Sachthemen im Bilde und wird die Arbeit mit Ruhe erledigen."[51]

Es stellte sich heraus, dass Tschernenko nicht Opfer eines Anschlags geworden war: Innenminister Witali Fedortschuk, ein Freund Tschernenkos und ebenfalls im Urlaub auf der Krim, hatte ihm einen Räucherfisch geschenkt. Normalerweise war das Personal streng angewiesen, alle Lebensmittel zu prüfen, wofür es eigens spezielle Laboratorien auf der Krim gab. Diese Überprüfung war in diesem Fall jedoch unterlassen worden, vielleicht weil es sich um ein Freundschaftsgeschenk gehandelt hatte. Die Folgen waren jedoch verheerend, wie Tschasow berichtete:

> Die Infektion und die Vergiftung haben seinen Organismus verändert im Hinblick auf sein chronisches Lungenleiden. Mit Mühe haben wir sein Leben gerettet. Doch seine Gesundheit und seine Arbeitsfähigkeit wiederherzustellen gelang uns nicht. Er verließ das Krankenhaus als Invalide. Wir Ärzte haben das Politbüro dann offiziell in Kenntnis gesetzt über die besondere Schwere seiner Krankheit. Alle wussten es also […].[52]

Andropow stand kurz vor einem Erholungsurlaub und Tschernenko schleppte sich nach seiner Entlassung aus dem Krankenhaus wieder zum ZK, wollte unbedingt bei den wöchentlichen Politbüro-Sitzungen in Erscheinung treten und niemandem, schon gar nicht Gorbatschow, das Feld überlassen.

Ausgerechnet in die erhitzte Nachrüstungsdebatte, die in Europa von Millionen Demonstranten und einer fast apokalyptischen Stimmung geprägt war, platzte am 1. September 1983 auch noch die Horror-Nachricht, die Sowjetunion habe ein südkoreanisches Passagierflugzeug mit 269 Menschen an Bord abgeschossen. Die Tragödie ereignete sich südwestlich der Insel Sachalin. Die Boeing 747 war vom Kurs abgekommen und drang kurzzeitig in sowjetischen Luftraum ein. Die abgefeuerten Warnschüsse der sowjetischen Abfangjäger hatte die Crew des Korea-Air-Lines-Flugs 007 ganz offensichtlich nicht gehört. Selbst als sowjetische Militärs daraufhin zwei Luft-Luft-Raketen abfeuerten und das Steuersystem der Boeing beschädigten, meldete die Crew an das Flugkontrollzentrum in Tokio lediglich den plötzlichen Druckabfall in der Kabine, sendete aber kein Mayday. Nach einigen Minuten trudelte Flug 007 abwärts und stürzte ins Japanische Meer. Der internationale Aufschrei war enorm: US-Präsident Ronald Reagan richtete am Abend des 5. September 1983 aus dem Oval Office eine rund 15-minütige Rede an die Nation, in der er den Abschuss als „ein Massaker", einen „Akt der Barbarei" und „ein Verbrechen gegen die Menschlichkeit" verurteilte, das niemals vergessen werden dürfe.[53]

In der Auseinandersetzung um die Stationierung von Pershing-II-Mittelstreckenraketen und Tomahawk-Marschflugkörpern (Cruise Missiles) in Europa geriet jetzt nicht nur die Sowjetunion in die Defensive, sondern auch die Aktivisten der Friedensbewegungen, die primär die USA der Kriegstreiberei bezichtigten und dabei die nukleare Apokalypse an die Wand malten. Zunächst leugneten die Verantwortlichen der Sowjetunion den Abschuss, wussten sie doch, welch Propaganda-Desaster er darstellen würde. Denn der Kreml und die DDR-Machthaber in Ost-Berlin hatten sich durch die Friedensbewegung in Westeuropa einen Erfolg gegen die NATO erhofft. Sie sollte „sich von den friedlichen Absichten der UdSSR überzeugen. Das Bild einer um Gleichgewicht und Abrüstung bemühten Sowjetunion sollte die westliche Öffentlichkeit dazu veranlassen, sich gegen den Kurs der Regierungen zu wenden."[54]

Als die Beweislage aber durch Stimmaufzeichnungen der Abfangjäger eindeutig und weiteres Leugnen zwecklos wurde, behauptete die Sowjetunion, das Flugzeug habe sich auf einer Spionagemission befunden. Andropow leitete am 1. September noch die Politbüro-

Sitzung, die sich mit dem Problem befasste, fiel dann aber als Krisenmanager aus, weil er trotz allem auf die Krim flog, um sich zu regenerieren. Tschernenko, der gerade nur knapp die Fischvergiftung überlebt hatte, leitete daher die Politbüro-Sondersitzung am 2. September 1983. Während US-Präsident Reagan die Welt vor der Aggressivität der Sowjetunion warnte, die sich außerhalb der Zivilisation befände, versuchte also in Moskau eine überforderte Politbüro-Clique alter und teils schwer kranker Männer, vom internationalen Pranger zu kommen, und schreckte dabei vor offenen Lügen nicht zurück. Gorbatschow nahm auch an der Sondersitzung teil, auch wenn er in seinen umfangreichen Memoiren den Jumbo-Abschuss und die Erörterung im Politbüro mit keinem einzigen Wort erwähnt.

Die wohl übelste und ungeschickteste Rolle spielte Verteidigungsminister Dmitri Ustinow. Er hatte gleich nach Bekanntwerden der Tragödie darauf bestanden, alles zu vertuschen. Selbstbewusst, aber realitätsfremd hatte er Andropow gegenüber behauptet, man könne ihnen nichts beweisen.[55] Der stellvertretende Außenminister Georgi Kornienko war anderer Meinung, rief Andropow auf der Krim an und versuchte ihn zu überzeugen, dass ein Vertuschungsversuch nicht vernünftig sei. Der Kreml-Chef ließ sich jedoch auf einer zweiten Leitung mit Ustinow verbinden, der ihm erneut versicherte, er brauche sich keine Sorgen machen, und entsprechend handelte sich Kornienko bloß eine Rüge ein.[56]

Dass es sich bei der Politbüro-Sondersitzung um eine schändliche Veranstaltung handelte, geht aus dem Protokoll der Redebeiträge hervor. Niemand äußerte bei dieser Zusammenkunft, an der ausnahmsweise auch Generalstabschef Ogarkow und Kornienko teilnahmen, Bedauern über die Opfer oder Mitgefühl mit den Angehörigen, und niemand sah sich in der Verantwortung. Ustinow unterstrich vielmehr: „Unsere Vorgehensweise war völlig gerechtfertigt […] Die Frage ist, wie wir unsere Schüsse am besten erklären.“[57]

Auch Gorbatschow meldete sich zu Wort: „Ich möchte zunächst meine Überzeugung ausdrücken, dass unsere Handlungen gerechtfertigt waren […] Wir dürfen uns jetzt nicht in Schweigen hüllen, sondern sollten eine offensive Position einnehmen und dabei die bereits vorhandene Version bestätigen und in Umlauf bringen."[58] Unter den rund zwei Dutzend Wortmeldungen waren auch einige von Außenmister Andrej Gromyko: „Natürlich kommt jetzt der UN-Sicherheitsrat zusammen, und dort werden sicher die feindlichsten Resolutionen gegen uns diskutiert. Es ist natürlich klar, dass wir von unserem Veto Gebrauch machen werden."[59]

Nur Politbüro-Kandidat Michail Solomenzew brachte als einer der letzten Redner die Opfer und ihre Angehörigen ins Spiel, wobei er die Schuld auf die USA abwälzte: „Wir sollten eine offensive Position einnehmen, allerdings könnten wir dabei auch unser Mitgefühl gegenüber den Familien der Getöteten dieser absichtlichen Provokation ausdrücken."

Der Sitzungsleiter Tschernenko steuerte in der Diskussion inhaltlich rein gar nichts bei. Er brachte als schwer kranker und schwer atmender Apparatschik nur die Sätze hervor: „Es ist erfreulich, dass wir uns hier alle einig sind und eine gemeinsame Position vertreten. Ich werde Jurij Wladimirowitsch Andropow umgehend über die Ergebnisse unserer heutigen Erörterung informieren."[60] Damit meinte er die folgenden zwei Beschlüsse: „1. Es werden die Maßnahmen gebilligt, die mit der Verletzung des Luftraums der UdSSR getroffen wurden. Es war davon auszugehen, dass diese Verletzung eine absichtliche Provokation imperialistischer Kräfte ist […] 2. Die ZK-Abteilungen sind anzuweisen, eine offensive Position in unserer Propaganda-Arbeit zu gewährleisten […]."[61] Mit anderen Worten: Der Abschuss wurde gebilligt und somit der Tod von 269 unbeteiligten und unbewaffneten Männern, Frauen und Kindern. Auch Gorbatschow exponierte sich nicht in der Debatte um den Abschuss, sondern er schwamm mit und unterstützte die harte und wahrheitswidrige sowjetische Linie.

Ronald Reagans Aussage sechs Monate zuvor, die Sowjetunion sei das „Reich des Bösen", fanden nun nicht nur diejenigen bestätigt, die ohnehin im Kreml das Übel der Menschheit versammelt sahen. Durch den brutalen Abschuss und die plumpe Desinformation danach bekamen die Konservativen in den westlichen Ländern neue Argumente für die Richtigkeit der geplanten Stationierung von amerikanischen Mittelstreckenraketen.

Der politische Stillstand in der Sowjetunion vertiefte sich mit dem krankheitsbedingten Totalausfall Andropows ab September 1983. Was war passiert? Kreml-Chefarzt Tschasow, der sich zur Verleihung der Ehrendoktorwürde der Universität Jena in der DDR aufhielt, bekam kurz vor dem feierlichen Empfang eine Mitteilung eines DDR-Militärs überbracht, er solle sich dringend mit Moskau in Verbindung setzen. Wladimir Krjutschkow, KGB-Abteilungsleiter für die Auslandsaufklärung sowie späterer KGB-Chef und Hauptdrahtzieher des August-Putsches 1991 gegen Gorbatschow, beschied ihm, er solle sich sofort auf den Weg auf die Krim machen. „Ein Hubschrauber aus Berlin ist schon auf dem Weg. Dort wartet eine Iljuschin, die Sie nach Simferopol bringt.“[62]

Gemeinsam mit dem Chirurgen Wladimir Fjodorow untersuchte er Andropow. Sie entdeckten eine sich ausbreitende Phlegmone, das heißt eine eitrige Infektionserkrankung des Zwischengewebes, was einen sofortigen operativen Eingriff erforderte. Nach einer kurzen Hoffnung auf Genesung verschlimmerte sich sein Zustand, auch weil die Operationswunde nicht richtig verheilte. „Einmal fragte er [Andropow] mich und schaute mir dabei direkt in die Augen: ‚Wahrscheinlich bin ich schon ein Vollinvalide und sollte darüber nachdenken, als Generalsekretär zurückzutreten.‘ – Und als er mir meine Verlegenheit ansah, sagte er weiter: ‚Übrigens verhalten Sie sich mir gegenüber sehr gut, indem Sie mir nicht die Wahrheit sagen.‘“[63]

Während die Regierungen und die Presse im Westen bald rätselten, warum Andropow schon so lange nicht mehr in der Öffentlichkeit erschienen war, setzte das System seine Praxis des Lügens fort: Andropow sei „leicht erkältet“. Diese Falschmeldung wurde auch der eigenen Bevölkerung aufgetischt, um das Fehlen des Sowjetführers bei der traditionellen Parade auf dem Roten Platz am 7. November anlässlich des 66. Jahrestags der sogenannten Oktoberrevolution zu erklären. Diese unwahren Darstellungen waren auch zurückzuführen auf die Unkenntnis des Politbüros über Andropows Agonie. Er selbst wollte auf keinen Fall, dass die Parteigenossen zu viel wussten, und so dauerte die Vertuschung fast ein halbes Jahr an. Nicht einmal die Führungen der sogenannten Bruderstaaten wurden informiert.[64]

Nur ZK-Mitglied und Kreml-Arzt Tschasow wusste die ganze Zeit Bescheid. Weder Tschernenko noch Gorbatschow noch sonst jemand war im Bilde, dass die Tage Andropows definitiv gezählt waren. Er empfing eine Zeit lang noch Mitglieder der Führung an seinem Krankenbett, ließ sich Arbeitsunterlagen kommen, um den Eindruck aufrechtzuerhalten, er werde bald wieder genesen. Tschasow wurde immer besorgter, fragte Andropow schließlich, mit wem er „vertraulich – im Falle der Notwendigkeit – politische oder organisatorische Fragen erörtern" könne. Ohne zu überlegen, so Tschasow, habe Andropow gesagt: „Mit Ustinow."[65] Dieser war nicht nur ein langjähriger persönlicher Freund, sondern hatte auch keine Ambitionen auf die Nachfolge als Kreml-Chef. Beide teilten die Meinung, dass Gorbatschow an die Spitze sollte. Insofern wurden nicht im Politbüro, sondern am Kranken- oder Totenbett Andropows die Weichen für die Wahl des neuen Kreml-Chefs gestellt. Aus diesem Grund erfuhr Gorbatschow endlich noch vor Tschernenko, den Andropow nicht informieren wollte, dass der Kreml-Chef bald sterben werde. Aus Verantwortungsbewusstsein vor dem Land hätte dieser längst freiwillig abtreten müssen.

Im Strippenziehen und im Machtwillen stand Gorbatschow seinen Rivalen sicherlich nicht nach. Er war bestrebt, dass seine Vertrauten oder die, die er dafür hielt, solange Andropow noch lebte, ins Politbüro aufgenommen oder zu ZK-Sekretären befördert wurden. Beim anberaumten Plenum am 26. Dezember 1983 würde sich dazu die vielleicht letzte Gelegenheit bieten, vorausgesetzt, Andropow gab seinen Segen. Also überredete er Andropow in den Tagen zuvor am Krankenbett, er solle die entsprechenden Beförderungen als Handlungsanweisung für das Plenum geben. Und so geschah es. Gorbatschow traf sich am 4. und am 6. Dezember zu vertraulichen Gesprächen beispielsweise mit Witali Worotnikow, der zu diesem Zeitpunkt Ministerpräsident der Sowjetrepublik Russland war. Worotnikow schrieb in seinem Buch von 2011, Gorbatschow habe ihm von der Beförderung ins Politbüro erzählt und hinzugefügt: „Einige aber meinten, man solle nichts übereilen und warten, bis Juri Wladimirowitsch (Andropow) dabei anwesend ist. Das hat dieser aber abgelehnt."[66]

Neben einigen anderen Funktionären wurde auch der Gorbatschow-

Vertraute Jegor Ligatschow befördert. Als neuer ZK-Sekretär war er nun eine wichtige Stütze im Parteiapparat. Obwohl er sich im Laufe der Perestroika zum politischen Gegner Gorbatschows entwickelte, würdigte er im Rückblick dennoch dessen enormes Arbeitspensum: „Gorbatschow war in jenen Jahren das einzige Mitglied des Politbüros, den man auch noch abends an seinem Arbeitsplatz antreffen konnte."[67] Zu den gebrechlichsten Mitgliedern hingegen gehörte Konstantin Tschernenko, der verantwortungsloserweise seine Ambitionen dennoch nicht aufgeben wollte. Professor Tschasow offenbarte nach dem Untergang der Sowjetunion, Tschernenko habe inzwischen nicht nur daheim ein Sauerstoffgerät und ständige Medikation gebraucht.[68]

Ab Ende Januar 1984 verlor Andropow einige Male das Bewusstsein. Die Frage, wer sein Nachfolger werden würde, schien eigentlich klar, denn Verteidigungsminister Ustinow hatte gegenüber Tschasow und dem ukrainischen KP-Chef Wladimir Schtscherbitzki geäußert, Andropow und er seien der Meinung, es müsse nun ein Jüngerer an die Spitze.[69] Doch plötzlich vollzog Ustinow eine Kehrtwende. Als Quelle hierfür kann zwar nur die Darstellung Tschasows herangezogen werden, doch diese erscheint stringent und glaubwürdig. Fakt ist, dass Ustinow schon mehrfach in den vergangenen Jahren Entwicklungen für die Sowjetunion angestoßen hatte, die dem eigenen Land sehr schadeten. Er war es gewesen, der mit seinem Beharren auf der Produktion und Stationierung von SS-Raketen den NATO-Doppelbeschluss provoziert hatte. Er war es gewesen, der maßgeblich den Einmarsch in Afghanistan bewirkt hatte. Und er war für das Lügenkonstrukt rund um den Abschuss der südkoreanischen Passagiermaschine verantwortlich gewesen. Und jetzt, an der Schwelle zu einer möglichen neuen Ära der politischen Tatkraft an der Spitze des Staates, warf er die Kandidatur Gorbatschows plötzlich über den Haufen. Etwa eine Woche nach dem Dreiergespräch zwischen Ustinow, Schtscherbitzki und Tschasow sagte er zu Letzterem unter vier Augen: „Weißt Du, man sollte Tschernenko mit der Situation vertraut machen, auch wenn er über den Zustand Andropows bereits ganz allgemein Bescheid weiß. Aber man muss ihm jetzt sagen und unterstreichen, dass in allernächster Zeit alles passieren kann."

Tschasow hat nach eigener Darstellung sehr entschieden reagiert: „Dmitri Fjodorowitsch, sagte ich, jetzt wird doch wieder Tschernenkos Kandidatur ins Spiel gebracht. Sie wissen doch wie auch das ganze Politbüro, dass er ein Schwerkranker ist, der die Partei und den Staat nicht führen kann." Ustinow stritt jedoch ab, dass es um eine mögliche Kandidatur gehe. Als Begründung gab er an: „Es ist einfach unangenehm, ihm nicht die ganze Wahrheit zu sagen [über Andropow]."[70] Andropow starb am 9. Februar 1984. Gorbatschow, der von seinem nahen Ende gewusst hatte, war dennoch sehr erschüttert. Er hielt fest: „In der Führung unseres Landes gab es keinen zweiten Mann, dem ich so eng und so lange verbunden war, dem ich so viel zu verdanken hatte."[71]

Straucheln kurz vor der Spitze

Jetzt kam die entscheidende Stunde einer kleinen Clique, die im Verborgenen den Nachfolger Andropows bestimmte. Gorbatschow wurde nicht in ihre „Beratungen" einbezogen und hatte somit auch keine Ahnung, wann sie sich trafen. Laut seiner Memoiren konnte er sich hinsichtlich der Zusammensetzung und des Inhalts dieses Treffens nur auf das Hörensagen von einem Mitarbeiter verlassen. Demnach trafen sich folgende Politbüro-Mitglieder heimlich: Verteidigungsminister Ustinow (75), Außenminister Gromyko (74), Ministerpräsident Tichonow (78) und Tschernenko (72), der kein Regierungsamt innehatte. Keiner von ihnen hinterließ schriftliche Quellen dazu. Diese Darstellung deckt sich mit Aussagen Tschasows, der schreibt, Verteidigungsminister Ustinow habe ihn kleinlaut und etwas bedrückt aufgesucht – in der Spezial-Klinik für die Partei-Elite in der heutigen Romanow-Gasse unweit des Kremls – und ihm eröffnet:

> Weißt Du, Jewgeni, Generalsekretär des ZK wird Tschernenko. Wir trafen uns zu viert: ich, Tichonow, Gromyko und Tschernenko. Ich fühlte, dass Gromyko den Posten haben wollte und dabei von Tichonow hätte unterstützt werden können. Du weißt ja selbst, dass man das wegen seines Charakters nicht zulassen durfte. Aufgrund dieser Lage schlug ich

Tschernenko vor – und alle waren einverstanden. Es gab keinen anderen Ausweg.[72]

In einem späteren Vier-Augen-Gespräch zwischen Tschasow und Außenminister Gromyko bestätigte dieser, dass Ustinow Tschernenko als neuen Führer der Sowjetunion vorgeschlagen habe.[73] Während die NATO unter der Führung der USA zum Jahreswechsel 1983/1984 mit der Stationierung der ersten Pershing-II-Raketen und Cruise Missiles in Europa begann, saß im Kreml also eine überwiegend mit sich selbst beschäftigte Führungsriege, die einen schwer kranken und somit weitgehend handlungsunfähigen Staatslenker erkor.

Der Zeitgeist im Westen war geprägt von gigantischen Aufmärschen, Demonstrationen und sogar Blockade-Versuchen, mit denen die Umsetzung des NATO-Doppelbeschlusses verhindert werden sollte. So protestierten schon im Juni 1982 in New York rund eine Million Menschen auf der *No Nukes Rally.* Im Oktober 1983 gingen in Den Haag 550 000, in Bonn 500 000 sowie in London bei der *Campaign for Nuclear Disarmament* mehr als 300 000 Demonstranten auf die Straße. Was sich zeitglich in den Moskauer Machtzentralen abspielte, wie desolat und unverantwortlich die sowjetische Führung gegenüber ihrer eigenen Bevölkerung vorging, war im Westen weitgehend unbekannt.

Kreml-Chefarzt Tschasow konnte sich nach eigener Darstellung nicht mehr beherrschen und wagte deutliche Worte an die Adresse von Verteidigungsminister Ustinow: „Dmitri Fjodorowitsch – wie konnte man nur einen schwer kranken Menschen zum Generalsekretär machen. Sie alle wussten doch von mir, dass Tschernenko ein Invalide ist. Ich selbst habe das Ihnen und Andropow gesagt." Und weiter beschreibt Tschasow diese Schlüsselszene: „Auf meine berechtigten Vorwürfe wusste Ustinow nichts zu erwidern; eilig verabschiedete er sich und ging."[74] Nach welchen Kriterien sich ausgerechnet diese Vierergruppe zusammenfand und andere Politbüro-Mitglieder ausgeschlossen wurden, bleibt ein Geheimnis dieses untergegangenen politischen Systems, das keine zuverlässigen Regeln kannte und im Zweifel auf Willkür basierte.

Aufgrund seiner hervorgehobenen Stellung in der Partei und weil er zu diesem Zeitpunkt schon ZK-Sitzungen leitete, hätte Gorbatschow im Grunde nicht übergangen werden dürfen. Nun aber blieb auch ihm nichts anderes übrig, als den Anschein zu geben, er trüge die Entscheidung mit: Schon am Tag nach dem Tod Andropows versammelten sich die Politbüro-Mitglieder, Kandidaten und ZK-Sekretäre im Kreml. Nikolaj Tichonow, Ministerpräsident und Gegner Gorbatschows, schlug Tschernenko jetzt offiziell als neuen Generalsekretär und somit als neuen Sowjetführer vor, was längst entschiedene Sache war. Nachdem auch Gromyko, Ustinow und der Parteichef von Moskau-Stadt, Viktor Grischin, wider besseres Wissen die angeblichen Vorzüge Tschernenkos hervorgehoben hatten, musste sich auch Gorbatschow äußern. Er sagte:

> Die Sitzungen des Politbüros und des Sekretariats, die er [Tschernenko] in der letzten Zeit leitet, sind geprägt durch den Geist der Einheit und durch die Berücksichtigung der Meinungen aller Genossen. Die Einmütigkeit mit der wir heute über die Kandidatur des Generalsekretärs sprechen, indem wir uns alle eindeutig für Konstantin Tschernenko aussprechen, beweist, dass bei uns im Politbüro in dieser Frage tatsächlich völlige Einigkeit herrscht.[75]

Jeder am Tisch wusste, dass dies ebenso gelogen war wie die vorangegangenen und die nachfolgenden Wortbeiträge. Denn die Mehrheit der einfachen ZK-Mitglieder und Regionalparteiführer wollte Gorbatschow als Nachfolger.

Wirklich gewählt war der Generalsekretär erst, wenn auch das rund 300-köpfige ZK-Plenum zugestimmt hatte. Als dieses Gremium einige Tage später im Kreml zusammenkam, wusste fast niemand der Versammelten, wen das Politbüro auserkoren hatte. Die ZK-Mitglieder wussten aber: Wer als Erster durch den Seiteneingang den Saal betritt und somit das Politbüro anführt, wird der neue Mann. Tschernenko kam als Erster. Totenstille im Saal. Es war ein Schock für die meisten. Tschernenko würdigte den verstorbenen Andropow kurz, dann trat Ministerpräsident Tichonow ans Rednerpult: „Das Politbüro hat beraten und mich beauftragt, dem Plenum die Kandidatur des Genossen Tschernenko zur Prüfung vorzuschlagen."[76]

Nachdem er seine Rede mit einer Eloge auf den designierten Sowjetführer beendet hatte, klatschte niemand im Saal, was völlig ungewöhnlich war. Bei der Wahl Andropows 15 Monate zuvor hatte es noch stürmischen Applaus gegeben, und die ZK-Mitglieder hatten sich von ihren Plätzen erhoben. Doch jetzt hatten fast alle mit Gorbatschows Nominierung gerechnet. Trotz des stillen Unmuts wurde Tschernenko auch vom Plenum einstimmig gewählt, weil es kein einziges ZK-Mitglied wagte, gegen die Parteidisziplin zu verstoßen.

Dem sowjetischen Imperium stand damit ein schwer kranker Mann vor, der noch weniger Bildung genossen hatte als Andropow und praktisch über keinerlei Fachkenntnisse verfügte – Tschernenko war ausschließlich ein Spezialist für den Parteiapparat. Er war drei Jahre zur Grundschule gegangen, hatte sich als Jugendlicher dem Komsomol angeschlossen und dort als Propagandist und Agitator gearbeitet. Seine Vita wurde dann als Kreml-Chef nach und nach geschönt und mit fiktiven Elementen geschmückt. Der russische Historiker Dmitri Wolkogonow, der nach dem Untergang der Sowjetunion als einer der Ersten seines Fachs Zugang zu den Partei- und Staatsarchiven bekam, bemerkte zu seinem Aufstieg an die Spitze: „Er [Tschernenko] wurde bar jeder Logik der Führer der Partei und des Staates."[77]

Gorbatschow sei noch zu jung für diesen Posten, soll Ministerpräsident Tichonow geäußert haben, der mit ihm in der Vergangenheit mehrfach aneinandergeraten war. Eine plausiblere Erklärung für die Wahl Tschernenkos ist jedoch, dass die altgedienten und hochbetagten Politbüro-Mitglieder aus Egoismus einen schwachen Parteichef bevorzugten, der sie nicht gängeln würde und von dem sie nicht befürchten mussten, dass er sie in Pension schickt. Auch für die Bevölkerung war die Wahl Tschernenkos daher ein Schock. Nichts, aber auch gar nichts erwarteten die Bürger von diesem neuen Führer. Gleichgültigkeit, Apathie und politische Starre verfestigten sich deshalb noch mehr.

Gorbatschow und die anderen Anhänger des verstorbenen Andropows mussten dazu noch fürchten, politisch zurückgedrängt zu werden. Solche Versuche unternahm insbesondere Tichonow. Er wagte es jetzt, sich beim neuen Parteichef darüber zu beschweren, dass Gorbatschow die ZK-Sitzungen leitet. Wie demütigend muss es für Gorbatschow gewesen sein, von seinem intellektuell und fachlich beschränkten Vorgesetzten Tschernenko gerufen und gemaßregelt zu werden, obwohl er sich in der Sache nichts zuschulden hatte kommen lassen und einfach nur seine Arbeit machte – dazu noch die von Tschernenko, der dazu schon gesundheitlich kaum oder gar nicht in der Lage war.

Gorbatschow erfuhr bei dem Vier-Augen-Gespräch am 30. April 1984, es werde von einigen Politbüro-Mitgliedern „Druck ausgeübt" auf Tschernenko in der Frage der Sitzungsleitungen. Gorbatschow bekam keine Antwort auf die Frage, worin seine „Schwächen und Verfehlungen" bestünden, und fügte sogar verunsichert hinzu: „Ich hoffe, dass die Frage meiner Zugehörigkeit zum Politbüro nicht zur Diskussion steht."[78] – So weit war es also schon gekommen, dass derjenige, der die operative Arbeit leistete, mit dem drohenden Ausschluss und dem damit verbundenen Karriere-Ende zu kämpfen hatte. Auch nach Darstellung des Kreml-Chefarztes Tschasow hing die politische Existenz Gorbatschows eine Zeit lang am seidenen Faden:

> Die ältesten Politbüro-Mitglieder, vielleicht mit Ausnahme von Ustinow, wussten, dass die Tage Tschernenkos gezählt sind. Sie wollten den jungen und Autorität erobernden Gorbatschow loswerden. Sie verstanden, dass, wenn er an die Macht käme, ihre eigenen Tage in der Führung des Landes gezählt wären. Wer oder was Gorbatschow gerettet hat, ist für mich heute schwer zu beurteilen. Den Äußerungen Tschernenkos konnte ich aber entnehmen, dass er ein zwiespältiges Verhältnis zu Gorbatschow hatte. Einerseits fürchtete er ihn als politischen Opponenten und neidete ihm sein junges Alter, seine Bildung und sein breites Wissen – andererseits verstand er sehr gut, dass er ihn im ZK brauchte für die Erledigung der enormen politischen und organisatorischen Arbeit, die er selbst nicht schaffen konnte.[79]

Etwa eine Woche nach besagtem Vier-Augen-Treffen zwischen Gorbatschow und Tschernenko sprachen beide erneut miteinander. Der

Parteichef teilte dem beunruhigten Gorbatschow dieses Mal mit, er dürfe die ZK-Sitzungen nun doch weiterhin leiten. Ustinow hatte Tschernenko umgestimmt und auf ihn eingewirkt, sich „von Tichonow und dessen Umgebung nicht gängeln zu lassen".[80] Die wechselvolle Hierarchie innerhalb der Führungsriege war auch an der sowjetischen Berichterstattung über Staatsbesuche abzulesen: Wer von den Politbüro-Mitgliedern wurde an welcher Stelle genannt, in welcher Reihenfolge begrüßten sie den Gast per Handschlag? Als der nordkoreanische Diktator Kim Il Sung am 23. Mai 1984 nach Moskau kam, stand der sowjetische Ministerpräsident Tichonow im Vordergrund, gefolgt von Außenminister Gromyko und Verteidigungsminister Ustinow. Gorbatschow hingegen stand weiter abseits.[81]

Gorbatschow war zwar als ZK-Sekretär immer noch in erster Linie für die Landwirtschaft der Sowjetunion zuständig. Doch zu seinen Aufgaben gehörte auch die Erledigung von aus heutiger Sicht bizarren Vorgängen. Ein Beispiel war die Absetzung des Vorsitzenden der regierenden kommunistischen Partei in der Mongolischen Volksrepublik, einem Satellitenstaat der Sowjetunion. Der Vorsitzende der Mongolischen Volksrepublik hieß Jumdschagin Zedenbal, und er regierte das Land seit 1952 in stalinistischer Manier. In der DDR war er vielen Menschen ein Begriff, weil ihm bei seinem Besuch im Frühjahr 1977 Fernsehen, Radio und die Parteizeitung *Neues Deutschland* gehuldigt hatten.[82] Im August 1984 kam der Führer des Bruderstaates nun in Begleitung von zwei Politbüro-Mitgliedern zur medizinischen Behandlung nach Moskau. Tschasow und sein Team untersuchten ihn und stellten eine „schwere Arteriosklerose" fest, durch die die Hirnfunktionen stark beeinträchtigt waren. Es bestanden keine Zweifel daran, dass er arbeitsunfähig war.[83]

Gorbatschow rief die beiden mitgereisten mongolischen Politbüro-Mitglieder zu sich, ebenso den sowjetischen KGB-Chef Viktor Tschebrikow und den ZK-Sekretär Konstantin Rusakow, der für die Beziehungen zu den kommunistischen Arbeiterparteien der sozialistischen Staaten zuständig war. Tschasow bekam von Gorbatschow die Aufgabe, über den Gesundheitszustand von Zedenbal zu referieren. Die mongolischen Parteifreunde trauten sich nicht zu, bei ihrer Rückkehr in die Hauptstadt Ulan-Bator den anderen Politbüro-Mitgliedern die „Empfehlung" Moskaus zu überbringen, dass der jahrzehntelange Herrscher Zedenbal abgelöst werden sollte. Also musste Tschasow an der Sitzung in der mongolischen Hauptstadt teilnehmen.[84]

Das mongolische Politbüro brauchte den Segen Moskaus: Nach dem Vortrag Tschasows wurde Zedenbal am 23. August 1984 abgesetzt, und Gorbatschow hatte damit – ganz in der Tradition des damals üblichen Herrschaftsanspruches Moskaus – einen Machtwechsel in einem anderen Land umgesetzt, wofür normalerweise Tschernenko zuständig gewesen wäre. Gorbatschow erwähnt diese Episode, mit der er eine Ära in der Mongolei beendete, in seinen Memoiren zwar nicht, räumt dort aber ein: „Wir betrachteten die Mongolische Volksrepublik nahezu als eine unserer Unionsrepubliken."[85]

Wie lange Gorbatschow dem Sowjetsystem die Treue hielt, veranschaulicht auch ein Beispiel aus der Deutschlandpolitik, denn im August 1984 wirkte der große Bruder in Moskau ebenfalls massiv auf Ost-Berlin ein und demonstrierte nochmals, wer das Sagen hat. SED-Chef Erich Honecker wollte schon seit Langem die 1981 von Bundeskanzler Helmut Schmidt ausgesprochene Einladung in die Bundesrepublik annehmen, und inzwischen lag ihm auch eine Einladung von Bundespräsident Richard von Weizsäcker vor. In der weltpolitisch höchst angespannten Lage der Jahre 1983 und 1984 liefen bereits erste Vorbereitungen für diesen Besuch, doch die Billigung aus Moskau, die bereits zuvor schon einmal verweigert wurde, stand noch aus. Im Raum stand eine systemübergreifende „Koalition der Vernunft", die von Honecker unterstützt wurde und mit der die Spannungen im Zusammenhang mit der Raketenstationierung abgebaut werden sollten. Moskau aber war strikt gegen einen Besuch Honeckers in der Bundesrepublik und bestellte ihn deshalb gemeinsam mit einigen weiteren Mitgliedern der DDR-Führung nach Moskau zu „Konsultationen". Stasi-Chef Erich Mielke, die Politbüro-Mitglieder Hermann Axen und Kurt Hager gehörten dazu. Auf sowjetischer Seite standen ihnen bei dem Treffen am 17. August 1984 unter anderen Tschernenko, Gorbatschow und Ustinow gegenüber. Es kam teilweise zu einem verbalen Schlagabtausch, an dem sich auch Gorbatschow beteiligte. Er hatte Honecker am Flughafen abgeholt, was für Tschernenko zu mühselig gewesen wäre. Der sowjetische Parteichef konnte auch die Begrüßungsworte am Konferenztisch nur ablesen.

Zunächst sagte Honecker bei dem Treffen: „Der Besuch in der BRD könnte dazu dienen, vor der Öffentlichkeit dieses Landes und mit weltweiter Auswirkung die konstruktiven Vorschläge der UdSSR zum Stopp der Raketenrüstung und dem Abbau der bereits stationierten Systeme darzustellen.“[86] Doch Honecker ging es nicht in erster Linie um den Frieden, sondern er verfolgte andere Interessen: „Mein Besuch als Staatsmann der DDR in der BRD würde vor aller Welt in einer bisher nicht gekannten Weise deutlich machen, dass der sozialistische Arbeiter-und-Bauern-Staat ein souveräner und selbstständiger Staat ist.“[87] Er war sich offensichtlich nicht bewusst, dass dieses Vorsprechen in Moskau genau das Gegenteil belegte, und entsprechend führte Tschernenko aus: „Genosse Honecker, Sie haben wiederholt darauf hingewiesen, dass ihr Land sich an der Nahtstelle beider Systeme befindet. Wie sich die Beziehungen zwischen der DDR und der BRD gestalten, das ist eine Frage unserer gemeinsamen Politik. Die Lage selbst, die Positionen Bonns diktieren die Notwendigkeit der Linie der Abgrenzung.“[88]

Indirekt drohte Tschernenko Honecker sogar mit seiner Absetzung als Parteichef in der DDR, so wie das Moskau schon 1971 an Walter Ulbricht vollzogen hatte: „Das ZK der KPdSU hat stets das Vertrauen zwischen unseren beiden Parteien hochgeschätzt. Das war und bleibt die Kernfrage. Dies bezieht sich auch, Genosse Honecker, auf Sie persönlich.“ Tschernenko kleidete das endgültige Reise- und Besuchsverbot in eine höfliche, aber unmissverständliche Anweisung:

> Das heutige Treffen findet unmittelbar vor einem großen Ereignis, dem 35. Jahrestag der DDR statt. Wir möchten darüber informieren, dass wir den Beschluss gefasst haben, eine repräsentative Delegation mit Genossen Gromyko an der Spitze zu entsenden. Wir möchten Ihnen jedoch sagen, dass die sowjetischen Kommunisten es positiv aufnehmen würden, wenn Sie in der entstandenen Lage von einem Besuch Abstand nehmen.[89]

Diesen deutlichen Warnschuss hat Honecker zwar verstanden, und er war weder vorher noch im weiteren Verlauf seiner Amtszeit so massiv vom Kreml ermahnt worden. Nach einigen weiteren Wortbeiträgen meldete sich Gorbatschow:

> Auch Sie, Genosse Honecker, haben vorhin im Auto und ihren Ausführungen davon gesprochen, dass es Zeit ist, die Uhren zu vergleichen. Selbst der italienische Botschafter in Washington hat aus seinen Gesprächen im State Department die Schlussfolgerung abgeleitet, dass in Osteuropa im Zusammenhang mit dem Besuch des Genossen Honecker in der BRD sich neue Prozesse vollziehen, die man aufmerksam beobachten muss. Der Bundespräsident [Richard von Weizsäcker – I. L.], Windelen [Heinrich Windelen, Bundesminister für innerdeutsche Beziehungen – I. L.], Mertes [Alois Mertes, Staatsminister im Außenamt – I. L.] haben Erklärungen abgegeben der Art, dass Berlin die Hauptstadt Deutschlands sei. Sie sprachen von der Ungelöstheit der deutschen Frage. Sie übten Kritik an Apel und seiner Erklärung.[90]

Hans Apel war zu diesem Zeitpunkt Mitglied des SPD-Bundesvorstandes und Kandidat für die Wahlen zum Regierenden Bürgermeister von Westberlin. Er hatte die deutsche Frage als „nicht mehr offen" bezeichnet, was zu einem Aufschrei im konservativen Lager geführt hatte. Recht gaben ihm viele linksliberale Politiker und Publizisten, darunter der Chefredakteur der Wochenzeitung *Die Zeit*, Theo Sommer. Dessen Leitartikel erschien just am 17. August 1984. Darin bezog er eindeutig Position und gab Apel recht. Sommer brandmarkte gegenteilige Äußerungen von Mitgliedern der unionsgeführten Bundesregierung, die an dem Ziel der Wiedervereinigung festhielt, als „Sonntagsreden" und als „gefährlich". Diesen Rednern warf er vor, „Scharfmacher" zu sein."[91]

Gorbatschow kannte sich offensichtlich bis ins Detail in der innerdeutschen Diskussion aus und nutzte bestimmte Beiträge, um die sowjetische Position zu stützen. Gegenüber Honecker und der DDR-Delegation fuhr er fort:

> Boenisch [Sprecher der Regierung von Helmut Kohl – I. L.] erklärte in der „Bild-Zeitung", dass es absolut keinen Zweifel darüber gebe, dass die deutsche Frage offen sei. Das ist die Politik der BRD. Als die Raketen aufgestellt wurden, die Sozialdemokraten der Stationierung zustimmten, haben wir erklärt, dass es so nicht weitergehen kann. Dass das seine Auswirkungen haben wird. Und was geschieht jetzt? Die Kontakte werden erweitert, der Besuch wird vorbereitet. Dies vereinbart sich nicht mit unseren Erklärungen.

Gorbatschow sprach hier noch als Hardliner und kalter Krieger, der Moskaus Herrschaftsanspruch gegenüber der DDR klar unterstrich und die DDR-Führung dabei faktisch entmündigte. Am Beispiel des von ihm verurteilten Peter Boenisch ist bemerkenswert, dass er sich mit ihm viele Jahre später anfreundete und sogar im Juli 2005 an dessen Beerdigung im bayerischen Gmund teilnahm.[92] Der Zwist zwischen Moskau und Ost-Berlin war zwar durch die Besuchsabsage vorerst beigelegt, doch bei der 35-Jahr-Feier zur Staatsgründung der DDR im Oktober 1984 schlug Honecker in seiner Festrede eher sanfte Töne gegenüber dem Westen an, ganz anders als der sowjetische Außenminister Gromyko. Tschernenko, der sich auch nur noch aus Angst vor dem Machtverlust zu den Politbüro-Sitzungen quälte, war gesundheitlich nicht mehr in der Lage, daran teilzunehmen.

Dass Gorbatschow im Dezember 1984 zu seiner viel beachteten Reise nach Großbritannien aufbrach, lag jedoch nicht daran, dass er Tschernenko vertreten sollte. Vielmehr leitete er eine Delegation des Obersten Sowjets, die auf Einladung des britischen Parlaments nach London kam. Weltweite Aufmerksamkeit bekam der Besuch durch ein Treffen von Gorbatschow mit der britischen Premierministerin Margaret Thatcher, an dem auch die Ehepartner teilnahmen. Der sowjetische Gast überraschte mit Schlagfertigkeit und Witz, was dem gängigen Bild eines schwerfälligen Sowjetpolitikers völlig widersprach. Berühmt wurden Thatchers Äußerungen über die Begegnung gegenüber dem leitenden BBC-Redakteur John Cole im anschließenden Fernsehinterview am 17. Dezember 1984. Cole fragte die Premierministerin, wie sie die Aussichten auf Entspannung und Weltfrieden für 1985 einschätze. Sie antwortete: „Ich bin vorsichtig optimistisch. Ich mag Herrn Gorbatschow. Wir können mit ihm ins Geschäft kommen. Wir sind von unserem jeweiligen politischen System überzeugt. Er sehr stark von seinem, ich sehr stark von meinem. Wir werden einander nie vom Gegenteil überzeugen oder den anderen in dieser Frage jemals ändern. Daran gibt es überhaupt keinen Zweifel."[93]

Nicht weniger Medienaufmerksamkeit zog Gorbatschows Ehefrau Raissa auf sich. Zwar hatten schon in der Vergangenheit sowjetische Funktionäre oder sogar Parteiführer (Chruschtschow, Breschnew) gelegentlich ihre Ehefrauen zu Auslandsreisen mitgenommen, doch Raissa stach heraus aufgrund ihres Selbstbewusstseins, ihrer kommunikativen Fähigkeiten, ihres kulturellen Interesses und Wissens, ja auch aufgrund ihrer äußeren Erscheinung und Eleganz. Dennoch blieben Sticheleien und Spott auch jetzt in der britischen Presse nicht aus, wo es etwa hieß: „Die erste Kreml-Frau, die weniger wiegt als ihr Mann!"

Gorbatschows Reise, die eigentlich ein Parlamentarier-Besuch war, bekam in den westlichen Medien großen Raum, wurde dagegen in der Sowjetunion weitgehend totgeschwiegen. Dafür sorgten die Gegner Gorbatschows, um seine Stellung im Politbüro nicht noch mehr aufzuwerten. In Moskau verschärfte sich derweil der Nachfolgekampf: Tschernenko lag im Sterben, und Verteidigungsminister Ustinow hatte schon während Gorbatschows London-Aufenthalt das Zeitliche gesegnet. Die Kräftekonstellation in der Führung geriet damit erheblich in Bewegung, und Gorbatschow brach den Besuch ab. Seine drei Hauptgegner im Politbüro waren Ministerpräsident Tichonow, ferner Grigori Romanow, der zusätzlich auch ZK-Sekretär für die Rüstungsindustrie war, sowie Viktor Grischin, der ruppige und herrschsüchtige Parteichef von Moskau-Stadt. Gorbatschow hatte allerdings die stärkste Unterstützung bei den rund 300 ZK-Mitgliedern im Land, insofern konnte und wollte Tschernenko Gorbatschow nicht völlig außen vor lassen.

Als er kurz vor einer Politbüro-Sitzung merkte, dass er körperlich nicht in der Lage war, sie zu leiten, ließ er bei Gorbatschow anrufen und ihm mitteilen, er solle den Vorsitz übernehmen. Als Gorbatschow dann tatsächlich am Sitzungstisch Tschernenkos Platz einnahm, fragte

Tichonow nach übereinstimmenden nachträglichen Darstellungen von Teilnehmern sehr verärgert: „Hat er [Tschernenko] Sie eigentlich beauftragt, die Sitzung zu leiten?" Gorbatschow antwortete: „Nikolaj Alexandrowitsch [Tichonow], meinen Sie vielleicht, ich könnte aus eigenem Antrieb, nur weil ich Lust dazu habe, herkommen und die Sitzung eröffnen? Da haben Sie eine falsche Vorstellung von mir."[94]

Die Agonie und die Absurditäten des Systems kannten offenbar keine Grenzen: Am 24. Februar 1985 fanden die „Wahlen" zum Obersten Sowjet der Russischen Sozialistischen Föderativen Sowjetrepublik (RSFSR) statt. Tschernenko lag im Krankenhaus. Um seine angebliche Arbeitsfähigkeit zu demonstrieren, brachten Gorbatschows Gegner eine Wahlurne in die Klinik und richteten ein Nebenzimmer wie ein Abstimmungslokal her. Vor laufender Kamera des sowjetischen Fernsehens gab der todkranke Tschernenko schwerfällig und auf einen Helfer gestützt dort seine Stimme ab. Jeder im Land verstand, dass hier ein Todgeweihter agierte.

An seiner Seite setzte sich dabei Viktor Grischin in Szene, der mit einem solchen Auftritt seine Chancen auf die Nachfolge steigern wollte. Vier Tage später bekam der Kreml-Chef dann seinen Deputiertenausweis übergeben und zwar vom ersten Parteisekretär des Moskauer Stadtbezirks Kuibyschew, dem damals 45-jährigen Juri Prokofjew. Wieder filmten und fotografierten dies die sowjetischen Journalisten, und wieder war Viktor Grischin im entsprechend präparierten Krankenhauszimmer. Grischin verkündete vor laufenden Kameras das „Ergebnis" der „Wahl" in dem Wahlkreis: „Es ist uns angenehm, Ihnen mitteilen zu können, dass Sie einstimmig gewählt worden sind." Diese Fernsehbilder vom 28. Februar 1985 sind der Inbegriff des dysfunktionalen politischen Systems der Sowjetunion, das nicht in der Lage war, eine Nachfolgeordnung zu entwickeln. Dies traf allerdings auch auf lange Perioden der russischen Geschichte vor 1917 zu.[95] Und dies ist noch im 21. Jahrhundert unter Präsident Putin zu beobachten.

Der Kreml-Chef selbst hatte ganz offensichtlich einen inzwischen irrationalen Machterhaltungstrieb entwickelt und dieses unwürdige Spektakel unterstützt, wenn nicht sogar selbst initiiert. Auf keinen Fall war er ein Opfer, das für politische Zwecke missbraucht wurde, wie viele im In- und Ausland glaubten, als sie diese Fernsehberichte sahen. Professor Tschasow hat hinreichend geschildert, dass Tschernenko sich von ihm nicht abhalten ließ, zu den Politbüro-Sitzungen zu fahren, und viele ärztliche Warnungen kürzerzutreten, ignorierte. Auch jetzt las er, sehr schwer atmend, noch einen Text vor, in welchem er „für das Vertrauen“ dankte und „Gesundheit und Glück“ wünschte.[96] 35 Jahre später betont auch Juri Prokofjew, der mit Grischin gemeinsam zum Krankenhaus fuhr, um mit Blumen zu gratulieren, Tschernenko sei ein resoluter Mann gewesen, der einen solchen Fernsehauftritt nie gegen seinen Willen absolviert hätte.[97] Wem aber nutzte der Auftritt? Laut Prokofjew sei das nicht nur Grischin gewesen: „Gorbatschow hatte weitere Gegner im Politbüro: Schtscherbitzki, Tichonow, Kunajew und Romanow. Auch Gromyko gehörte dazu; der ist aber am Schluss umgeschwenkt und unterstützte Gorbatschow. Zu denen, die diese Aktion begrüßten, gehörte auch der Chef des sowjetischen Fernsehens.“

Die Sowjetbürger allerdings durchschauten die plumpe Inszenierung, und im Rückblick bekennt Prokofjew:

> Man hätte das wohl besser nicht gemacht. Als wir an dem runden Tisch saßen, sahen wir, dass sein Zustand sehr, sehr schlecht war. Er verwechselte den Moskauer Stadtbezirk Kuibyschew, dachte, wir reden über Kischinjow, die Hauptstadt Moldawiens. Ich versuchte, Tschernenko aufzubauen, und sagte zu ihm: „Konstantin Ustinowitsch, der Frühling naht und das wird sich sicher auch auf Sie positiv auswirken.“ Er […] wandte sich an seinen Mitarbeiter, zu dem er sagte: „Wolodja, während Juri hier vom Frühling spricht, kannst du mich in mein Krankenzimmer bringen.“[98]

Auch Außenminister Gromyko versuchte, Tschernenko Lebensmut zu geben. Wie viel Eigennutz sich dahinter verbarg, bleibt Spekulation. Der Kreml-Chef rief ihn in den ersten März-Tagen an und fragte: „Ich fühle mich nicht recht wohl. […] Soll ich lieber zurücktreten?“ Gromyko erwiderte: „Wäre das nicht verfrüht? Soweit ich weiß, sind die Ärzte so pessimistisch nicht.“[99] Diese glatte Lüge nahm Tschernenko zufrieden auf und sah vom Rücktritt ab.[100]

Tatsächlich hatten sich Gorbatschows Gegner im Politbüro mit der Wahl Tschernenkos ein Jahr zuvor aber verkalkuliert. Sie konnten damit zwar vorerst ihre Posten und das bequeme Leben retten, doch der Unmut unter einfachen ZK-Mitgliedern, den Ersten Sekretären der Regionen, der Gebiete und Kreise wuchs in diesem ‚verlorenen' Jahr 1984 so stark, dass sie es ein weiteres Mal nicht zulassen würden, einem gebrechlichen Generalsekretär die Staatsführung zu übertragen. Und alles drehte sich nur noch um diese Fragen: Wie lange würde Tschernenko noch leben? Und würde sich die alte Riege noch einmal durchsetzen?

7. 1985: ENDLICH AUF DEM KREML-THRON

Am Sonntagmittag des 10. März 1985 verliert Tschernenko schließlich das Bewusstsein, und abends um 19:20 Uhr ist er tot. Wieder spielt Professor Tschasow eine bedeutende Rolle: Er ruft Gorbatschow an, der nun als Erster agieren kann. Dieser benachrichtigt nach eigener Darstellung Gromyko, Tichonow und den für Parteiorganisation zuständigen Klawdi Bogoljubow.[1] Gorbatschow ist es auch, der für 23 Uhr eine Dringlichkeitssitzung des Politbüros einberuft und damit zeigt, dass er das Heft in der Hand zu behalten gedenkt. Anders als in den Jahren 1982 und 1984 setzt sich dieses Mal keine Clique zusammen, um die Entscheidung des Politbüros vorwegzunehmen, wohl aber bittet Gorbatschow Gromyko, schon zwanzig Minuten vor der spätabendlichen Politbüro-Sitzung zu erscheinen, weil er zunächst mit ihm unter vier Augen sprechen will. Gromyko erwähnt diese wichtige Begegnung in seinen Memoiren nicht, Gorbatschow dokumentiert hingegen die folgenden Sätze:

> Gorbatschow: „Andrej Andrejewitsch [Gromyko], nun gilt es, die Anstrengungen zu vereinen. Es ist ein verantwortungsvoller Augenblick."
>
> Gromyko: „Ich denke, dass alles klar ist."
>
> Gorbatschow: „Ich gehe davon aus, dass Sie und ich jetzt zusammenwirken sollten."[2]

Jetzt war Gorbatschow auf der Zielgeraden, und niemand würde ihn mehr auf seinem Weg zur Spitze aufhalten können, sofern er mit einer knappen Mehrheit rechnen konnte: „Wenn die Wahl nicht die allgemeine Stimmung widerspiegelte, dann würde die Lösung der anstehenden Probleme meine Kräfte überfordern. Deutlich gesagt: Wenn es im Politbüro und im ZK eine Diskussion gegeben hätte, dann hätte ich meine Kandidatur zurückgezogen."[3] Doch um dies zu verhindern, reichte es, Außenminister Gromyko als Vertreter der alten Riege zu überzeugen. Dieser große sowjetische Karrierediplomat hatte noch unter Stalin als Botschafter in den USA gedient und erkannte jetzt die Zeichen der Zeit. Würde er wieder einen Vertreter der alten Garde unterstützen, würde er damit seine Karriere gefährden, denn ohne die Zustimmung des rund 300-köpfigen ZK bliebe eine Entscheidung des Politbüros folgenlos, und im ZK hatte Gorbatschow die überwältigende Mehrheit.

Zudem hatte sich die alte Riege vor der Bevölkerung gehörig diskreditiert: Innerhalb von nicht einmal zweieinhalb Jahren waren drei Sowjetführer dahingeschieden. Der Druck, diesmal einen Jüngeren zu wählen, war einfach zu groß, und wenn man einen Zug nicht mehr aufhalten kann, springt man besser auf. So kam es, dass ausgerechnet Rivale Viktor Grischin in der Dringlichkeitssitzung Gorbatschow als Vorsitzenden der Beerdigungskommission vorschlug. Ganz sicher glaubte er, mit dieser gespielten und plötzlichen Loyalität seinen Posten in die neue Zeit zu retten, denn nach den ungeschriebenen Regeln wurde der Vorsitzende der Beerdigungskommission auch Nachfolger des Verstorbenen. Die Politbüro-Sitzung zur Nominierung des Nachfolgers terminierte Gorbatschow auf den nächsten Tag, Montag, 11. März 1985, um 14 Uhr. Drei Stunden später sollte dann das ZK-Plenum abstimmen, dessen Mitglieder bis dahin aus allen Landesteilen eingetroffen sein würden.

In der Vorstellung der meisten Sowjetbürger und der Menschen im Westen dürfte wohl der Kreml der Ort der Entscheidungen gewesen sein. Tatsächlich tagte das Politbüro jedoch im ZK-Gebäude am Alten Platz. Erst das ZK-Plenum versammelte sich tatsächlich im 1961 errichteten Kongresspalast innerhalb der Kreml-Mauern. Laut Politbüro-Protokoll vom 11. März 1985 war es Außenminister Andrej Gromyko, der Gorbatschow zum Parteichef und somit zum neuen Sowjetführer vorschlug. Zuvor hatte er, wohl um ein verlässlicheres Bild zu bekommen, mit ZK-Sekretär Jegor Ligatschow telefoniert, der für Parteiorganisationsfragen zuständig war und einen guten Überblick über die Stimmung bei den Funktionären im Land hatte. Ligatschow hatte ihm versichert: „Ich meine, man muss Gorbatschow wählen. Ich weiß, dass viele Erste Sekretäre in den Regionen so denken – und auch viele ZK-Mitglieder." Gromyko stimmte ihm daraufhin zu.[4] In der entscheidenden Politbüro-Sitzung verknüpfte Gromyko seinen Vorschlag zudem mit einer indirekten Drohung an Gorbatschows Gegner, nicht gegen das „Einheitsprinzip" der Partei zu verstoßen: „Wenn wir in die Zukunft schauen – und ich möchte nicht verhehlen, dass vielen von uns dies bereits schwerfällt –, müssen wir uns das Perspektivische klar vor Augen führen. Und das besteht darin, dass wir nicht das Recht haben, irgendwelche Verstöße gegen unsere Einheit zuzulassen."[5] Infolgedessen unterstützten alle Politbüro-Mitglieder in ihren Stellungnahmen die Kandidatur Gorbatschows mit zum Teil sehr schmeichelhaften und anbiedernden Formulierungen. Ausgerechnet Tichonow und Grischin waren die Ersten, die sich nach Gromyko zu Wort meldeten und dieses heuchlerische Spiel mitspielten. Doch deren Versuche, Loyalität zu demonstrieren, kamen viel zu spät, und Gorbatschow wusste genau, was er von ihnen zu halten hatte. Noch im selben Jahr verbannte Gorbatschow Tichonow und Grischin nicht nur aus dem Politbüro, sondern er entzog ihnen auch ihre politischen Ämter.

Mit der Wahl durch das ZK-Plenum an jenem 11. März 1985 wurde Gorbatschow im Rahmen des damaligen Systems „rechtskräftig" zum Parteichef und zum Nachfolger Tschernenkos. Wieder war es Gromyko gewesen, der den Personalvorschlag unterbreitet hatte. Anders als ein Jahr zuvor gab es im Kongresspalast des Kremls Ovationen, und wie zuvor vom Politbüro wurde Gorbatschow jetzt auch vom ZK-Plenum einstimmig zum neuen Sowjetführer gewählt. Nun waren alle gespannt auf seine Programmrede. Sie enthielt aber nichts Revolutionäres, das auf grundlegende politische Veränderungen hätte hinweisen können. Die „Konservativen" in der KP, denen es vor allem um die Beibehaltung ihrer Privilegien und den Fortbestand der Komfortzone im Parteiapparat ging, konnten sich augenscheinlich beruhigt zurücklehnen und weiter im leistungsfreien Raum verharren: Gorbatschow verkündete, er werde den „strategischen Kurs" von Andropow und Tschernenko fortsetzen. Dieser bedeutete die „Beschleunigung der sozial-ökonomischen Entwicklung des Landes".

Das erste politische Schlagwort Gorbatschows war *Uskorenije*, Beschleunigung, was nichts wirklich Neues darstellte. Tatsächlich fiel der Begriff *Perestroika* am 11. März 1985 überhaupt nicht, und dass Gorbatschow an einer Stelle seiner ersten Rede als Kreml-Chef mehr *Glasnost* forderte, also mehr Transparenz und Offenheit, gehörte zu diesem Zeitpunkt noch zum üblichen Repertoire: „Mehr Glasnost" – das war schon eine Forderung Lenins gewesen.[6] Der Begriff fand sich zudem in der sowjetischen Verfassung im ersten Kapitel mit der Überschrift „Über das politische System". Dort heißt es in Artikel 9 beispielsweise, die „Entfaltung der sozialistischen Demokratie" erfolge durch die „Erweiterung der Glasnost". An anderer Stelle (Artikel 94) ist niedergelegt, dass die „Arbeit der Räte der Volksdeputierten auf Glasnost" beruhe.[7]

Bei der in den Folgejahren forcierten Glasnost-Politik stützte sich Gorbatschow also auf Lenin und handelte zudem strenggenommen entsprechend der sowjetischen Verfassung von 1977. Sie wollte er in die Realität umsetzen, indem er das Glasnost-Prinzip mit Leben füllte und die sowjetische Gesellschaft nachhaltig veränderte – stärker allerdings, als er es je beabsichtigt hatte. Denn seine erste Rede als Sowjetführer schloss er mit dem Satz: „Ich verspreche euch, Genossen, alle meine Kräfte darauf zu verwenden, treu unserer Partei, unserem Volk und der großen Sache Lenins zu dienen."[8]

Gorbatschow holt Jelzin ins Team

Eine seiner ersten Personalentscheidungen sollte sich innerhalb von nur zwei Jahren als eine für ihn unglückliche und für die Sowjetunion weitreichende erweisen: Gorbatschow holte den Ersten Parteisekretär der Ural-Region Swerdlowsk, Boris Nikolajewitsch Jelzin, im April 1985 nach Moskau und beförderte ihn ins ZK. Dieser war Bauingenieur gewesen und seit 1975 lokaler Parteichef in Swerdlowsk, heute Jekaterinenburg. Gorbatschow war auf der Suche nach einem energischen und jüngeren Partei- und Fachmann gewesen, und Jelzin hatte den Ruf eines zupackenden, aber auch schroffen Provinzführers. Die Tatsache, dass Gorbatschow ihn nach Moskau holte und dann mehrfach beförderte, gehört zweifellos zu den wundesten Punkten in Gorbatschows Biografie. Entsprechend weist er zwar die Verantwortung dafür nicht ganz von sich, besteht jedoch darauf, es sei eine Kollektiventscheidung gewesen. Letztendlich ging diese aber auf Gorbatschow zurück, wenngleich die sowjetische Führung die Personalie bestätigte.

> Ich ließ mich von einigen Mitgliedern unserer Führung beraten. Darunter war auch Nikolaj Ryschkow, mit dem ich gut befreundet war. Ich sagte zu ihm: „Nikolaj, du bist wie Jelzin aus Swerdlowsk." Ryschkow hatte nämlich dort gearbeitet, war Leiter von Uralmasch gewesen und kannte Jelzin bestens. [„Uralmasch" in Swerdlowsk war der größte Maschinenbaubetrieb der Sowjetunion – I. L.] „„Was hältst du von ihm?" Er sagte: „Nicht nehmen! Mit Jelzin wird man nur Unheil ernten." Doch auf der anderen Seite gab es den Standpunkt von Jegor Ligatschow. Er fragte mich, ob er zu Jelzin fahren könne. Ich sagte: „Gut, fahr los." Ligatschow konnte es kaum erwarten, mir Bericht zu erstatten, und rief mich von dort an, sagte zu mir: „Ich habe mit vielen gesprochen, mit Wirtschafts- und mit Politfunktionären. Michail Sergejewitsch, Jelzin ist genau der Mann, den wir brauchen!" Und so wurde beschlossen, ihn zu nehmen.[9]

Es gibt keine politische Figur in der Sowjetunion während der Amtszeit Gorbatschows, die so viel Wirkmächtigkeit entfaltete wie Jelzin, weshalb es geboten ist, seine politische Entwicklung in den Jahren 1985 bis 1991 näher zu betrachten. Denn spätestens ab Ende 1987 wurde er zu einem Gegner und danach zu einem bedrohlichen Rivalen für Gorbatschow. Schon zwei Monate nach seiner Ankunft aus Swerdlowsk wurde Jelzin ZK-Sekretär. Ende 1985 erfolgte die dritte Beförderung, die besonders zeigt, wie sehr Gorbatschow von Jelzin überzeugt war – trotz der Warnungen Ryschkows. Moskau-Stadt brauchte einen neuen Parteichef (Ersten Sekretär). Nach heutigen Begriffen entsprach dies ungefähr dem Amt eines regierenden Oberbürgermeisters. Welch ein Aufstieg in so kurzer Zeit für einen

Provinzmann wie Jelzin! Gorbatschow schickte dafür den bisherigen Amtsinhaber Viktor Grischin in Rente, der den Posten 18 Jahre innegehabt hatte.

Bürgernähe und Mobilmachung gegen Alkohol

Erleichtert nahm die Bevölkerung auf, dass endlich ein gesundheitlich robuster Mann an der Staatsspitze stand, ein würdiger Kreml-Führer, für den man sich nicht schämen musste. Einen enormen nationalen Popularitätsschub bescherte Gorbatschow seine erste Dienstreise: Er wählte als wohlerzogener und überzeugter Kommunist Leningrad aus, die frühere russische Hauptstadt, wo sein Idol Lenin 1917 die Macht an sich gerissen hatte. Dort suchte Gorbatschow den direkten Kontakt zu den Bürgern und badete ausgiebig in der Menge: Scherzend, propagierend, mitreißend, mitfühlend und eloquent. Es war ein unglaublicher Kontrast zu dem, was die Sowjetbürger mehr als zwanzig Jahre lang in den Fernsehnachrichten zu sehen bekommen hatten: Breschnew, Andropow und Tschernenko hatten stets nur vom Blatt abgelesen und selbst das oft nur mit Mühe zuwege gebracht. Jetzt stand ein 54-jähriger dynamischer Mann vor ihnen, der Aufbruch, Hoffnung und Herzlichkeit ausstrahlte, ja sogar spontane Fragen zuließ und diese schlagfertig beantwortete. Und nicht nur das: Er wollte während der drei Besuchstage, die voller Termine und Begegnungen waren, von den Bürgern ihre Meinungen und Kritikpunkte hören. Die Menschen müssen sich zum ersten Mal von ihrem Staatschef ernst genommen und wertgeschätzt gefühlt haben. Gorbatschows erste Dienstreise in diesem fundamental neuen Stil wurde selbstverständlich in den Hauptnachrichten gezeigt, vor allem aber in einer 35-minütigen Fernsehdokumentation. Auch für die Zuschauer war offensichtlich, dass es sich hier um einen ungekünstelten, herzlichen und ehrlichen Dialog zwischen einem Kreml-Chef und einfachen Bürgern handelte.

Gorbatschow besuchte Arbeiter- und Arbeiterinnen in unterschiedlichen Fabriken, Studenten an der Universität und Partei- und Kriegsveteranen. Auf der Straße rief er einer vor ihm stehenden Menschenansammlung zu: „Ich möchte Ihre Meinung hören!“, und

13 Die Bürger ernst nehmen und ihnen zuhören: Gorbatschow als neuer Führer der Sowjetunion im Mai 1985 in Leningrad (ab 1991 wieder St. Petersburg)

im Lenin-Museum benannte Gorbatschow in aller Offenheit Probleme der Sowjetunion. Für sein Publikum im Saal und vor den Fernsehern sagte er laut vernehmlich:

> Wir haben in den vergangenen Jahren herausgefunden, dass das Tempo der Wirtschaft nachgelassen hat. Das macht sich auch in der Sozialpolitik bemerkbar. Wir müssen uns weiterbewegen. Wir leben gut, wir haben viel. Doch wir müssen besser leben. Es gibt Probleme. Es gibt Probleme im Lebensmittelbereich. Es gibt Probleme im Wohnungswesen. Es gibt Probleme im Transportwesen. Es gibt Probleme mit der Qualität der Waren. Es gibt Probleme im Erziehungswesen. Es gibt Probleme hinsichtlich der Moral.[10]

Und all diese Probleme seien durch Erfolg in der Wirtschaft zu beheben, glaubte Gorbatschow, denn um eine politische Neugestaltung ging es ihm in dieser ersten Phase seiner Amtszeit noch nicht. Von einer Perestroika im Sinne einer völligen Umgestaltung der Gesellschaft und des Staates war überhaupt nicht die Rede, auch wenn Gorbatschow anders als seinen Vorgängern ernsthaft an der Partizipation der Bürger gelegen war. Viele Parteifunktionäre lehnten sich daher zurück und waren keineswegs aufgeschreckt durch diesen neuen Kreml-Chef, der in Leningrad ostentativ Blumen am Lenin-Denkmal niederlegte und den sogenannten Revolutionsführer in üblicher Weise pries. Und auch das meinte Gorbatschow ernst und tat es aus tiefster Überzeugung.

Der Besuch in Leningrad fiel zusammen mit einer bis heute umstrittenen und viel diskutierten politischen Maßnahme: mit der Anti-Alkohol-Kampagne. Bei zwei Gelegenheiten ging Gorbatschow vor laufenden Kameras und im Gespräch mit Leningrader Bürgern auf das Thema Alkoholismus ein. Trunkenheit war in der Sowjetunion und ist in Russland ein weit verbreitetes Problem, und mehrfach forderten ihn deshalb Frauenstimmen aus der Menge auf, dagegen anzugehen. Der Ersten antwortete Gorbatschow: „Ich sage auch denjenigen hier, die vielleicht dem Alkohol frönen, dass wir am 17. [Mai] Maßnahmen veröffentlichen, die eingeführt werden – und zwar strenge Maßnahmen, mit denen der Alkoholismus bekämpft werden wird.“[11] Und am nächsten Tag bemerkte er mit einem vielsagenden Lächeln, nachdem er erneut beim Besuch eines Textilbetriebs auf das Thema Alkoholmissbrauch angesprochen worden war: „Lesen Sie morgen die Zeitung und hören Sie den Rundfunk. Ich sage jetzt nicht mehr.“[12]

Das Präsidium des Obersten Sowjets hatte am 16. Mai den Ukas „Über den verstärkten Kampf gegen Trunkenheit, Alkoholismus und die Ausmerzung der Schwarzbrennerei“ herausgegeben, der am Folgetag in den sowjetischen Medien veröffentlicht wurde. Einige Tage zuvor hatte schon der sowjetische Ministerrat eine Verordnung zum Kampf gegen den Alkohol herausgegeben, die an die Partei- und Regierungsstellen der Republiken, Regionen usw. gerichtet war. Personen, die an öffentlichen Plätzen betrunken auffielen, bekamen fortan ernsthafte Probleme an der Arbeitsstelle und hatten mindestens einen halben

Monatslohn Strafe zu zahlen. Und wen man am Arbeitsplatz Alkohol trinkend erwischte, wurde entlassen und aus der Partei ausgeschlossen. Auf Feiern in der Universität, beispielsweise aus Anlass der Verteidigung einer Doktorarbeit, war Alkohol jetzt verboten, und der Verkauf von Wein und Wodka wurde an Arbeitstagen auf die Zeit von 14 bis 19 Uhr beschränkt. Die neue Führung drosselte zudem die staatliche Alkoholproduktion beträchtlich, wissend, dass dadurch enorme Einnahmen verloren gingen und im Staatshaushalt fehlen würden. Auch einige Weinbauflächen in Russland, der Ukraine, Moldawien und Georgien fielen der neuen Politik zum Opfer und wurden gerodet.

Die negativen Auswirkungen dieser Kampagne waren, dass die Schwarzbrennerei mit gefährlichen Ersatzstoffen zunahm, die bei Konsumenten gelegentlich sogar zum Tod führten. Doch wie viele Menschenleben hat die Anti-Alkohol-Kampagne gerettet? Wie definiert sich ihr Erfolg oder ihr Misserfolg? Natürlich litt das Staatsbudget durch den Wegfall der Einnahmen aus der Alkoholproduktion, aber die Sterblichkeitsrate unter Männern sank deutlich. Die durchschnittliche Lebenserwartung von Männern stieg um 2,6 Jahre und war in den beiden Jahren nach Beginn der Anti-Alkohol-Kampagne mit fast 70 höher denn je. Ebenso stieg die Geburtenrate: 5,5 Millionen Kinder kamen jetzt jährlich in der Sowjetunion auf die Welt – 500 000 pro Jahr mehr als in den vorangegangenen Jahrzehnten. Bei den Trinkfreudigen im Land galt Gorbatschow nach einer anfänglichen Euphorie selbstverständlich dennoch schnell als Buhmann, zumal sich bei knappem Angebot und ungebrochen starker Nachfrage der Preis für Wodka verdoppelte. Nach etwa zwei Jahren ließ Gorbatschow die Zügel wieder lockerer. Wie gut die Phase von 1985 bis 1987 für die Volksgesundheit und die demografische Entwicklung war, ist statistisch belegt, und eine neuere wissenschaftliche Studie, an der ein Mitglied des Expertenrats der russischen Regierung beteiligt war, liefert dazu genauere Zahlen.[13]

Um die Wirksamkeit zu veranschaulichen, sei hier nur auf den Pro-Kopf-Konsum an Alkohol in der gesamten Sowjetunion hingewiesen, wobei Kinder, Frauen und Männer, die gar nicht tranken, mit in die Statistik eingingen. 1984 betrug der Konsum noch 10,4 Liter reinen

Alkohol pro Person und fiel dann drei Mal hintereinander: 1985 auf 8,8 Liter, 1986 auf 5,2 Liter und 1987 auf 4,0 Liter. Ab 1988 stieg er dann wieder jährlich bis er 1991 bei 5,8 Litern lag. Dass diese Kampagne ein Misserfolg gewesen sei, widerlegen diese Zahlen eindrücklich. Kritiker Gorbatschows unterstellten ihm nach dem Ende der Sowjetunion jedoch, er habe den Kampf gegen den Alkohol nur deshalb betrieben, weil sein Schwager Jewgeni Titarenko (1935–2018) schon als junger Erwachsener alkoholkrank gewesen sei. Wie sehr dessen Sucht die Familie über Jahrzehnte belastete, beschrieb Raissa Gorbatschowa in einigen eindringlichen Zeilen ihres Buches *Leben heißt hoffen,* das auf Russisch schon 1991 veröffentlicht wurde, als sie noch First Lady war. Doch diese bis heute kursierenden Unterstellungen entbehren jeder Grundlage, denn tatsächlich ging die Initiative gar nicht auf Gorbatschow, sondern auf Andropow zurück. Im Zuge von dessen Kampagne für „Ordnung und Disziplin" sollten endlich auch Maßnahmen gegen den Alkoholmissbrauch folgen.

Die beiden stärksten Verfechter und Antreiber der Kampagne in der Gorbatschow-Führung waren ZK-Sekretär Jegor Ligatschow sowie Politbüro-Mitglied Michail Solomenzew, der die Partei-Revision leitete. Letzterer war schon unter Andropow im Frühjahr 1983 beauftragt worden, die Leitung einer neuen Kommission zu übernehmen, die eine Verordnung zum Kampf gegen den Alkoholismus ausarbeiten sollte. Durch eine Informationspanne gerieten diese vorbereitenden Arbeiten in die sowjetischen Medien. Solomenzew beschreibt in seinen Memoiren, was dann passierte:

> Das ZK und die Parteirevision wurden regelrecht überflutet von Briefen von Müttern, Ehefrauen, Schwestern und Kindern, die ihre Unterstützung für die Verordnung kundtaten. Ich habe in meinem Leben keinen vergleichbaren Fall erlebt, der so ein riesiges Echo auslöste auf ein politisches Vorhaben der Führung, das noch in der Mache war. Diese Masse von Briefen erdrückte uns regelrecht physisch.[14]

Die Verabschiedung der Anti-Alkohol-Kampagne durch das ZK und den Ministerrat war aber unter Andropow nicht mehr zustande gekommen. Er hatte noch Änderungswünsche hinsichtlich der Verordnung geäußert, war dann aber kurze Zeit darauf gestorben. Weil sein Nachfolger Tschernenko offensichtlich andere Prioritäten gehabt hatte, griff erst Gorbatschow den Faden wieder auf und lancierte eine begleitende Pressekampagne. Journalisten wurden durch Vorgesetzte und in der Verbandszeitschrift angehalten, diesen Kurs mit allen Mitteln zu unterstützen.[15] Heraus kamen dabei Zeitungsüberschriften wie „Nüchternheit – das ist die Lebensnorm" oder „Trunkenheit ausmerzen", mit denen die Bürger nun regelrecht bombardiert wurden. Selbst Briefmarken trugen nun den Slogan „Nüchternheit".

Sowohl in den heutigen Nachfolgestaaten der Sowjetunion als auch im Westen verbindet man die Anti-Alkohol-Kampagne zu Unrecht mit der Ära Gorbatschow, dabei zieht sich der staatliche Kampf gegen den Alkohol wie ein roter Faden durch die russische Geschichte – von den Romanows bis zu Gorbatschow. Schon Zar Nikolaus II. hatte 1914 die Produktion und den Verkauf von Spirituosen verboten, mit Ausnahme in Restaurants. Lenin hatte diesen Kampf fortgesetzt, insbesondere durch ein Handelsverbot für Wodka 1917, und zwei Jahre später unterschrieb er eine Verordnung des Rates der Volkskommissare „Über das Verbot der Produktion und den Verkauf von Spirituosen, hochprozentiger Getränke und solchen, die alkoholische Stoffe beinhalten." Hohe Strafen drohten: mindesten fünf Jahre Gefängnis und Konfiszierung des Eigentums. Doch all das ging mehr oder weniger unter, zeigte kaum Wirkung, da sich Russland damals im Bürgerkrieg befand und die Bolschewiken unter Lenin, die angeblich eine vom Volk getragene „Revolution" anführten, ums politische Überleben kämpften. Auch unter Stalin (1929) und Chruschtschow (1958), ja selbst unter Breschnew (1972) hatten Anti-Alkohol-Kampagnen stattgefunden, wobei es Breschnew lediglich bei Appellen beließ, obwohl das Problem in seiner Amtszeit geradezu katastrophale Ausmaße annahm. Außenminister Andrej Gromyko schilderte in seinen Memoiren ein aufschlussreiches Gespräch zu diesem Thema.

> Die Ärzteschaft lieferte alarmierende Berichte. Ich entschloss mich zu einem Versuch, das Eis zu brechen, und erläuterte ihm [Breschnew]

meine Einschätzung der Sache. Ich schloss mit den Worten: „Sozialismus und Wodkatrinkerei passen nicht zusammen. Warum schweigt das Politbüro dazu?“ Breschnew hörte mir schweigend zu und sagte dann: „Die Russen trinken seit jeher Wodka. Sie kommen ohne ihn nicht aus.“ Er war nicht zu einer weiteren Diskussion der Sache bereit. Besonders betonte er: „Sie kommen ohne ihn nicht aus.“ Seine kategorische Antwort überraschte mich. Immerhin setzte er bald danach das Thema selbst auf die Tagesordnung des Politbüros. Aber unter seinem Einfluss wurde ein saft- und kraftloser Routinebeschluss gefasst, der dem Land nicht weiterhalf.[16]

Gorbatschow hingegen ließ seinen Appellen und Verordnungen Taten folgen und schreckte auch nicht davor zurück, die komplette Schließung von zahlreichen Läden und Verkaufsstellen, in denen Spirituosen ausgegeben wurden, anzuordnen. Gleichzeitig war er bemüht, das Volk und die Betroffenen wirklich aufzuklären. Eine Renaissance erfuhr die Monatszeitschrift *Trezvost i Kultura,* Nüchternheit und Kultur, die zwischen 1928 und 1930 erschienen war und jetzt wieder herausgegeben wurde. Sie befasste sich nicht nur mit spezifischen Problemen von Alkoholikern, sondern brachte auch Beiträge über Mode, Sport und Kunst. Die Auflage wuchs stetig und erreichte im März 1987 fast eine Million.[17]

Jahre später versuchten Gorbatschows Gegner, die Anti-Alkohol-Kampagne gegen ihn zu instrumentalisieren. Doch Jegor Ligatschow, Mitinitiator des Kampfes gegen die scheinbar chronische Volkskrankheit, hielt in seinen Memoiren dagegen: „Ich empfinde tiefe Genugtuung, dass ich zu den Organisatoren dieses schicksalhaften Werkes für unser Volk und unser Vaterland gehörte.“ Gleichzeitig prangerte er zu Recht an, dass „pure Erfindungen in Umlauf gebracht wurden, um die Bewegung und die Aktionen gegen den Alkoholmissbrauch zu diskreditieren, insbesondere die Behauptung, dass ganze Weinbauflächen gerodet worden seien. Das ist böswilliger Unfug.“[18]

Übereifrige lokale Parteifunktionäre mochten das vereinzelt praktiziert haben, was sich in der Folgezeit vorzüglich für gigantische Übertreibungen eignete. Von einer systematischen Rodung kann aber in der Tat keine Rede sein. Zudem war zwar Gorbatschow derjenige, der grundsätzlich entschied, dass der Kampf gegen den Alkohol aufgenommen wurde, doch für die Umsetzung der Beschlüsse waren Solomenzew und Ligatschow zuständig. Tatsächlich agierten diese beiden nach dem brutalen Kommandoprinzip, weshalb sich Gorbatschow selbst vorwirft, sie nicht stärker kontrolliert zu haben: „Von den Parteifunktionären an der Basis, von den Ministerien und Wirtschaftsfunktionären verlangten sie, den Plan für die Verringerung der Spirituosen- und die Steigerung der Limonadenproduktion nicht nur zu erfüllen, sondern unverzüglich zu überbieten. Wer zurückblieb, wurde schroff abgekanzelt, ja mitunter seines Postens enthoben und aus der Partei ausgeschlossen."[19]

Die Anti-Alkohol-Verordnungen schrieben nicht – wie oft irrtümlicherweise angenommen – ein komplettes Konsumverbot vor. Der Unmut wuchs dennoch vor allem deshalb, weil die gedrosselte Produktion und die Schließung vieler Ausgabestellen dazu führte, dass sich in den wenigen noch vorhandenen Läden für Alkohol lange Schlangen bildeten. So musste man stundenlang Schlange stehen, um eine Flasche Wodka oder gar eine Flasche Wein für eine private Feier zu bekommen. Und durch die Schwarzbrennerei wurden auch Zucker und Süßigkeiten zu Mangelwaren. Generalsekretär Gorbatschow erhielt bald in der Bevölkerung den Spitznamen „Mineralsekretär". Dieser zweifelt jedoch im Rückblick keineswegs an der Notwendigkeit der Maßnahmen, wenn auch die Umsetzung nicht immer geglückt sei, und forderte 2009 in einem Interview mit der russischen Nachrichtenagentur ITAR-TASS sogar eine neue Anti-Alkohol-Kampagne für Russland. Dabei verwies Gorbatschow auf die Einschätzung der Weltgesundheitsorganisation, dass ein Land, in welchem der jährliche Pro-Kopf-Verbrauch bei 18 Litern läge, sich selbst zerstöre. Mit einem Pro-Kopf-Verbrauch von 17 Litern sei Russland bereits dabei.[20]

Zurück zu Lenin

In das Frühjahr 1985 fiel neben dem Auftakt zur Anti-Alkohol-Kampagne auch ein weiteres wichtiges innenpolitisches Ereignis: das April-Plenum des ZK. Vor diesem Forum breitete Gorbatschow sein ursprüngliches politisches Programm erstmals umfänglich aus und stellte es zur Abstimmung. Dass es gebilligt würde, war natürlich schon vorher klar, aber was genau hatte es zum Inhalt? Weil diese Rede im Nachhinein häufig als Beginn der Perestroika interpretiert wurde, auch von Gorbatschow selbst, ist sie genauer zu untersuchen. Außerdem hatte sie schon damals einen besonderen Stellenwert, weil das Plenum des Zentralkomitees gemäß den Parteistatuten nur einmal in sechs Monaten zusammenkam. Gorbatschow begann mit den Worten:

> Genossen! Unsere Partei, das Sowjetvolk und die Völker der sozialistischen Länder, die ganze fortschrittliche Menschheit begingen gestern feierlich den 115. Geburtstag Wladimir Iljitsch Lenins. Das Leben, der gesamte Verlauf der Geschichte bestätigen überzeugend die große Gültigkeit der Leninschen Lehre. Sie war, ist und bleibt für uns Anleitung zum Handeln, Quelle unseres Elans und zuverlässiger Kompass bei der Bestimmung von Strategie und Taktik unseres Voranschreitens.[21]

Später wurde oft behauptet, Gorbatschow hätte sich in der Anfangsphase seiner Amtszeit als orthodoxer Kommunist ausgeben müssen, um die konservativen Kräfte in der Partei nicht gegen sich aufzubringen. Seine eigentlichen Absichten hätte er verborgen und nur aus taktischen Gründen so geredet. Dies ist aber völlig abwegig, denn selbst gegen Ende seiner Amtszeit hielt Gorbatschow unbeirrt am Leninismus fest, obwohl dieser seine richtungweisende Rolle im Land spätestens ab 1989 verloren hatte. Noch 1990, anlässlich des 120. Geburtstags Lenins, hielt Gorbatschow eine Rede mit dem Titel: „Ein Wort zu Lenin", in der er behauptete, sich von Lenin abzuwenden, heiße, „die Wurzeln der Gesellschaft und des Staates abzutrennen und das Denken und Fühlen von Generationen zu verwüsten."[22] Und auch gegenüber dem damaligen chinesischen Regierungschef Li Peng, der sich im April 1990 in Moskau aufhielt, betonte Gorbatschow den Willen der Sowjetunion, „an Lenins Pfad" festzuhalten.[23] Es besteht daher kein Zweifel, dass Gorbatschow während seiner gesamten Amtszeit als Führer der Sowjetunion Lenin als Vorbild hochhielt und sich zu keinem Zeitpunkt von ihm distanzierte. Auch nicht, als die Bevölkerung die neuen Freiräume ausnutzte und sich mehrheitlich von Lenin abwandte. Insofern schwamm Gorbatschow gegen Ende seiner Regierungsverantwortung gegen den Strom, aber genau das macht einen Idealisten eben aus.

Das Wort Perestroika fiel auch in Gorbatschows Programm-Rede auf dem ZK-Plenum im April 1985 kein einziges Mal, weder als Politik-Entwurf, noch als Etikettierung eines Reformprogramms! Dagegen war erneut wiederholt von *Uskorenije,* Beschleunigung, die Rede. Was aber konnte ein Durchschnittsbürger der Sowjetunion mit der Propagierung einer „Beschleunigung der wirtschaftlichen Entwicklung" anfangen? Und was ein Parteifunktionär der unteren und mittleren Ebene? Gorbatschows Kernaussage lautete:

> Die Hauptfrage ist heute, wie und wodurch unser Land seine wirtschaftliche Entwicklung beschleunigen kann. Die Aufgabe, das Wachstumstempo zu beschleunigen, und zwar erheblich, ist erfüllbar, wenn im Mittelpunkt unserer Arbeit die Intensivierung der Wirtschaft und die Beschleunigung des wissenschaftlich-technischen Fortschritts stehen, wenn wir die Leitung und Planung, die Struktur- und die Investitionspolitik verändern, überall Organisiertheit und Disziplin erhöhen und den Arbeitsstil grundlegend verbessern.[24]

Er sprach ferner von „revolutionären Veränderungen", wobei der Kontext entscheidend ist. Nach wie vor ging es nicht um das politische System, sondern um die Wirtschaft: „Wir brauchen revolutionäre Veränderungen – den Übergang zu einem grundsätzlich neuen technologischen System, zu modernster Technik –, die höchste Effizienz sichern. Im Grunde geht es um die Umrüstung aller Zweige der Volkswirtschaft auf der Grundlage der neuesten Erkenntnisse von Wissenschaft und Technik."[25] Diese revolutionären Veränderungen sollten sich aber selbstverständlich nur im Rahmen der Planwirtschaft bewegen. Insofern ist Gorbatschows Verwendung des Begriffs „revolutionär" nicht nur übertrieben, sondern auch irreführend.

Ein weiterer Mythos besagt, er habe als neuer Kreml-Chef den allmählichen Übergang von einer parteigesteuerten hin zu einer freien

Presse angestrebt. Tatsächlich jedoch hatte Gorbatschow ein anderen Blick auf die Rolle sowjetischer Medienvertreter:

> „Presse, Fernsehen und Funk sind wirksame Mittel zur Organisierung und Erziehung der Massen. Das an Menschen gerichtete kluge parteiliche Wort regt zum Nachdenken an, entwickelt die Initiative der Menschen und prägt Unversöhnlichkeit gegenüber Mängeln aus. Die Wirksamkeit von Presse, Fernsehen und Funk nimmt spürbar zu, wenn die Parteikomitees ihnen aktive Hilfe und Unterstützung geben."[26]

Und wieder bezog er sich damit auf die Lehre Lenins, die besagt, dass Journalisten „kollektive Propagandisten, Organisatoren und Agitatoren" zu sein haben. Gorbatschow sah in den Mitarbeitern von Presse, Funk und Fernsehen also nichts anderes als Erfüllungsgehilfen, die den Kurs der Kommunistischen Partei zu unterstützen und zu vermitteln haben.

Die „Beschleunigung" propagierte er auch an einem in Russland bis heute „heiligen" Feiertag: In seiner Festrede zum 40. Jahrestag des Sieges über das nationalsozialistische Deutschland im Zweiten Weltkrieg hämmerte er den Bürgern noch einmal ein, die Hauptaufgabe der Partei bestehe „in einer wesentlichen Beschleunigung des sozialökonomischen Fortschritts". Das ermögliche ein weiteres Wachstum des Volkswohlstandes und die „allseitige Vervollkommnung des entwickelten Sozialismus".[27] Behutsam, aber mit Verve ging Gorbatschow daran, sich dafür eine neue Regierungsmannschaft zusammenzustellen. Den langjährige Außenminister Andrej Gromyko machte er zum Vorsitzenden des Obersten Sowjets der Sowjetunion und somit formal zum Staatsoberhaupt. „Mr. Njet", wie Gromyko genannt wurde, weil er zu allen Vorschlägen des Westens erst einmal „Nein!" sagte, war 76 Jahre alt und angeblich des vielen Reisens müde. Gorbatschow wollte neuen Wind in die Außenpolitik bringen, denn in der Entspannung mit den USA und dem Westen sah er eine Voraussetzung für das Gelingen seiner innenpolitischen Reformen, und er wollte nicht länger unnötige Energie, Kosten und Engagement in Konfrontationen stecken. Um sich persönlichen Handlungsspielraum in außenpolitischen Fragen zu sichern, musste er daher den alten Hasen Andrej Gromyko mit anderen Aufgaben betrauen. Stattdessen schien ihm Eduard Schewardnadse geeignet zu sein. Dieser war in der Sowjetrepublik Georgien Parteichef, also nicht weit weg von Gorbatschows früherer Wirkungsstätte im nordkaukasischen Stawropol. Die beiden kannten sich schon seit März 1954, als sie sich auf dem 12. Jugendkongress der Sowjetunion als Mittzwanziger kennengelernt hatten. In Pizunda am Schwarzen Meer, etwa 80 Kilometer von Sotschi entfernt, machten beide später mehrfach zur selben Zeit in den für die Partei-Elite reservierten Ferienhäusern Urlaub. Gorbatschow erwähnt beiläufig in seinen Memoiren, dass sie sich vorher schon aufgrund diverser Parteitreffen kannten und dass daraus eine „freundschaftliche Beziehung erwuchs".[28]

Schewardnadse bekam den Posten des Außenministers also nicht aufgrund fachlicher Qualifikationen, denn er war kein Berufsdiplomat oder ausgewiesener Kenner, allerdings war er auch nicht in den jahrzehntelangen Dogmen der sowjetischen Außenpolitik verfangen. Mit seinen 57 Jahren und als jüngster Kandidat des Politbüros schien Schewardnadse genau der richtige Mann, auch weil Gorbatschow ihn so lange persönlich kannte und auf seine Loyalität setzen konnte. Schewardnadse überhöht allerdings die politische Bedeutung eines der Urlaubstreffen am Schwarzen Meer maßlos. Er erweckt in seinen Memoiren den Eindruck, dort in Pizunda sei die Idee für die Perestroika entstanden. Schewardnadse impliziert sogar unbescheiden, dass er den Anstoß für die neue Politik gegeben habe: „‚Alles ist durch und durch faul. Man muss es verändern.' Das habe ich an einem Winterabend 1984 gesagt. Ich sehe das Bild noch vor mir: ein menschenleerer Park am Schwarzen Meer auf dem Kap Pizunda. Wir zwei gehen langsamen Schrittes durch die Allee. Es war ein ‚Waldspaziergang' mit weitreichenden Folgen."[29] Mit diesem Begriff spielte Schewardnadse offensichtlich auf jenen historischen ‚Waldspaziergang' zwischen den Abrüstungsunterhändlern der USA und der Sowjetunion – Paul H. Nitze und Juli A. Kwizinski – am 16. Juli 1982 in Genf an, bei dem zwar eine Einigung erzielt, jedoch von den politischen Führern nicht umgesetzt wurde.

Dass viele sowjetische Parteifunktionäre in der durch Krankheit und Agonie geprägten Tschernenko-Amtszeit die Untragbarkeit der Verhältnisse diskutierten, war nichts Besonderes. Mit der Erwähnung des „Waldspaziergangs" erweckt Schewardnadse aber den falschen Eindruck, die beiden hätten schon 1984 die Absicht gehabt, das ganz große politische Rad zu drehen. Richtig ist aber, dass sich Gorbatschows ursprünglich initiierte Politik unerwartet und teilweise gegen den Willen des Urhebers in eine diametral andere Richtung entwickelte.

Um diesen Umstand besser zu verstehen, ist es notwendig, sich den Begriff Perestroika und seine unterschiedlichen Verwendungen in den gleichermaßen turbulenten wie faszinierenden Jahren 1985 bis 1991 genauer anzusehen: Wie wir gesehen haben, existierte er zunächst zwischen März 1985 und Juni 1986 noch nicht als Überschrift für ein politisches Programm. In dieser Phase dominierten weiterhin die Schlagwörter *Uskorenije*, Beschleunigung, und an zweiter Stelle Glasnost, Offenheit und Transparenz. Perestroika, Umgestaltung, trat erst an dritter Stelle im Zusammenhang mit der Forderung auf, die Wirtschaftsmechanismen effektiver zu gestalten. Erst auf dem ZK-Plenum im Juni 1986 begann Gorbatschow dann, Perestroika als Überbegriff für seine Reformpolitik zu benutzen, die jedoch nach wie vor ausschließlich den Wirtschaftssektor betraf. Denn anfänglich verfolgte Gorbatschow eine *systemkonforme* Perestroika, die vornehmlich auf die Wirtschaft bezogen war. Seine Ziele erreichte er dabei zwar nicht, doch es gelang ihm in dieser Zeit, eine neue und hoffnungsvolle Atmosphäre zu etablieren. Erst Anfang 1987 ging er dazu über, die Wirtschaftsreform auf eine politische Generalreform auszudehnen und in Angriff zu nehmen, was faktisch auf eine *systemverändernde* Perestroika hinauslief. Und schließlich setzte in der dritten Phase ab 1989 eine *systemdemontierende* Perestroika ein, die sich allerdings Gorbatschows Kontrolle entzog.

Ende der Eiszeit

In der Weltpolitik war er es, der mit seinen Gesten und Appellen die Eiszeit und Sprachlosigkeit zwischen den Führern der nuklearen Supermächte beendete. Anlässlich der 40. Jahrestage der amerikanischen Atombombenabwürfe über Hiroshima und Nagasaki ließ Gorbatschow ein einseitiges Moratorium verkünden, das er ausdrücklich als vertrauensbildende Maßnahme verstanden wissen wollte. Demnach verzichtete die Sowjetunion zunächst bis Ende des Jahres – ohne Gegenleistung der USA und anderer Atommächte – auf Nukleartests. Die Hoffnungen Gorbatschows, die anderen Mächte würden folgen, erfüllten sich nicht, und dennoch verlängerte er das Moratorium mehrfach bis zum Frühjahr 1987. Süffisant bemerkte Gorbatschow im März 1986 in einem Interview für die algerische Zeitschrift *Révolution Africaine* (Organ der Nationalen Befreiungsfront FLN): „Am 6. August vorigen Jahres erließ die Sowjetunion für ein halbes Jahr ein einseitiges Moratorium über alle nuklearen Explosionen. Wir schlugen Washington vor, unserem Beispiel zu folgen, um das Moratorium immerwährend, ewig zu machen. Als Antwort erhielten wir eine Einladung zu einem weiteren Nukleartest im Bundesstaat Nevada."[30] Damit bot Gorbatschow auch seinem Gegenspieler US-Präsident Ronald Reagan, der als „großer Kommunikator" galt, gekonnt Paroli, denn Gorbatschow war mindestens so redegewandt und verfügte über mindestens so großes Geschick dabei, die (Welt-)Öffentlichkeit für sich zu gewinnen. Caspar Weinberger, Reagans Verteidigungsminister, hatte immer wieder betont, man könne Abrüstungsverhandlungen mit der Sowjetunion nur „aus einer Position beträchtlich größerer Stärke" führen.

Auch wenn die USA ein demokratisches Land waren und die Sowjetunion diktatorisch regiert wurde: Im Kalten Krieg agierten beide Seiten nicht selten wirklich schmutzig, wenn es darum ging, die eigenen Interessen in Drittstaaten durchzusetzen oder zu verteidigen. Die USA hatten unter dem republikanischen Präsidenten Richard Nixon in Nicaragua den Diktator Anastasio Somoza unterstützt, der sich nicht nur mit geschätzten 150 Millionen US-Dollar aus der Staatskasse persönlich bereicherte, sondern vor allem Oppositionelle foltern und umbringen ließ. US-Präsident Jimmy Carter von der Demokratischen Partei distanzierte sich entsprechend von dem Diktator und stellte auch die Militärhilfe ein. 1979 wurde Somoza von den linksgerichteten Sandinisten unter der Führung Daniel Ortegas gestürzt, doch als 1981 mit

Ronald Reagan die Republikaner wieder ins Weiße Haus in Washington zogen, stürzten die sogenannten Contra-Rebellen wiederum Ortega mithilfe der USA. Der mit aller Brutalität geführte Bürgerkrieg – eigentlich ein durch die USA maßgeblich unterstützter Guerilla-Krieg der „Contra-Rebellen" – dauerte bis 1990.

Die Sowjetunion ihrerseits war naturgemäß ein Verbündeter der linksgerichteten Sandinisten.[31] Gorbatschow empfing daher den Präsidenten Ortega im April 1985 in Moskau und versicherte ihm weiterhin die Solidarität der Sowjetunion mit Nicaragua. (Das sowjetische Verteidigungsministerium verweigerte allerdings die Lieferung der geforderten MIG-Kampfjäger.) Doch was hatten die Sowjetbürger mit Nicaragua zu schaffen, ein Land, mit dem sie angeblich verbrüdert waren, das sie aber ohnehin nie sehen durften? Augenscheinlich viel und zwar nahezu täglich, wie die deutsche Wochenzeitung *Die Zeit* im Mai 1985 treffend beschrieb:

> In regelmäßigen Abständen flimmern über ihre heimischen Bildschirme Traktoren, die von Schiffskränen auf nicaraguanischen Boden gesetzt werden – wahlweise handelt es sich auch um Lastwagen, Spaten oder um Ersatzteile für eine Pumpstation. Den Einsatz von Lehrern, Ärzten und Ingenieuren im mittelamerikanischen Land würdigen regelmäßig nahezu alle Blätter im Sowjetland mit bebilderten Reportagen.[32]

Gorbatschow machte mit diesem Unsinn endlich Schluss – wenn auch nicht sofort. Diese ideologische und fast abendlich wiederkehrende mediale Qual für die Bürger, die analog auch mit anderen Themen malträtiert wurden, wich einer Berichterstattung, die sich zumindest näher am eigenen Leben orientierte. Es gibt natürlich keine verlässlichen Zahlen, doch offenbar hatten zuvor viele die Fernsehnachrichten erst gegen Ende der Sendung eingeschaltet, um sich den Sport und die Wettervorhersage anzuschauen. Politisch, militärisch und vor allem finanziell wollte Gorbatschow sich in Nicaragua und anderswo auf der Welt nicht mehr wie seine Vorgänger engagieren. Die innenpolitischen Interessen der Sowjetunion waren jetzt vorrangig – zu groß und zu drängend waren die Probleme im eigenen Land.

Wohl nirgendwo klarer als in seinem Interview für das US-amerikanische Nachrichtenmagazin *Time* drückte Gorbatschow die neuen Prioritäten aus: „Sie fragen: Welche Veränderungen in der Weltwirtschaft der Sowjetunion zum Nutzen gereichen könnten? Vor allem die Einstellung des Wettrüstens, obwohl das eher Politik als Wirtschaft ist. Wir würden es vorziehen, jeden Rubel, der heute für die Verteidigung aufgewendet wird, für zivile, friedliche Bedürfnisse einzusetzen."[33] Im ersten Amtsjahr besetzte er dafür neben dem Außenministerium weitere Schlüsselpositionen neu. Zum einen machte er den mit westlichen Lebensweisen und westlichem Denken vertrauten Alexander Jakowlew zum neuen Leiter des ZK-Referats Propaganda. Dieser hatte elf Jahre als Botschafter in Kanada verbracht und schrieb über diese Zeit: „Ich sah mit eigenen Augen, wie effektiv der Wettbewerb und der freie Markt waren."[34] Jakowlew, der nur ein Jahr später zum ZK-Sekretär für Ideologie, Information und Kultur aufstieg, wurde ein regelrechter Schleusenöffner. Ihm, der über eine hohe Bildung verfügte, ist es mit zu verdanken, dass bis dahin verbotene Bücher, Filme oder Theaterstücke das Licht der Öffentlichkeit erblickten. Aufgrund seiner Funktion war er auch ein sehr gefragter Interviewpartner westliche Medien und prägte somit das neue, von Gorbatschow geschaffene Bild der Sowjetunion. Von Jakowlew waren keine Stereotypen im Sinne des Klassenkampfes mehr zu erwarten. Zum anderen stieg der relativ junge Nikolaj Ryschkow (56) zum Ministerpräsidenten der Sowjetunion auf und löste somit den 80-jährigen Apparatschik und Gorbatschow-Gegner Nikolaj Tichonow ab. Effektivität im Innern, Entspannung mit dem Westen – dafür kämpfte Gorbatschow von Anfang an.

Das letzte Mal, dass sich die Führer der USA und der Sowjetunion getroffen hatten, lag schon sechs Jahre zurück. Damals, im Juni 1979, hatten Jimmy Carter und Leonid Breschnew das SALT-II-Abkommen unterzeichnet, das die Anzahl und Bestückung der strategischen Waffen begrenzen sollte. Gorbatschow hatte es jetzt eilig, die lange Eiszeit, die nach der Stationierung der Mittelstreckenraketen in Europa und dem Einmarsch der Sowjets in Afghanistan eingesetzt hatte, zu beenden. Laut den Memoiren von Willy Brandt, der Ende Mai 1985 von

Gorbatschow im Kreml empfangen wurde, spielte Letzterer schon in dieser frühen Amtsphase mit dem Gedanken, aus Afghanistan abzuziehen. Er, Brandt, habe Gorbatschow direkt gefragt, ob er das ernsthaft beabsichtige, und die Antwort lautete: „Ja, wenn die Amerikaner uns herauslassen."[35]

Willy Brandt war in seiner Funktion als Vorsitzender der SPD und der Sozialistischen Internationale eingeladen worden. Gorbatschow zitierte ihm gegenüber das russische Sprichwort: „Du erntest, was du gesät hast." Das war eine Anspielung auf Brandts herausragenden Beitrag als Bundeskanzler beim Zustandekommen des historischen Vertrages von Moskau im Jahr 1970, der das Verhältnis der Bundesrepublik zur Sowjetunion, aber auch zu den anderen östlichen Staaten deutlich entspannte. Und es war eine Anspielung auf Reagans Pläne zum Aufbau eines Abwehrschirms gegen Interkontinentalraketen, was eine Militarisierung des Weltalls zur Folge gehabt hätte. Beide stimmten darin überein, dass diese sogenannte „Strategische Verteidigungsinitiative" (SDI – Strategic Defence Initiative) nicht realisiert werden dürfe. Der Zeitgeist war, wie schon zwei Jahre zuvor während der Auseinandersetzung um die NATO-Nachrüstung, immer noch von einer düsteren und bedrohlichen Stimmung geprägt. Ausdruck fand er etwa in einem Lied, das 1985 von dem britischen Künstler Sting veröffentlicht und zu einem Welthit wurde: „Russians". Dieser Song hat diese gefühlte Lebensgefahr für jeden einzelnen Menschen zum Thema und auch die Konfrontation der beiden nuklearen Supermächte, die in einer Apokalypse zu enden drohte. Wenig bekannt ist in diesem Zusammenhang, dass die Melodie gar nicht von Sting stammt, sondern auf ein Stück des russischen Komponisten Sergej Prokofjew (1891–1953) zurückgeht, auf die „Romanze" aus der Suite „Leutnant Kijé" von 1933.[36] Der Songtext gipfelte zudem in einer Provokation gegen die Russen. Man könnte über ihn hinwegsehen, wäre er nicht im Westen so ein Erfolg geworden und zeitversetzt auch in der Sowjetunion, wo Kopien unter der Hand erhältlich waren. Eine unbeabsichtigt beleidigende Zeile darin lautet: „What might save us me and you / Is if the Russians love their children too". Noch Jahrzehnte später muss sich der Künstler in Russland bei Interviews für die Unterstellung rechtfertigen, russische Eltern seien liebesunfähig und gefühlskalt gegenüber ihren Kindern.

Anfang Juni 1985 lief der Song in vielen Radiostationen weltweit immer wieder und bediente ungewollt alte Klischees und untermauerte Reagans Etikettierung der Sowjetunion als „Reich des Bösen". Offenbar erschrocken darüber, was er da getextet hatte, und wegen der empörten Reaktionen relativierte der Künstler kurz nach Erscheinen des Werks die dämonisierende und beleidigende Zeile. Fortan hieß es unmissverständlich: „What might save us me and you / Is *that* the Russians love their children too". [37]

Zu einer sowjetischen Erwiderung kam es im Rahmen des Live-Aid-Konzerts zugunsten der Hungernden in Afrika. Mindestens eine Milliarde Menschen verfolgten im Fernsehen die Auftritte westlicher Stars im Londoner Wembley- und im John-F.-Kennedy-Stadion in Philadelphia. Live aus Moskau wurde die sowjetische Band *Awtograf* zugeschaltet, die zwei Lieder darbot, darunter eines mit dem Titel „*Nam nuzhen mir*", auf Deutsch: Wir brauchen Frieden. Das war die sowjetische, das war Gorbatschows Botschaft an die Welt. Allein die Tatsache, dass sich Moskau an der bis dahin in der Sowjetunion offiziell nicht zugelassenen westlichen Pop- und Rockmusik-Kultur beteiligte, war schon ein bedeutsames Signal. Dass in das sowjetische Fernsehstudio nur etwa 300 ausgesuchte Mitglieder des kommunistischen Jugendverbandes Komsomol kommen durften und die übrigen Bürger das Live-Aid-Konzert gar nicht zu sehen bekamen, ist dabei unerheblich. Soweit war man Mitte Juli 1985 einfach noch nicht.

Gorbatschow brachte den US-Präsidenten und den Westen in Zugzwang – nicht mit konfrontativen, sondern mit versöhnlichen Schritten und Initiativen. Das Ziel seiner allerersten Auslandsreise als Kreml-Chef war Anfang Oktober 1985 Paris, wo er einen bemerkenswerten Auftritt hatte: Rundheraus schlug er hier vor, die NATO und der Warschauer Pakt könnten sich doch miteinander in Verbindung setzen. Dies sei kein Tabu, fügte er hinzu. Wie schon beim London-Besuch ein Jahr zuvor begleitete ihn Raissa, und wieder war sie ein Blickfang, beeindruckte durch ihre Weltgewandtheit und Intelligenz. Schon bald wurde sie selbst Gegenstand der Berichterstattung. Das

Nachrichtenmagazin *Der Spiegel* widmete ihr sogar eine Titelgeschichte mit ihrem Konterfei und der Überschrift „Raissa Gorbatschow – Die Frau im Kreml".[38]

Einerseits war Gorbatschow im Begriff, Sympathien und Vertrauen im Westen aufzubauen: Er stellte sich der internationalen Presse, redete frei und beantwortete alle Fragen – versteckte sich nicht. Das war neu. Andererseits bestätigte er diejenigen, die glaubten, es handele sich bei seinen politischen Schritten nur um irgendwelche „Propaganda-Tricks", weil er unermüdlich auf Lenin und dessen ideologische Weisheiten verwies. Zudem stellte er sich in einem langen Interview mit dem französischen Sender TF1 zwar auch unbequemen Fragen, doch er beantwortete sie zumindest teilweise auf typisch sowjetische Art. Eine Antwort lautete etwa: „Lenins Beispiel ist das beste Vorbild. Wir gehen den Weg Lenins und wenden seinen Stil an."

Die Frage des TF1- Interviewers: „Stimmt es, dass es in der Sowjetunion vier Millionen politische Häftlinge gibt?", dürfte Gorbatschow erzürnt haben. Jedenfalls ließ er sich zu einem Vergleich hinreißen, den auch Bundeskanzler Helmut Kohl ein Jahr später bezogen auf Gorbatschow anstellte: „Das ist absurd!", entgegnete Gorbatschow: „Wissen Sie, das erinnert mich an die Goebbels-Propaganda."[39] Natürlich war die Zahl vier Millionen hundert-, wenn nicht tausendfach übertrieben, doch die arretierten Dissidenten Andrej Sacharow und der weniger berühmte Anatoli Schtscharanski standen damals im medialen Fokus. Zu ihnen erklärte Gorbatschow, Letzterer habe gegen Gesetze verstoßen und sei deshalb verurteilt worden. Tatsächlich hatte er aber einen Ausreiseantrag nach Israel gestellt, später die Einhaltung der Helsinki-Schlussakte eingefordert, sich Sacharow angeschlossen und einem westlichen Korrespondenten eine Namensliste mit Fällen unbegründeter Ausreiseablehnungen übergeben. 1977 war er verhaftet und zu 13 Jahren Haft verurteilt worden. Danach saß er im Gefängnis und im Gulag, wofür KGB-Chef Andropow verantwortlich war.

Waren es die hartnäckigen Nachfragen der Journalisten und die Vorhaltungen westlicher Politiker, die eine Neuausrichtung Gorbatschows in der Dissidentenfrage bewirkten? Sicherlich nicht ausschließlich, vielmehr „störte" die zu Recht immer wieder angesprochene

Thematik der Menschenrechte Gorbatschows Entspannungspolitik, die ihm eine freiere Hand für innenpolitische Veränderungen verschaffen sollte. Das Thema Menschenrechte sprach auch Präsident Reagan beim weltweit langersehnten Gipfeltreffen mit Gorbatschow erwartungsgemäß an. Genauso erwartungsgemäß wies der Sowjetführer die Vorwürfe zurück und konterte mit Gegenvorwürfen. Das Hauptthema der Begegnung vom 19. bis 21. November 1985 in Genf war die Abrüstung oder besser gesagt: die Suche nach Wegen dahin. Es dürfte nicht übertrieben sein, zu behaupten, dass die Welt aufatmete angesichts der Bilder von den beiden mächtigsten Männern, die sich die Hand gaben und dabei einander sogar zulächelten. Nicht nur die sechsjährige Eiszeit hatte damit ein Ende, sondern auch das bedrückende Gefühl, am Rande eines Atomkrieges zu stehen. Und tatsächlich einigten sich beide Seiten auf eine gemeinsame Erklärung: Ein Atomkrieg sei unzulässig, und es könne dabei keinen Sieger geben, war die Hauptaussage. Die Menschheit schöpfte besonders aus dem Satz Hoffnung: „Keine der unterzeichnenden Seiten wird militärische Überlegenheit über die andere anstreben."

Doch Gorbatschow verhielt sich durchaus ambivalent. In vielen seiner Reden jener Zeit sprach er immer noch von den „Imperialisten" und betonte immer noch den Klassenkampf. So versicherte er bei einem Essen im Großen Kremlpalast zu Ehren des äthiopischen Diktators Mengistu Haile Mariam: „Dem Vermächtnis des großen Lenin getreu, hat die Sowjetunion dem revolutionären Äthiopien immer Hilfe und Unterstützung gewährt, und das wird sie auch weiterhin tun."[40] Mengistu war Generalsekretär der Arbeiterpartei Äthiopiens und stand einer Militärjunta vor, die verantwortlich war für den Roten Terror im Land. Rund eine halbe Million Opfer hat diese Gewalt im Namen des Marxismus-Leninismus gefordert. Mengistu, von der Bevölkerung „Schlächter von Addis" genannt, wurde 1991 gestürzt, nachdem die Hilfe der Sowjetunion versiegt war. Er floh nach Simbabwe, wo ihm sein Diktator-Kollege Robert Mugabe Zuflucht gewährte. Von dort schimpfte er hin und wieder auf den „konterrevolutionären Lügner Gorbatschow".[41] Solche Beleidigungen gereichten Gorbatschow jedoch mittlerweile zur Ehre.

Die damalige Tischrede zu Ehren des äthiopischen Gastes, die Gorbatschow verfasste, ohne Rücksicht auf irgendwelche Vorgesetzen nehmen zu müssen, gab Mengistu jedoch noch allen Anlass zur Freude. Allen Ernstes sagte Gorbatschow, dessen späterer enormer politischer Wandel dadurch bestens illustriert wird, im Großen Kremlpalast: „Die sowjetischen Menschen freuen sich aufrichtig über die Erfolge und die Leistungen des tapferen und fleißigen Volkes von Äthiopien beim Aufbau eines unabhängigen, freien und demokratischen Landes." Gorbatschow wünschte „dem lieben Genossen Mengistu Glück und Wohlergehen" und prangerte den Westen an, der über Äthiopien Lügen verbreite.[42]

Ähnlich war der Tenor von Gorbatschows Tischrede im Kreml zu Ehren von Muammar el Ghaddafi, dem Führer der lybischen Revolution, weshalb man nicht nur im Ausland noch überwiegend skeptisch blieb. Auch die sowjetischen Parteifunktionäre waren in der ersten Amtsphase Gorbatschows bis etwa Ende 1986 eher verwirrt, da Gorbatschow gewissermaßen zwei verschiedene Sprachen sprach: jene der traditionellen KP und eine neue, eigene, die sich noch im Entwicklungsstadium befand.

Als viel bedeutsamer sollte sich im Laufe seiner gut sechseinhalbjährigen Amtszeit erweisen, dass er mehrfach die Zielvorgaben an die Funktionäre und die Bevölkerung den tatsächlichen Verhältnissen in der Sowjetunion anpasste. Zwar drosch die Parteipresse nach wie vor mit Slogans in Riesenlettern auf die Zeitungsleser ein: „Vorwärts mit der Ernte" , „Beschleunigung auf Stachanow-Art", „Vorwärts zum 27. Parteitag" oder „Der Kurs lautet: Beschleunigung der sozial-ökonomischen Entwicklung". Viele Parteifunktionäre hielten Gorbatschows neuen Kurs daher bloß für eine Kampagne, wie es sie zigfach unter seinen Amtsvorgängern gegeben hatte, und häufig verstanden sie auch nicht, worauf es Gorbatschow bei dem Begriff „Beschleunigung" ankam.

Zumindest ist die Überschrift „Beschleunigung auf Stachanow-Art" in der *Komsomolskaja Prawda* ein Beleg dafür, dass Gorbatschow auf der unteren Parteiebene teilweise missverstanden wurde. Alexej Stachanow (1906–1977) war ein Bergmann gewesen, der von

Stalin zum Volkshelden stilisiert worden war und einer ganzen Bewegung ihren Namen gab. Angeblich hatte Stachanow in einer Schicht das vorgegebene Förderungssoll im Steinkohlebergbau um mehr als das Vierzehnfache übertroffen. Selbst das amerikanische Nachrichtenmagazin *Time* hatte ihm im Dezember 1935 eine Titel-Story gewidmet. Doch Gorbatschow ging es mit seiner „Beschleunigung" gar nicht darum, den Einzelnen zu Höchstleistungen anzustacheln, sondern um eine Optimierung der Arbeitsabläufe mithilfe des wissenschaftlich-technischen Fortschritts. Vor allem strebte er mehr Eigenverantwortlichkeit der Betriebe und eine höhere Produktqualität an, damit sowjetische Waren konkurrenzfähig würden. Und er wollte keine schöngefärbten Wirtschaftsberichte mehr, sondern die ehrliche Benennung möglicher Probleme und Mängel im Produktionsablauf.

Doch tatsächlich änderte sich trotz der deutlich besseren Stimmung im Innern und seiner enormen Popularitätswerte nichts oder nur sehr wenig, und so gab er gegen Ende seines ersten Amtsjahres einen ersten Warnschuss ab. Er verfasste einen Bericht an das Politbüro, in welchem er „jegliche Schönfärberei" und „verfälschende Darstellungen" auf allen Parteiebenen als unzulässig anprangerte:

> Sehr beunruhigend ist, dass Leiter von zentralen Ministerien und anderen Staatsorganen in ihren Berichten an das ZK der KPdSU für sie günstig ausfallende Kennziffern überbetonen, Mängel aber nur flüchtig, beiläufig erwähnen. Dabei versuchen sie, ihre Fehler und Versäumnisse auf die Zulieferindustrie, auf die nicht termingemäße Lieferung von Ausrüstungen, auf mangelnde Transportkapazität und anderes zu schieben. Wir kommen nicht umhin, manche Leiter dafür zur Verantwortung zu ziehen.[43]

Das war für die Funktionäre ein deutlicher Hinweis darauf, dass es Gorbatschow ernst meinte, doch die übergeordnete Direktive der „Beschleunigung" blieb zu theoretisch und war auf die Schnelle schwer umzusetzen. Dennoch endete das Jahr 1985 mit frischem Wind und einer großen internationalen Überraschung: Zum ersten Mal durfte ein US-Präsident eine Neujahrsansprache an die Bürger der Sowjetunion richten. Umgekehrt hielt Gorbatschow eine Neujahrsansprache im amerikanischen Fernsehen. Es war Reagan, der darauf gedrängt hatte, und Gorbatschow hatte sein Einverständnis dazu am 20. Dezember 1985 gegeben.[44]

In seiner Rede an potenziell 270 Millionen Sowjetbürger verwies Reagan ausgerechnet auf die Freiheitsrechte, die ihnen in ihrem Land vorenthalten wurden. Dass Gorbatschow diesen Tabu-Bruch zuließ, konnten selbst Kritiker und Skeptiker nicht mehr als „Propaganda-Trick" abtun. Mit Richard Nixon hatte zwar schon einmal im Mai 1972 ein US-Präsident direkt zu Sowjetbürgern gesprochen, doch war dessen Rede harmlos, fast anbiedernd gewesen. Den von sowjetischen Medien in früheren Jahren als „Rambo" und Kriegstreiber verteufelten Reagan jetzt im eigenen Fernsehen zu sehen und zu hören, war für die Bürger hinter dem Eisernen Vorhang eine Sensation. Noch dazu sprach er von Gott, was im Sowjetsystem verboten war.

> Guten Abend. Ich bin Ronald Reagan – Präsident der Vereinigten Staaten von Amerika. Ich freue mich, zu Ihnen zu sprechen anlässlich des neuen Jahrs […] Einer der besten Wege, ein besseres gegenseitiges Verständnis aufzubauen, ist, dem amerikanischen und dem sowjetischen Volk zu erlauben, sich näher kennenzulernen. […] Wenn die Menschen in unseren Ländern reisen, studieren und gemeinsam arbeiten können – dann werden wir das Band für ein gegenseitiges Verständnis stärken und eine wahrhafte Grundlage aufbauen für einen dauerhaften Frieden. Unser demokratisches System basiert auf dem Glauben, dass das menschliche Leben heilig ist, und auf dem Glauben in die Rechte eines jeden einzelnen Menschen. Dazu gehört die Rede- und Meinungsfreiheit, die Versammlungsfreiheit und die Religionsfreiheit. Es ist für uns eine unantastbare Wahrheit, dass jeder einzelne Mensch ein einzigartiges Geschöpf Gottes ist, ausgestattet mit seinen oder ihren besonderen Begabungen, Hoffnungen und Träumen. Im Namen des amerikanischen Volkes wünsche ich Ihnen ein glückliches und gesundes neues Jahr.[45]

Gorbatschows zentrale Botschaften in seiner Neujahrsansprache an die Bürger der USA waren Frieden und Vertrauen: „Wir müssen unbedingt anfangen, über den Mangel an Vertrauen in den sowjetisch-amerikanischen Beziehungen hinwegzukommen."[46] Insofern ging sein erstes Amtsjahr sowohl für die Sowjetbürger als auch für die Menschen im Westen mit dem Gefühl großer Erleichterung und Hoffnung zu Ende, auch wenn ihm viele westliche Politiker und Publizisten aufgrund seiner häufig klassenkämpferischen Parolen bei aller Entspannungspolitik weiterhin misstrauten.

8. GLASNOST UND DIE NUKLEARKATASTROPHE VON TSCHERNOBYL

In der Rückschau ist es selbst für Russen kaum zu glauben, dass ihre Zeitungen, ihr Radio und ihr Fernsehen primär Verlautbarungsorgane der Kommunistischen Partei waren. Über Unfälle, Unglücke und Naturkatastrophen, die sich auf dem Territorium der Sowjetunion ereigneten, durfte nicht berichtet werden. Ebenso waren Prostitution, Drogenmissbrauch, Privilegien, Religion und andere Themen tabu. Nur was der Parteilinie entsprach, konnte gedruckt oder gesendet werden: Viel blieb da neben dem Wetter, dem Sport, den Raumfahrterfolgen und Kreuzworträtseln nicht übrig.

Wer einmal eine Ausgabe der *Prawda* von vorn bis hinten gelesen hat oder sich die ganze Nachrichtensendung *Wremja* aus den Jahren vor Gorbatschows Amtszeit angeschaut hat, ahnt, wie qualvoll all dies für viele Bürger der Sowjetunion gewesen sein muss. Entsprechend existierte eine von der Partei erstellte Zensur-Liste für die Redaktionsleitungen, die alle verbotenen Themen ebenso wie alle verbotenen Namen von unliebsamen lebenden oder historischen Persönlichkeiten aufführten. Gleichermaßen gab es Listen mit verfemten Autoren und ihren Werken sowie Filme, Musik- und Theaterstücke, die tabu waren.

Auf Gorbatschows Forderungen nach mehr Glasnost, womit zum einen die Benennung von Missständen verbunden mit Kritik an Personen gemeint war, zum anderen die Transparenz politischer Entscheidungen, reagierten die sowjetischen Journalisten daher zunächst verhalten. Vermutlich hielten sie diese Forderungen für Worthülsen, denen genauso wenig Taten folgen sollten wie bei früheren Kampagnen. Das führte dazu, dass die Parteijournalisten das neue Glasnost-Prinzip bis 1986 zwar in ihren Beiträgen propagierten, es aber selbst nur selten mit Leben füllten.

Ganz unschuldig war Gorbatschow daran nicht, dessen Verlautbarungen durchaus widersprüchlich erschienen. So sollte die Presse auch unter Gorbatschow die Bürger weiterhin „erziehen" und sie für die sozialistische und kommunistische Sache mobilisieren. Auf dem 27. Parteitag der KPdSU im Februar und März 1986 ließ er ein neues Parteiprogramm verabschieden, welches das utopische und überholte Programm von 1961 ablöste. Das neue Parteiprogramm trug eindeutig seine Handschrift, zerstört aber den Mythos, Gorbatschow habe bei seinen Reformen eine unabhängige und freie Presse im Sinn gehabt. Die Aufgaben der Presse sind in einem separaten Kapitel mit der Überschrift: „Ideologische Erziehungsarbeit, Bildung, Wissenschaft und Kultur" beschrieben. Darin wird die Arbeit an der kommunistischen Erziehung, für die gerade die Medien wichtige Instrumente seien, als untrennbar verbunden mit dem Kampf gegen Erscheinungen fremder Ideologie und Moral beschrieben.[1] Auch war dem neuen Gorbatschow'schen Parteistatut zu entnehmen, dass das Pressemonopol nicht infrage zu stellen sei.

Festgeschrieben war: „Das ZK der KPdSU bestimmt die personelle Zusammensetzung der Redaktionen in den zentralen Zeitungen und Zeitschriften. Diese arbeiten unter der Kontrolle des ZK." Besonders verheerend wirkte sich ab etwa 1988 folgender Passus aus, auf den sich die Parteiführer der unteren Ebenen in ihren Auseinandersetzungen mit Journalisten berufen konnten: „Zu den grundlegenden Aufgaben der Republik-, Region-, Gebiet-, Bezirk-, Stadt- und Kreisorganisationen der Partei gehört die Propagierung des Marxismus-Leninismus, die Führung der örtlichen Presse und die Kontrolle ihrer Tätigkeit." Gleichzeitig sollte Kritik aber, so die Handlungsanweisungen an Journalisten, unabhängig von der Person oder der Sache „offen", „konkret" und „konstruktiv" sein und auf keinen Fall unsachlich.[2] Vor diesem Hintergrund ist es nicht verwunderlich, dass die Glasnost-Propagierung bei vielen Parteijournalisten Verwirrung ausgelöst hat. Nach und nach fielen aber die Tabus: Bis Juni 1986 hatte es beispielsweise offiziell keine Drogenprobleme unter sowjetischen Jugendlichen gegeben. Im Juni griff dann die Zeitung des kommunistischen Jugendverbandes dieses Thema erstmals auf, stellte es allerdings als neues Phänomen dar. Letzteres entsprach zwar nicht der Wahrheit, aber allein die Tatsache, dass das Problem jetzt öffentlich eingeräumt wurde, war schon eine Sensation und sprach für die Veränderungen unter Gorbatschow.

Analog näherten sich die Parteijournalisten auch dem Thema der offiziell nicht existenten Prostitution. Zunächst wurde sie noch als „leichtfüßiges Verhalten" und Prostituierte mit „verbrauchte Katja" umschrieben.[3] Doch nach und nach wagten sich die Journalisten weiter vor und testeten die Grenzen der Glasnost-Politik aus, die noch in systemkonformen Bahnen verlief. Unmissverständlich deutlich wurde die neue Qualität von Gorbatschows Kurs erst durch den 27. Parteitag, wo Boris Jelzin in einer Rede offen die Privilegien der Nomenklatura kritisierte – ungeachtet der Tatsache, dass er ihr selbst angehörte. Dieser Vorstoß machte den bis dahin noch wenig in Erscheinung getretenen Parteifunktionär im ganzen Land bekannt.

Bereits kurz vor Eröffnung des Parteitages hatte die Parteipresse Leserbriefe publiziert, in denen die Existenz von Spezialläden und Spezialkrankenhäusern für die Elite angeprangert wurde.[4] Dieser unerhörte Vorgang war natürlich von der Parteispitze, also von Gorbatschow, so gewollt und abgesegnet gewesen. Schnappatmung müssen gerade deshalb etwa die Zeilen eines ‚Lesers' bei vielen Funktionären hervorgerufen haben, in denen die Partei-Elite frontal angegriffen wurde. Darin hieß es, zwischen dem ZK und der Arbeiterklasse bewege sich immer noch eine schwerfällige und träge Parteiadministration, die keine radikalen Veränderungen wünsche. Manche darunter trügen zwar noch das Parteibuch, seien aber schon längst keine Kommunisten mehr! Diese Sätze hätte Gorbatschow wohl kaum besser formulieren können, und dass sie publiziert werden durften, kam einem unmissverständlichen öffentlichen Warnschuss gleich.

Gorbatschows riskanter Balanceakt bestand darin, zwar Druck auszuüben, ohne gleichzeitig mit Fundamentalkritik die Legitimität und Autorität der Partei infrage zu stellen. Um das zu verhindern, ruderte die *Prawda* am 15. Februar 1986 ein Stück zurück: Sie druckte einen weiteren Leserbrief ab, in dem eine regelmäßige Berichterstattung über jene Amtsträger verlangt wurde, die sich „von morgens bis abends" für die Partei einsetzten, was die Redaktion zu tun versprach.

Der lokale Parteichef von Moskau-Stadt, Boris Jelzin, interpretierte Gorbatschows Reformappelle rigoros und ging dabei höchst populistisch vor. Er fuhr gelegentlich ostentativ mit öffentlichen Verkehrsmitteln, überprüfte in Läden die Qualität der Waren und kontrollierte, ob auch nichts unter der Hand verkauft wurde. Untergebene im Parteiapparat stellte er bloß und entließ nicht wenige. Kurzum: Er mischte die Parteiorganisation derart auf, dass dort Angst und Schrecken herrschten. Jahre später sollte er als erster Präsident Russlands diesen Stil mit seinen Ministern fortsetzen, die er vor laufenden Kameras demütigte, um damit von anderen Missständen abzulenken. Gorbatschow ließ Jelzin als Parteichef der Hauptstadt jedoch gewähren, zumal er sich selbst als Sowjetführer, der die Außenpolitik de facto mit übernommen hatte, ein kaum zu bewältigendes Arbeitspensum auferlegt hatte.

Auch erste Beschwerden über Jelzin ignorierte Gorbatschow, zu sehr war er damit beschäftigt, mit seinem „Beschleunigungsprogramm" endlich Erfolge im Innern zu erzielen, die sich aber nicht einstellten. Darüber hinaus wollte er auf der Weltbühne vorankommen, wozu er effektvoll ausholte, als er vorschlug, bis zum Jahre 2000 eine atomwaffenfreie Welt zu schaffen. Doch auch diese Initiative ging ins Leere, weil sie im Westen überwiegend als „realitätsfremd" abgetan wurde. Rückenwind bekamen Skeptiker und Schlechtmacher jedoch vor allem durch Gorbatschows fragwürdiges Krisenmanagement.

Der größte anzunehmende Unfall tritt ein

In der Nacht vom Donnerstag zum Freitag, den 26. April 1986, ereignete sich in Tschernobyl eine Katastrophe, welche die Sowjetunion und die ganze Welt erschüttern sollte. Durch eine Kernschmelze und Explosionen im Reaktorblock 4, verursacht durch eine außer Kontrolle geratene Notfallübung, traten heiße Asche und radioaktive Gase aus. Wechselnde Winde trugen die Strahlungen weiter bis nach Skandinavien und Westeuropa. Die Schweden waren die Ersten, denen erhöhte Radioaktivität auffiel, und zwar am Morgen des 28. April in ihrem Kernkraftwerk Forsmark. Nachdem klar war, dass diese Strahlung nicht vom eigenen Kernkraftwerk ausging, fiel der Verdacht auf die Sowjetunion. Diese hatte bis zu diesem Zeitpunkt gänzlich davon abgesehen, die Welt über die Katastrophe globalen Ausmaßes zu informieren. Ebenso unverantwortlich war das Verhalten der sowjetischen Funktionäre gegenüber der örtlichen Bevölkerung, die nicht gewarnt wurde, und selbst innerhalb des zuständigen Parteiapparats in Moskau und in der Ukraine herrschte Desinformation: „Die Werksleitung von Tschernobyl erklärte bis zum Abend des 26. April, dass Block 4 intakt sei und lediglich gekühlt werden müsse."[5]

In einem Land, in dem selbst Autounfälle vertuscht wurden, „um das Volk nicht zu beunruhigen", war es noch ein weiter Weg, bis über eine derartige Katastrophe ohne Verharmlosung und ohne Absicherung durch höhere Stellen berichtet würde. Selbstverständlich unterlag das Atomkraftwerk, ganz im Norden der ukrainischen Sowjetrepublik nahe der Grenze zur belarussischen, wie alle Objekte der Nukleartechnik höchster Geheimhaltung. Das erklärt zumindest teilweise die Informationsunterdrückung seitens der Verantwortlichen vor Ort. Aber hatte Gorbatschow nicht ausdrücklich zu Glasnost aufgefordert und dazu, Missstände zu benennen? Dieser wehrt sich in seinen Memoiren heftig dagegen, seine Regierung oder er hätten das Unglück vertuschen wollen: „Ich weise entschieden die Anschuldigung zurück, die sowjetische Führung habe die ganze Wahrheit über Tschernobyl absichtlich geheimgehalten. Wahr ist allerdings, dass wir das Ausmaß der Katastrophe damals selbst nicht kannten."[6]

Die örtlichen Funktionäre in der Ukraine unterrichteten die Führung in Moskau, genauer das zuständige Ministerium für den mittleren Maschinenbau, am Freitagmorgen (26. April). Dieses gab die vorhandenen, nicht näher spezifizierten Informationen weiter an Ministerpräsident Ryschkow, der seinerseits Gorbatschow unterrichtete, worauf dieser unverzüglich eine Politbüro-Sitzung anberaumte. Diese Informationen hätten aber „keine Vorstellung von den Dimensionen des Unglücks vermittelt", erläutert Gorbatschow.[7]

Natürlich war er der Gesamtverantwortliche dafür, was im Lande geschah. Doch richtig ist auch, dass er vom Ort des Geschehens zunächst keine wahrheitsgemäße Darstellung bekam. Die wichtigste ukrainische Republikzeitung, die *Prawda Ukrainy*, verheimlichte die Katastrophe in ihrer Samstagsausgabe vom 27. April komplett und brachte stattdessen einen völlig deplatzierten und tragikomischen Leitartikel über die Notwendigkeit des Umweltschutzes mit der Überschrift „Erblühe, Land!". Darin wurden die Leser belehrt: „Der Schutz der Umwelt bedeutet auch Schutz der Heimat."[8] Erst in den Abendnachrichten des 28. April erfuhr die sowjetische Bevölkerung zumindest, dass etwas passiert war. Die staatliche Nachrichtenagentur TASS verlas – nach sechs anderen Nachrichtenmeldungen – eine knappe Erklärung des sowjetischen Ministerrats, in der es unter anderem hieß: „Im Atomkraftwerk Tschernobyl hat sich ein Unfall ereignet. Ein Reaktor wurde beschädigt. Maßnahmen zur Beseitigung der Unfallfolgen werden ergriffen. Den Opfern wird Hilfe geleistet. Eine Regierungskommission ist gebildet worden."[9] Diese Kommission, die aus Moskau angereist kam, war allerdings schon am 26. April vor Ort, wie Gorbatschow in seinen Memoiren selbst bestätigt. Mit Schutzanzügen ausgestattet dürfte sie den völlig zerstörten und brennenden Reaktor 4 mit eigenen Augen gesehen haben. Kommissionsleiter war Boris Schtscherbina, stellvertretender Ministerpräsident der Sowjetunion. Er verfügte – ohne die Information im Inland oder gar im Ausland publik zu machen –, die rund 47 000 Einwohner der vier Kilometer entfernt gelegenen Stadt Pripjat am 27. April ab 14 Uhr vollständig zu evakuieren. Für die Bürger der Stadt Tschernobyl hingegen ging weitere wertvolle Zeit verloren durch die Entscheidung, dort mit der Evakuierung erst am 4. Mai zu beginnen. Die Verantwortlichen hatten offenbar zunächst geglaubt, die 18 Kilometer Entfernung zum Atomreaktor böten ausreichend Schutz. Der amtliche Gefährdungsradius wurde nun auf 30 Kilometer festgelegt, und damit mussten insgesamt 330 000 Menschen ihre Häuser und Wohnungen verlassen.

Große Unruhe herrschte natürlich auch in den betroffenen europäischen Staaten, Deutschland etwa erreichte die radioaktive Wolke am 29. April. Die Landeszentrale für politische Bildung von Baden-

Württemberg hält hierzu fest: „Als Sicherheitsmaßnahmen kauften die besorgten Menschen Lebensmittel in Konserven, Frischmilch wurde nicht mehr getrunken, Bauern mussten ihren Spinat unterpflügen, Kinder durften nicht mehr im Freien spielen, Fußballspiele wurden abgesagt, bei Regen stellte man sich unter und in den Apotheken wurden vermehrt Jodtabletten verlangt."[10] Inmitten dieser Atmosphäre der Bedrohung und der Gefahren kam der damals in der Bundesrepublik noch unbekannte Boris Jelzin zu einem lange vorher geplanten Besuch nach Hamburg. Anlass war der dortige DKP-Parteitag in den ersten Mai-Tagen. Damit ergab sich eine Möglichkeit, einen hochrangigen Funktionär zu Tschernobyl zu befragen, doch dieser gab bloß in alter sowjetischer Manier zum Besten:

> Wir sind durch keine internationalen Abkommen verpflichtet, Informationen zu Atomkraftwerken zu geben. Das ist eine innere Angelegenheit des jeweiligen Landes. Die unmittelbar betroffene Zone, etwa 30 Kilometer im Durchmesser (sic!), ist ein zu geringer Teil der Ukraine, geschweige denn des ganzen Landes, als dass daraus negative Auswirkungen für die Erträge, für die Ernte, für die Wirtschaft entstehen. Das Vieh wird geweidet, die Kühe werden gemolken, alle trinken Milch – im Unterschied zur Bundesrepublik Deutschland werden keine Tabletten geschluckt.[11]

Von den menschlichen Opfern und den Helfern, die als „Liquidatoren" eingesetzt wurden, sprach er nicht, und bis sich endlich Michail Gorbatschow selbst öffentlich zu Wort meldete, ging noch mehr Zeit ins Land. Sage und schreibe 18 Tage dauerte es. „Sage und schreibe" – nach westlichen Standards. Dass ein Sowjetführer überhaupt vor die Landsleute trat und dergleichen aussprach, dass „uns ein UNGLÜCK ereilt hat", war ein unglaublicher Vorgang und für sowjetische Ohren völlig neu, ohne dass damit etwas gerechtfertigt wäre. Dreißig Jahre später räumte Gorbatschow ein: „Es ist nun klar, dass dies ein Fehler war."[12] Von den unteren Leitungsebenen hatte der Staatschef über längere Zeit nur beschwichtigende, unvollständige und widersprüchliche Informationen bekommen, was sich vor allem durch die jahrzehntelange Sozialisation in einem auf Angst und Verheimlichung basierenden System erklärt.

In seiner Fernsehansprache vom 14. Mai 1986 sagte er unter anderem: „Die Lage musste schnellstens und von kompetenter Seite eingeschätzt werden. Sobald wir die erste zuverlässige Information hatten, wurde sie den sowjetischen Menschen mitgeteilt und über diplomatische Kanäle an die ausländischen Regierungen weitergegeben."[13] Den Familien der Todesopfer, deren Zahl er mit neun (!) angab, drückte er im Namen des ZK und der sowjetischen Regierung tiefes Mitgefühl aus und versprach, ihnen zu helfen. Gorbatschow bemühte sich einerseits um politische Schadensbegrenzung, insbesondere was die Amerikaner anging. Andererseits legte er auch in dieser Situation eine gewisse Ambivalenz an den Tag, indem er dem Westen ausgerechnet jetzt eine „zügellose antisowjetische Kampagne" vorwarf. Sicherlich waren einige Berichte hinsichtlich der Opferzahlen und Nachrichten von einer angeblich ausgestorbenen Stadt Kiew oder von einer Ukraine, deren Boden vollständig vergiftet sei, übertrieben. Aber die Tatsache, dass die Berichterstattung überhaupt erst auf Nachfrage von Schweden hin erfolgte, kommentierte er wiederum mit keinem Wort. Gorbatschows Glaubwürdigkeit sank damit international erheblich. In der Fernsehansprache unterstellte er den USA und ausdrücklich auch der Bundesrepublik, für sie sei diese Katastrophe ein willkommener Vorwand, das nukleare Wettrüsten zu rechtfertigen und die begonnene Entspannungspolitik zu blockieren. Dagegen legte er noch mal die Position der Sowjetunion dar: „Wir haben diese Tragödie ganz anders aufgefasst: Wir verstehen sie als weiteres Alarmsignal, eine weitere schreckliche Warnung, dass die nukleare Epoche ein neues politisches Denken und eine neue Politik erfordert."[14]

Der von ihm geprägte und besetzte Begriff „Neues Denken", der sich auf die Außenpolitik bezog, wurde durch Tschernobyl arg strapaziert, und genauso wenig verzichtete er auf alte ideologische Losungen und Formulierungen in der Kommunikation mit sozialistischen Verbündeten oder solchen, die sich dafür ausgaben. Zehn Tage nach der Reaktorkatastrophe empfing er den Präsidenten der Volksrepublik Angola, José Eduardo dos Santos, im Großen Kremlpalast. Gorbatschow beschrieb bei dieser Gelegenheit die Politik des Westens gegenüber den Entwicklungsländern mit drastischen Worten:

> Der Imperialismus trachtet danach, seine ungeheuren Rüstungsausgaben zu ihren Lasten zu bestreiten. Er schmarotzt am Körper der Völker, saugt ihnen sozusagen alle Lebenssäfte aus. Wir sind überzeugt, dass es lebensnotwendig ist, die neokolonialistische Ausplünderung zu beenden. Ich wünsche Ihnen, lieber Genosse dos Santos, allen Partei- und Staatsführern Volksangolas und den angolanischen Werktätigen Erfolge [...] im Interesse des Aufbaus der neuen Gesellschaft."[15]

Wie hohl diese Phrasen erst recht im neuen Jahrtausend klingen, wird durch den Abgleich mit dem tatsächlichen Verlauf des „Befreiungskampfes" des Genossen dos Santos deutlich, der sein Land von 1979 bis 2017 autoritär führte. *Amnesty International* prangerte während seiner Herrschaft massive Verstöße gegen die Menschenrechte an; die Nichtregierungsorganisation *Transparency International* listet Angola regelmäßig bei den weltweit korruptesten Staaten auf.

Es wundert angesichts der marxistisch-leninistischen Treueschwüre Gorbatschows nicht, dass neben den sowjetischen Parteifunktionären der unteren Ebenen, den Fabrikdirektoren und den Betriebsleitern auch die Diplomaten in den Auslandsvertretungen oft nicht so recht verstanden, was ihr Parteichef eigentlich von ihnen wollte. Er selbst sprach das hinter verschlossenen Türen an, gab aber ihnen die Schuld: Am 26. Mai 1986 begab sich Gorbatschow persönlich in das sowjetische Außenministerium, dem imposanten Stalin-Hochhaus im Zuckerbäckerstil, um seinen Kurs und seine Erwartungen an die dortigen Mitarbeiter darzulegen. Ferner war es eine Bestandsaufnahme nach mehr als einem Jahr der wirtschaftlichen „Beschleunigung" ohne positive Resultate. Vor versammelter Mannschaft sagte er: „Einige unserer Botschafter sind derartig verschreckt, dass sie nach Moskau Telegramme senden und um Weisung bitten, wie sie handeln sollen. Das sind irgendwelche Panikmacher und keine Vertreter eines so großen Landes wie des Sowjetstaates."[16] Inhaltlich forderte er, die sozialistischen Verbündeten „nicht mehr wie kleine Kinder" zu behandeln, ihnen also Eigenständigkeit zuzugestehen. Auch kündigte er an, die sowjetische Protektion in Ländern der „Dritten Welt" grundlegend zu überprüfen und die Hilfen zumindest zurückzufahren. Mit anderen Worten: Die sich überall einmischende und bestimmende Sowjetunion sollte der Vergangenheit angehören und die Verbündeten in der Welt sollten zu echten Partnern werden.

Das war wirklich „Neues Denken", was verständlicherweise mit der politischen Sozialisation und Erziehung der meisten Diplomaten zunächst schwer vereinbar war, weil es ihnen das Gefühl gab, ihre bisherigen beruflichen Anstrengungen seien umsonst gewesen. Gorbatschow definierte die außenpolitischen Interessen der Sowjetunion völlig neu – und er sollte aufgrund seiner Beharrlichkeit bald erste Früchte damit ernten. Doch während der internen Rede im Außenministerium Ende Mai 1986 brachte er zunächst seine Unzufriedenheit und auch die Wut über diejenigen zum Ausdruck, die im alten Stil die Reaktorkatastrophe kleingeredet und vertuscht hatten und damit der sowjetischen Außenpolitik Schaden zugefügt hatten.

Durch das Unglück von Tschernobyl wurde das Sowjetsystem in seinen Grundfesten erschüttert, denn nach der Nuklearkatastrophe setzte eine Offenheit in der Gesellschaft ein, die auf Dauer unvereinbar war mit den Zielen der Partei. Gorbatschow, zeitlebens ein Idealist, erkannte dabei nicht, dass es nicht bei neuen, aber limitierten Freiheiten innerhalb unverändert sozialistischer Bahnen bleiben würde. Nach wie vor war er fest davon überzeugt, der Sozialismus habe sein „unerschöpfliches Potenzial", wie er immer sagte, noch nicht entfaltet. Doch plötzlich durfte der belarussische Schriftsteller und Leninpreisträger Wasil Bykow ungestraft in der Zeitung *Literaturnaja Gaseta* die schlechte moralische Verfassung der Sowjetunion anprangern. Dabei machte er auf die Bedeutung der Religion für die Schärfung des Gewissens aufmerksam. Und sein Schriftstellerkollege Jewgeni Jewtuschenko fragte in der *Komsomoskaja Prawda,* warum der Staatsverlag den Koran, nicht aber die Bibel publiziert habe. Ohne Kenntnis der Bibel könne die Jugend vieles bei Puschkin, Gogol, Dostojewski und Tolstoi nicht verstehen.[17]

Tschernobyl bewirkte auch, dass die sowjetischen Medien fortan über größere Unglücke berichteten. Erinnerungen an die *Titanic* wurden wach, als am 31. August 1986 kurz vor Mitternacht das Passagierschiff *Admiral Nachimow* im Schwarzen Meer unterging. Mit 1234 Menschen an Bord sank die *Nachimow* nahe der Stadt Noworossisk innerhalb von nur sieben Minuten, nachdem sie mit einem Frachter kollidiert war. 64 Besatzungsmitglieder und 359 Passagiere kamen ums Leben. Es wäre ein Leichtes gewesen, dieses Schiffsunglück zu verheimlichen, da es sich in nationalen Gewässern ereignete und keine Ausländer an Bord waren. Die staatliche Nachrichtenagentur TASS meldete aber schon am 1. September, es habe eine Havarie gegeben, und einen Tag später folgte sogar eine internationale Pressekonferenz, bei der Details zur Katastrophe bekannt gegeben wurden. Sowjetische Medienschaffende und Verantwortliche waren jedoch immer noch vielerorts auf der Hut. So titelte etwa die Regierungszeitung *Iswestija* überaus vorsichtig mit „Unruhe im nächtlichen Meer". In dem so überschriebenen Artikel wurde besonders der „heldenhafte" Einsatz der Retter beschrieben und sogar deren Namen aufgelistet. Angaben über die Zahl der Opfer enthielt der Artikel allerdings nicht.[18] Im selben Jahr berichtete die Zeitung *Sowetskaja Rossija* ebenso vorsichtig über das große Zugunglück in Sonkowo, rund 350 Kilometer nördlich von Moskau.[19]

*

Die Arbeit sowjetischer Journalisten heute und aus westlicher Perspektive als mangelhaft zu qualifizieren, griffe allerdings zu kurz. Nicht nur ihre jahrzehntelange ideologische Indoktrination machte es ihnen schwer, sich plötzlich umzustellen. Es war vielmehr die berechtigte Angst, etwas falsch zu machen und somit den Arbeitsplatz oder sogar die Freiheit zu riskieren. In der Stalin-Zeit, die Mitte der 1980er-Jahre gerade gut drei Jahrzehnte zurücklag, hatte ein falsches gedrucktes oder gesendetes Wort den Tod bedeuten können. Als ich mich im März 1997 im Moskauer Redaktionsgebäude der *Iswestija* aufhielt, aus Anlass eines Interviews mit dem damaligen Chefredakteur Igor Golembiowski, zeigte man mir im Flur zunächst die Ahnenreihe mit den zahlreichen Chefredakteuren seit 1917. Auf den gerahmten Fotos mit den jeweiligen Unterzeilen waren auch jene abgebildet, die abgesetzt, verhaftet oder sogar erschossen worden waren. Das Abschreiten des Ganges in diesem historischen Gebäude ließ zumindest einen Hauch der Angst erahnen, der diese berufliche Hochrisiko-Gruppe in der totalitären Sowjetunion ausgesetzt gewesen war.

„In der Sowjetunion gibt es keinen Sex"

Diese Angst versuchte Gorbatschow, allen Bevölkerungsschichten und Berufsgruppen zu nehmen, und dafür ließ er erstmals in der Geschichte der Sowjetunion auch den direkten Dialog zwischen seinen Bürgern und denen der USA zu. Das Instrument hierfür waren sogenannte „Fernsehbrücken", wobei sich die erste zwischen den Städten Leningrad und Seattle erstreckte und von rund 180 Millionen Sowjetbürgern und acht Millionen USA-Amerikanern genutzt wurde.[20] Noch stärker in Erinnerung blieb jedoch die Fernsehbrücke mit dem Titel „Frauen reden mit Frauen", die in Bostoner und Leningrader Studios aufgezeichnet und am 17. Juli 1986 in der Sowjetunion ausgestrahlt wurde.

Dieses Ereignis verstärkte die Grundstimmung, eine spannende, wenn auch ungewisse neue Zeit sei angebrochen. In der Sendung, die Wladimir Posner und Phil Donahue moderierten, stellten sich Frauen diesseits und jenseits des Atlantiks Fragen zu ihren jeweiligen Ländern – es war Völkerverständigung im besten Sinne des Wortes. Es ging dabei um das Wettrüsten, Tschernobyl, aber auch um Themen wie Kindererziehung, Vereinbarkeit von Familie und Beruf und um vieles mehr. Nach einer halben Stunde in der 80-minütigen Sendung meldete sich eine ältere Amerikanerin aus dem Studiopublikum in Boston zu Wort und beklagte: „In unserer TV-Werbung dreht sich alles um Sex. Gibt es bei Ihnen auch so eine Werbung?" – Das war ein mittlerer Schock für Sowjetbürger, denn das Wort *Sex* öffentlich auszusprechen, stellte einen absoluten Tabubruch dar. Was tun? Eine Antwort musste her. Moderator Wladimir Posner reichte einer gewissen Ludmilla Iwanowa das Mikrofon, die dem „Komitee sowjetischer Frauen“ angehörte und durch ihre Erwiderung landesweit bekannt wurde. Sie sprach die inzwischen geflügelten Worte aus: „Nun, Sex bei uns … Sex gibt es bei uns nicht! Und wir sind auch kategorisch gegen ihn!“[21] Die Amerikanerinnen im Bostoner Fernsehstudio verfielen in ungläubiges, schallendes Gelächter und klopften sich auf die Schenkel. Aber auch die sowjetischen Frauen in Leningrad lachten nach einer kurzen Irritation mutig los. Eine solche Aussage erklärt sich nur durch vorauseilenden Gehorsam, der auf dem jahrzehntelang von der KP verordneten Ignorieren oder gar Leugnen der Wirklichkeit basierte. Ludmilla Iwanowa, die während der Fernsehbrücke ihrer vermeintlichen staatsbürgerlichen Pflicht nachkam, behauptete auch noch zwanzig, dreißig Jahre später in Interviews, sie habe noch nachgeschoben: „Bei uns gibt es Liebe!“. Diese Worte seien aber herausgeschnitten worden oder im Gelächter untergegangen. 2010 versuchte sie sich zu rechtfertigen: „Ich war damals 43 Jahre alt, und das Wort kam mir damals zum ersten Mal über die Lippen. Auch in meinem persönlichen Umfeld benutzte es niemand.“[22]

Es war Gorbatschow persönlich, der die Fernsehbrücken in dieser interaktiven Form und mit politischen Themen wollte und erlaubte.[23] Ihm ging es dabei vor allem um die politischen Botschaften, die ein Riesen-Publikum direkt erreichten. Eine Frau im Leningrader TV-Studio forderte etwa die amerikanische Seite auf, sich dem sowjetischen Moratorium anzuschließen und die Atomwaffen-Tests auszusetzen. Der sowjetische Moderator stellte daraufhin „seinen“ Frauen die Frage: „Wer ist gegen die weitere Entwicklung von Nuklearwaffen?“ Alle hoben die Hand. Jetzt forderte er seinen US-Kollegen im Bostoner Studio auf, dieselbe Frage zu stellen, was dieser tat. Auch alle Amerikanerinnen hoben die Hand. Das war ein eindrucksvolles Friedenssignal, das Regierungen auffordern sollte, endlich in diesem Sinne zu handeln. Mit einem Mal erschienen die zurückliegenden gefährlichen Konfrontationen der militärischen Supermächte sinnlos und völlig überflüssig. Eine Leningraderin rief Richtung Amerika: „Mädels, lasst uns für den Frieden kämpfen!“ – und erntete dafür großen Applaus.

Perestroika light

Ab Mitte 1986 rückte das Wort *Perestroika* zunehmend in den Fokus und löste immer mehr jene Appelle zur Beschleunigung ab, die ohnehin nicht verfingen. Jetzt ging es tatsächlich um eine Umgestaltung, wenn auch noch um eine in sozialistischen Bahnen und unter Führung der KP. Gorbatschow und seine Mitstreiter hatten zunächst enttäuscht einräumen müssen, dass es nach über einem Jahr unter ihrer Verantwortung den Bürgern materiell keineswegs besser, sondern in der Tendenz sogar schlechter ging. Das schmälerte Gorbatschows enorme Popularität in der Sowjetunion aber noch nicht, weil jeder wahrnahm, dass das gesellschaftliche Klima frischer und vor allem angstfreier geworden war. Und der noch beliebte Parteichef gab ja auch öffentlich zu, dass die gewünschten Veränderungen nur „zögernd" verliefen. Deshalb erhöhte er den Einsatz und riskierte für die Zukunft seinen Vertrauensvorschuss, indem er auf dem Juni-Plenum des ZK 1986 versprach: „Das Realeinkommen der Bevölkerung wird sich erhöhen, die Versorgung mit Lebensmitteln und Konsumgütern wird sich verbessern."[24]

Offensichtlich war er sich sicher, dass die Umstellung auf effizientere Arbeitsweisen endlich Früchte tragen werde. Machtlos war er aber gegenüber einer anderen Entwicklung: Der weltweite Preisverfall des Erdöls schlug sich negativ in den Staatsfinanzen nieder. Während die Erdöl-Einnahmen 1984 noch 30,9 Milliarden Rubel betrugen, waren es 1986 nur noch 22,5 Milliarden.[25] Die Einnahmen aus dem Erdölgeschäft bildeten traditionell eine der Haupteinnahmequellen des sowjetischen Staates. Verzweifelt versuchte Gorbatschow gegenzusteuern.

Er erlaubte 20 Ministerien und 70 Großbetrieben, ab 1987 direkte Beziehungen mit westlichen, kapitalistischen Partnern aufzunehmen und Joint Ventures einzugehen. Das widersprach zwar auf den ersten Blick der Lehre der Kommunistischen Partei. Aber hatte nicht Lenin 1921 die „Neue Ökonomische Politik" zugelassen und gegen den Willen von Teilen der Partei auch durchgesetzt? Damit hatte der sowjetische Staatsgründer die Wirtschaft wieder liberalisiert und eine deutliche Wiederannäherung an die Marktwirtschaft vollzogen. Und genau hier sah Gorbatschow „das unerschöpfliche Potenzial" des Sozialismus.

Auf einem öffentlichen ZK-Plenum verkündete er: „Für Lenin und für die Partei der Bolschewiki war es ganz klar, dass der Sozialismus nur siegen kann, wenn eine grundlegende Umgestaltung der Wirtschaft erfolgt.“[26] Gorbatschow verfolgte mit den Joint Ventures das Ziel, ausländisches Kapital ins Land zu bringen, denn diese „radikale Kurskorrektur zur Rettung der Union“ war notwendig geworden.[27]

Im Politbüro fand Gorbatschow am 30. Oktober 1986 weitaus deutlichere Worte, die nicht für die Öffentlichkeit bestimmt waren und auch nicht nach außen drangen: „Uns steht das Wasser bis zum Hals. Die Leute haben aufgehört zu arbeiten. Wenn es sowieso nichts zu kaufen gibt für das verdiente Geld, wozu sollen sie dann noch arbeiten und sich abplagen? Im Lauf des nächsten Planjahrfünfts müssen wir uns streng nach dem Plan richten. Die Bevölkerung hat von der Perestroika noch nichts gehabt, hat keine materielle Verbesserung verspürt.“[28]

In der nationalen und internationalen Arena ließ sich Gorbatschow seine Besorgnis natürlich nicht anmerken, denn das hätte seinem Ansehen daheim geschadet und seine Verhandlungsposition gegenüber dem Westen geschwächt. Auch die rituellen „ideologischen“ Termine nahm er weiterhin wahr, wie zum Beispiel die Einweihung eines Denkmals in Moskau zu Ehren von Ernst Thälmann – dem von den Nationalsozialisten ermordeten Vorsitzenden der Kommunistischen Partei Deutschlands. Anwesend waren die Tochter Thälmanns sowie Erich Honecker und die politisch bedeutungslosen Vorsitzenden der DKP und der SEW (Sozialistische Einheitspartei Westberlins). Gorbatschows Rede wurde im sowjetischen Fernsehen übertragen und in den Zeitungen abgedruckt. An diesem 3. Oktober 1986 sagte er unter anderem – völlig an der Lebenswirklichkeit seiner Bürger vorbei: „Den sowjetischen Menschen ist dieser Mann teuer. Das Denkmal, das heute auf diesem Platz eingeweiht wird, der den Namen Thälmanns trägt, ist ein Zeichen der tiefen Verehrung unserer Partei, des ganzen sowjetischen Volkes für einen herausragenden Führer der internationalen Arbeiterklasse.“[29] Im selben Duktus empfing er einige Wochen später den kommunistischen Machthaber von Nordkorea im Großen Kremlpalast. Mit Kim Il Sung, dem Großvater von Kim Jong-un, vereinbarte er, „die Zusammenarbeit und den Erfahrungsaustausch über den Aufbau des Sozialismus nach Kräften zu entwickeln."[30] Er lobte Kim „als hervorragende und erfahrene Persönlichkeit der internationalen kommunistischen und Arbeiterbewegung", dabei war für jedermann – einschließlich Gorbatschows und der Moskauer Führungsriege – schon damals offensichtlich, dass Kim Il Sungs Personenkult selbst jenen von Stalin auf bizarre Art und Weise übertraf. Das Festhalten Gorbatschows an diesen rituellen Terminen zeigt, wie stark er sich der weltweiten kommunistischen Sache verpflichtet fühlte. Er stand damals noch am Anfang seiner eigenen Perestroika, seiner persönlichen grundlegenden Veränderung. Dass er dabei zuweilen ambivalent redete oder dies dem Zuhörer so erschien, lag nicht zuletzt daran, dass Gorbatschow den Begriff Sozialismus sehr breit und weitläufig auffasste.

Um sichtliche und hörbare Entspannung mit dem Westen bemüht, verfügte er auch, die Störungen der jahrzehntelang bekämpften Auslandssender Voice of America und BBC zu beenden, die nun ab dem 25. September 1986 auf dem Territorium der Sowjetunion frei zu empfangen waren.[31] Angesichts solch radikaler Maßnahmen machte sich zunehmend Unruhe bei den Reformgegnern breit, die langsam erkannten, dass Gorbatschow tatsächlich zu neuen Ufern aufgebrochen war. Dieser war sichtlich bemüht, den sowjetischen Bürgern, die er weiterhin mit „liebe Genossen" ansprach, seine Wertschätzung zu zeigen. Fast schon übereifrig legte er daher in zwei langen Fernsehansprachen Rechenschaft über den Verlauf seines Gipfeltreffens mit US-Präsident Reagan in Reykjavik Mitte Oktober 1986 ab.

Die Welt hatte gebannt nach Island geblickt, wo sich beide Staatsführer in einem schlichten, weißen Holzhaus am Rande der Hauptstadt trafen. Gorbatschow machte sehr weitgehende und den USA entgegenkommende Vorschläge, wie zum Beispiel die strategischen Atomwaffen zu halbieren und bei Mittelstreckenraketen nur die amerikanischen zu zählen, nicht aber die britischen und französischen, die ja auch eine Bedrohung für Moskau darstellten. Und er erklärte sich bereit, amerikanische Abrüstungskontrollen auf sowjetischem Territorium zuzulassen, was ein Novum darstellte. All dies knüpfte er aber an eine

Bedingung: Das von der US-Regierung so vehement betriebene SDI-Projekt zur weltraumgestützten Abwehr von Interkontinentalraketen wollte er auf Labortests beschränkt wissen. Das aber lehnte Reagan kategorisch ab, weshalb keine Einigung zustande kam. Aber war damit auch der Gipfel gescheitert? Nachdem Reagan abgeflogen war, entschied Gorbatschow, die anberaumte Pressekonferenz abzuhalten, wo rund 1 000 Medienvertreter aus aller Welt warteten. „Als ich eintrat, erhoben sich die Journalisten. Eine tiefe Erregung ergriff mich, mehr noch: Ich war erschüttert. In den Gesichtern dieser Menschen vor mir spiegelte sich gleichsam das gesamte Menschengeschlecht, das auf eine Entscheidung über sein Schicksal wartete.“[32]

Gorbatschow erläuterte den anwesenden Journalisten im Einzelnen, warum es nicht zur Einigung gekommen war, obwohl man ganz nah dran gewesen sei. Aber er wehrte sich dagegen, den Gipfel als Misserfolg zu werten, was die Emotionen im Saal überborden ließ, wie er sich erinnert: „Stürmischer Beifall brandete auf, die Anwesenden erwachten aus ihrer Erstarrung. Einer der Journalisten schrieb später: ‚Als der Generalsekretär den Misserfolg des Treffens von Reykjavik als einen Sieg präsentierte, sah die unter den Hörern sitzende Raissa Gorbatschowa ihren Mann bewegt an, und Tränen liefen ihr über die Wangen.‘“[33]

Nach diesem Treffen glaubte kaum jemand, dass sich die USA und die Sowjetunion je verständigen könnten. Doch für Gorbatschow war wichtig, dass der Verhandlungsprozess in Gang blieb. Sein persönlicher Berater in internationalen Fragen, Anatoli Tschernajew, der später auch eine wichtige Rolle bei der Wiedervereinigung Deutschlands spielen sollte, schildert den Rückflug nach Moskau: Gorbatschow sei sehr aufgeregt gewesen, habe ihn gebeten, eine Skizze für eine Rede im sowjetischen Fernsehen zu erstellen: „Ich teilte damals seinen Optimismus nicht, mit dem er auf der Pressekonferenz hatte kaschieren wollen, dass wir unsere Ziele nicht erreicht hatten. Ich formulierte die Ergebnisse etwas bescheidener. Doch sofort griff mich Gorbatschow an, was bei ihm selten vorkam, und forderte kategorisch: ‚Tu, was ich dir sage!‘“[34] Die späteren epochalen Erfolge bei den Abrüstungsverhandlungen sollten Gorbatschow recht geben.

Er ging sehr geschickt vor, indem er auch eine Reihe von herausragenden internationalen Wissenschaftlern, Künstlern und Literaten für seinen Kurs gewann. Im Oktober 1986 nahm er dafür am Issyk-Kul-See in der Sowjetrepublik Kirgisien auf Einladung des Schriftstellers Tschingis Aitmatow an einem Gesprächsforum teil. Zu den Teilnehmern gehörten unter anderen Alexander King, Präsident des Club of Rome, der Dramatiker Arthur Miller, Peter Ustinov, der französische Literaturnobelpreisträger Claude Simon, der amerikanische Futurologe Alvin Toffler und Narayana Menon, Präsident der indischen Akademie für Musik und Schauspiel. Gorbatschow debattierte mit und bezeichnete dieses Treffen in seinen Memoiren als ein Ereignis, „das in den Jahren der Perestroika noch eine beachtliche Rolle spielen sollte".[35] – Warum das? Mit seiner Form des „Neuen Denkens", die er in diesen intellektuellen Austausch einbrachte, verabschiedete er sich vom ideologischen Dogma des internationalen Klassenkampfs. Priorität müssten stattdessen „allgemeinmenschliche Werte" haben, wobei er sich wieder auf Lenin berief.[36] Mit dieser Neuinterpretation stieß er auf Widerspruch der orthodoxen Kommunisten wie Ligatschow. Das Issyk-Kul-Forum mit renommierten Multiplikatoren fand nur eine Woche nach dem Gipfeltreffen von Reykjavik statt.

Schon dort hatte Reagan wieder die Frage der Menschenrechte in der Sowjetunion aufgeworfen, mit der er Gorbatschow hatte taktisch auf die Anklagebank setzen wollen. In der Tat passten politische Gefangene nicht zum propagierten „Neuen Denken", das Moskau für sich in Anspruch nahm. Sehr viele internationale Persönlichkeiten wie die Friedensnobelpreisträger Willy Brandt und Elie Wiesel hatten sich für Sacharow eingesetzt, und auch Journalisten ließen nicht davon ab, sich öffentlich nach dem berühmtesten politischen Gefangenen der Sowjetunion zu erkundigen. Entsprechend entschied sich Gorbatschow schließlich zu dem spektakulären Schritt, den Physiker und Friedensnobelpreisträger Andrej Sacharow und dessen Frau Jelena Bonner aus dem jahrelangen Hausarrest in Gorki freizulassen. Kaum wieder in Moskau angekommen, lenkte Sacharow am 23. Dezember 1986 die Aufmerksamkeit der Weltpresse darauf, dass auch andere Dissidenten freigelassen werden müssten. Doch trotz dieser kritischen Einlassungen vonseiten Sacharows, steigerte dessen Freilassung kurz vor Weihnachten 1986 das Vertrauen in Gorbatschows Politik erheblich. Diese hatte allerdings noch einen weiteren, weniger bekannten Grund.

Zwei Wochen zuvor war der im Ausland kaum bekannte Dissident Anatoli Martschenko gestorben, nachdem er in Hungerstreik getreten und zwangsernährt worden war. Auch Sacharow hatte mehrere Hungerstreiks hinter sich, war aber schon im Pensionsalter, während Martschenko nur 48 Jahre alt geworden war. Dass überhaupt noch solche Zustände herrschten, war Gorbatschow ganz offensichtlich zutiefst zuwider, auch wenn er das nicht öffentlich zugeben wollte. Was für einen Schaden hätte seine Politik in der Welt genommen, wenn der Friedensnobelpreisträger Sacharow in der Verbannung gestorben wäre? Doch Gorbatschow hatte sich aus Überzeugung und aufgrund des Drucks von verschiedenen Seiten rechtzeitig entschieden.

Sacharow schreibt in seinen Memoiren, er selbst habe im Februar 1986 Gorbatschow einen Brief geschickt. Dies sei „eines der wichtigsten Dokumente", die er je verfasst habe.[37] Er hatte darin die Freilassung aller politischen Gefangenen gefordert. Anlass war ein Interview Gorbatschows gewesen in der Zeitung *L'Humanité,* dem Zentralorgan der französischen Kommunisten. Darin hatte der Kreml-Chef abgestritten, dass in der Sowjetunion Andersdenkende verfolgt und eingesperrt wurden. Auch hatte er behauptet, Zensur gebe es in der sowjetischen Presse nur zum Schutz von Staatsgeheimnissen und vor Kriegspropaganda sowie für die Verhinderung pornografischer Schriften.[38] Sacharow hatte dafür gesorgt, dass sein Brief an Gorbatschow im September desselben Jahres im Westen veröffentlicht wurde. Dieser war mitten in die Glasnost-Kampagne geplatzt.

Schon Anfang 1987 kam der Großteil der politischen Gefangenen frei. Kurz zuvor hörten auch die Verhaftungen Andersdenkender auf. Das Politbüro hatte auf seiner Sitzung am Silvestertag 1986 einen entsprechenden Beschluss gefasst, der auf einer Vorlage von KGB-Chef Viktor Tschebrikow basierte. Darin bezeichnete der Geheimdienstler „die Maßnahmen der Vergangenheit" gegen Inhaftierte zwar als berechtigt, doch verwies er andererseits auf den politischen Nutzen für das Land durch ihre Freilassung. Damit werde der humane Charakter der sowjetischen Führung unterstrichen.[39] Bis wirklich jeder der rund 350 politischen Gefangenen frei war, verging dennoch ein Jahr, denn ein Teil von ihnen lehnte es ab, die geforderte Erklärung abzugeben, keine antisowjetischen oder vermeintlich kriminellen Handlungen mehr zu begehen. Eine solche Erklärung wäre in ihren Augen einem Schuldeingeständnis gleichgekommen. Erst als die entsprechenden Gesetze geändert wurden und das Präsidium des Obersten Sowjets eine allgemeine Amnestie verfügte, konnte dieses Kapitel des Kalten Krieges geschlossen werden. Angesichts dieses langen Kampfes, der auch ab 1985 mit allen Dementis geführt würde, ist es erstaunlich und historisch etwas verzerrend, dass Gorbatschow in seinen Memoiren behauptet: „Nachdem ich zum Generalsekretär gewählt worden war, gab ich umgehend Anweisung, Sacharow aus der Verbannung zu entlassen."[40] Nichtsdestotrotz war dies eine politisch und symbolisch große Entscheidung und sein Verdienst.

Dass er den Hardlinern im Westen, insbesondere dem amerikanischen Verteidigungsminister Weinberger und der US-Militärindustrie, immer neue Gründe gab, am „Neuen Denken" zu zweifeln, war sicherlich nicht seine Absicht. Dazu gehörte das Reden vom „Genie Lenins" oder andere Auswüchse sowjetischer Rhetorik: „Wir werden uns ständig vor Augen führen, dass allein an wirklichen Aktionen und staatsbewusster Haltung die Treue zum kommunistischen Banner gewogen wird. Und nur dann wird unser revolutionäres Vorwärtsschreiten zielbewusst und alles besiegend sein."[41] Dass Gorbatschow weiterhin auch in dieser Weise redete, hatte zwei Gründe: Zum einem glaubte er wirklich an die Kraft und das „Potenzial" des Sozialismus. Zum anderen wusste er, dass er damit die Traditionalisten in seiner Partei beruhigte und ihnen entgegenkam. Und das war nötig, denn der passive Widerstand innerhalb der Nomenklatura gegen seine Reformbemühungen wuchs.

Auf Gorbatschow kam ab Ende 1986 zusätzlich ein neues, gigantisches Problem zu, für das er zunächst kein Verständnis hatte, weil es in seiner familiären und in seiner ideologischen Welt nicht existierte: nationalistisches Auftreten oder nationalistische Forderungen von

Völkern oder deren vermeintlichen Vertretern. Jahrzehntelang galten im sowjetischen System alle Nationalitätenfragen als „gelöst". Gorbatschow selbst war ein Produkt der auf Internationalismus ausgerichteten Ideologie und Propaganda, in der ethnische Volkszugehörigkeiten keine Rolle spielten oder es nicht durften. Er selbst sprach entsprechend immer vom sowjetischen Volk. Hinzu kam, dass in seiner und in der Familie seiner Frau unterschiedliche Nationalitäten keine Rolle spielten. Gorbatschows Vater war Russe, die Mutter Ukrainerin, sein Patriotismus war auch daher ein zutiefst sowjetischer. Wie Gorbatschow auf die vielen Dutzend Nationalitätenkonflikte, Selbstbestimmungs- oder Unabhängigkeitsforderungen im Einzelnen reagierte, die in seiner Amtszeit wie Pilze aus dem Boden schossen, würde ein eigenes Buch füllen. Daher kann es im Folgenden nur um einige Beispiele gehen.

Der allererste Konflikt brach in Alma-Ata (heute Almaty) aus, damals die Hauptstadt der sowjetischen Republik Kasachstan. Gorbatschow hatte den fast 75-jährigen kasachischen Parteichef Dinmuchamed Kunajew, der nichts mit der neuen Politik anfangen konnte, Ende 1986 zum Rücktritt gedrängt. Da sein Nachfolger damals natürlich nicht vom Volk gewählt wurde, bestimmte diesen ein kleiner Kreis um und mit Gorbatschow. Man einigte sich auf den Russen Gennadi Kolbin, der nie in Kasachstan gelebt hatte und der kasachischen Sprache nicht mächtig war. Nachdem das ZK von Kasachstan diese Moskauer Entscheidung bestätigt hatte, formierten sich die Studenten von Alma-Ata, um dagegen zu protestieren. Tausende, wenn nicht Zehntausende zogen am 17. Dezember 1986 vor das ZK-Gebäude in Alma-Ata und trugen Plakate mit Aufschriften wie „Schluss mit den Diktaten" oder „Schluss mit dem verrückten Großmachtstreben". Hatte Gorbatschow mit seinem Aufruf zu Glasnost nicht selbst zur Kritik und zur Offenheit aufgerufen, die Einbeziehung der Menschen in Entscheidungen propagiert? Sein Idealismus, der ihn mit guten und innovativen Absichten an eine sozialistische Demokratie unter Führung der KP glauben ließ, kollidierte hier zum ersten Mal ernsthaft mit der Realität und mit Geistern, die er selbst gerufen hatte.

Die Staatsmacht ließ nicht lange auf sich warten und jagte die Demonstranten am zweiten Tag äußerst brutal auseinander. Bei Zusammenstößen mit der Miliz, zusätzlichen Einheiten des Innenministeriums und der Armee gab es mindestens zwei Tote sowie mehr als 1 000 Leicht- und Schwerverletzte. Viele Studenten wurden der Universität verwiesen, etwa 100 kamen vor Gericht, einige erhielten langjährige Freiheitsstrafen. Dass die Proteste in Kasachstan in der sowjetischen Presse erwähnt und nicht totgeschwiegen wurden, war für damalige Verhältnisse allerdings ungewöhnlich. Hier immerhin kam Gorbatschows Glasnost-Politik zum Tragen, wenn auch die Berichterstattung höchst parteiisch und verzerrt ausfiel. Da die sowjetischen Bürger aber zwischen den Zeilen lesen konnten, wussten sie, dass hier etwas zielgerichtet verzerrt werden sollte. Die *Prawda* erwähnte „wirtschaftliche und andere Schwierigkeiten" in Kasachstan und verurteilte einige Tage danach Nationalismus allgemein.[42] Unter der Überschrift „Was in Alma-Ata geschah" schrieb die *Literaturnaja Gazeta* im Januar 1987, dass „es irgendjemandem mit Zureden, Täuschung und Drohung gelang, unerfahrene Jugendliche dazu zu bringen, auf die Straßen und Plätze der Stadt zu ziehen. Diesen politischen Analphabeten haben sich Rowdys, Trunkenbolde und Asoziale angeschlossen."[43] Was tatsächlich zu den Demonstrationen geführt hatte, blieb in dem Artikel im Dunkeln, und Gorbatschow nahm die umstrittene Personalentscheidung auch nicht zurück. Gennadi Kolbin blieb bis 1989 Parteichef in Kasachstan und somit de facto der Führer dieser Republik. Erst als er den Kreml verlassen hatte, gab Gorbatschow zu, damals einen Fehler begangen zu haben. „Wir standen erst im Anfangsstadium der Perestroika, handelten jedoch noch quasi nach den alten Methoden."[44]

Ab 1987 nahm die Perestroika dennoch Fahrt auf, zumal Gorbatschow sie zu seinem gesamtpolitischen Programm erkor, das mit der Verabschiedung auf dem ZK-Plenum im Januar sozusagen „amtlich" wurde. Das Beschleunigungsprogramm war, auch wenn Gorbatschow das öffentlich nicht einräumen wollte und konnte, gescheitert. Die erste Phase seiner Amtszeit und der Reformen war abgeschlossen, und eine noch aufregendere und spannendere Etappe stand bevor.

9. PERESTROIKA – DIE ZWEITE RUSSISCHE REVOLUTION?

Gorbatschow wählte ab 1987 ein stärkeres, ja ein pathetisches Vokabular, um die Sowjetbürger inklusive der Parteikader in seinem Sinne zu mobilisieren und aufzurütteln. Jetzt sprach er zunehmend von einer Perestroika, die eine schicksalhafte Revolution darstelle und gelingen müsse. Natürlich wollte er damit Assoziationen zur sogenannten Großen Oktoberrevolution von 1917 wecken und seinem politischen Vorhaben diese historische Dimension verleihen. Diesen Vergleich hatte er erstmals bereits im Juli 1986 gezogen, als er vorschlug, zwischen den Wörtern Perestroika und Revolution „ein Gleichheitszeichen [zu] setzen".[1]

Ungeachtet der sich verschlechternden wirtschaftlichen Entwicklung und dem Mangel an Konsumgütern stand eine große Mehrheit der Bürger und Bürgerinnen hinter Gorbatschow. Womit sie aber in ihrem Leben und ihrem Tagesablauf konkret dazu beitragen könnten, der Perestroika zum Erfolg zu verhelfen, wussten sie nicht. Nur jene, die ihr schaden wollten – und das war ein Teil der gut versorgten Parteifunktionäre –, wussten, was zu tun war: die Vorgaben der Zentrale verbal immer wieder und scheinbar loyal zu reproduzieren, in Wirklichkeit aber weder Transparenz noch Kritik zuzulassen. Dabei glaubte Gorbatschow in jenem Stadium noch, es käme hauptsächlich auf die Kader an. Auch reifte in ihm die Überzeugung, es bedürfe einer politischen Reform, um die Perestroika, die bis dahin in erster Linie wirtschaftliche Veränderungen zum Ziel hatte, auf den Weg zu bringen.

Das Land befand sich zumindest geistig im Aufbruch, und es war eine aufregende Zeit voller Euphorie: für normale Bürger, für überzeugte Kommunisten und insbesondere für Schriftsteller, Theaterregisseure, Historiker, Filmemacher und Journalisten. Dass tiefgreifende historische Veränderungen ins Haus standen, wurde spätestens beim ZK-Plenum vom Januar 1987 offensichtlich: Gorbatschow sagte bei dieser Gelegenheit der Nomenklatura den Kampf an, jenen Parteifunktionären, die es sich im System bequem gemacht hatten und entsprechend Veränderungen behinderten. Einen Riesenschreck versetzte er ihnen mit seiner Forderung, jene Scheinwahlen zur Neubesetzung von Posten abzuschaffen, bei denen es ohnehin immer nur einen „Bewerber" gab: „Es ist notwendig, auch über die Veränderung des Modus der Wahl von Sekretären [...] der Regionskomitees der Partei sowie des Zentralkomitees der kommunistischen Parteien der Unionsrepubliken nachzudenken. Die Mitglieder hätten dabei das Recht, eine beliebige Anzahl von Kandidaten auf die Wahlliste zu setzen."[2] Auf diesen Vorstoß von Gorbatschow folgten zwar vorerst keine weiteren Beschlüsse in diese Richtung. Offenbar war der Widerstand gegen diesen radikalen Schritt noch zu groß. Aber nichtsdestotrotz stieg die Nervosität der Reformgegner, und Gorbatschow setzte alles daran, sie durch loyale Parteileute auszutauschen, die seinen Kurs unterstützten. Vieles erledigte sich allerdings von allein dadurch, dass ZK-Mitglieder aufgrund ihres hohen Alters in Pension geschickt wurden.

Während des Plenums vom 28. Januar 1987 fielen auch Gorbatschows legendäre Worte, die anschließend um die Welt gingen: „Wir brauchen Demokratie wie die Luft zum Atmen." Ungewollt öffnete er damit Tür und Tor für ideologische Veränderungen, denn er hatte natürlich keine westliche Demokratie, die auf Pluralismus basiert, im Sinn. Vielmehr meinte er eine sozialistische Demokratie, in der es unterschiedliche Meinungen zwar geben darf und soll – aber bitte alles nur innerhalb der Grenzen der Kommunistischen Partei, die weiterhin das letzte Wort haben und die Vorhut der Gesellschaft bilden sollte. Systemkritiker innerhalb der Sowjetunion legten seine Aussage, dass Demokratie so notwendig wie die Luft zum Atmen sei, aber in ihrem Sinne aus, und auch jenen Kräften in verschiedenen Sowjetrepubliken kam sie sehr gelegen, die ihre bis dahin von Moskau unterdrückte nationale Identität wieder sichtbar machen wollten. Vor diesem Hintergrund entfaltete ein zweiter Aufruf Gorbatschows im Februar 1987, den er vor den Leitern der sowjetischen Massenmedien formulierte, enorme Sprengkraft: „Ich stimme dem zu, dass es weiße Flecken weder in der Geschichte noch in der Literatur geben darf. Namen dürfen nicht vergessen werden, und noch schlimmer ist es, ganze Zeiträume im Leben eines Volkes zu vergessen oder sie zu verschweigen. [...] Die Geschichte muss so, wie sie ist, gesehen werden.“[3]

Wie viel politischer Sprengstoff verbarg sich unter der künstlichen Oberfläche einer „brüderlichen Gemeinschaft der sowjetischen Völker“? Gorbatschow ging ein hohes Risiko ein mit der Zulassung der historischen Wahrheiten. Diese neue Entstalinisierung, die sehr viel weiter ging als jene unter Parteichef Chruschtschow, musste zwangsläufig die Kommunistische Partei in ein schlechtes Licht rücken, da sie für Verbrechen an Einzelpersonen und an ganzen Völkern verantwortlich war. Und sie musste früher oder später Begehrlichkeiten der Völker oder Volksgruppen wecken, denen die kommunistische Führung nachweislich Unrecht zugefügt hatte. Zwar war es sicherlich nicht die Absicht Gorbatschows, die Legitimation der KP zu untergraben, aber genau das war die Folge. Als Idealist hoffte und glaubte er zu diesem Zeitpunkt noch, alles mit der vormals „reinen Lehre“, die von Stalin besudelt worden war, ins Lot zu bringen, und entsprechend lautete seine Lösung: „Die einzig richtige Methode hierbei ist die Lenin'sche Nationalitätenpolitik, der Lenin'sche Geist. Die nationale Frage betrachteten, betrachten und lösen wir nur von internationalistischen Positionen aus.“[4] Ungeachtet dieser theoretischen Differenzierung geriet das ganze Land in Bewegung – und zwar im positiven, konstruktiven, aber auch im negativen, destruktiven Sinne.

Schon bald ließ Gorbatschow zu, dass unzählige verbotene Bücher wieder gelesen werden durften und in die Bestände der Bibliotheken zurückkehrten, von wo die früheren Ideologiewächter sie entfernt hatten. Und seinen ZK-Sekretär Alexander Jakowlew machte er zum Vorsitzenden der neu ins Leben gerufenen Kommission zur Rehabilitierung der Opfer der Repressionen. Mit dieser Aufarbeitung der eigenen Geschichte ging auch die Entmystifizierung Stalins einher, wogegen sich Widerstand regte. Dass die Sowjetunion den Krieg vor allem dank Stalin gewonnen habe, lässt sich kaum auf Fakten stützen. Vielmehr könnte man sagen, sie habe ihn trotz Stalin gewonnen. Denn noch schlimmer als dessen Ignorieren der Angriffswarnungen 1941 hatte es sich ausgewirkt, dass er von 1937 bis 1939 den Großteil seines militärischen Führungspersonals umbringen ließ. Die genauen Opferzahlen waren bereits ein halbes Jahrhundert geheim gehalten worden, als Gorbatschow sie 1987 endlich veröffentlichen ließ: Der Terror Stalins gegen die eigene Armee hatte mehr als 10 000 Offiziere das Leben gekostet.[5] Damit diese Zahlen nicht in historischen Fachbüchern versteckt blieben, publizierte sie die damals auflagenstärkste und meistgelesene Zeitschrift *Ogonjok* (dt. Flämmchen). Autor des Beitrags war Geschichtsprofessor Wasili Polikarpow. Von der militärischen Elite hatte Stalin drei von fünf Marschällen, drei von fünf Oberkommandierenden der Heeresgruppen, alle zehn Oberkommandierenden der Armeen, 50 von 57 Korpskommandeuren, 154 von 180 Divisionskommandeuren, 401 von 456 Obersten, alle 16 Armeekommissare, 25 von 28 Korpskommissaren und 58 von 64 Divisionskommissaren umbringen lassen.[6] Aus heutiger Sicht ist daher umso erstaunlicher, dass Stalin in Russland immer noch als guter und starker Führer gilt, während Gorbatschow, der dessen Untaten ans Licht brachte, weiterhin überwiegend geschmäht wird.

Ebenfalls 1987 gab Gorbatschow der Orthodoxen Kirche die ersten Klöster zurück: zum einen das 270 Kilometer nordöstlich von Moskau gelegene Tolgskij-Kloster in Jaroslawl, welches die Bolschewiki 1928 geschlossen, aber immerhin nicht zerstört hatten; zum anderen das zum Kulturerbe Russlands zählende Kloster Optina Pustyn in Koselsk, 250 Kilometer südöstlich von Moskau. Die Bolschewiki hatten es kurz nach ihrer Machtergreifung geschlossen. Nach der Teilung Polens zwischen Hitler-Deutschland und der Sowjetunion hatte Stalins Geheimdienstchef Lawrentin Berija im November 1939 auf dem Gelände des Klosters ein Gefangenen-Sonderlager errichtet, in dem mehrere Tausend polnische Offiziere einsaßen – eben jene, die später nach Katyn bei Smolensk gebracht und dort erschossen wurden. Fast fünf Jahrzehnte betrieben die Verantwortlichen in der Sowjetunion Geschichtsfälschung, indem sie den Deutschen die Täterschaft dafür zuschrieben. Die sowjetische Öffentlichkeit erfuhr erst im Frühjahr 1990, dass die Sowjetunion für das Massaker von Katyn verantwortlich war. Gorbatschow war es, der dies zugab und sich bei den Polen entschuldigte.

Das Jahr 1987 sei ein entscheidendes Jahr für die Perestroika, verkündete Gorbatschow mehrfach. Ausgehend von der zementierten ideologischen Enge, in der die Amtsvorgänger Breschnew, Andropow und Tschernenko die Sowjetbürger gefangen gehalten hatten, entfachte Gorbatschow zwei Jahre nach seiner Machtübernahme einen wahren geistigen Freiheitsrausch im Land. Noch hatte er die Lage dabei weitgehend im Griff, und er war überzeugt, dass das auch in Zukunft so bleiben werde, weil die „Partei und das Volk eins" seien, was sich später als Fehleinschätzung herausstellen sollte. Von den revolutionären Schritten des Jahres 1987 in der Kultur- und Medienwelt seien hier die bedeutendsten genannt: Am 23. Februar nahm der sowjetische Schriftstellerverband den Literaturnobelpreisträger Boris Pasternak posthum wieder in seine Reihen auf. Er war unter Chruschtschow ausgestoßen und auf das Übelste diffamiert worden. Die KP hatte die Publikation seines Meisterwerks *Doktor Schiwago* verboten, für das er 1958 den Literaturnobelpreis erhalten hatte. Im Jahr 1988 erschien das Werk erstmals in russischer Sprache.

Eine nicht minder große Symbolik barg die Erlaubnis, den bis dahin verbotenen Film *Die Reue* in den Kinos und im Fernsehen 1987 zu zeigen, für den der georgische Regisseur Tengis Abuladse (1924–1994) nicht nur den *Nika* bekam – den höchsten sowjetischen Filmpreis. *Die Reue* gewann auch den Großen Preis der Jury in Cannes und erhielt eine Oscar-Nominierung für den besten ausländischen Film. In dem Film rechnet Abuladse mit dem Stalinismus ab, setzt ihn faktisch gleich mit der Nazi-Herrschaft – ein nie dagewesenes Sakrileg in der Sowjetunion. In den sozialistischen Bruderstaaten blieb *Die Reue* verboten. Vom sozialistischen Slogan „Von der Sowjetunion lernen, heißt siegen lernen" distanzierte sich jetzt auch zunehmend die DDR unter Erich Honecker.

Dass der Film überhaupt vor der Perestroika hatte gedreht werden können, hatte am damaligen georgischen Parteichef Eduard Schewardnadse gelegen, dessen Schwiegervater dem Großen Terror Stalins zum Opfer gefallen war. Doch aufgrund der ablehnenden Haltung der Ideologie-Wächter hatte selbst der Republik-Parteichef und Kandidat des Moskauer Politbüros Schewardnadse den Film 1984 noch nicht in die Kinos bringen können. Doch Gorbatschow wollte jetzt mit seiner Politik der Offenheit und Vernunft die sogenannte Intelligenz auf seine Seite ziehen, und als Multiplikatoren eigneten sich auch Schriftsteller, Regisseure, Theater-Intendanten oder Natur- und Geisteswissenschaftler. Die Journalisten unterstützten ihn ohnehin, weil sie froh waren, endlich freier arbeiten zu dürfen.

Eine weitere medienpolitische Revolution war, dass selbst Kapitalisten aus dem Westen jetzt im Geburtsland des Sozialismus publizistisch tätig werden durften: Am 3. März 1987 präsentierte die badische Verlegerin Aenne Burda die Zeitschrift *Burda Moden* in Moskau. Es war das erste westliche Presseerzeugnis überhaupt, das in russischer Sprache in der Sowjetunion erschien – mit einer im Nu ausverkauften Startauflage von 100 000 Exemplaren. Models führten die Kollektion in einer Modenschau vor, die im sowjetischen Fernsehen gezeigt wurde. Diese spektakuläre Marktöffnung ging auch zurück auf Raissa Gorbatschowa, die die Sehnsüchte der sowjetischen Frauen nur zu gut kannte. Bei ihnen löste dieser Schritt wahre Begeisterung aus. Hans-Dietrich Genscher lobte die Verlegerin daher mit den Worten: „Sie ist meine Sonderbotschafterin. Sie hat in Moskau mehr geleistet als drei Botschafter zuvor."[7]

Aenne Burda selbst bezeichnete in ihren Memoiren die Präsentation ihrer Zeitschrift und Kollektion in Moskau als ihren Lebenshöhepunkt. Die sowjetische Auflage der *Burda Moden* übersprang bald die Millionengrenze; zusätzlich kamen auf ein Exemplar schätzungsweise 20 bis 30 Mitleserinnen, auch deshalb, weil sie nicht billig war. Für die sowjetischen Frauen wurde mit dieser Zeitschrift ein Traum war, weil sie anhand der Schnittmuster darin selbst einen Kontrast zum sowjetischen Look schaffen konnten. Das sowjetische Fernsehen nahm aufgrund der beispiellosen Nachfrage eine Sendung

14 Raissa Gorbatschowa und die Verlegerin Aenne Burda im März 1987 in Moskau

ins Programm mit dem Titel: „Burda Moden empfiehlt", die den Siegeszug noch verstärkte. Egal, welche Etikettierung nun galt – ob sozialistische oder westliche Demokratie: Unter Gorbatschow atmete die Gesellschaft erleichtert auf.

Auch der Schriftsteller Anatoli Rybakow durfte endlich sein Buch *Die Kinder vom Arbat* veröffentlichen, das ein nationaler und internationaler Bestseller wurde – übersetzt in 52 Sprachen. Schon der Vorabdruck in der Zeitschrift *Druschba narodow* (dt. Völkerfreundschaft) war ein Riesenerfolg. Die Sonderauflage der Zeitschrift erreichte rund eine Million verkaufter Exemplare. Wie beim Film *Die Reue* handelt es sich bei Rybakows Roman um eine Abrechnung mit dem Stalinismus. Das Werk endet mit der Ermordung des Leningrader Parteichefs Sergej Kirow im Jahr 1934, die den Auftakt für den Terror und die sogenannten „Großen Säuberungen" gebildet hatte.

Rybakow brachte es schon im Herbst 1987 auf den Punkt, als er auf die gerade im Fluss befindliche Perestroika einging und das Haupthindernis ausmachte: die psychische Deformierung großer Teile der Bevölkerung als Folge der Stalin'schen Terror-Jahre, in denen sich Angst und Paranoia eingenistet hatten:

„Wo die Initiative nur von einem ausgehen durfte, blieb kein Raum für Eigeninitiative. Mit dieser Atmosphäre sehen wir uns heute konfrontiert, denn sie ist es vor allem, die unsere Entwicklung bremst. Grundanliegen der gegenwärtigen Perestroika ist es ja, zunächst einmal das Denken zu verändern, die aus der Vergangenheit herrührenden psychologischen Komplexe abzubauen. Die Menschen müssen erst einmal die Angst verlieren. Sie müssen sich daran gewöhnen, selbstständig zu denken. Deshalb konnte die Perestroika nirgendwo anders beginnen als in der Literatur, mit Film und Theater, bei den Massenmedien, also im geistigen Leben des Volkes."[8]

Obwohl es nun erlaubt war, offener seine Meinung zu sagen, schreckten immer noch nicht wenige davor zurück aus Angst, doch verhört oder verhaftet zu werden. Für sie war es schwer zu glauben, dass sich die Zeiten wirklich geändert hatten. Doch ihnen standen andere gegenüber, die die neuen Freiräume für sich nutzen und ausweiten wollten. Als sich am 6. Mai 1987 in der Nähe des Kremls einige Hundert Anhänger der antisemitisch und national-russisch ausgerichteten Bewegung *Pamjat* (dt. Gedenken) zur ersten nicht genehmigten Kundgebung Moskaus versammelten, war die Antwort dialogisch und nicht repressiv. In einer Politbürositzung sagte Gorbatschow, er sei „nicht der Meinung, dass man alles verbieten und unterdrücken soll. Gesindel wie ‚Pamjat', das die Perestroika ausnutzt, muss man isolieren, aber als Ganzes, durch unsere Arbeit."[9] Dafür war Boris Jelzin als Parteichef von Moskau-Stadt zuständig, der Vertreter dieser Bewegung zu einem Gespräch empfing. Insgesamt wagten sich jetzt immer mehr informelle Gruppen, die es schon vor der Perestroika gegeben hatte, aus der Deckung, und es bildeten sich neue, stärker politisierte. Sie entwickelten sich schließlich „zu einem einmaligen Massenphänomen Ende der

1980er-Jahre".[10] Skeptiker im Westen, die Gorbatschows friedlichen Absichten immer noch nicht trauten, gerieten damit in die Defensive. Seine Politik war nun weltweit in aller Munde, ob euphorisch, zustimmend, skeptisch oder ablehnend kommentiert.

In dieser Phase brachte ein unglaubliches Ereignis die gesamte Weltpolitik für einige Tage völlig aus der Fassung: Der deutsche Hobby-Pilot Mathias Rust landet mit einer gecharterten Cessna 172 auf der Großen Moskwa-Brücke in Moskau! Es war eine Weltsensation – und eine fliegerische Meisterleistung. Der Teenager war rund zwei Wochen zuvor in Hamburg gestartet, hatte die erste Zwischenlandung auf den Färöer Inseln gemacht, dann eine weitere nahe Reykjavik, bevor er über Bergen in Norwegen nach Helsinki weitergeflogen war. Dort hatte er drei Tage pausiert, um schließlich am 28. Mai 1987, kurz vor seinem 19. Geburtstag, den historischen, halsbrecherischen und den Frieden gefährdenden Anflug zu beginnen.

Nachdem er die finnisch-sowjetische Grenze überflogen hat, nimmt er von Leningrad Kurs auf Moskau. Anders als häufig behauptet, erfasst ihn das Radar der sowjetischen Luftverteidigung durchaus. Eine MIG-21 und eine MIG-23 steigen daraufhin auf, doch deren Piloten erhalten keine weiteren Befehle. Gründe dafür gibt es mehrere: Zum einen hat die sowjetische Luftverteidigung nach dem traumatischen Abschuss des koreanischen Passagierflugzeugs im Sommer 1983 strikte Order bekommen, keine zivilen Maschinen anzugreifen. Zum anderen hält man das Kleinflugzeug für ein sowjetisches, zumal es öfter vorgekommen ist, dass sowjetische Hobby-Piloten vorgeschriebene Flugrouten missachtet haben. Eine Mischung aus Übervorsicht und Pannen bei den Luftverteidigern sowie wechselnde Zuständigkeiten in verschiedenen Luftraumabschnitten ermöglichen es Rust, bis über die Innenstadt von Moskau vorzudringen. Dort dreht er einige Runden, fliegt auch über den Roten Platz, wo ihm eine Landung wegen der vielen Touristen jedoch zu gefährlich erscheint. So wählt er die Große Moskwa-Brücke, wo er gegen 18:40 Uhr Ortszeit aufsetzt. Kurz vor der Basilius-Kathedrale rollt die Maschine aus. Die Video-Aufnahmen eines Touristen, die um die Welt gehen, suggerieren deshalb bis heute, Rust sei auf dem Roten Platz gelandet.

Dieser steigt aus, gibt Autogramme und später zu Protokoll, mit seiner Mission habe er dem Weltfrieden und der Völkerverständigung dienen wollen. Außerdem habe er „Gorbatschow sehen wollen".[11] Tatsächlich aber hat er die waffenstrotzende Supermacht Sowjetunion bis auf die Knochen blamiert, zumal sich Gorbatschow zu diesem Zeitpunkt in der DDR aufhält und in Ostberlin am Gipfel des Warschauer Paktes teilnimmt – mit Erich Honecker, Nicolae Ceauşescu und den anderen Führern der Ostblock-Staaten.

Bei der Rückkehr in Moskau stellt Gorbatschow noch am Flughafen die artig angetretenen Politbüro-Mitglieder und ZK-Sekretäre zur Rede: Die Verantwortung für die Blamage der Rust-Landung übernimmt Verteidigungsminister Sergej Sokolow (1911–2012). 150 sowjetische Generale und Offiziere werden vor Gericht gestellt. Es ist der größte Personalaustausch seit den Terrorjahren 1937/38 – mit dem entscheidenden Unterschied, dass die Geschassten diesmal nicht per Genickschuss hingerichtet werden. Zum Nachfolger Sokolows ernennt Gorbatschow den militärischen Kaderchef Dmitri Jasow, den er 1990 sogar zum Marschall der Sowjetunion befördert.

Marschall Jasow widersprach der allgemeinen Darstellung, Verteidigungsminister Sokolow sei entlassen worden. Vielmehr habe dieser nach Kenntnis der Rust-Landung selbst erkannt, dass er die Konsequenzen für diesen Zwischenfall tragen müsse und den Rücktritt eingereicht.[12] Gorbatschow war sehr darüber verärgert, dass ein derartiger Schlendrian in der Armee herrschte. Ihm ging es nach eigenem Bekunden darum, „Missstände" und „große Nachlässigkeit" in der Truppe zu beseitigen, weil das Vertrauen in die Verteidigungsfähigkeit erschüttert war.[13] Dennoch verblieb der zweifach mit dem Orden des Großen Vaterländischen Krieges ausgezeichnete Sergej Sokolow, der zudem den Titel „Held der Sowjetunion" trug, als Generalinspekteur in der sowjetischen Armee.

Neben der globalen Aufregung über den spektakulären Flug von Mathias Rust, der zu einer vierjährigen Haftstrafe verurteilt, aber nach gut einem Jahr schon begnadigt wurde, plagten Gorbatschow ganz andere Sorgen: „Und dennoch ist all das [die Rust-Landung – I. L.] weder im Hinblick auf unsere Bemühungen noch auf die allgemeine Dramatik mit den Vorbereitungen auf das Juni-Plenum des ZK [1987] zu vergleichen."[14] Dabei zeichneten sich die ersten Machtkämpfe hinsichtlich des Wirtschaftskurses ab. Die zentrale Frage war, wie viel Planwirtschaft sollte es noch geben und wie weit sollte künftig die Eigenverantwortlichkeit der Betriebe gehen? Natürlich wollten die Mitglieder der riesigen staatlichen Planungsbehörde *Gosplan* ihre Macht und ihre Kompetenzen nicht beschnitten wissen, Gorbatschow plädierte aber – gestützt von marxistisch-leninistischen Wirtschaftswissenschaftlern – für die sogenannte wirtschaftliche Rechnungsführung. Diese neue Strategie beschrieb er wie folgt: „Das Wichtigste, was wir durch die Einführung des neuen Mechanismus erreichen müssen, besteht darin, den Betrieben umfassende Rechte zu gewähren und ihre wirkliche wirtschaftliche Selbständigkeit auf der Grundlage der vollständigen wirtschaftlichen Rechnungsführung zu sichern."[15] Gleichzeitig begrub Gorbatschow auf dem Plenum still und leise sein anfängliches „Beschleunigungsprogramm". In seinem Schlusswort am 26. Juni 1987 verkündete er: „Auf dem Plenum wurde ein Programm für eine radikale Reform der Wirtschaftsleitung angenommen."[16] Westliche Medien übernahmen diese Behauptung einer radikalen Reform, obwohl deren Ansatz weiterhin im Rahmen der Planvorgaben blieb, wie Gorbatschow selbst betonte: „Gleichzeitig entbindet uns niemand von der Erfüllung der Aufgaben des 12. Planjahrfünfts und der Erlangung jener Ziele, die wir im Fünfjahrplan gestellt haben."[17]

Was folgte, waren Kompetenzgerangel und Unklarheiten in Hinblick auf die wirtschaftlichen Spielregeln. Galten nun die Kennziffern der Planungsbehörde oder arbeiteten die Betriebe und Fabriken eigenverantwortlich? Tatsächlich wollte Gorbatschow die Kennziffern nicht mehr wie früher als Dogma angesehen wissen, sondern als Orientierungshilfe in einer Gesellschaft, in der niemand gelernt hatte, selbstständig zu entscheiden, und es keinerlei Fehlerkultur gab. Entsprechend betonte Gorbatschow: „Ich bin überzeugt, dass der größte Fehler die Angst ist, Fehler zu machen. Die Angst vor Fehlern ist besonders unheilvoll. Sie lähmt den Willen und bremst die Bemühungen bei der Veränderung der Gesellschaft."[18] Aus diesem

Grund setzte er den Glasnost-Kurs fort, um das Klima im Land weiter zu verändern.

Das sowjetische Fernsehen startete ein bis dahin undenkbares Programmformat, das sich zum Straßenfeger insbesondere unter jüngeren Menschen entwickelte: die naturgemäß unzensierte Live-Sendung *Wsgljad* (dt. der Blick). Sozialkritische Themen, Studiogäste und Unterhaltung gehörten zum Konzept. Die Moderatoren, gekleidet im Freizeitlook, öffneten förmlich ein Fenster zur Welt, weil hier zum allerersten Mal Musikvideos im sowjetischen Fernsehen gezeigt wurden – und zwar nicht nur die gerade im Entwicklungsstadium befindlichen Videos sowjetischer Rockgruppen, sondern die zuvor „unerreichbaren" von westlichen Superstars wie Elton John und anderen. Themen wie das Schlangestehen, Spekulantentum oder „Was die Amerikaner besser machen" waren erstmals Inhalt des heimischen Fernsehens und zwar mit ausdrücklicher Billigung von ZK-Sekretär Alexander Jakowlew, der sich das Programmformat vom ZK, also auch von Gorbatschow, hatte absegnen lassen. Auch durften die ersten westlichen Rockmusiker ohne Auflagen in der Sowjetunion auftreten, so beispielsweise der Amerikaner Billy Joel, der Ende Juli und Anfang August 1987 jeweils drei Konzerte in Moskau und Leningrad gab.[19] 1967 baten die Rolling Stones zum ersten Mal um die Erlaubnis, in Moskau auftreten zu dürfen, was wie auch bei nachfolgenden Anfragen abschlägig beantwortet wurde. Sänger Mick Jagger erinnerte sich, die damalige sowjetische Kulturministerin „Mrs. Furzewa hat einfach immer nein gesagt".[20] Die polnischen Kommunisten hingegen hatten schon im April 1967 ein Stones-Konzert im Warschauer Kulturpalast erlaubt.

Wie sehr sich die Sowjetunion in den ersten Gorbatschow-Jahren verändert hatte, lassen auch Songtexte erkennen. Aufschlussreich ist in diesem Zusammenhang der Vergleich des Songs *Russians* von Sting aus dem Jahr 1985 mit *Leningrad* aus dem Jahr 1987 von Billy Joel. Anders als Stings viel diskutierter Liedtext basiert *Leningrad* auf realen Erlebnissen von Billy Joel während der Sowjetunion-Tour. Vor allem die Begegnung mit einem etwa gleichaltrigen Viktor, der als Zirkusclown arbeitete und Joels kleiner Tochter große Freude bereitete, hatte dazu Anlass gegeben. Joel spiegelt in dem Songtext den Kalten Krieg von der amerikanischen und von der sowjetischen Seite anhand zweier Lebenswege, seinem eigenen und jenem von Viktor. Die Schlusspassage dieses berührenden Liedes – ein Klassiker in der ehemaligen Sowjetunion – lautet: „Und so kamen mein Kind und ich zu diesem Ort, um ihn zu treffen, Auge in Auge, von Angesicht zu Angesicht. Er brachte meine Tochter zum Lachen. Dann umarmten wir uns. Wir wussten bis dahin nie, was für Freunde wir haben – erst als wir nach Leningrad kamen."

Gorbatschow bemühte sich sichtlich um die sowjetische Jugend und betonte dies erstmals ausdrücklich in einer Rede in Leningrad. Ausgerechnet im Smolny-Institut, wo Lenin seinen kommunistischen Umsturz geplant hatte und wo er und der Rat der Volkskommissare ihren ersten Amtssitz innehatten, rief Gorbatschow im Oktober 1987 den Parteifunktionären und Veteranen zu: „Genossen, wir müssen uns alle zusammen die Kultur der Demokratie aneignen, von deren Entwicklung das Schicksal der Umgestaltung abhängt. Besondere Aufmerksamkeit muss man der Jugend schenken, ihre Interessen und Bedürfnisse studieren und formen. Wir haben nicht das Recht, die Jugend auch nur einen Augenblick zu vergessen. In ihr sehen wir eine aktive Kraft der Umgestaltung."[21]

Pünktlich zum 70. Jahrestag der „Großen Sozialistischen Oktoberrevolution", deren Bedeutung für die Perestroika Gorbatschow immer wieder beschwört, kommt ein Buch heraus, das weltweit zu einem Multimillionen-Bestseller wird und Rekorde sprengt: Michail Gorbatschows *Umgestaltung und neues Denken für unser Land und für die ganze Welt*, im Original erschienen in Moskau 1987. Es ist ein Manifest der Perestroika, verfasst von ihrem Erfinder. Gorbatschow schreibt in seinen Memoiren diesbezüglich, es habe damals in der Sowjetunion noch „großen Aufklärungsbedarf" gegeben, weil nach wie vor Fragen gestellt wurden wie: „Welchen konkreten Inhalt hat der Begriff Perestroika?"[22]

Mit dieser Aussage unterstreicht er allerdings, dass es seinen nachdrücklichen Reform-Appellen, seinen zahlreichen Reden und seinem Gesamt-Programm in den zweieinhalb Jahren vom Frühjahr 1985 bis Herbst 1987 offenbar an Klarheit gefehlt hat. Warum sonst müsste ein politisches Programm noch einmal neu und besser erläutert werden?

Für Unklarheit mag oft die epische Breite seiner Reden und Aufsätze gesorgt haben. Häufig umfassten sie 50 oder mehr Seiten, die er zwar mit bemerkenswerter Leidenschaft vortrug, den Zuhörer oder Leser dabei allerdings überforderte. Inflationär benutzte Gorbatschow darin Wendungen wie „Das Wichtigste ist …", „Das allerwichtigste ist …" oder „Schicksalsentscheidend ist …". Daher mag es schwer gefallen sein, Kernbotschaften, Prioritäten und Handlungsanweisungen herauszuhören oder herauszulesen.

Doch auch sein 350 Seiten umfassendes Buch zur Umgestaltung und zum „Neuen Denken" blieb im Duktus seiner bisherigen Ausführungen. Mehr Klarheit schuf es nicht. Hinsichtlich der Reformen in der Sowjetunion, dem Kernstück der Perestroika, betonte Gorbatschow in seinem Weltbestseller die Rückbesinnung auf Lenin, pries die (angeblichen) Vorzüge der Planwirtschaft und strebte die Stärkung der Führungsrolle der Kommunistischen Partei an.[23] Als besonders realitätsfern sollte sich schon kurze Zeit nach Veröffentlichung dieses Buches der Lösungsvorschlag in der Nationalitätenfrage erweisen. So sah es Gorbatschow als eine „Aufgabe von historischer Bedeutung" an, „Lenins Normen und Prinzipien der Nationalitätenpolitik zu verfolgen auf der Grundlage [der] internationalistischen Ideologie."[24] Weder die Balten, noch die Georgier, Armenier, Aserbaidschaner und Ukrainer wollten allerdings in ihrer überwältigenden Mehrheit irgendetwas vom „Internationalismus" wissen – zumal es sich dabei faktisch um eine verdeckte russische Hegemonie handelte.

Dennoch hatte die Glasnost-Politik schon erste sichtbare Veränderungen hervorgebracht. Erich Honecker ließ das Perestroika-Buch verzögert in der DDR veröffentlichen. Dort erschien es in einer originalgetreuen Übersetzung. In der Bundesrepublik dagegen wählte der Münchener Verlag den etwas reißerischen Buchtitel *Perestroika – die zweite russische Revolution. Eine neue Politik für Europa und die Welt.* Darin wurden zahlreiche Originalpassagen im „Partei-Chinesisch" überarbeitet oder einfach weggelassen.

Gorbatschows Kurs, der zwischen theoretischen und ernst gemeinten Bekräftigungen der kommunistischen Lehre Lenins einerseits und gegenläufigen politischen Entscheidungen andererseits oszillierte, setzte sich fort. Ein im damaligen Kontext sensationeller und historischer Schritt war, dass er im Katharinen-Saal des Kremls am 29. April 1988 das Oberhaupt der Orthodoxen Kirche, Patriarch Pimen, samt der ständigen Synoden-Mitglieder empfing. Hintergrund waren die Feierlichkeiten zum tausendjährigen Jubiläum der Christianisierung im Kiewer Rus, dem mittelalterlichen Vorläuferstaat von Russland, Belarus und der Ukraine. Im Jahr 988 hatte Großfürst Wladimir I. das orthodoxe Christentum als Staatsreligion für die Kiewer Rus angenommen. Seither wird er in Russland und der Ukraine als apostelgleicher Heiliger verehrt. Patriarch Pimen dankte Gorbatschow nun im Katharinen-Saal öffentlich und bekundete, dass die Kirche die Perestroika voll unterstütze. Dem tat offenbar auch der Umstand keinen Abbruch, dass Gorbatschow noch wenige Monate zuvor seine feierliche Rede zum 70. Jahrestag der Oktoberrevolution mit den Worten geschlossen hatte: „Im Oktober 1917 brachen wir aus der alten Welt aus, lehnten sie endgültig ab. Wir gehen einer neuen Welt entgegen, der Welt des Kommunismus. Von diesem Weg werden wir nie abweichen.“[25]

Trotz solch nach wie vor traditioneller Rhetorik fasste nicht nur das Kirchenoberhaupt, sondern fassten auch die westlichen Staatsführer zunehmend Vertrauen zu Gorbatschow, denn dessen Taten sprachen für sich und wogen deutlich mehr. Einer der bedeutsamsten außenpolitischen Erfolge seiner Amtszeit war ihm bereits einen Monat nach der 70-Jahr-Feier gelungen: In Washington hatte er mit US-Präsident Reagan am 8. Dezember 1987 den wahrhaft historischen INF-Vertrag (Intermediate Range Nuclear Forces Treaty) unterzeichnet. Im ersten Artikel dieses Vertrages heißt es unter anderem, dass „jede der Seiten ihre Raketen mittlerer und kürzerer Reichweite liquidieren“ und auch künftig „nicht über derartige Mittel verfügen“ werde.[26] Innerhalb von drei Jahren mussten diese Waffen samt Abschussvorrichtungen vernichtet werden. Gorbatschow und Reagan vereinbarten ferner, dass die Militärs gegenseitige Inspektionen vornehmen dürften. Vor allem Europa bot dieser INF-Vertrag eine Sicherheit, nicht zum Schauplatz eines nuklearen Schlagabtauschs zu werden.[27] Der Vertrag war gemäß Artikel 15 unbefristet geschlossen, räumte beiden Seiten aber eine Kündigung ein. Davon machte US-Präsident Donald Trump 2019

Gebrauch, sehr zum Bedauern von Gorbatschow. Gegenüber der russischen Nachrichtenagentur Interfax sagte Letzterer: „Dieser Schritt wird nicht nur die Sicherheit Europas, sondern die der ganzen Welt untergraben."[28] Was der 2004 verstorbene Ronald Reagan, der als entschiedener Anti-Kommunist großes Vertrauen zum Sowjetführer Gorbatschow aufgebaut hatte, zu dieser Vertragskündigung gesagt hätte, lässt sich nur mutmaßen.

Im Vorfeld der Unterzeichnung gab Gorbatschow im Kreml sein erstes Einzelinterview für einen US-Sender. NBC-Star-Moderator Tom Brokaw stellte ihm neben vielen außenpolitischen und militärischen Fragen auch solche zur sowjetischen Innenpolitik. So wollte Brokaw wissen: „Wird es in absehbarer Zukunft in der UdSSR außer der Kommunistischen Partei keine andere geben?" – Die Antwort Gorbatschows: „Nach meiner Meinung besteht diese Notwendigkeit nicht, und das ist auch die Meinung unserer Gesellschaft. […] Wir haben im Land eine neue Atmosphäre geschaffen der Transparenz und Offenheit. Das alles wird auf Initiative der KPdSU getan. Die Partei hat das Feuer der Kritik auf sich gelenkt. Eben das ist Demokratie."[29]

Mit großer Offenheit, Ehrlichkeit und Mut antwortete Gorbatschow auf die Frage nach der Rolle seiner Frau in der Politik. In der Sowjetunion behagte es vielen nicht, dass Raissa medial derart präsent war. Unklar war offenbar, ob sie tatsächlich in politische Diskussionen und Entscheidungen eingebunden war. NBC wollte wissen: „Sprechen Sie mit ihr über alle gesellschaftlichen Fragen?" Der sonst eher weitschweifige Gorbatschow erwiderte nur knapp: „Wir sprechen über alles." Der Moderator hakte nach: „Beinhaltet das auch, dass Sie über die höchsten Staatsangelegenheiten sprechen?" Gorbatschow wiederholt unverändert: „Wir sprechen über alles." Im sowjetischen Fernsehen wurden die Interview-Passagen zu Raissa Gorbatschowa zwar nicht komplett weggelassen, die Nachfrage des NBC-Moderators und die Antwort darauf wurde jedoch nicht gesendet.[30] Es ist insofern nicht zutreffend, dass das Thema Raissa und die Politik der sowjetischen Öffentlichkeit vorenthalten worden sei, wie später behauptet wurde. Doch auch als das Interview in der

Prawda am 2. Dezember 1987 und in der Dokumentensammlung der staatlichen Presseagentur Nowosti (APN) erschien, fehlten dort die Nachfrage des Amerikaners ebenso wie Gorbatschows Antwort.[31]

Die Sowjetbürger wussten nun sehr wohl und aus erster Hand, dass die Ehefrau des Kreml-Chefs bei politischen Entscheidungen indirekt beteiligt war. Das bestätigte auch der sowjetische Außenminister Schewardnadse: „Gorbatschow hatte mit Raissa Maximowna eine sehr kluge Frau, aber auch eine, die sehr großen Einfluss auf ihn hatte."[32]

Der Fall Jelzin

In dem NBC-Interview ging Gorbatschow auch auf die Frage nach Boris Jelzin ein, der zu diesem Zeitpunkt schon eine gewisse internationale Bekanntheit genoss, aber den Posten des Parteichefs von Moskau-Stadt am 11. November 1987 verloren hatte. Ein geheimnisumwitterter „Fall Jelzin" war Gegenstand von Flugblättern in Moskau, Thema der Dissidenten-Presse und in den westlichen Medien, die Jelzin die Aura eines aufrechten und mutigen Kämpfers verliehen, der von der allmächtigen Kommunistischen Partei zur Strecke gebracht worden sei. Diese fast schon perfide Verdrehung der Tatsachen, mit der Jelzin zum angeblichen Opfer der Partei stilisiert wurde, schuf die Voraussetzung für seinen späteren politischen Aufstieg bis hin zum Präsidenten Russlands. In dem weltweit beachteten und viel zitierten TV-Interview rückte Moderator Tom Brokaw die Behandlung der Personalie Jelzin in ein düsteres Licht: „Als er [Jelzin] abgesetzt wurde, so hat man das sehr offen getan und viel darüber geschrieben. Amerika dachte, es wäre ein Echo des Stalinismus. War das ein Fehler?" Gorbatschow blieb sachlich und erwiderte unter anderem wahrheitsgemäß: „Boris Jelzin regte selbst seine Amtsenthebung an."[33] Wie ernst dessen Rücktrittsgesuch, das er mit den verfilzten Strukturen in Moskau begründet hatte, allerdings gemeint gewesen war, ist fraglich.

Jelzin ging die Perestroika nicht schnell genug. Ausgerechnet mit Jegor Ligatschow, der Gorbatschow im Frühjahr 1985 nachdrücklich empfohlen hatte, Jelzin aus der Provinz ins Machtzentrum zu holen, geriet er deshalb aneinander. Als Parteichef von Moskau versuchte Jelzin, die fast mafiösen Strukturen der Neun-Millionen-Metropole aufzubrechen, die sein Amtsvorgänger Grischin verfestigt hatte. Zu diesem Zweck hatte er 1986 Michail Poltoranin, der sich als Sonderkorrespondent der *Prawda* und als Glasnost-Verfechter einen Namen gemacht hatte, dazu überredet, Chefredakteur der wichtigsten Stadtzeitung zu werden – der *Moskowskaja Prawda.* Poltoranin hatte zugesagt und Jelzin damals offenbar gefragt, was die Hauptaufgabe der Zeitung sei. Dieser soll geantwortet haben: „Wir müssen Gorbatschow bei seinen Umgestaltungsbemühungen helfen." Bei dieser ersten Besprechung über die mediale Ausrichtung der *Moskowskaja Prawda* seien er und Jelzin „zu dem Schluss gekommen, dass man das Feuer auf die Parteibonzen und deren Privilegien konzentrieren muss".[34]

Natürlich war es angesichts der langen Schlangen vor Geschäften, in denen es kaum etwas zu kaufen gab, ein Ärgernis für die Durchschnittsbürger, dass Parteifunktionäre und ihre Familien in Spezialläden aus einem üppigen Sortiment wählen konnten, das auch Lebensmittel und Kleidung aus dem Westen enthielt. Das Gleiche galt für die Gesundheitsversorgung: Ärztemangel und lange Wartezeiten in gewöhnlichen Krankenhäusern. Funktionäre und ihre Angehörigen dagegen genossen die Sonderbehandlung in Spezialkliniken. Funktionärskinder besuchten auch bessere Schulen und Betreuungseinrichtungen, und all das war nur ein Teil der Privilegien, die Poltoranin auf Geheiß von Jelzin mit seiner Zeitung ins Visier nahm, deren Auflagenhöhe sich binnen kürzester Zeit vervielfachte. Jetzt ging es ans Eingemachte.

Viele Funktionäre fühlten sich und ihren Besitzstand bedroht, gaben aber weiter Lippenbekenntnisse zur Perestroika ab. Im Grunde war innerhalb der Partei ein Kampf ausgebrochen zwischen jenen, die vor allem ihre bevorzugte Stellung wahren wollten, und denen, die wirklich die Lebensbedingungen der Bevölkerung verbessern wollten. In der westlichen Presse wurden diese beiden Gruppen häufig in den Kategorien „links" gegen „rechts" oder „konservative Kommunisten" gegen „Reformer", beziehungsweise „Radikalreformer" behandelt. Gorbatschow nahm eine Schiedsrichterrolle ein, konnte diese aber auf Dauer nicht halten. Bis zum Oktober-Plenum 1987 war das Verhältnis zwischen Gorbatschow und Jelzin jedoch von gegenseitigem Respekt, Vertrauen und Loyalität geprägt. Nach Darstellung Tschernajews, dem engen Berater Gorbatschows, war Jelzin daher sicher, dass Gorbatschow seinen Rücktritt aufgrund seiner Popularität als Moskauer Parteichef nicht annehmen und seinen Kampf gegen die Besitzstandswahrer unterstützen werde.[35] Dass stattdessen die politische Freundschaft zwischen ihnen kippte, später in Feindschaft mündete und schließlich in offenen Hass, war nicht nur für den weiteren Verlauf der Perestroika von höchster Relevanz. Vielmehr trug diese Feindschaft in erheblichem Maße zum Ende der Ära Gorbatschow und zum Untergang der Sowjetunion bei.

Der Beginn der Auseinandersetzung ist eben in jenen Oktober- und November-Tagen 1987 zu finden. Es war Ligatschow gewesen, immerhin Gorbatschows Abwesenheitsvertreter, der damals die Angriffe Jelzins auf die Nomenklatura nicht mehr dulden wollte und sich nun aufgrund seiner weit höheren Stellung in der Partei in das Kompetenzgebiet Jelzins einmischte. Zudem hatte Jelzin, als die ersten kleineren und nicht angemeldeten Demonstrationen in der Moskauer Innenstadt stattfanden, eine Verordnung veranlasst, die Versammlungen erlaubte. Auf deren Grundlage hatten etwa Krim-Tataren gegen das ihnen von Stalin zugefügte Unrecht und für ihre Rückkehr auf die Krim demonstriert. Um diese Versammlungserlaubnis von Jelzin wieder auszuhebeln, setzte ZK-Sekretär Ligatschow eine Kommission ein, die deren Rechtmäßigkeit überprüfen sollte. Für Jelzin war das jedoch eine Angelegenheit der Stadt, die in seine Zuständigkeit fiel. Er schrieb Gorbatschow am 12. September 1987 daher einen Brief, in welchem er sich ausdrücklich über Ligatschow beklagte und gleichzeitig seinen Rücktritt erklärte: „Die Parteiorganisationen hinken alle den grandiosen Ereignissen nach. Hier gibt es praktisch, bis auf die globale Politik, keine Perestroika. […] Ich bitte Sie, mich von meinem Amt als Erster Sekretär des Moskauer Stadtkomitees der KPdSU und den Verpflichtungen eines Politbüro-Kandidaten des ZK zu entbinden. Bitte verstehen Sie dies als offizielles Ersuchen."[36] Klarer als in diesem Brief, den Jelzin in seine erste Autobiografie eingefügt hat, kann man kaum formulieren. Wie aber reagierte Gorbatschow auf das Rücktrittsgesuch? „Ich sagte zu ihm: ‚Wenn ich aus dem

Urlaub zurückkomme, treffen wir uns und klären alles."[37] Auch diese Aussage deckt sich mit der Darstellung in Jelzins Autobiografie,[38] und insofern hat Gorbatschow den Rücktritt zunächst nicht einmal angenommen, geschweige denn dabei die Initiative gehabt.

Nichtsdestotrotz waren bei Gorbatschow schon 1986 erste Zweifel aufgekommen, ob er mit dem populistischen Jelzin eine richtige Personalentscheidung getroffen hatte: „Er begann ein billiges Spiel mit dem Volk, wofür ich ihn zurechtwies – nicht in der Öffentlichkeit, sondern in persönlichen Gesprächen. Und er war bestrebt, Vollmitglied des Politbüros zu werden. [...] Man muss aber geduldig sein, und das konnte er nicht."[39] Dennoch nahm Gorbatschow nun sein Rücktrittsgesuch nicht sofort an, und ohnehin machte Jelzin vor dem ZK-Plenum einen Rückzieher. An jenem 21. Oktober 1987 hielt Jelzin jene berüchtigte Rede, die Gorbatschow als „nichts Besonderes" und als „Demagogie" abtat.[40]

Im Grunde war das Plenum schon zu Ende, als sich Jelzin per Handzeichen noch zu Wort meldete. Jegor Ligatschow als ZK-Plenumsleiter wollte die Sitzung dennoch schließen, doch Gorbatschow bat ihn, Jelzin das Wort zu erteilen. Jelzin ging zum Podium und hielt eine elfminütige Rede. Wie tief er selbst noch im Kommunismus verwurzelt war, den er keine zwei Jahre später plötzlich massiv bekämpfen sollte, wird darin deutlich. So sagte er etwa: „Damals [in der Stalin-Zeit – I. L.] wurden Lenins Normen einfach diskreditiert, und das führte dazu, dass diese Normen als Richtschnur für das Verhalten in unserer Partei verloren gingen."[41] Darüber hinaus kritisierte er den Arbeitsstil von Ligatschow, ohne dies näher auszuführen. Dann beklagte er die „Lobhudelei" gegenüber Gorbatschow seitens „mancher Politbüro-Mitglieder" und verglich sie mit Stalins Personenkult, eine Unverschämtheit, die Jelzin vermutlich versehentlich unterlief. Und schließlich kritisierte er den Verlauf der Perestroika: Das Volk sei beunruhigt darüber, dass es „in dieser Zeit nichts Konkretes erhalten" habe. Das mochte in materieller Hinsicht zutreffen, aber in Bezug auf die neuen Freiräume, die Gorbatschow geschaffen hatte, war diese Behauptung schlichtweg unsachlich und despektierlich. Plötzlich sprach Jelzin auch nicht mehr direkt von Rücktritt, um den er im Brief an

Gorbatschow noch gebeten hatte. Vielmehr richtete er bloß die Frage an die ZK-Mitglieder, ob sie ihn von seinem Amt und seinen Pflichten als Politbüro-Mitglied entbinden wollen. Moskauer Parteichef wollte er aber vorerst doch bleiben, weshalb er ausweichend erklärte: „Was meinen Posten als Stadtparteichef angeht, so wird wohl das dortige Plenum darüber entscheiden."[42]

Niemand hat Jelzin also geschasst oder aus der Parteiführung gedrängt, sondern Gorbatschow legte sogar großen Langmut ihm gegenüber an den Tag. Er bat die ZK- und Politbüro-Mitglieder, zu Jelzins Wortmeldung Stellung zu nehmen. Einer nach dem anderen rügte Jelzin, zum Teil sehr scharf. Es fielen Ausdrücke wie „Primitivität", „pseudo-revolutionäre Phrasen", „Verantwortungslosigkeit" und viele andere Begriffe. Jelzin übte daraufhin umgehend Selbstkritik: „Das war mir natürlich eine Lektion für's Leben. [...] Was die Perestroika betrifft, bestanden nie Zweifel – weder an der strategischen noch an der politischen Linie der Partei."[43] Diese Aussage ließ Jelzin in seiner Autobiografie von 1989 aus – offensichtlich, weil sie seinen politischen Helden- und Märtyrerstatus widerlegt hätte.

Das Plenum beschloss schließlich per Abstimmung, seine Rede „als politisch falsch" einzustufen. Der zweite Beschluss lautete, dass das Politbüro gemeinsam mit dem Moskauer Stadtkomitee über Jelzins Zukunft als Parteichef entscheiden sollte. Jelzin verstand sehr wohl, was er angerichtet hatte, und kämpfte um sein politisches Überleben. Am 31. Oktober übte er nochmals Selbstkritik auf der Politbüro-Sitzung, und am 3. November schrieb er einen zweiten Brief, in welchem er darum bat, den Posten als Moskauer Parteichef behalten zu dürfen.[44]

Als Jelzin am 7. November der 70-Jahr-Feier noch als Mitglied der sowjetischen Führung auf der Tribüne des Lenin-Mausoleums stand und Gorbatschow erneut fragte, ob er denn nicht Stadtparteichef bleiben könne, fiel die Antwort deutlich aus: „Wir haben es hier mit der Partei zu tun, nicht mit einer Zirkusveranstaltung."[45] Denn die Beschlusslage besagte, wie oben erwähnt, dass die Frage über Jelzins Verbleib als Moskauer Parteichef vom Stadtparteikomitee und dem Politbüro entschieden werden sollte. Was folgte war ein persönliches Drama, dessen Details bis heute unterschiedlich wiedergegeben werden: Am 9. November erreichte Gorbatschow die Nachricht, man habe Jelzin blutend im Ruheraum des Moskauer Stadtparteikomitees aufgefunden und sofort in ein Krankenhaus gebracht.

Laut Gorbatschow, der die Diagnose vom Kreml-Chefarzt Jewgeni Tschasow bekam, hatte Jelzin sich mit einer Büroschere in die Brust gestochen und einen „Selbstmord simuliert".[46] Tschasow schloss allerdings nicht aus, dass Jelzin aus seiner Depression heraus möglicherweise tatsächlich in Selbstmordabsicht gehandelt hatte. Er sei aber nicht in Lebensgefahr. Jelzin schreibt in seiner Autobiografie: „Es war eine schwierige Zeit, in der ich heftig litt. Ein paar Tage hielt ich mich nur durch meine Willenskraft aufrecht. […] Am 9. November wurde ich mit starken Kopf- und Brustschmerzen ins Krankenhaus eingeliefert. Mein Organismus verkraftete die Nervenanspannung offenbar nicht und streikte."[47]

Wie auch immer die Hintergründe genau aussahen, Gorbatschow wollte die Personalie Jelzin unbedingt leise und schnell lösen. In diesem Zusammenhang machte er gravierende Fehler. Der erste bestand darin, Jelzins Rede auf dem Plenum nicht zu veröffentlichen, was seiner eigenen Glasnost-Politik widersprach und wildesten Spekulationen Vorschub leistete. Der zweite Fehler war, dass er Jelzin am 11. November im Krankenhaus anrief und beschied, dieser müsse an der Sitzung des Parteikomitees von Moskau teilnehmen. Dort sollte entschieden werden, ob er den Posten als Parteichef der Hauptstadt behält oder nicht. Jelzin reagierte laut seiner Autobiografie wie folgt:

> Ich antwortete, ich könne nicht kommen, liege im Bett und die Ärzte erlaubten mir nicht, aufzustehen. „Macht nichts", sagte er munter, „die Ärzte werden dir schon helfen." Die folgsamen Ärzte, die mir verboten hatten, aufzustehen und mich zu bewegen, geschweige denn irgendwo hinzufahren, pumpten mich mit Beruhigungsmittel voll. Als meine Frau mich sah, flehte sie mich an, nicht zu fahren. Ich konnte kaum die Beine bewegen und verstand kaum, was um mich herum passierte. Im selben Zustand war ich anschließend auf dem Plenum des Moskauer Stadtkomitees.[48]

Gorbatschow liefert unterschiedliche Darstellungen seines Anrufs. In seinen Memoiren von 1995 schreibt er, dass er am 9. November eine Politbüro-Sondersitzung einberief und die Ärzte nochmals bestätigten, dass die Verletzung keinerlei Gefahr für Leben oder Gesundheit darstellte; Jelzins Verfassung, so die Ärzte, hatte sich „stabilisiert". Und weiter: „Nachdem wir [das Politbüro – I. L.] die Sache erörtert hatten, beschlossen wir, dass über Jelzins weitere Arbeit nun unverzüglich entschieden werden müsse, und ich telefonierte mit ihm."[49]

Dagegen gibt Gorbatschow diese Episode 2017 in seinem Buch *Ostajus optimistom* (dt. Ich bleibe Optimist) etwas anders wieder: Er habe Jelzin am Telefon gesagt, dass das Plenum des Moskauer Stadtkomitees erst einberufen werde, „wenn er [Jelzin] wieder genesen" sei.[50] Entspräche das der Wahrheit, wäre Jelzin am Tag des Anrufs nicht direkt vom Krankenhaus zum Partei-Plenum gebracht worden, doch genau das war der Fall. Zudem gibt Gorbatschow den Zeitpunkt der Tagung in beiden Büchern falsch an. Das Plenum tagte nicht am 12., sondern am 11. November, also am Tag seines Anrufs.

Jelzins Ehefrau Naina, die sich im Krankenzimmer aufhielt, schreibt in ihren Memoiren von 2017, sie habe ihren Mann zu Gorbatschow am Telefon sagen hören: „Ich schaffe es doch kaum bis zur Toilette." Nachdem das Telefonat beendet war, habe ihr Mann zu ihr gesagt: „Ich muss gehen." Sie habe ihn daraufhin „fast angeschrien": „Du hältst das nicht aus. Nur über meine Leiche! Du gehst nirgendwo hin!"[51] Ganz entschieden weist sie die Darstellung zurück, ihr Mann habe zwei Tage zuvor einen Selbstmordversuch begangen. „Das habe ich nie geglaubt. Das hätte nicht zu seinem Charakter gepasst. Und wenn er den Gedanken daran gehabt haben sollte, dann hätte er sicher nicht so eine dämliche Art gewählt. In seinem Safe lag eine Pistole […]."[52] Sie behauptet ferner, ihr Mann habe einen Herzinfarkt gehabt. Einen Infarkt erwähnt wiederum Jelzin in seiner Autobiografie nicht. Auch Jelzins enger Vertrauter Michail Poltoranin weist die Selbstmordversuch-Variante ins Reich der Fabeln: „Er war ein Schauspieler, er suchte die Aufmerksamkeit."[53] Selbstmordversuch oder nicht – das bleibt offen. Gesichert und entscheidend ist aber, dass Jelzin am 11. November von Gorbatschow im Krankenhaus angerufen wurde, das Krankenbett verließ, am selben Tag am Plenum des Moskauer Parteikomitees teilnehmen musste und danach wieder ins Krankenhaus zurückgebracht wurde. Gorbatschow ging demnach fahrlässig mit der Gesundheit Jelzins um und handelte ganz offensichtlich nach dem Universalprinzip in der kommunistischen Welt: Die Partei, die Partei und nochmals die Partei. Naina Jelzina bezeichnete die Anordnung an ihren Mann, das Krankenbett zu verlassen, sogar als „Sadismus".[54]

Doch damit nicht genug: Der dritte große Fehler von Gorbatschow bestand darin, dass er den gesundheitlich angeschlagenen Jelzin nicht nur vor das Plenum zerren ließ, sondern einer großen Zahl von Rednern erlaubte, ihn politisch zu verdammen. In seiner Autobiografie formuliert Jelzin den durchaus berechtigten Einwand: „Man hätte mich auf dem Plenum doch einfach aus meinem Amt entlassen können. Aber nein, man musste den Verrat auskosten. Bei manchen Leuten mag auch plötzlich das Gefühl erwacht sein: Endlich kann ich dir eins auswischen, du warst der Chef, da konnte ich dir nichts anhaben, aber dafür jetzt. Es war schrecklich und unmenschlich."[55]

Hier manifestierte sich der Kampf zwischen den Besitzstandswahrern und Jelzin, der mit den Privilegien (publikumswirksam) Schluss machen wollte. Seine Rede auf dem Oktober-Plenum des ZK blieb weiter unveröffentlicht, doch am 13. November 1987 erschien ein ellenlanger Leitartikel „Die Perestroika energisch führen".[56] Darin kam Gorbatschow mit ausführlichen Schilderungen zum Oktober-Plenum des ZK zu Wort. Jelzins Auftritt hingegen wurde zwar thematisiert, aber nur kommentierend. Beispielsweise hieß es in dem Artikel: „Eine besonders scharfe Reaktion rief bei den Mitgliedern des ZK hervor, dass Genosse Jelzin den Versuch unternahm, die Arbeit und den Zustand des Politbüros des ZK in ein düsteres Licht zu stellen, dabei in erster Linie die Kollegialität."[57] Gorbatschow war sich nicht im Klaren darüber, dass er gerade durch die Veröffentlichung der Retourkutschen von Jelzins Gegnern dessen Heldenstatus bei den sowjetischen Bürgern weiter zementierte.

Es kam zu ersten, vorsichtigen Demonstrationen gegen Jelzins Absetzung. An ihnen beteiligten sich einige Dutzend Bürger in Moskau und in Swerdlowsk am Ural, wo er lange Parteichef gewesen war. So klein und wirkungslos sie waren, waren sie dennoch ein mutiger Ausdruck der neuen Zeit. Doch erst eine perfide, lange Zeit geheim gehaltene und auf einer Lüge beruhende Aktion gegen die „orthodoxen" Parteifunktionäre brachte Jelzin zurück ins Spiel. Der Chefredakteur der *Moskowskaja Prawda*, Michail Poltoranin, der seinen Posten einige Wochen nach Jelzins Abgang ebenfalls verloren hatte, verfasste heimlich eine „Fake-Rede". Die Menschen fragten sich, was denn Jelzin tatsächlich gesagt hatte auf dem ZK-Plenum, womit konkret er den Unmut der Partei hervorgerufen hatte. Das blieb alles Spekulation. Dann tauchten in Moskau Ende 1987 plötzlich „Exemplare" jener geheimnisumwitterten Rede auf, deren Inhalt sich wie ein Lauffeuer verbreitete – auch international.

Diese niemals gehaltene und frei erfundene „Rede", der selbst renommierte Historiker aufsaßen,[58] ist eines der wichtigsten Dokumente der Gorbatschow-Ära. Poltoranin offenbarte die Fälschung in seinem Buch von 2012. Er begründete sie damit, dass „die Nomenklatura selbst ohne Regeln spielt – wie eine verbrecherische Organisation. Und sie verdient daher nicht, dass man sie ritterlich behandelt."[59] Im Übrigen habe alles, was er Jelzin in den Mund gelegt habe, der Wahrheit entsprochen. Was er geschrieben habe, wollten die Leute von Jelzin hören.

Diese Fake-Rede hat das Schicksal des Landes wesentlich beeinflusst, weil sich die Menschen zunehmend um den „ausgestoßenen" Jelzin scharten, der nun zu einer internationalen Polit-Figur aufstieg. Auf ihn konnten die Sowjetbürger das Leid, die Unfreiheit, die Gängelung und die Unterdrückung projizieren, die sie selbst durch die Kommunistische Partei all die Jahre hatten erdulden müssen. Endlich gebrauchte jemand ihre Sprache, thematisierte ihre Alltagsnöte, sah die Dinge aus ihrer Perspektive. Jelzin wurde zum personifizierten Widerstand und Opfer des Systems. Bisher war die Perestroika, um Gorbatschows Terminus zu übernehmen, zwar eine Revolution, aber eine von oben verordnete gewesen. Durch Jelzin mutierte sie zu einer „Revolution von unten", auf die Gorbatschow kaum noch Einfluss hatte und die ihm spätestens ab 1989 gänzlich entglitt.

Jelzins angebliche Rede wurde sogar von so angesehenen Organen wie *Le Monde, Die Zeit, Der Spiegel* oder der *New York Times* in Teilen oder in Gänze abgedruckt.[60] Während die Redaktionen der *New York Times* und von *Le Monde* ihre Leser darauf hinwiesen, dass die Authentizität des Dokuments nicht zweifelsfrei geklärt sei, fehlte dieser Hinweis in der *Zeit* und im *Spiegel.* Insbesondere eine Passage, in der vollkommen haltlos unterstellt wird, Raissa habe täglich versucht, Jelzin zu beeinflussen, schadete dem Ansehen der Gorbatschows erheblich. Völlig erfunden war auch das Bild eines Jelzins, der unermüdlich für den Abzug der sowjetischen Truppen aus Afghanistan kämpft. Dennoch war damit das internationale Image Jelzins als Robin Hood der Sowjetunion und unterdrückter Freiheitskämpfer geboren. Keinen einzigen der folgenden Sätze hat er jedoch tatsächlich vor dem Plenum gesagt:

> Genossen, mir fällt es schwer, dem Arbeiter an der Werkbank zu erklären, warum er auch im siebzigsten Jahr seiner politischen Macht noch stundenlang für Wurstwaren anstehen muss, die obendrein mehr Stärkemehl als Fleisch enthalten – während es für Eure Festtafeln Stör, Kaviar und andere Delikatessen gibt, die Ihr ohne Mühe an jenen Stellen bekommt, denen er sich nicht einmal annähern darf.
>
> Genossen, wir müssen uns klarmachen, dass wir mit dem Umbau so lange nicht vorankommen, wie wir nicht die Armee der Bürokraten-Schreiberseelen zerschlagen haben. Bis dahin werden unsere Beschlüsse und Anweisungen nur als Protokolle in Instruktionen und Rundbriefen aufscheinen.
>
> Es gibt viele große Worte, Genossen, aber es tut sich nichts. Und bisher nutzen alle diese Reden über den Umbau (Perestroika) dem normalen Bürger nicht. Es ist Zeit, die Macht zu gebrauchen.
>
> Und noch eine Frage, Genossen, noch eine sehr schwierige Frage, vielleicht die schwierigste, die uns als Erbschaft zugefallen ist: Afghanistan, Genossen. Ungefähr ein Drittel aller Briefe, die uns erreichen, berührt auf die eine oder andere Weise diese Frage. Diese Frage muss man lösen – und zwar schnell. Es ist nötig, die Truppen abzuziehen.

> Nein, Genosse Ligatschow, Sie müssen mich nicht anschreien und belehren, das ist nicht nötig. Ich bin kein kleiner Junge – ich stehe hier zu meinen Prinzipien. Und ich muss Ihnen, Genossen, ganz offen sagen, dass es schwer ist zu arbeiten, wenn man statt konkreter kameradschaftlicher Hilfe nur Belehrungen und barsche Zurechtweisungen erhält. Und in diesem Zusammenhang, Genossen, bin ich gezwungen, das Politbüro zu bitten, mich von kleinlichen Bevormundungen Raissa Maximownas Gorbatschowa zu befreien, von ihren nahezu täglichen Anrufen und Rüffeln.[61]

Diese „Rede" war natürlich eine Provokation, die die Wut auf Jelzin seitens der Besitzstandswahrer in der Partei weiter schürte. Jeder der Anwesenden auf dem ZK-Plenum wusste ja, dass er das alles nicht gesagt hatte. Nur war bis vor einigen Jahren nicht klar, wer hinter dieser enorm erfolgreichen Aktion stand. Auch die Reform-Unterstützer wie Gorbatschows engster Berater Anatoli Tschernajew empörten sich. Er habe im Plenum in der zweiten Reihe, direkt gegenüber dem Redner-Pult gesessen. „Ich war damals erstaunt, dass eine solide und informierte Zeitung [*Le Monde* – I. L.] auf so eine Fälschung hereinfallen konnte." Auch „konnte ich mir noch nicht vorstellen, dass mit Jelzins Auftritt ein neues Kapitel in der Geschichte der Perestroika begonnen hatte".[62] 2020 stellte Poltoranin klar, von wem die Initiative für die Fake-Rede ausging. „Das war meine Idee. Ich hatte Jelzin ja schon davor meist die Reden geschrieben, aber nicht die, die er auf dem ZK-Plenum tatsächlich hielt. Das war ja etwas Spontanes vom ihm. Meine danach erfundene Rede hat Jelzin gebilligt. Ihm gefiel das."[63]

Wieder wird deutlich, dass Jelzin ein nach Macht strebender, populistischer und eher unberechenbarer, erratischer Politiker war, der die neuen Freiräume, die Gorbatschow eröffnet hatte, geschickt für sich instrumentalisierte. Ein bezeichnendes Licht auf Jelzin wirft auch die Tatsache, dass er nicht von sich aus dementierte, die unglaublichen und vermeintlich mutigen Dinge gesagt zu haben, die in der gefälschten Rede standen. Er hatte kein Problem damit, im In- und Ausland für etwas bewundert und gefeiert zu werden, wovon er nicht der Urheber war und das teilweise auf Verleumdungen beruhte. Auch ich verbreitete im Jahre 1990 in der Presse die verkürzte Version vom

„Parteirebellen" Jelzin, der „seine Ämter verlor" aufgrund von offener Kritik.[64] Das war zwar nicht falsch, auch zitierte ich glücklicherweise nicht die Inhalte der damals kursierenden Fake-Rede. Doch dass Jelzin zunächst selbst seine Posten hingeworfen hatte mit seinem Brief an Gorbatschow, fehlte auch in meiner Darstellung.

Am 18. Februar 1988 beschloss das ZK, Jelzin von seinem Kandidaten-Posten im Politbüro zu entbinden – worum er selbst zuvor gebeten hatte. Er blieb aber weiter ZK-Mitglied. Gorbatschow ließ politische Milde walten, bot ihm telefonisch sogar an, im Ministerrang als stellvertretender Leiter der sowjetischen Baubehörde weiterzuarbeiten, was Jelzin annahm. Nach dessen Darstellung fügte Gorbatschow hinzu: „Aber denk dran, in die Politik lass ich dich nicht rein."[65] Gorbatschow erinnert sich dagegen, gesagt zu haben: „Dich jetzt in die große Politik zurückkehren zu lassen, geht nicht."[66] Was auch immer stimmen mag: Jelzin ging es fortan auch um Rache – an den Apparatschiks und an seinem einstigen Förderer Gorbatschow persönlich. Gelegenheiten dazu sollte er bekommen.

10. ABSCHIED VOM SOWJETISCHEN SYSTEM

Die angestrebte Effizienz der Wirtschaft, die in erster Linie den Wohlstand der Bürger anheben sollte, verkehrte sich ins Gegenteil: Nach drei Jahren Amtszeit stand Gorbatschow in dieser Hinsicht mit leeren Händen da, weil sich die Versorgungsengpässe verschärft hatten. Noch immer zehrte er aber von seiner Aura als Befreier, der den Bürgern erlaubt, aktiv ihre Meinung zu sagen, und ihnen zumindest intellektuelle Freiräume und Nahrung in Form von bisher verbotenen Büchern, Filmen und Theaterstücken bot.

Dennoch gab es auch diejenigen, denen das nicht reichte und die sagten, Glasnost könne man nicht essen. Warum funktionierte die wirtschaftliche Perestroika nicht? Gorbatschow, der den Sozialismus „verbessern" und „vervollkommnen" wollte, erklärt in der Retrospektive, warum er die Systemverbesserung aufgab: „Die ersten Reformschritte zeigten: Wenn wir das System nicht verändern, erreichen wir gar nichts."[1] Dieser 1988 unausgesprochene, aber durch neue konkrete Schritte angepeilte Strategiewechsel konnte nur die Gegenwehr der Besitzstandswahrer in der Kommunistischen Partei hervorrufen. Den Stalinisten passte die Richtung Gorbatschows schon lange nicht, insbesondere, dass ihr Idol in der Presse zunehmend angegriffen wurde. Der Gegenschlag kam daher prompt am 13. März 1988 in Form eines seitenfüllenden Artikels in der Zeitung *Sowjetskaja Rossija*. Die Überschrift lautete: „Ich kann meine Prinzipien nicht aufgeben." Er gilt als Anti-Perestroika-Manifest und zirkulierte bald schon in den Parteiorganisationen.

Verfasst hatte ihn die promovierte Leningrader Chemie-Dozentin Nina Alexandrowna Andrejewa, die damit in die sowjetische Geschichte eingehen sollte. Die Redaktionsleitung muss für die Veröffentlichung die Erlaubnis von einem oder mehreren Gorbatschow-Gegnern in der Parteiführung eingeholt haben, anders wäre das damals nicht möglich gewesen. Ein wütender Gorbatschow stellte daher Ligatschow zur Rede, der aber abstritt, etwas damit zu tun zu haben.[2] Die Überschrift ist sehr geschickt gewählt, weil sie Gorbatschows Worte auf dem ZK-Plenum im Februar 1988 zitiert. Da sagte er unter anderem: „Wir müssen uns auch im geistigen Bereich von unseren marxistisch-leninistischen Prinzipien leiten lassen. Unter keinem Vorwand dürfen wir unsere Prinzipien aufgeben."[3] Nur will Gorbatschow auch eine ehrliche Aufarbeitung der Geschichte, seine Gegner in der Partei sehen darin aber eine Verunglimpfung Stalins und der Kommunisten.

Die Konfrontation spitzt sich noch weiter zu, weil jetzt in Reformblättern – allen voran *Moskowskije Nowosti* (dt. Moskauer Nachrichten) und *Ogonjok* – dezidiert anti-stalinistische Beiträge erscheinen. Ja, sogar Kritik am Sozialismus als Gesellschaftsmodell wird laut, was unerhört ist. Dies wiederum ist nicht im Sinne Gorbatschows, denn er spürt den Kontrollverlust – in vielerlei Hinsicht. Hatten noch anderthalb Jahre zuvor Millionen im Fernsehen vernommen, in der Sowjetunion gebe es keinen Sex, so setzt auch bei diesem Thema eine Enttabuisierung ein. Dass die Frauen in manchen Publikationen auch die Hüllen fallen ließen, war offenbar zu viel für einen guten Kommunisten oder eine gute Kommunistin. Doch Glasnost in sozialistischen Bahnen halten zu wollen, war im Grunde immer ein Widerspruch in sich. Wer bestimmt, welche Publikation, welches Thema der Perestroika nützlich ist und welches nicht? Gorbatschows enger Berater Tschernajew charakterisiert diese Phase ab Frühjahr/Sommer 1988 wie folgt: „Die Meinungen klafften damals bereits so weit auseinander, dass niemand mehr genau wusste, wo Sozialismus anfing und wo er aufhörte, was Sozialismus überhaupt war und wofür man ihn brauchte."[4]

Gorbatschow wird von mindestens vier Seiten unter Druck gesetzt: von den Systembewahrern rund um Ligatschow; von den sogenannten „Radikalreformern" um Jelzin, die die Parteiherrschaft schwächen wollen; von den zwangssowjetisierten Völkern wie den Balten, die

15 US-Präsident Ronald Reagan auf dem Roten Platz in Moskau im Mai 1988

nichts mehr vom Sozialismus und von der Sowjetunion hören wollen; und von einem immer stärker werdenden Teil der Bevölkerung, für den der Gewinn an persönlichen Freiräumen die materielle Verschlechterung unter Gorbatschow nicht länger aufwiegt. International weicht dagegen die Skepsis ihm gegenüber, und der Westen wünscht ihm jetzt sogar Glück und Erfolg bei seiner Perestroika. In dieser Situation gehen Ende Mai 1988 Fernsehbilder um die Welt, die zuvor nicht für möglich gehalten worden wären: US-Präsident Reagan spaziert mit Gorbatschow über den Roten Platz in Moskau und kommt ins Gespräch mit staunenden Bürgern.

Gerade mal fünf Jahre ist es her, dass Reagan die Sowjetunion zum ersten Mal als „Reich des Bösen" bezeichnet hat. Jetzt legt er den Arm um die Schulter von Gorbatschow. Jemand aus dem Pulk fragt ihn: „Wie gefällt Ihnen Moskau?" Reagan: „Ganz großartig. Ich bin doch noch nie auf dem Roten Platz gewesen. Jetzt sehe ich, welch ein wundervoller Platz das ist. Vielen Dank für Ihre Herzlichkeit und Gastfreundschaft."[5] Zuvor hat Gorbatschow Reagan auch zu Sehenswürdigkeiten innerhalb der Kreml-Mauern geführt. Dort, so erinnert sich der damalige sowjetische Dolmetscher Pawel Palaschtschenko, nahm Reagan seine berühmten Worte zurück: „Als Reagan gefragt wurde – er stand an der Zarenkanone –, ob er die Sowjetunion immer noch für das Reich des Bösen hielt, sagte er: ‚Die Sowjetunion Gorbatschows ist kein Reich des Bösen mehr'. Auch das war ein Zeichen für das Ende des Kalten Krieges."[6] Auf diesem Gipfeltreffen tauschen beide Seiten feierlich die Ratifikationsurkunden über das Inkrafttreten des historischen INF-Vertrages aus, den sie in Washington unterzeichnet hatten.

Einen Monat vor dem Moskauer Gipfel hatte Gorbatschow den wohl größten Streitpunkt aus dem Weg geräumt, der die Entspannungspolitik vorerst beendet sowie zum gegenseitigen Boykott der Olympischen Spiele in Moskau (1980) und Los Angeles (1984) geführt hatte. In Genf hatte er Außenminister Schewardnadse ein Abkommen zu Afghanistan unterzeichnen lassen, das den Abzug der sowjetischen Truppen bis Februar 1989 vorsah. Welch Kehrtwende und Zeichen von politischer Größe, darin den Einmarsch 1979 faktisch als Völkerrechtsbruch einzugestehen!

In Moskau bietet Reagan Gorbatschow an, ihn mit „Ron" anzusprechen. Dieser willigt ein, sie duzen sich ab jetzt, wenn auch nicht unbedingt bei offiziellen Anlässen. Bewegende Worte findet Reagan bei der Abschiedszeremonie im Großen Kremlpalast:

> […] Herr Generalsekretär, verstehen Sie bitte. Wir sind Ihnen und Raissa Maximowna nicht nur dankbar: Wir betrachten Sie als Freunde, und in diesem Sinne haben wir eine weitere Bitte an Sie: Übermitteln Sie den Menschen in der Sowjetunion die tiefen Gefühle der Freundschaft, die wir und das Volk unseres Landes ihnen gegenüber hegen. Sagen Sie ihnen auch, wir danken ihnen dafür, dass sie auf die Straße gekommen sind, um uns zu begrüßen. Wir danken für ihre Grüße und ihr Lächeln. Und sagen Sie ihnen, wir werden uns bis zu unserem Lebensende an ihre Gesichter erinnern, diese Gesichter voller Hoffnung, Hoffnung auf eine neue Ära in der Geschichte der Menschheit. Auf eine Ära des Friedens zwischen unseren Ländern und Völkern."[7]

In Westen ist Gorbatschow schon eine Art Superstar. Das amerikanische *Time*-Magazin kürt ihn 1987 und 1989 zur Person des Jahres, 1990 gar zur Person der Dekade – jeweils natürlich mit seinem Porträt auf der Titelseite. Im eigenen Land jedoch findet sich der globale Polit-Star zunehmend zerrieben zwischen den unversöhnlichen Gegenpolen der Systembewahrer und der bisher noch nicht organisierten „Radikalreformer", zu denen jetzt auch Andrej Sacharow gehört. Im Rückblick als ungeschickt zu bewerten ist die Tatsache, dass Gorbatschow dem populistischen Jelzin in der ersten Hälfte des Jahres 1988 keine Möglichkeit gibt, in den heimischen Medien präsent zu sein. Nach eigener Darstellung handelt sich Valentin Falin im Frühjahr 1988 sogar einen Rüffel von Gorbatschow ein, weil er als Chef der sowjetischen Presseagentur *Nowosti (APN)* ein Interview mit Jelzin in der deutschsprachigen Ausgabe der *Moskowskije Nowosti* (*Moskauer Nachrichten)* abdrucken ließ: „Am nächsten Tag wurde ich zu Gorbatschow zitiert: ‚Warum tun Sie das? Führen Sie eine eigene Politik?'", habe dieser gefragt.[8]

Jelzin seinerseits beginnt, ausländischen Medien Interviews zu geben, und zu den ersten zählen jene für die britische BBC und die US-Sender ABC und CBS. Im vollen Bewusstsein, dass Interviews für westliche Medien auf jeden Fall auch in die Sowjetunion zurückstrahlen und seine Landsleute erreichen, agiert Jelzin sehr populistisch, indem er im BBC-Interview das Publikum bezüglich des ZK-

Plenums vom Oktober des Vorjahres irreführt. Nicht nur, dass er die inzwischen kursierende Fake-Rede nicht also solche enttarnt, sondern er setzt noch eins drauf: Sein „einziger Fehler", so zitiert die Deutsche Presse-Agentur aus dem BBC-Interview, sei gewesen, diese Rede zur falschen Zeit gehalten zu haben.[9] Durch die mediale Aufwertungen im Westen wächst der Druck auf Gorbatschow, Jelzin nicht völlig aus dem politischen Leben auszuschließen, zumal ein solcher Ausschluss der Perestroika- und Glasnost-Politik zuwiderliefe. Während unter Stalin ein derart erratischer Parteigenosse erschossen, unter Breschnew als Mitarbeiter in eine Auslandsvertretung abgeschoben worden wäre, lässt Gorbatschow Jelzin daher gewähren.

In jenen Wochen und Monaten arbeitet Gorbatschow mit seinen Vertrauten an der Vorbereitung der 19. Allunions-Parteikonferenz, die nicht nur einen Meilenstein, sondern den politischen Höhepunkt der Perestroika-Ära darstellt. Vom 28. Juni bis 1. Juli 1988 schaut die Welt wieder besonders intensiv und gebannt nach Moskau, wo sich die sowjetische Führung vom bisherigen politischen System allmählich verabschiedet. Es ist für die sowjetische Bevölkerung ein besonderes Erlebnis, ermöglicht ihr Gorbatschow doch endlich einmal, einen Blick in die Machtzentrale zu werfen, und es ist eine Zäsur auch deshalb, weil es erstmals seit den Jahren unmittelbar nach der Oktoberrevolution wieder zu heftigen Rededuellen zwischen Delegierten kommt, zu einem Widerstreit der Meinungen wie er eine Volksvertretung idealtypisch ausmacht. Westliche Demokraten mögen an dieser Stelle einwenden, dass es sich bei der 19. Parteikonferenz oder beim Obersten Sowjet nicht um eine Volksvertretung gehandelt habe. Das ist richtig, aber 1988 verfügt Gorbatschow noch über keine frei gewählten Verfassungsorgane, und eben hier, auf der 19. Allunions-Parteikonferenz beschließen die knapp 5000 Delegierten unter der Leitung und auf die Initiative von Gorbatschow hin, die faktischen Scheinparlamente abzuschaffen und eine neue Volksvertretung ins Leben zu rufen: einen Kongress der Volksdeputierten, der aus echten Wahlen hervorgehen soll. Gorbatschow erinnert sich: „Die Diskussion war derart mitreißend, dass viele Delegierte ihre ausgearbeiteten Beiträge beiseitelegten und sich zur Tribüne drängten; erregte Zwischenrufe folgten.

Hinzu kam die Direktübertragung aus dem Sitzungssaal. Das Land war an die Rundfunk- und Fernsehempfänger buchstäblich gefesselt."[10] Die historische Konferenz beschließt, dass zwei Drittel der künftigen Volksvertreter sich dem Konkurrenzprinzip stellen müssen, die Bürger also erstmals mehrere Kandidaten zur Auswahl haben – auch parteilose! Ein Drittel der Abgeordneten allerdings, so die Regelung, wird von „gesellschaftlichen Vereinigungen" wie der Partei, den Gewerkschaften und so weiter delegiert. Insofern ist gesichert, dass die Kommunisten weiterhin parlamentarisch vertreten sind. Die Wahlen sind für das Frühjahr 1989 terminiert.

Noch heute ist, weil „nur" zwei Drittel der Abgeordneten wirklich frei und demokratisch gewählt wurden, im Zusammenhang mit dem Volksdeputiertenkongress etwas abwertend von den ersten „halbwegs freien Wahlen" in der Sowjetunion die Rede. Im damaligen historischen Kontext aber war dieser Schritt Gorbatschows trotz Zweidrittel-Regelung wirklich revolutionär, mutig, gleichzeitig umsichtig und klug, weil diese Vorgehensweise keinen abrupten Bruch mit der Vergangenheit bedeutete. Solch ein Bruch wäre sicherlich mit einem Risiko verbunden gewesen, weil er die Systembewahrer vollends provoziert und isoliert hätte.

Der Jurist Gorbatschow initiiert auch eine grundlegende Rechtsreform auf dieser historischen Parteikonferenz: In dem leidgeprüften Land, dessen Bürger Willkür und in der Stalin-Zeit sogar völlige Rechtlosigkeit durchleben mussten, kommt Gorbatschow plötzlich mit dem rechtsstaatlichen Prinzip daher, dass grundsätzlich eine Unschuldsvermutung gelten müsse. Unschuldsvermutung! Was für ein wohliges, beruhigendes (Fremd-)Wort in den Ohren sowjetischer Menschen. Besonders hervorzuheben ist auch ein weiterer Beschluss dieser Parteikonferenz, der zumindest ein wesentliches Element der Gewaltenteilung festschreibt: „Es gilt, die Autorität des Gerichts zu heben, das Prinzip der uneingeschränkten Unabhängigkeit der Richter und deren Unterordnung nur unter das Gesetz zu sichern. Entschieden zu erhöhen ist die Verantwortung der Staatsanwaltschaft. Dazu ist jeglicher Druck auf sie wie auch die Einmischung in ihre Tätigkeit auszuschließen."[11]

Mit anderen Worten: Die Parteifunktionäre haben sich künftig auf allen juristischen Ebenen herauszuhalten. Und nicht nur das: Es wird auch beschlossen, Sanktionen festzulegen im Falle von Einmischungsversuchen oder der Missachtung des Gerichts. Die wohl folgenschwerste Entscheidung, die die Macht der Partei am meisten schwächen wird, ist die Aufwertung der Sowjets (Räte). Ursprünglich handelte es sich dabei um basisdemokratische Arbeiter- und Soldatenräte, die von Lenin im Oktober 1917 entmachtet und fortan von den Bolschewiki dominiert wurden. Stalin nannte seine Scheinparlamente auch „Räte". Der „Oberste Sowjet" war demnach der „Oberste Rat".

Und genau hier beginnt Gorbatschow, sich in Richtung parlamentarischer Demokratie im westlichen Sinne zu bewegen und damit das bisherige System in seinen Grundfesten zu verändern. Die Macht soll künftig bei den weitgehend demokratisch gewählten Räten (Parlamenten) liegen, nicht mehr vornehmlich bei der Kommunistischen Partei. Das Oberste Parlament der Sowjetunion – der Oberste Sowjet – ist fortan vom Kongress der Volksdeputierten zu wählen. Es fungiert als ständig tagendes Arbeitsparlament, wohingegen der Kongress der Volksdeputierten nur zwei Mal jährlich zusammenkommt. Gorbatschow lässt hierfür natürlich die Verfassung ändern und im Dezember 1988 ein Gesetz verabschieden, in welchem das neue Wahlsystem mit dem Prinzip festgeschrieben ist, dass mehrere Kandidaten sich auf einen Abgeordnetenplatz bewerben.

Auch Boris Jelzin nimmt als Delegierter an dieser historischen Parteikonferenz teil. Und er nutzt publikumswirksam die Bühne, die Gorbatschow ihm eröffnet hat. Vom Rednerpult aus erhebt er wieder den Vorwurf, die Perestroika gehe zu langsam, sie habe nur deklaratorischen Charakter. Er selbst, der als Moskauer Oberbürgermeister nichts Wesentliches geleistet hat, aber aufgrund seines Populismus und einer frei erfundenen Rede zweifellos großen Rückhalt in der Bevölkerung genießt, instrumentalisiert die wirtschaftlichen Schwierigkeiten für seine Zwecke – übergeht aber geflissentlich, dass Gorbatschow das politische Leben des Landes und die Atmosphäre kolossal verändert hat. In der Rolle eines Anwalts des Volkes, die er offensichtlich für sich beansprucht, kritisiert er erneut die Privilegien und Spezialgeschäfte für die „Hunger leidende Nomenklatura", wie er, oder auch sein Redenschreiber Poltoranin, es formuliert.[12] Jelzins Opportunismus und seine Unberechenbarkeit kommen wieder zum Vorschein, als er im selben Redebeitrag – voll des Lobes für den Sozialismus – um Rehabilitierung bittet:

> Ja, wir sind stolz auf den Sozialismus und sind stolz darauf, was erreicht worden ist. Doch wir dürfen damit nicht prahlen. [...] Genossen Delegierte! Die Rehabilitierung nach 50 Jahren ist jetzt bei uns gang und gäbe geworden, und dies wirkt sich günstig auf das Gesunden unserer Gesellschaft aus. Ich persönlich bitte aber um meine politische Rehabilitierung noch zu Lebzeiten. Mich nimmt das Vorgefallene sehr mit, und ich bitte die Konferenz, die Entscheidung des Plenums [vom Herbst 1987 – I. L.] zu revidieren. Dadurch wäre ich in den Augen der Kommunisten wieder rehabilitiert.[13]

Doch Gorbatschow geht darauf nicht ein und ist insgeheim nicht gewillt, ihm einen höheren Posten als den des Ministers für Bauwesen zu geben. Jelzins offener und Gorbatschows verdeckter Widersacher Ligatschow bezieht aber mit dem berühmten Satz Stellung: „Boris, Du hast nicht recht." 2010 legte Ligatschow großen Wert darauf, hinzugefügt zu haben: „Boris, Du verfügst über große Energien. Doch diese Energie ist nicht schöpferisch, sondern sie ist auf Zerstörung gerichtet."[14]

Trotz aller Kritik macht Jelzin vier Monate später den wohl letzten Versuch, sich bei Gorbatschow anzubiedern. Am 7. November 1988 schickte er ihm ein Telegramm mit folgendem Inhalt: „Verehrter Michail Sergejewitsch! Nehmen Sie bitte meine Glückwünsche zu unserem großen Feiertag entgegen – dem 71. Jahrestag der Oktoberrevolution! Im Glauben an den Sieg der Perestroika wünsche ich Ihnen, dass Sie durch die Kraft der von Ihnen geführten Partei und des ganzen Volkes all das in unserem Land verwirklichen, woran Lenin gedacht und wovon er geträumt hat."[15] Auch das hilft nicht weiter, und so verwandelt sich Jelzin spätestens ab jetzt so rasch wie kaum ein anderer in einen Antikommunisten. Erst nachdem seinem Wunsch nach einer Rückkehr in die Machtzentrale und die Führung des Landes nicht ent-

16 1. Juli 1988: Auf der historischen 19. Parteikonferenz bittet Boris Jelzin die Kommunistische Partei, ihn zu rehabilitieren, obwohl er sie gleichzeitig bekämpft. Gorbatschow (hinter Jelzin) leitet die Konferenz.

sprochen wird, beginnt er seinen entschiedenen Kampf gegen die Partei, die er nicht nur schwächen, sondern entmachten will.

Weil es Gorbatschow einfach nicht gelingen will, die Versorgung der

Bevölkerung zu verbessern, steigt Jelzins Stern. Er bietet eine Projektionsfläche für Hoffnungen, ohne sich selbst der politischen Verantwortung stellen zu müssen. Auf der anderen Seite setzen nun auch die Systembewahrer Gorbatschow öffentlich zu. Berühmt ist heute noch die Wortmeldung von Juri Bondarjow, dem stellvertretenden Leiter des sowjetischen Schriftstellerverbands, auf der 19. Parteikonferenz. Er greift die Autorität des Kreml-Chefs in besonderer Weise an, indem er impliziert, dieser handele planlos: „Kann man unsere Perestroika nicht vergleichen mit einem Flugzeug, das abgehoben hat, aber nicht weiß, ob es am Zielort einen Landeplatz gibt?" Und er kritisiert die sowjetischen Medien scharf, denen er vorwirft, die Moral zu untergraben, die Vergangenheit nur schlechtzumachen und sogar das „Genie Lenin" und die Oktoberrevolution in Zweifel zu ziehen.[16]

Gorbatschow lässt das alles geschehen, nicht aus Schwäche, sondern weil er den Sozialismus *anders und großzügiger* als bisher auslegt. Er lässt Meinungspluralismus in den Parteigrenzen deutlicher, aber vor allem offener zu – und sieht dabei wieder Lenin an seiner Seite. Inzwischen haben sich zahlreiche informelle Gruppen im Land gebildet: Diskussionsclubs und Interessengruppen. Die Vereinigung *Memorial* wird zu der bekanntesten und besteht noch heute. Aus der Zivilgesellschaft heraus und eben nicht auf Geheiß oder unter der Kontrolle der Partei wächst sie zur Massenvereinigung heran. *Memorial* schließen sich nicht nur ehemalige politische Gefangene und ihre Angehörigen, sondern auch viele junge, politisch interessierte Menschen an, die sich für Opfer der kommunistischen Repressionen einsetzen und eine angemessene Erinnerungskultur einfordern. Zu den Gründungsmitgliedern gehören unter anderen der Friedensnobelpreisträger Andrej Sacharow, der Geschichtsprofessor Juri Afanasjew und der Physik- und Mathematikprofessor Lew Ponomarjow. Auch sogenannte Volksfronten entstehen: Die ersten kommen im Baltikum auf, die zunächst die Betonung auf die nationale Identität legen. Solche Volksfronten bilden sich dann in allen Unionsrepubliken, aber auch in einzelnen Städten, wobei der etwas martialisch klingende Name wenig über die Ausrichtung sagt.

Gorbatschow hat es inzwischen geschafft, den meisten Menschen die Angst zu nehmen. Bemerkenswert, ja sogar revolutionär ist ein Ereignis im Sommer 1988 in der Millionenstadt Kuibyschew (1991 zurückbenannt in Samara), das aufgrund der medialen Fokussierung auf Moskau und Leningrad kaum Beachtung gefunden hat, auch nicht im historischen Diskurs: Am 22. Juni versammeln sich rund 65 000 Bürger auf dem Kuibyschew-Platz – darunter viele Arbeiter – und unterschreiben eine Petition, in der sie die Absetzung des Ersten Gebiet-Parteisekretärs, Jewgeni Murawjow, verlangen. Das ist in der Perestroika bis dahin die größte Demonstration in der Sowjetunion, und auf den Plakaten ist unter anderem zu lesen: „Perestroika ja – Murawjow nein" oder „Es lebe Gorbatschow – nieder mit dem Parteiapparat von Murawjow".[17] Die Gründe für die Unzufriedenheit sind soziale Ungerechtigkeiten, Versorgungsmängel, Wohnungsnot und extreme Umweltverschmutzung. Tatsächlich wird Murawjow nach der zweiten größeren Protestkundgebung am 21. Juli 1988 eine Woche später von seinem Amt entbunden mit der offiziellen Begründung, er habe das Pensionsalter erreicht.

Zum ersten Mal haben damit die Bürger echte Teilhabe an der Macht erfahren, ihr Schicksal selbst in die Hand genommen und bestimmt – und nicht die Parteioberen. Zwar haben die Menschen von Kuibyschew, deren Stadt nach einem frühen kommunistischen Revolutionär benannt ist, weder gegen das sozialistische System noch gegen die Partei an sich demonstriert. Aber wird das im Land so bleiben? Gorbatschow klammert sich weiterhin an die Hoffnung, die Bürger würden im großzügiger gewordenen Sozialismus ihre Rechte ausschöpfen und damit aus Überzeugung zufrieden sein, weil sie keine andere Gesellschaftsordnung anstreben. Der Grundwiderspruch aber bleibt und wird früher oder später an die Oberfläche kommen: Menschen zum selbstständigen Denken und Handeln, zur Eigeninitiative anzuhalten, lässt sich nicht vereinbaren mit der Aufforderung Gorbatschows, alles für die Perestroika in sozialistischen Bahnen zu geben und sich bitte in diesem Rahmen zu bewegen. Schon 1988 kommen in Moskau die ersten Forderungen auf, das Machtmonopol der Kommunistischen Partei abzuschaffen und auch andere Parteien zuzulassen. Der Historiker Juri Afanasjew, aber auch Andrej Sacharow sind die

17 „Das Volk und die Partei sind eins" lauten die fest installierten Worte auf dem Dach des Gebäudes rechts. Im Zentrum vom Kuibyschew fordern die Bürger am 21. Juli 1988 öffentlich den Rücktritt des lokalen Parteichefs – eine sehr mutige und bis dahin nie dagewesene Forderung.

Ersten, die das in den Raum stellen, und damit das Sakrileg begehen, eine parlamentarische Demokratie anzustreben. Laut Verfassung (Artikel 6) muss aber die KPdSU führende Kraft der Gesellschaft sein. Auch ist es Afanasjew, der als Erster am Heiligenschein Lenins rührt und die Oktoberrevolution infrage stellt. Im Rückblick spricht Afanasjew sehr anerkennend über Gorbatschow: „Er hat nichts dagegen unternommen. Er hat auch diese Art von Glasnost nicht versucht zu stoppen. Daher bin auch ich ihm dankbar."[18]

Gorbatschow ist insbesondere durch die Angriffe auf Lenin in die Defensive geraten. Auch in seinem Sommerurlaub 1988 auf der Krim kommt er gedanklich nicht wirklich zur Ruhe. Mit seiner Frau Raissa, Tochter Irina, Schwiegersohn Anatoli und den beiden Enkeltöchtern verbringt er ihn erstmals in der neu gebauten Staatsvilla in Foros am Schwarzen Meer. In seinen Memoiren schreibt er:

> Am Ufer sitzend, kann man frei von störenden Gedanken stundenlang den Meeresspiegel betrachten und sich dem Rauschen der Wellen hingeben, die die Kieselsteine bewegen. So vergehen ein paar Tage. Doch schon so etwa am dritten Tag kommt das Gefühl auf, zunächst noch zaghaft, man vergeude sinnlos seine Zeit. Man beginnt zu überlegen, was eventuell zu tun sei. So war es auch diesmal […], zumal ich es mir zur Gewohnheit gemacht hatte, jeden Urlaub zu einer für mich wichtigen Denkarbeit zu nutzen, die Ruhe und Konzentration erforderte. 1988 galt sie dem neuen, modernen Verständnis des Sozialismus. […] Was ist die Perestroika? Ihr Sinn besteht vor allem darin, die Bürger wieder am politischen Prozess, an der Wirtschaft, der gesellschaftlichen Öffnung teilhaben zu lassen. Was die Revolution als ihre Aufgabe ansah – die Überwindung der Entfremdung –, eben das gedachten wir fortzusetzen und zum Abschluss zu bringen.[19]

Auch nach der Bestandsaufnahme auf der Krim hält Gorbatschow am Einparteiensystem fest, wie die Niederschrift seiner Gedanken belegt, von deren Veröffentlichung er vorerst absieht.

Während die 19. Parteikonferenz den innenpolitischen Höhepunkt der Perestroika markiert, so ist es – ebenfalls 1988 – außenpolitisch die bahnbrechende Rede Gorbatschows vor der UNO-Vollversammlung in New York. Mit riesigen Bannern heißen ihn die amerikanischen Bürger am 6. Dezember willkommen. Vom Glanz des Kreml-Chefs will einer ganz besonders gern profitieren: Donald Trump. Dessen Bemühungen um ein Treffen laufen jedoch ins Leere, wie die Deutsche Presse-Agentur zu berichten weiß: „Mitglieder der sowjetischen Delegation bestätigen inzwischen, dass der erwartete Besuch des Kreml-Chefs bei einem der bekanntesten New Yorker Großkapitalisten, dem Baulöwen und Kasinobesitzer Donald Trump, der in den letzten Tagen Anlass für etliche spöttische Kommentare geworden war, nun doch nicht stattfinden wird.“[20] Ein Grund wird nicht genannt. Die spöttischen US-Kommentare dürften der sowjetischen Delegation aber sicher nicht entgangen sein.

Gorbatschows Rede vor der UNO in New York kommt einem Paradigmenwechsel der sowjetischen Politik gleich: Er kündigt für sein

Land die *Entideologisierung* der internationalen Beziehungen an, ferner einen absoluten Verzicht auf Gewalt und Gewaltandrohung nach außen. Als sehr weitsichtig erweist sich auch sein dringender Appell, den globalen Umweltschutz zu stärken, um eine drohende „ökologische Katastrophe", wie er es formuliert, abzuwenden. Weil die Medien bei ihrer anschließenden Berichterstattung den Fokus auf die entspannungspolitischen Elemente der Rede legen, ist wenig bekannt, dass er die Einrichtung eines entsprechenden Umweltzentrums innerhalb der UNO angeregt hat. Die Sensation liegt damals darin, dass Gorbatschow ankündigt, die Streitkräfte der Sowjetunion in den Jahren 1989 und 1990 einseitig um sage und schreibe 500 000 Mann zu verringern und bis 1991 sechs Panzer-Divisionen aus der DDR, aus Ungarn und aus der Tschechoslowakei abzuziehen und aufzulösen. Was die Ausarbeitung dieser Zahlen betrifft, hebt Gorbatschow in seinen Memoiren eine Person hervor: „Hervorragende Arbeit hat in diesem Zusammenhang Marschall Achromejew geleistet."[21]

Sergej Achromejew war Generalstabschef der sowjetischen Streitkräfte und stellvertretender Verteidigungsminister. Westliche Darstellungen, Gorbatschow habe entgegen dem Willen oder den Empfehlungen seiner Militärs gehandelt, sind unzutreffend. Auch Marschall Dmitri Jasow, 1987 bis 1991 Verteidigungsminister, bestätigte, dass er nicht gegen die Abrüstung oder die deutsche Wiedervereinigung war, sondern sich am Schluss der Amtszeit Gorbatschows gegen die Desintegration der Sowjetunion zu stemmen versuchte.[22] Das wiederum klingt so, also ob Gorbatschow die Auflösung des eigenen Landes gewollt habe. Das Gegenteil ist der Fall. In New York präsentiert er eine Sowjetunion, die nicht nur die Rechtsstaatlichkeit hochhält, sondern sich auch dem Völkerrecht bedingungslos unterwerfen will und das auch von den anderen Staaten verlangt.

Er wird mit Ovationen und anhaltendem Applaus bedacht, etwas, was in der UNO-Geschichte in diesem Maße noch nie vorgekommen war. Die amerikanischen Leitmedien überschlagen sich in ihren Würdigungen. Die *New York Times* schreibt: „Seit 1918, als Woodrow Wilson sein Vierzehn-Punkte-Programm verkündete, und 1941, als Franklin Roosevelt und Winston Churchill ihre Atlantik-Charta darlegten, zeigte wohl keine weltpolitische Persönlichkeit eine solche Weitsicht wie Michail Gorbatschow."[23] Einige von Gorbatschows Mitarbeitern waren davon überzeugt, dass die riesige Aufmerksamkeit und Wertschätzung im Westen die Wirkung auf ihn persönlich nicht verfehlten. Er habe die Lobgesänge sehr genossen.[24] Valentin Falin und Alexander Jakowlew unterstellen ihm, er sei durch den internationalen Applaus offensichtlich noch stärker angefeuert worden, revolutionärer und bahnbrechender zu agieren. Die Ursache dafür sei auch seine angebliche Eitelkeit gewesen.[25]

Mitten in diesen historischen New-York-Besuch platzt die Nachricht von einem Erdbeben in Armenien, von dem zunächst nicht klar ist, welche verheerenden Ausmaße es hat. Später stellt sich heraus, dass rund 25 000 Menschen ums Leben gekommen sind. Eine beispiellose Hilfsbereitschaft der westlichen Staaten und deren Bevölkerungen setzt ein. Neu ist, dass die Sowjetunion sich helfen lässt – auch von den USA und Großbritannien, die Ärzteteams, Räumfahrzeuge, Erdbebenexperten mit Suchhunden, Medikamente, Nahrungsmittel und andere dringend benötigte Güter und Fachkräfte in das Unglücksgebiet transportieren.[26] Und zum ersten Mal seit der Teilung Berlins in vier Sektoren landet eine sowjetische Maschine im Westteil der Stadt, wo sie auf dem Flughafen Tegel Hilfsgüter aufnimmt.[27] Auch daran ist erkennbar, wie sehr sich das Verhältnis der drei westlichen Besatzungsmächte zur Sowjetunion zum Guten geändert hat. Die Deutsche Presse-Agentur meldet, nach der Erdbeben-Katastrophe habe ein „Ansturm der Bundesbürger auf Spendenformulare" eingesetzt.[28]

Der Herausgeber des *Spiegel*, Rudolf Augstein, spendet gar eine Million Mark aus seinem Privatvermögen, die Verlegerin Aenne Burda gemeinsam mit ihren drei Söhnen die gleiche Summe.[29] In seiner Neujahrsansprache 1989 geht Bundeskanzler Helmut Kohl gleich nach den Begrüßungsworten auf das Unglück ein: „Im Rückblick auf 1988 denken wir voll Mitgefühl und Anteilnahme an die zahlreichen Opfer von Unglücken und Katastrophen. […] Meine Damen und Herren! Ich weiß, sie empfinden genauso. Ihre große Hilfsbereitschaft nach dem Erdbeben in Armenien beweist das."[30] Gorbatschow, der nach seinem UNO-Auftritt ursprünglich geplant hatte, mit seiner Ehefrau nach Kuba zum Machthaber Fidel Castro weiterzureisen und anschließend in Großbritannien Premierministerin Margaret Thatcher zu besuchen, fliegt sofort in das Unglücksgebiet. Die Stadt Spitak ist völlig zerstört, ebenso Dutzende Dörfer. Die sowjetische Regierung gab im Zusammenhang mit der Tragödie von Armenien auch etwas preis, das seit Stalin geheim gehalten wurde: Der Sprecher des Außenministeriums erklärt auf einer Pressekonferenz in Moskau, dass schon bei einem Erdbeben in der Sowjetrepublik Turkmenistan 1948 „etwa 100 000 Menschen ums Leben gekommen" waren.[31] Die Veröffentlichung dieser Opferzahlen vierzig Jahre nach dem Erdbeben ist ein weiteres Ergebnis der Glasnost-Politik, die inzwischen alle Winkel der sowjetischen Geschichte und Gegenwart ausleuchtet.

Gorbatschow befindet sich mittlerweile in einem Dilemma: Die Perestroika- und Glasnost-Politik hat sich verselbstständigt und entzieht sich zunehmend der Kontrolle ihres Initiators. Viele Journalisten und einige Politiker stellen inzwischen das gesamte System infrage. Ein Reagieren mit repressiven Maßnahmen wäre jedoch ein Widerspruch in sich und stünde seinen erklärten Absichten und Zielen entgegen. Dies zwingt Gorbatschow zur Zurückhaltung und zum „Geschehenlassen", weil er nicht gleichzeitig die Presse für seinen Kurs instrumentalisieren und sie zur Offenheit und Kritik auffordern kann. Etwas hilflos gemahnt er daher bloß zur konstruktiven Kritik. Er muss sich entscheiden, ob er an seinem Ideal, an der Utopie einer freien und sozialistischen Demokratie, festhält oder den Bürgern die ganze Freiheit gibt, bevor ihm diese Entscheidung abgenommen wird.

11. KONTROLLVERLUST IM INNERN

Während die Sowjetunion bis dahin ein Vorreiter der Reformen im Ostblock gewesen war, hatte sie den Kampf zwischen den Besitzstandswahrern und den Systemfeinden in Moskau noch auszufechten. Doch unbeirrt setzte Gorbatschow zunächst die weitere Demokratisierung des Landes um, indem er Ende März 1989 die Wahlen zum Kongress der Volksdeputierten abhalten ließ. Endlich konnten sich die Bürger dabei zwischen zwei oder mehreren Kandidaten in ihrem Wahlkreis entscheiden. Prompt fielen zahlreiche hohe KP-Funktionäre durch, was den Unmut der Besitzstandswahrer gegenüber Gorbatschow noch vergrößerte. Auf der anderen Seite des neuen politischen Spektrums standen die sogenannten „Radikalreformer", denen Gorbatschows Perestroika nicht konsequent genug vonstattenging. Ihr inoffizieller Anführer war Boris Jelzin, den die Bürger seines Moskauer Bezirks mit sensationellen 89 Prozent der Stimmen zum Volksdeputierten wählten. Seine ständigen Parolen gegen Privilegien und Vetternwirtschaft, seine vermeintliche Opferrolle und seine gefälschte „Mutrede" von 1987 hatten ihre Wirkung offensichtlich nicht verfehlt, und er spielte seine Rolle als Hoffnungsträger weiter aus.

Die Eröffnung des Volksdeputiertenkongresses am 25. Mai 1989, die einen Meilenstein in der Geschichte der Sowjetunion darstellte, zog das Interesse der Bürger auch deshalb auf sich, weil die Debatten live übertragen wurden und es immer noch ungewohnt war, dass tatsächliche Volksvertreter untereinander leidenschaftlich stritten. Die Tagungen dieses historischen Kongresses zogen sich über zwei Wochen bis zum 9. Juni hin. Diese neue politische Institution war ein Musterbeispiel für Gorbatschows Perestroika, weil den Bürgern mit ihr die versprochene Teilhabe an der Macht gewährt und ihre Meinung erstmals in der Sowjetära wirklich respektiert wurde. Dass früher oder später das Denkmal Lenins fallen und die Abschaffung des Einparteiensystems beschlossen würde, war daher zu erwarten. Den ersten Riss in der Partei besorgten die Volksdeputierten rund um Andrej Sacharow, Juri Afanasjew und Gawril Popow: Sie gründeten mit der Interregionalen Deputiertengruppe die erste legale Opposition innerhalb des Kongresses, der bald einige Hundert der insgesamt 5000 Kongressabgeordneten angehörten. Auch Boris Jelzin schloss sich ihr an, ebenso der estnische Chemie-Professor Viktor Palm, der neben den Genannten zur Führungsriege gehörte. Zu den politischen Zielen dieser Gruppe gehörte die Abschaffung des Verfassungsartikels 6, der das Machtmonopol der KPdSU festschrieb. Außerdem forderte sie ein demokratisches Pressegesetz, das die Medien von den Fesseln der Partei befreit. Schließlich sollten die Beziehungen zwischen dem Machtzentrum in Moskau und den 15 Sowjetrepubliken auf eine neue, liberalere Grundlage gestellt werden. Nach Darstellung des Geschichtsprofessors Afanasjews telefonierten er und Sacharow damals oft bis tief in Nacht.[1]

Boris Jelzin genoss innerhalb der Moskauer Intelligenz nicht den besten Ruf, nahm aber schon sehr schnell eine Führungsrolle innerhalb der neuen Oppositionsgruppe ein – nicht zuletzt wegen seines hervorragenden Wahlergebnisses. Anders als er stand Sacharow, dem es nur um die Sache ging, keineswegs in grundsätzlicher Opposition zu Gorbatschow, sondern er würdigte ihn sogar öffentlich mit den Worten: „Es war doch Gorbatschow, der der Initiator vieler Entscheidungen war, die in den vergangenen vier Jahren das gesamte Land und die Psychologie der Menschen verändert haben […] Dabei idealisiere ich ihn nicht, glaube auch nicht, dass er alles Notwendige tut. Doch all dies widerspricht nicht der Tatsache, dass es zu Gorbatschow keine Alternative gibt."[2]

Die Situation spitzte sich jedoch derart zu, dass Gorbatschow kaum noch gestalterisch wirken konnte, sondern fast nur noch abwehrend zu reagieren versuchte auf Ereignisse und Entwicklungen, die von ihm nicht beabsichtigt waren. Dazu gehörten auch gewaltsam ausgetragene Nationalitätenkonflikte wie die Auseinandersetzung zwischen Armeniern und Aserbaidschanern um die Bergregion Karabach. Sie liegt in Aserbaidschan, wurde aber überwiegend von Armeniern bewohnt. 1988 und 1989 kamen dort bei Zusammenstößen und Pogromen mehrere Hundert Menschen ums Leben.

Insbesondere im heutigen Russland, aber auch im Westen, herrscht das Narrativ vor, in der Sowjetunion sei es vor der Perestroika ruhig gewesen und erst nach Gorbatschows Amtsantritt sei es zu solchen gewaltsamen Auseinandersetzungen gekommen. Tatsächlich schwelten aber bereits jahrzehntelang Konflikte unter der Oberfläche – solche zwischen einzelnen Völkern und solche zwischen Völkern und der kommunistischen Führung in Moskau. In einigen Fällen brachen sie auch schon in der angeblich ruhigen Sowjetzeit bis 1985 offen aus, wurden dann aber von der Zentrale in Moskau mit Gewalt beendet und tabuisiert. Wenig bekannt ist daher, dass die sowjetische Armee am 9. März 1956 einen antisowjetischen Aufstand in der georgischen Hauptstadt Tiflis blutig niederschlug. Dabei kamen schätzungsweise hundert Menschen ums Leben. Erst nach Gorbatschows Amtsantritt durfte in Tiflis eine Gedenktafel errichtet werden. Und ebenfalls wenig bekannt ist eine Demonstration in Armenien am 24. April 1965, an der mehrere Zehntausend Menschen teilnahmen. Die Demonstranten forderten 50 Jahre nach Beginn des Völkermords an den Armeniern durch die Türken, dieser Tragödie endlich gedenken zu dürfen. Die Familie des armenischen KP-Führers Jakow Zarobjan gehörte selbst zu den Opfern des Genozids. Er bat Moskau um Erlaubnis, eine Gedenkstätte in der Hauptstadt Jerewan bauen zu dürfen, und die damalige Kreml-Führung unter Breschnew ließ es zu.[3]

Die tieferen Ursachen für die ab Ende der 1980er-Jahre vermehrt auftretenden Konflikte lagen insbesondere in willkürlichen Grenzziehungen zwischen den Sowjetrepubliken durch Lenin und später Stalin sowie schlicht in der Tatsache, dass viele der 15 Republiken widerrechtlich oder gar gewaltsam von den Bolschewiki einverleibt worden waren. Das Russische Kaiserreich war schon infolge der Februarrevolution 1917 untergegangen, und die späteren Sowjetrepubliken Georgien, Armenien und Aserbaidschan waren als Folge dieses Untergangs zunächst unabhängige Staaten gewesen – bis sie von den Bolschewiki und der Roten Armee Anfang der 1920er-Jahre besetzt und unterworfen worden waren. Der kommunistische Slogan von der „unverbrüchlichen Völkerfreundschaft" war insofern eine hohle, zynische und realitätsfremde Phrase.

Am 9. April 1989 verübten Sondereinheiten der sowjetischen Armee in der georgischen Hauptstadt Tiflis ein Massaker, bei dem 21 friedliche Demonstranten getötet wurden – darunter 17 Frauen. Während der vorangegangenen tagelangen Proteste hatten die Georgier von der Zentralregierung in Moskau gefordert, sie solle sich den Separatisten Abchasiens entgegenstellen, die sich von Georgien lösen wollten. Gleichzeitig wurden Rufe nach einer staatlichen Unabhängigkeit Georgiens von der Sowjetunion laut. Auch dieser Konflikt geht auf die willkürliche Bildung von Sowjetrepubliken und ihre Auflösungen durch Lenin und Stalin zurück. So hatten die Bolschewiki 1921 die Sozialistische Sowjetrepublik Abchasien gegründet, nur um sie 1931 wieder aufzulösen und zu einem „autonomen" Teil der Sowjetrepublik Georgien zu machen.

Hatte Gorbatschow den Befehl dazu gegeben, die friedliche Demonstration im April 1989 niederzuschlagen? Auch der neu gebildete Kongress der Volksdeputierten befasste sich mit der Frage, wer die Verantwortung für das Massaker trug. Es stellte sich heraus, dass die örtlichen Machthaber in Tiflis den Befehl gegeben hatten, mit Spaten und Giftgas gegen die Demonstranten vorzugehen. Dennoch war auch Gorbatschow desavouiert, denn es zeigte seinen Kontrollverlust. Unvorstellbar wäre es noch einige Jahre zuvor gewesen, dass solch ein staatlicher Gewaltausbruch lokal entschieden, darüber hinaus an die sowjetische Öffentlichkeit gekommen, geschweige denn „parlamentarisch" diskutiert worden wäre. Dass zudem Abgeordnete ihren Sowjetführer an den Pranger stellen, wäre völlig undenkbar gewesen.

Gorbatschows Beliebtheit bei Bevölkerungen, Medien und verantwortlichen Politikern im Westen tat dies jedoch keinen Abbruch. Nacheinander besuchte er mit seiner Ehefrau die wichtigsten europäischen Länder. Großbritannien, so hielt der Botschafter der Bundesrepublik in einem internen Bericht fest, bemühte sich besonders um ihn. Vom 5. bis 7. April 1989 war er auf Staatsbesuch in London und traf bei dieser Gelegenheit auch Queen Elisabeth. Der Botschafter der Bundesrepublik schrieb an das Auswärtige Amt in Bonn: „Mrs. Thatcher hatte im Vorfeld des Besuchs bereits im Sommer letzten Jahres die sowjetische Seite wiederholt wissen lassen, dass sie größten Wert darauf lege, dass Gorbatschow London als erste Besuchsstation in Europa wählt. Gorbatschow erwies ihr den Gefallen […].[4]

Doch so sehr die Popularität Gorbatschows im Westen auch wuchs – in der Sowjetunion kippte die Stimmung. Nach etwas mehr als vier Jahren am Steuer der Sowjetunion konnte er immer noch keine materiellen Verbesserungen vorweisen, sondern musste zusehen, wie sich alles verschlimmerte. In den Kohlerevieren Kusbass (Sibirien), im Donbass (ukrainische Sowjetrepublik), in Workuta (Polarkreis) oder in Karaganda (kasachische Sowjetrepublik) streikten im Sommer 1989 nicht Tausende, nicht Zehntausende, sondern Hunderttausende Bergarbeiter, weil sie ihre Familien nicht mehr ernähren konnten. Dass sich ausgerechnet Arbeiter im sowjetischen Arbeiterstaat auflehnten, untergrub die Legitimation der KPdSU umso mehr. Gorbatschow schickte Verhandlungsdelegationen aus dem ZK in die Krisengebiete, und mit Lebensmittel-Sonderzuteilungen und der Einräumung von Mitbestimmungsrechten konnten die Streiks vorübergehend beigelegt werden.

Dennoch lief im Grunde 1989 innenpolitisch fast alles den Zielen Gorbatschows zuwider. Er wurde im eigenen Land zum Getriebenen, der seine gestalterische Rolle verloren hatte. Sein Fehler war dabei, dass er immer noch auf die Kommunistische Partei setzte, sie weiterhin eher als potenziellen Problemlöser ansah, denn als ein gravierendes Problem und eine Bremse. In seinem Referat vom 18. Juli 1989 vor dem ZK bezeichnete er sie wie eh und je als „politische Vorhut des Volkes". Er räumte ein, dass es „Unzufriedenheit mit den Ergebnissen der Perestroika" gebe. Kategorisch lehnte er gleichzeitig aber ab, „dem Sozialismus wesensfremde Werte aus dem Arsenal der bürgerlichen Demokratie und des privaten Unternehmertums zu entlehnen".[5] Zur Enttäuschung der Liberalen, der meisten Medien- und Kulturschaffenden, vor allem aber der stärker werdenden Bevölkerungsgruppe der Kommunismus-Gegner versuchte er, die Presse auf Parteilinie zu halten: „Lenin hat recht – die Presse ist immer parteilich. [...] Das ist unsere Antwort an jene, die die Presse von der Partei losreißen möchten. In prinzipiellen Fragen kann es keine Zugeständnisse geben. Es gibt eine politische Linie und die Hauptorientierungspunkte, die die Ausrichtung der Presse bestimmen müssen.“[6]

Das hatte mit der Realität nicht mehr viel gemein, denn das Pressemonopol und die Instrumentalisierung der Journalisten glitt der Partei aus den Händen. Viele Medienleute hielten sich einfach nicht mehr an die Parteivorgaben. Selbst Gorbatschows persönliche Ansprache beim Treffen mit den Chefredakteuren am 29. März 1989 verpuffte. Dort forderte er: „Die Arbeit der Massenmedien muss von der Position der Perestroika aus erfolgen.“ Gorbatschows klare Grenzziehung lautete: „Wir dürfen uns nicht mit abstrakten Theorien, darunter auch der von einem Mehrparteiensystem, befassen. Demokratismus wird nicht durch die Zahl der Parteien, sondern dadurch bestimmt, welche Rolle das Volk in der Gesellschaft spielt.“[7] Mit großer Spannung wurde daher auch das neue Pressegesetz erwartet, dessen Verabschiedung und Veröffentlichung die sowjetische Führung mehrfach verschoben hatte, weil eine Quadratur des Kreises nicht möglich war: entweder eine unabhängige Presse, die teilweise schon Realität war, oder wie zuvor eine abhängige Parteipresse – dazwischen konnte es nichts geben.

Ab der zweiten Jahreshälfte 1989 trat Gorbatschow kaum noch auf sowjetischen Straßen oder Plätzen auf, da der Unmut der Bevölkerung ihm und seiner Führung gegenüber immer größer wurde. Zu Hause war Gorbatschow im Grunde politisch gescheitert. Zudem hielt er nicht nur im Kaukasus an seinem Ideal einer sozialistischen Völkerfreundschaft fest, sondern auch im Falle der Sowjetrepubliken Estland, Lettland und Litauen. Er war dem Hauptargument der baltischen Freiheitskämpfer, die als Nationalisten verunglimpft wurden, nicht zugänglich, dass diese Republiken von Stalin 1940 okkupiert und in die Sowjetunion zwangseingegliedert worden waren. Die Grundlage hierfür hatte das Geheime Zusatzprotokoll des Hitler-Stalin-Paktes vom 23. August 1939 gebildet, den die Außenminister Joachim von Ribbentrop und Wjatscheslaw Molotow in Moskau unterschrieben hatten. Zum 50. Jahrestag der Unterzeichnung dieses Zusatzprotokolls, das die Verantwortlichen in der Sowjetunion nach dem Zweiten Weltkrieg einfach leugneten, organisierten die Balten eine friedliche und weltweit beachtete Protestaktion, um an die völkerrechtswidrige Annektierung zu erinnern. Und schon zuvor, am 16. November 1988, hatte der Oberste Sowjet der estnischen Sowjetrepublik seine Souveränität erklärt, womit die Republikgesetze auf ihrem Territorium Vorrang vor den Gesetzen der Moskauer Zentrale haben sollten.[8]

Gorbatschow wollte diesem Thema zunächst am liebsten so wenig Aufmerksamkeit wie möglich widmen, doch rund eine Million Esten, Letten und Litauer ließen sich nicht ignorieren. Sie bildeten am 23. August 1989 die wohl längste Menschenkette in der Geschichte: Rund 600 Kilometer war sie lang, reichte von der litauischen Hauptstadt Vilnius, ging über Riga in Lettland und endete in Tallinn, Estland. Gorbatschow verhielt sich ambivalent: Einerseits hatte er es zugelassen, dass der Kongress der Volksdeputierten eine Kommission einberief, die sich mit der geschichtlichen Aufarbeitung des Hitler-Stalin-Paktes befassen sollte. Andererseits wollte er die Existenz des Geheimen Zusatzprotokolls, welches das Schicksal der Balten besiegelt hatte, nicht zugeben.

Kurzerhand gab er vor, das russische Original sei im Archiv nicht auffindbar, weshalb man die Unrechtmäßigkeit des Protokolls nicht konstatieren könne. Nach übereinstimmenden Darstellungen mehrerer seiner Mitarbeiter lag das Dokument aber durchaus vor und wurde von ihm nur zurückgehalten.[9] Gorbatschow musste klar gewesen sein, dass es nicht nur jedermann die Komplizenschaft zwischen den sowjetischen Kommunisten und den deutschen Nationalsozialisten vor Augen führen, sondern den Balten das entscheidende historische, juristische und politisch-moralische Argument für ihre Unabhängigkeit liefern würde. Schließlich wurde Gorbatschow wieder von den Ereignissen überrollt: In der zweiten Sitzungsperiode des Kongresses der Volksdeputierten von 1989 stimmten die Deputierten für eine Erklärung der Kommission, wonach das Geheime Zusatzprotokoll zum Hitler-Stalin-Pakt von Anfang an juristisch ungültig gewesen sei. Damit war die Abspaltung des Baltikums nur noch eine Frage der Zeit.

Zu den politischen Fehlern Gorbatschows gehört sicherlich sein zu langes Beharren auf einem zentralistischen Einheitsstaat Sowjetunion. Aus der Sicht des litauischen Republikführers Vytautas Landsbergis stellte es sich so dar: „Gorbatschow wollte mit seiner Perestroika eine Art Gefängnisreform. Er hat aber einfach nicht begriffen, dass wir nicht ein netteres Gefängnis wollten, sondern die Freiheit."[10] Diese plakative Beschreibung trifft im Kern jedoch nicht zu, denn Gorbatschow ging es nicht in erster Linie um Macht und das Beherrschen anderer Völker. Vielmehr war sein eigenes mentales Gefängnis in der Nationalitätenfrage das Problem. Er glaubte wirklich an die „Völkerfreundschaft" und daran, dass er mit neuen Beschlüssen seiner Kommunistischen Partei eine Befriedung erreichen könnte. Dazu ließ er im Politbüro einen „Entwurf [...] zur Nationalitätenpolitik unter den heutigen Bedingungen" erörtern, der dem ZK vorzulegen sei.[11]

Deutlich mehr Sprengkraft noch als im Kaukasus und im Baltikum lag – auch in Hinblick auf den Fortbestand der Sowjetunion – in der ukrainischen Sowjetrepublik. 1989 lebten hier mit 51,4 Millionen Bürgern fast doppelt so viele wie in der estnischen, lettischen, litauischen, georgischen, armenischen und aserbaidschanischen Republik zusammengenommen (ca. 23,6 Millionen);[12] auch flächenmäßig war die ukrainische Sowjetrepublik (ca. 603 000 Quadratkilometer) deutlich größer als diese sechs Republiken zusammen (ca. 406 000 Quadratkilometer). Der Anteil der russischen Bevölkerung in der ukrainischen Republik betrug 22 Prozent und lag damit noch deutlich niedriger als in der lettischen (34 Prozent) oder in der estnischen Sowjetrepublik (30,3 Prozent).[13] Gorbatschow und seine Regierung konnten der ukrainischen Volksbewegung *Narodnyj Ruch Ukrajiny*, die im September 1989 in Kiew ihren Gründungskongress abhielt, dementsprechend nichts entgegensetzen, auch wenn die Kommunistische Partei die Bewegung als „extremistisch" und „nationalistisch" diffamierte.[14] Dabei ging es der *Ruch* (dt.: Bewegung) zunächst gar nicht um eine Loslösung von der Sowjetunion, sondern in erster Linie um den legitimen Anspruch auf eine freiere kulturelle Entfaltung, um eine Aufwertung der ukrainischen Sprache sowie um mehr Rechte für die christlichen Kirchen. Da die Zentralregierung in Moskau aber zu keinen nennenswerten Zugeständnissen bereit war, gingen die Forderungen der *Ruch* immer stärker in Richtung Unabhängigkeit von der Sowjetunion. Schon nach einem Jahr hatte die Bewegung nach eigenen Angaben fünf Millionen Mitglieder.

Die direkteste Herausforderung für Gorbatschow ging aber inzwischen von Boris Jelzin aus, der offiziell nur einer von 2250 Abgeordneten im Kongress der Volksdeputierten war. Dieser Kongress wählte aus seinen Reihen das ständige Parlament, den Obersten Sowjet, der aus zwei Kammern bestand und 542 Abgeordnete zählte. Jelzin hatte sich als Kandidat der russischen Sowjetrepublik zur Wahl für die Nationalitäten-Kammer gestellt, war aber durchgefallen und hatte sogar das schlechteste Ergebnis der zwölf russischen Bewerber erhalten.[15] Dies war zu erwarten gewesen angesichts des erbitterten Widerstandes im Kongress und der Abneigung der Systembewahrer ihm gegenüber. So hatte er nur deshalb in das ständige Parlament einziehen können, weil der Abgeordnete Alexej Kasannik (1941–2019) zu seinen Gunsten auf das Mandat verzichtet hatte. Mit immer forscheren und populistischen Äußerungen versuchte Jelzin jetzt, die Moskauer Zentral-Regierung unter Druck zu setzen, beispielsweise mit der Forderung, Gorbatschow solle sich dem Volk jährlich in einem „Vertrauens-Referendum" stellen.[16]

Jelzin wurde von einem seiner Getreuen im Kongress der Volksdeputierten als Gegenkandidat zu Gorbatschow für das Amt des Vorsitzenden des Obersten Sowjets vorgeschlagen. Dieser Posten entsprach im damaligen politischen System dem Amt des Staatspräsidenten. Jelzin verzichtete aber auf die Kandidatur, ganz offensichtlich, weil er keine Erfolgschancen sah. Doch allein, dass er für das Amt des Staatspräsidenten im Gespräch war, verlieh ihm enorme Bedeutung. Auch die USA erkannten frühzeitig Jelzins reale politische Macht und seine Perspektiven als ernst zu nehmender Herausforderer Gorbatschows. Als Rebell und als „bad boy des Kremls", wie er von amerikanischer Seite genannt wurde,[17] bekam Jelzin ein unglaubliches Forum während seines USA-Besuchs im September 1989. Auf seiner ersten Amerikareise hielt er Vorträge, trat in der bedeutenden TV-Sendung „Face the Nation" auf und besuchte Ronald Reagan, der schon im Ruhestand war, am Krankenbett. Selbst vom amtierenden US-Außenminister

James Baker wurde er empfangen, dem er einen Zehn-Punkte-Plan „zur Rettung der Perestroika“ vorlegte.[18] Welche Anmaßung!

Jelzin, der sein Bild als Rebell und Freiheitskämpfer pflegte, bat auch mehrfach öffentlich darum, von Präsident Bush im Weißen Haus empfangen zu werden. Bush wollte ein offizielles Treffen aber vermeiden, weil dies als Affront gegenüber Gorbatschow ausgelegt worden wäre. Deshalb schaute er „nur wie zufällig vorbei“, als Jelzin sich mit Sicherheitsberater Brent Scowcraft traf.[19] Kurz nach seiner Reise erschienen in der Sowjetunion, in den USA und in Europa Jelzins erste ‚Memoiren‘, die er als 58-Jähriger mithilfe seines späteren Schwiegersohns, einem Journalisten, verfasste und die in Wirklichkeit auf eine Gorbatschow-Kritik hinausliefen. Jelzin hatte es einfach mit solchen Vorstößen, weil er noch keine politische Verantwortung trug und insofern durch seine Tiraden bei den Bürgern nur gewinnen konnte.

12. GORBATSCHOW, DIE BEFREIUNG EUROPAS UND DER MAUERFALL

Der Kontrollverlust im Innern und Gorbatschows rapider Autoritätsverlust bei der sowjetischen Bevölkerung gingen einher mit einer weiteren Steigerung seiner Popularität und Bewunderung im Westen. Hier hatte sein Wort noch größeres Gewicht bekommen, weil sich die langersehnte Hoffnung der Menschen auf Frieden und Entspannung zwischen den Supermächten und ihren Militärblöcken doch noch erfüllt hatte, was man Gorbatschow zuschrieb. 1989 sollte nun auch für Europa ein einzigartiges Jahr werden. Welchen Anteil hatte Gorbatschow an den Revolutionen in den noch kommunistischen Ostblockstaaten Polen, Ungarn, Tschechoslowakei, Rumänien, Bulgarien und vor allem in der DDR?

Das Gemeinsame Europäische Haus

Die politische Grundlage für die Emanzipation der östlichen Bündnisstaaten bildeten Gorbatschows Konzept eines „Gemeinsamen Europäischen Hauses", die seit 1986 verstärkt öffentlich bekundete Nichteinmischungsabsicht Moskaus in die Angelegenheiten der Verbündeten sowie der Aufruf an diese, selbstverantwortlich zu agieren. All dies ging jedoch zurück auf eine Zeit, in der Gorbatschow auch im Innern seines Landes noch aus einer Position der Stärke heraus politisch gestaltet hatte.

Den Begriff des Europäischen Hauses hatte schon 1961 Bundeskanzler Konrad Adenauer geprägt, allerdings mit einer völlig anderen Stoßrichtung: „Unser Ziel ist es, dafür zu arbeiten, dass die Gegensätze der Nationalstaaten in Europa im Laufe der Zeit verschwinden. Das gilt auch für die europäischen Länder, die jetzt dem Ostblock angehören. Unser Ziel ist, dass Europa einmal ein großes, gemeinsames Haus für alle Europäer wird, ein Haus der Freiheit."[1] Anders als Gorbatschow, der die Sowjetunion unbedingt als Teil dieses Hauses ansah, schloss Adenauer sie kategorisch aus.[2]

Auch Leonid Breschnew und Andrej Gromyko benutzten die Metapher des Gemeinsamen Europäischen Hauses in ihren Amtszeiten – Breschnew beispielsweise bei einem Besuch in Bonn 1981 mit der Absicht, „Europa von den USA zu isolieren".[3] Während der Begriff in den Zeiten vor Gorbatschow also eine abgrenzende Zielrichtung hatte, verwendete dieser ihn als Konzept und Idee, um Ost- und Westeuropa zusammenzuführen und eines Tages die Blöcke zu überwinden. Aber auch hier ist zu differenzieren: Bei seinen Besuchen in Großbritannien 1984 und Frankreich 1985 ist die Rede vom Europäischen Haus noch im Zusammenhang mit der nuklearen Bedrohung zu sehen,[4] die damals größer war als zwei Jahre später, als er diesen Begriff in Prag wieder gebrauchte. In seiner Rede vom 10. April 1987 sprach Gorbatschow dort von einem „Europa vom Atlantik bis zum Ural" und von der „ungeteilten europäischen Kultur". Besondere Aufmerksamkeit im Westen bekam der Satz: „Wir wenden uns entschieden gegen die Teilung des Kontinents in einander gegenüberstehende Blöcke."[5]

Mit dem Fall des Eisernen Vorhangs verbindet man landläufig zunächst die Ereignisse in Ungarn, wo man am 2. Mai 1989 damit begann, den Grenzzaun zu Österreich zu durchschneiden und abzubauen. Hierfür lieferte Gorbatschow weit mehr als nur den geistig-politischen Überbau. Der damalige ungarische Ministerpräsident Miklós Németh, der im November 1988 als Reform-Kommunist ins Amt gekommen war, hatte sich umgehend an die Haushaltsplanung gemacht. Wie in allen Ostblockländern waren die Mittel sehr knapp gewesen und insofern war es darum gegangen, den Mangel so schmerzfrei wie möglich zu verwalten. Ungarn hatte nach seiner Darstellung fast vor der Zahlungsunfähigkeit gestanden, und aus dieser rein wirtschaftlichen Not resultierte Németh zufolge unmittelbar der Abbau des Grenzzauns. Er habe im Haushalt einen Posten vorgefunden, der unter einem Geheimcode aufgeführt war. Da er nicht wusste, was sich dahinter verbarg, habe er den Innenminister angerufen, der ihm gesagt habe: „Diese Summe müssen wir ausgeben, wenn wir den Grenzzaun zwischen Österreich und Ungarn erneuern wollen. Dann habe ich diese große Summe im Haushaltsentwurf gestrichen."[6] 200 Millionen US-Dollar hätten für die Instandsetzung der maroden Grenzanlagen gegen Devisen aus dem Ausland anderenfalls beschafft werden müssen.[7]

Und jetzt kam Gorbatschow ins Spiel: Am 5. März 1989 reiste Németh nach Moskau, vor allem mit dem Ziel, sich politisch abzusichern. Neben dem geplanten Abbau der rund 350 Kilometer langen Grenzvorrichtungen zu Österreich ging es auch um die Abschaffung des Machtmonopols der Kommunistischen Partei Ungarns. Németh zitiert Gorbatschow aus diesem Gespräch mit den Worten: „Das ist deine Entscheidung, Miklós, das ist deine Verantwortung, mir ist das egal."[8] In einer TV-Dokumentation von 2019 schildert Németh Gorbatschows Reaktion abweichend als eine direkte Bezugnahme auf die gewaltsame Niederschlagung der ungarischen Freiheitsbewegung unter Chruschtschow. Gorbatschow soll demnach gesagt haben: „Solange ich in diesem Sessel sitze, wird es keine Wiederholung von 1956 geben. Mit anderen Worten, Miklós, deine Hände sind nicht mehr gebunden."[9]

Etwa zeitgleich vollzogen sich in Polen ebenso umwälzende Prozesse. In diesem Zwangsbündnisstaat hatte zum einen die unabhängige Gewerkschaft Solidarność und zum anderen der polnische Papst durch seine drei Besuche in der Heimat zwischen 1979 und 1987 die Dinge ins Rollen gebracht. Ende 1981 verhängten die polnischen Kommunisten zwar auf Druck von Moskau noch das Kriegsrecht und sperrten die Gewerkschaftsführung ein. Beinahe wäre sogar das Militär aufmarschiert, doch die Verluste im Afghanistan-Krieg und die Furcht davor, das Verhältnis zum Westen noch schwerer zu beschädigen, hielten die Verantwortlichen davon ab. Die grundlegend veränderte Atmosphäre unter Gorbatschow hatte jedoch allmählich eine Entspannung zwischen den polnischen Kommunisten und der Solidarność zur Folge, was nicht nur zu ihrer Wiederzulassung führte, sondern auch zur Aufnahme eines politischen Dialogs am Runden Tisch zwischen Februar und April 1989.

Die neuen Verhältnisse manifestierten sich auch darin, dass Papst

18 Gegenseitiger Respekt und wohl auch Sympathie und Bewunderung: Michail Gorbatschow bei seiner ersten Zusammenkunft mit Papst Johannes Paul II. im Vatikan am 1. Dezember 1989

Johannes Paul II. die Politik Gorbatschows lobte, ihm Erfolg wünschte und ihn in den Vatikan einlud. Am 1. Dezember 1989 empfing er das Ehepaar Gorbatschow zu einem offiziellen Besuch, wenngleich es sich nicht um einen Staatsbesuch handelte, da beide Seiten keine diplomatischen Beziehungen unterhielten. Zum ersten Mal kam damit ein Kreml-Herrscher mit einem Papst zusammen. 1967 war zwar immerhin das formale sowjetische Staatsoberhaupt Nikolaj Podgorny von Papst Paul VI. empfangen worden, doch nicht der damalige Parteichef Breschnew. Im Anschluss an das 75-minütige Gespräch mit Johannes Paul II. kündigte Gorbatschow an, sein Land werde in Kürze ein Gesetz über die Gewissens- und damit auch über die Religionsfreiheit erlassen.[10] Drei Monate nach dem Treffen eröffneten die Sowjetunion und der Vatikan diplomatische Vertretungen in Rom und Moskau.[11]

Das Nichteinmischungsprinzip Gorbatschows gegenüber den Warschauer-Pakt-Staaten bedeutete zwar, dass von Moskau aus keine Gewalt mehr eingesetzt würde, nicht aber, dass Moskau gewaltsames Vorgehen von kommunistischen Regierungen gegen ihre Bürger grundsätzlich verurteilen würde. Das belegen zwei Beispiele: Als Anfang 1989 der tschechoslowakische KP-Generalsekretär Miloš Jakeš in Prag friedliche Demonstrationen gewaltsam niederschlug, gab es Proteste im Ausland, nicht aber von offizieller sowjetischer Seite. Als die DDR-Machthaber selbst während des Gorbatschow-Besuchs im Oktober 1989 in Ost-Berlin Demonstranten niederknüppelten, folgte kein kritisches Wort von ihm. Zu diesem Prinzip gehörte auch, dass er friedliche Demonstranten im Ausland weder ermunterte noch die Machthaber verurteilte, selbst wenn sie – wie China auf dem Platz des himmlischen Friedens in Peking – ein Massaker mit dem Einsatz von Panzern verübten. Im Kongress der Volksdeputierten forderte Andrej Sacharow deshalb am 9. Juni 1989, den sowjetischen Botschafter in Peking abzuberufen, weil seine weitere Anwesenheit als „unausgesprochene Billigung" der einige Tage zuvor verübten Niederschlagung der friedlichen Proteste mit mehreren Tausend Toten ausgelegt werden könnte.[12] Doch Gorbatschow ließ sich davon nicht beeindrucken und blieb bei der Neutralität.

Die DDR-Führung bezog hingegen klar Position: Sie nutzte die Tragödie in Peking als Abschreckung gegenüber den eigenen Systemgegnern. Einstimmig verabschiedete die Volkskammer eine Resolution, in der die DDR ihre Unterstützung für die blutige Niederschlagung bekannt gab. Die friedlichen Demonstranten wurden in der Rede des SED-Bezirksvorsitzenden von Rostock, Ernst Timm (1926–2005), als „verfassungsfeindliche Elemente" bezeichnet. Er führte vor der Volkskammer unter anderem aus: „Infolgedessen sah sich die Volksmacht gezwungen, Ordnung und Sicherheit unter Einsatz bewaffneter Kräfte wiederherzustellen."[13]

Unsere Deutschen, deren Deutsche

Gorbatschow blieb zunächst der althergebrachten Überzeugung treu, dass es mit der DDR „unsere Deutschen" gab und mit der Bundesrepublik „deren Deutsche". Weil die innerdeutschen Grenzen zwischen der DDR und der Bundesrepublik auch die beiden Militärblöcke NATO und Warschauer Pakt trennten, standen die Machthaber in Ostberlin und ihre Politik in Richtung Bundesrepublik immer unter Moskauer Beobachtung. Außerdem hatte Moskau aufgrund des Viermächteabkommens verbriefte Hoheitsrechte – zumindest was Berlin angeht. Doch in der Deutschland-Frage sollte Gorbatschow eine Kehrtwende vollziehen.

Nach seinem Rücktritt und seinem Auszug aus dem Kreml 1991 gab Gorbatschow mehrfach an, er habe sofort bei seinem Amtsantritt 1985 den Führern der Warschauer-Pakt-Staaten eine Änderung des bisherigen Moskauer Kurses angekündigt. In einer TV-Dokumentation von 2010 sagte er: „Als wir Konstantin Tschernenko die letzte Ehre erwiesen, bat ich die Führer der Ostblock-Staaten zu mir, und ich sagte zu ihnen: ‚Wir in Moskau mischen uns künftig nicht mehr in Ihre inneren Angelegenheiten ein. Jedes Land entscheidet selbst und trägt dafür die Verantwortung.' – So haben wir die Breschnew-Doktrin beerdigt – ohne viel Aufhebens."[14] Was die inneren Angelegenheiten der Verbündeten angeht, hat Gorbatschow seine Ankündigung – wenn sie tatsächlich so gefallen ist – in die Tat umgesetzt. Eine selbstständige Außenpolitik aber, die den Bündnisinteressen oder den Interessen der Sowjetunion in seinen Augen zuwidergelaufen wäre, wollte er ihnen in den ersten Jahren seiner Amtszeit nicht zugestehen.

Zu ersten Spannungen zwischen Honecker und Gorbatschow kam es, wenn auch hinter den Kulissen, schon im April 1986. In Ostberlin hielt die SED damals ihren Parteitag ab, auf dem wie üblich auch Gorbatschow auftrat. Honecker war empört über dessen Rede, dabei hatte Gorbatschow die traditionelle sowjetische Linie zu den beiden deutschen Staaten bekräftigt und in alter Manier „der herrschenden Klasse der BRD" vorgeworfen, dass sie „nach wie vor von einer ‚offenen deutschen Frage' redet und revanchistische Wunschträume nicht aufgegeben hat".[15] Gleichzeitig aber beschrieb er seine Politik in der Sowjetunion, und es fielen Worte wie „Umbruch", „sozialistischer Unternehmensgeist", „Überwindung des Gefühls der Unfehlbarkeit" und „Glasnost". Egon Krenz, Honeckers späterer Nachfolger als SED-

Generalsekretär, erlebte den Eklat mit, der damals völlig geheim gehalten wurde:

> Die Kontroverse ging so tief, dass Honecker die Einladung Gorbatschows zu einem gemeinsamen Abendessen in seiner Residenz in Schloss Niederschönhausen ausschlug. Meine Frau Erika – Ehrenbegleiterin von Raissa Maximowna – war darüber empört. Sie und Günter Mittag – Ehrenbegleiter von Michail Sergejewitsch – saßen mit den beiden allein am Tisch. Die Atmosphäre sei frostig und Gorbatschow niedergeschlagen gewesen.[16]

Am nächsten Tag nahm Gorbatschow als Gast an der Politbüro-Sitzung der SED teil. Bezüglich des lang gehegten Wunsches von Erich Honecker, in die Bundesrepublik zu reisen, verwies Gorbatschow laut Niederschrift dieser Sitzung lediglich darauf, Bundeskanzler Kohls Berater Horst Teltschik sei doch bereits in der sowjetischen Botschaft in Bonn gewesen, um eine Verbesserung der Beziehungen zur Sowjetunion auszuloten. Nach dieser Einleitung bestätigte Gorbatschow das faktische Besuchsverbot für Honecker, indem er sagte: „Wir dürfen diese Beziehungen nicht aus dem Kontext der internationalen Lage herauslösen. Wir sind zu der Schlussfolgerung gekommen, es ist jetzt nicht der Zeitpunkt, die Beziehungen zur Bundesrepublik zu verbessern. Erich, wie soll ich es meinem Volk erklären, wenn du in dieser Situation die Bundesrepublik besuchst?" Honeckers Widerworte lauteten: „Und was sagen wir unserem Volk, das in tiefer Sorge um den Frieden ist und deshalb will, dass ich endlich fahre?"[17] – Gegen einen Besuch Honeckers in Frankreich hatte Gorbatschow keine Einwände, die Bundesregierung aber unterstützte im Gegensatz zu den Franzosen das SDI-Programm der USA bedingungslos. Daher müsse man, so Gorbatschow, ihr gegenüber mehr Zurückhaltung üben. Dieser bezeichnete Kohl in diesem Zusammenhang sogar als „Lakai der USA."[18]

Zwei Dinge werden hier deutlich: Gorbatschows Deutschlandpolitik war keineswegs von Anfang an auf Dialog oder gar Überwindung der Blöcke ausgerichtet. Und Honecker war keineswegs mehr so moskauhörig wie in früheren Jahren. Er nutzte ganz offensichtlich die von Gorbatschow allgemein eröffnete Möglichkeit zum politischen Widerspruch für persönliche Zwecke, wenngleich er diesen neuen Kurs grundsätzlich ablehnte. Honecker ging sogar noch weiter und entschied im Jahr darauf, ohne Absprache oder Erlaubnis endlich in die Bundesrepublik zu fahren. Gorbatschow hatte also nicht nur den Bürgern der DDR die Angst genommen, sondern auch Erich Honecker. Dieser musste aufgrund des ausgerufenen Reformkurses von Gorbatschow, der 1987 noch mal an Dynamik gewann, nicht mehr befürchten, von Moskau abgesetzt zu werden, wie es 1971 seinem Amtsvorgänger Walter Ulbricht noch ergangen war.

Die politische Öffnung der Sowjetunion hin zur Bundesrepublik erfolgte schließlich im Mai 1987 kurz vor dem geplanten Staatsbesuch von Bundespräsident Richard von Weizsäcker in Moskau. Auf einer Sitzung des Politbüros waren sich Gorbatschow und die anderen Mitglieder dieses Gremiums jetzt einig, „dass Westdeutschland im Rahmen des Konzepts des ‚Gemeinsamen Europäischen Hauses' ein äußerst wichtiges […] Mitglied sei."[19] Nur einen Monat später erhöhte dann US-Präsident Ronald Reagan den Druck auf Gorbatschow, indem er die Glaubwürdigkeit des „Neuen Denkens" rhetorisch geschickt und überaus wirksam infrage stellte: Bei seinem Berlin-Besuch am 12. Juni 1987 stand Reagan mit dem Rücken zur Mauer und sprach vor einer riesigen Menschenmenge Gorbatschow direkt an, der sich zu diesem Zeitpunkt in Moskau aufhielt. Reagans historische Worte lauteten: „Herr Gorbatschow, falls Sie Frieden wollen, falls Sie Wohlstand für die Sowjetunion und Osteuropa wollen, falls Sie eine Liberalisierung wollen: Kommen Sie zu diesem Tor! – Herr Gorbatschow, öffnen Sie dieses Tor!" Die Zuhörer brachen in lang anhaltenden Jubel aus, sodass Reagan zweimal zu der noch emotionaleren Aufforderung ansetzen musste: „Mr. Gorbachev! Tear down this wall!" In der US-Führung war dieser Satz, den Reagans Redenschreiber Peter Robinson in seinem Entwurf präsentiert hatte, zuvor kontrovers diskutiert worden. Besonders im Außenministerium hatte man befürchtet, die Sowjetunion damit zu provozieren, wo die Mauer nun einmal eine politische Realität sei. Doch Reagan entschied sich für den denkwürdigen Satz.[20]

Auf diese Herausforderung ging Gorbatschow zunächst nicht ein, doch als er im selben Jahr vor dem sowjetisch-amerikanischen Gipfeltreffen in Washington dieselbe Aufforderung verkleidet in einer Frage des NBC-Fernsehmoderators Tom Brokaw zu hören bekam, antwortete er. Brokaw fragte Gorbatschow: „Es gibt in der ganzen Welt kein abstoßenderes Symbol für die Teilung zwischen Ost und West als die ‚Berliner Mauer'. Warum nutzen Sie Ihren Einfluss auf die DDR nicht aus, um diese Mauer abzureißen? Welchem Zweck soll sie dienen?" – Nie zuvor hatte sich ein Sowjetführer in solch eine Rechtfertigungsposition begeben, indem er einem westlichen und anti-kommunistisch ausgerichteten Medium ein freies Einzelinterview gewährte. Doch Gorbatschow antwortete:

> Ich glaube, dass diese Frage klar ist. Es ist das souveräne Recht des souveränen Staates DDR seine Wahl [des Gesellschaftssystems – I. L.] zu schützen und keine Einmischung in die inneren Angelegenheiten zuzulassen. Über Westberlin wurde vieles getan, was dem Volk dieses Landes sowohl politischen als auch ökonomischen Schaden zufügte. Das alles sind Realitäten, die sich aus der konkreten und realen Situation ergeben haben. Die Teilung Deutschlands erfolgte entgegen den Abkommen von Jalta und Potsdam. Die Mauer gab es also bereits früher, als Sie denken. Eine andere Sache ist, dass sie aus anderem Material gemacht wurde. Als Ergebnis geschah das, was wir heute sehen. Aber jetzt sind das Realitäten. Und zu Realitäten muss man sich so verhalten, wie sie es erfordern.[21]

Gorbatschow war sehr wohl bewusst, dass die Existenz der Berliner Mauer seine politische Glaubwürdigkeit minderte. Aus diesem Grund versuchte er, die Verantwortung in dieser Sache der DDR zuzuschieben, indem er auf deren (angebliche) Souveränität hinwies. Selbst angenommen, dass er die Mauer hätte beseitigen wollen, hätte er dafür nicht nur die Existenz der DDR aufs Spiel gesetzt, sondern sich auch in Widerspruch zu seinem Prinzip begeben, den Verbündeten keine Politik mehr vorzuschreiben.

Der bundesdeutsche Außenminister Genscher, den Gorbatschow im Juli 1986 empfing, war einer der Ersten, der an die guten Absichten des neuen Kreml-Chefs glaubte und dazu aufrief, ihm zu vertrauen. Er forderte auf dem Weltwirtschaftsforum in Davos 1987, „Gorbatschow beim Wort zu nehmen". Dieser lud nun alle führenden Politiker der Bundesrepublik nach Moskau ein. Den SPD-Kanzlerkandidaten Johannes Rau empfing er schon im Juni 1986, und selbst der CSU-Vorsitzende und exponierte Kommunisten-Feind Franz-Josef Strauß, der gleichzeitig viel tat, um die DDR ökonomisch am Leben zu erhalten, durfte im Dezember 1987 nach Moskau fliegen, sogar eigenhändig mit einer Cessna.

Bei Strauß, der in der Bonner Regierungskoalition großes Gewicht hatte, warb Gorbatschow jetzt regelrecht um eine umfassende Kooperation mit der Bundesrepublik: „Als die Deutschen und die Russen zusammengearbeitet haben, gab es Ordnung in Europa. Ich habe vor Kurzem dem Bundespräsidenten gesagt, dass wir eine neue Seite in der Geschichte zwischen der Sowjetunion und der BRD aufschlagen wollen. Ist die Bundesregierung reif für neue Beziehungen?" Strauß erwiderte, er habe stets gesagt: „Immer, wenn die Beziehungen zwischen den Russen und den Deutschen gut waren, waren die Völker glücklich. Und immer, wenn wir gegeneinander agierten, brachte das Unglück – nicht nur unseren Völkern, sondern auch anderen."[22]

Der in den Medien bis heute kursierende angebliche Satz von Strauß bei der Begrüßung, er sei bei seinem ersten Sowjetunion-Aufenthalt nur bis Stalingrad gekommen,[23] findet sich nicht im offiziellen Gesprächsprotokoll. Auch in den Memoiren von Strauß, wo er auf 13 Seiten das Treffen und das Gespräch mit Gorbatschow detailliert beschreibt, findet sich dazu nichts.[24] In beiden Quellen fällt nicht einmal der Name Stalingrad, wo Strauß im Übrigen auch gar nicht gekämpft hat. Im Gesprächsprotokoll wird Strauß hingegen mit den Worten zitiert: „Ich war schon in der Sowjetunion, allerdings in meiner Eigenschaft als Offizier der Wehrmacht. Der Krieg begann für mich in der Ukraine; ich war in Lemberg, Uman, Charkow und Rostow." Darauf sagte Gorbatschow bezogen auf Rostow: „Das ist ganz in der Nähe meiner Heimat, an der Grenze zu dem Bezirk, wo ich geboren bin und wo ich lebte. Ich lebte fünf Monate unter Besatzung. Diese Zeit ist mir in Erinnerung, Herr Strauß."[25]

Auch der damals mitgereiste Vorsitzende der CSU-Landesgruppe im Deutschen Bundestag, Theo Waigel, bestätigte die Richtigkeit des offiziellen Gesprächsprotokolls und, dass der Name Stalingrad nicht gefallen sei. Er selbst habe auch Gesprächsnotizen gemacht; ihnen zufolge sagte Strauß: „Ich kenne Ihre Heimat, den Kaukasus aus der Zeit, als ich am Zweiten Weltkrieg teilnehmen musste."[26] Laut Waigels Aufzeichnungen fiel Stalingrad auch nicht in den Gesprächen von Franz-Josef Strauß mit Außenminister Eduard Schewardnadse und ZK-Sekretär Anatoli Dobrynin. Tatsächlich wäre es erstaunlich und befremdlich gewesen, wenn Strauß, der die Schrecken des deutschen Angriffs- und Vernichtungskriegs gegen die Sowjetunion erlebt und überlebt hatte, diese Tragödie in einer so flapsigen und unangemessenen Weise in seinen Begrüßungsworten thematisiert hätte. Insofern handelt es sich bei dieser Anekdote schlicht um eine hartnäckige Legende.

Gorbatschows Hinwendung zur Bundesrepublik, ohne die Treue zur DDR damit infrage zu stellen, manifestierte sich auch darin, dass er weitere Gesprächspartner aus Westdeutschland in den Kreml einlud. Hintergrund hierfür war sicher auch die zunehmende wirtschaftliche Misere in der Sowjetunion. Der baden-württembergische Ministerpräsident Lothar Späth (1937–2016) kam im Februar 1988, drei Monate später Bundeswirtschaftsminister Martin Bangemann. Doch eine Ausweitung der wirtschaftlichen Zusammenarbeit, wie Gorbatschow sie insbesondere beim Treffen mit Bangemann angeregt hatte,[27] konnte es nur geben, wenn auch der Bundeskanzler einbezogen würde. Ihn hatte Gorbatschow aber längere Zeit gemieden, weil Kohl ihn im Oktober 1986 in einem Interview für das US-amerikanische Nachrichtenmagazin *Newsweek* in einem Atemzug mit dem nationalsozialistischen Reichspropagandaleiter Joseph Goebbels genannt hatte. Jahre später räumte Kohl ein, dies sei „töricht" von ihm gewesen. Dennoch empfing Gorbatschow am 24. Oktober 1988 endlich auch den Bundeskanzler in Moskau, was international mit Spannung erwartet wurde.

Ihr erstes Treffen war es nicht: Anlässlich der Beisetzung von Gorbatschows Amtsvorgänger Konstantin Tschernenko hatte der neue Kreml-Chef den Bundeskanzler bereits im März 1985 empfangen. Jetzt, dreieinhalb Jahre später, wagte Kohl im Kreml eine durchaus mutige

Aussage, die er aber auf keinen Fall als „Revanchismus" verstanden wissen wollte. Er nahm dabei für sich in Anspruch, für alle Deutschen zu sprechen, obwohl allein schon viele namhafte SPD-Politiker wie Oskar Lafontaine oder Gerhard Schröder das Offenhalten der deutschen Frage als erledigt, realitätsfremd und gefährlich ansahen. Die SPD diskutierte damals sogar eine Anerkennung der DDR-Staatsbürgerschaft. Kohl hingegen führte in Moskau aus: „Es gibt Probleme, bei denen wir nicht übereinstimmen. Das müssen wir zur Kenntnis nehmen. Wir Deutsche sagen, dass die Teilung Deutschlands nicht das letzte Wort der Geschichte ist." Gorbatschow entgegnete zwar, dass zwei deutsche Staaten eine Realität seien; auch gab er ein klares Bekenntnis zur DDR ab. Doch er fügte hinzu: „Wir müssen zusammenarbeiten, uns einander annähern. Wir sind zur Freundschaft mit der Bundesrepublik bereit. Lassen Sie auch hier die Geschichte entscheiden."[28]

Zumindest vermied er das kategorische alte sowjetische Stereotyp, dass die „deutsche Frage ein für alle Mal gelöst" sei. Auch mit Erich Honecker bemühte sich Gorbatschow trotz politischer Differenzen um ein gutes, vertrauensvolles Verhältnis. Ihn hatte er schon im Juli 1988 zu einem Vier-Augen-Gespräch in Warschau am Rande einer Tagung des östlichen Militärbündnisses getroffen. Dort hatten sie vereinbart, dass Honecker Ende September zu einem Arbeitsbesuch in die Sowjetunion reisen sollte. Gorbatschow bemerkte dabei, ihm sei es wichtig, „dass Genosse Honecker vor Helmut Kohl nach Moskau komme".[29] Bei dem Arbeitsbesuch hatten beide Seiten dann zwar ihre Übereinstimmung in vielen Fragen bekräftigt, doch Honecker hatte auch Differenzen angesprochen. Er kritisierte sowjetische Publikationen, die „alle Errungenschaften seit der Oktoberrevolution infrage stellen". Gorbatschow erwiderte, das Problem sei, dass man „nicht gegen Autoren oder Presseorgane, die solche Artikel veröffentlichen, mit alten Methoden vorgehen wolle".[30] Honecker war mit dieser Antwort offensichtlich nicht zufrieden, denn er ordnete einige Wochen später an, dass die deutschsprachige Ausgabe der sowjetischen Zeitschrift *Sputnik*, die in der DDR sehr populär war, in seinem Land nicht mehr erscheinen dürfe. Außerdem wies er Gerd König, DDR-

Botschafter in Moskau, an, dem sowjetischen ZK mitzuteilen, dass die SED ab dem Studienjahr 1989 die Ausbildung ihrer Funktionäre an der Parteihochschule der KPdSU einstellen werde.[31] Die Risse zwischen den Führungen in Moskau und Ostberlin wurden größer, blieben aber so gut wie möglich kaschiert, wohingegen das Verhältnis Moskaus zu Bonn einem Höhepunkt entgegensteuerte.

Gorbatschows Ruf nach dem Bau eines „Gemeinsamen Europäischen Hauses“ erschien auf den ersten Blick widersprüchlich. Er selbst räumte ein: „Ich erhebe allerdings auch heute [1989 – I. L.] keinen Anspruch darauf, ein fertiges Projekt für dieses Haus in der Tasche zu haben.“[32] Propagandistisch war der neue US-Präsident George Bush ins Hintertreffen geraten angesichts der vielen Abrüstungsinitiativen Gorbatschows und dessen „Neuem Denken“. Am 31. Mai 1989 griff er Gorbatschow in einer Rede in Mainz indirekt an, indem er auf den scheinbar grundlegenden Widerspruch hinwies: „Unfreiheit beherrscht immer noch das Leben zu vieler Völker Osteuropas. Barrieren und Stacheldraht schließen immer noch viele Länder ein. Wenn ich in diesem Sommer nach Polen und Ungarn reise, werde ich diese Botschaft übermitteln: Es kann kein Gemeinsames Europäisches Haus geben, wenn sich nicht all seine Bewohner von Raum zu Raum frei bewegen können.“[33]

Diese Ansage könnte suggerieren, die nachdrücklichen Forderungen der USA hätten den Eisernen Vorhang maßgeblich beseitigt und Gorbatschow sei eine Bremse gewesen. Richtig ist aber, dass ähnliche Appelle der USA in den Jahrzehnten zuvor, Freiheit zuzulassen, wirkungslos geblieben waren. Im Zweifel hatten sowjetische Panzer entschieden. Insofern kam es allein darauf an, dass das Machtzentrum in Moskau die Kontrolle über die Brüderstaaten lockerte. Der geheime Inhalt des entscheidenden Gesprächs zum Grenzzaun, das der ungarische Ministerpräsidenten Németh und Gorbatschow nur zwei Monate vor dieser Rede Bushs geführt hatten, lässt den auftrumpfenden, belehrenden und moralisierenden Auftritt des US-Präsidenten in der Retrospektive eher als einen Versuch erscheinen, mit Gorbatschow mithalten zu wollen, der bereits innovative und wirkmächtige Politik betrieb.

In dem Diskurs und in der Literatur über die Geschichte des Ost-West-Konflikts seit 1945 kommt zu kurz oder wird komplett ausgeblendet, dass die USA in ihrem Land offenen Rassismus praktizierten mit der Unterdrückung und Apartheid ihrer schwarzen Bevölkerung im Alltag („Whites only", „Colored only") und sogar selbstverständlich durch Gesetze. In den Makro-Kontext des Jahres 1989 gehört daher sehr wohl auch das Einzelschicksal der Bürgerrechtlerin Rosa Louise Parks (1913–2005), die sich am 1. Dezember 1955 in Montgomery in Alabama weigerte, für einen weißen Fahrgast von ihrem Sitzplatz aufzustehen. Sie wurde inhaftiert. Dieser Fall und der des 14-jährigen Schwarzen Emmett Till (1941–1955), der von zwei Weißen ermordet, die Täter aber freigesprochen wurden, brachten die schwarze Bürgerrechtsbewegung in den USA ins Rollen. Anti-Diskriminierungsgesetze mussten erst erkämpft werden, beispielsweise das Wahlrechtsgesetz von 1965 (Voting Rights Act) oder das Verbot der Benachteiligung bei der Wohnungssuche und beim Immobilienkauf von 1968 (Fair Housing Act). In der Sowjetunion war das ein Thema. Schon James P. McGranrey, Justizminister unter US-Präsident Harry Truman, bemerkte in einen internen Papier: „Rassendiskriminierung ist Wasser auf die kommunistischen Propagandamühlen und sie sorgt auch unter unseren befreundeten Nationen für Zweifel am Ausmaß unserer Hingabe an den demokratischen Glauben."[34]

Die jahrzehntelangen moralisierenden Vorhaltungen von US-Regierungen gegenüber Moskau bezüglich der Bürgerrechte waren zwar durchaus berechtigt, weil im sowjetischen Herrschaftsbereich Unrecht regierte. Vor dem Hintergrund des alltäglichen Rassismus und der auch juristisch fundierten Ungleichheit, mit der insbesondere der afroamerikanische Bevölkerungsanteil in den USA zu kämpfen hatte, wirkt der erhobene US-Zeigefinger allerdings ebenso deplatziert wie unglaubwürdig. Das vereinfachte Weltbild des Westens: hier die Guten, dort im Osten die Bösen – entspricht und entsprach auch 1989 während der Bush-Rede in Mainz nicht der historischen Wirklichkeit, womit verübtes Unrecht im Sowjetimperium keineswegs relativiert werden soll.

Die Politik des Loslassens und der grundsätzlichen Gewaltabsage gegenüber den osteuropäischen Staaten betonte Gorbatschow nochmals in Straßburg im Juli 1989, wo er als erster osteuropäischer Staatsführer vor der Parlamentarischen Versammlung des Europarats sprechen durfte: „Jede Einmischung in die inneren Angelegenheiten und alle Versuche, die Souveränität der Staaten einzuschränken, seien das Freunde und Verbündete oder nicht, sind unzulässig. […] Ins Archiv gehören die Postulate des Kalten Krieges, laut denen Europa als eine in Einflussbereiche geteilte Arena betrachtet wurde."[35] Er räumte den einzelnen Ländern sogar das Recht ein, über das Gesellschaftssystem selbst zu entscheiden – die sogenannte „freie Wahl", was das Neuartige der Politik Gorbatschows im Hinblick auf seine Verbündeten im Ostblock auf den Punkt brachte: Wenn sich die Kräfte in einem Land dahingehend verschöben, dass am Ende das sozialistische Modell abgelöst würde, wäre das genauso legitim wie der eventuell daraus folgende Austritt aus dem Warschauer Pakt. Moskau würde diese Entwicklung nicht aufzuhalten versuchen – politisch nicht und schon gar nicht militärisch.

Die Vorhaltung mancher Politiker im Westen – „erst wenn Gorbatschow dafür sorgt, dass die Berliner Mauer verschwindet, ist sein Friedenswille glaubhaft" – ging daher ins Leere. Gerade das hätte nämlich dem neuen Prinzip der Nichteinmischung widersprochen. Dieses implizierte zweierlei: keine Unterdrückung von anti-sozialistischen Entwicklungen in Ostblockländern, aber auch keine Aufrufe Moskaus, die in diesen Ländern auf eine Liberalisierung hinauslaufen würden. Entsprechend konnte es im Falle der DDR auch keine von Moskau angeordnete Beseitigung der Mauer geben.

Die Bürger im Westen spürten offensichtlich, dass Gorbatschow ehrliche Absichten hatte, und erkannten in ihm den Initiator der weltweiten Entspannung. Wahre Begeisterungsstürme löste sein erster Staatsbesuch in der Bundesrepublik Mitte Juni 1989 aus. Unvergessen sind die „Gorbi, Gorbi"-Rufe auf seinen Stationen in Bonn, Köln, Stuttgart, wieder Bonn, Dortmund und Düsseldorf. Überall standen die Menschen Spalier an den Straßen, auf denen die Wagenkolonne vorbeizog. Die meisten Westdeutschen verehrten Gorbatschow allein schon aufgrund der vagen Hoffnung auf Bewegung in der deutschen Frage. Dabei war er mit einem riesigen sowjetischen Problemberg in die

Bundesrepublik gereist; mittlerweile lauteten die zentralen Fragen, die über dem Besuch schwebten: Wird er Erfolg haben mit seinen Reformen daheim? Wird er überhaupt politisch überleben? Bundeskanzler Kohl, von dem es hieß, er habe sich immer um eine persönliche Nähe zu seinem jeweiligen Verhandlungspartner bemüht, lud Gorbatschow in den Kanzlerbungalow ein. Es war ein privates Treffen mit den beiden Ehefrauen Raissa und Hannelore, abseits des Protokolls. In seinen Memoiren schreibt Kohl, dass ein nächtliches Gespräch im Park des Kanzleramtes nur zwischen ihm und Gorbatschow (mithilfe des Dolmetschers) „von entscheidender Bedeutung für die Sache der Deutschen wurde."[36] Kohl bemühte darin das Bild des Rheins, der ins Meer fließt. Man könne ihn stauen und damit seinen Weg behindern, aber aufhalten könne man den Rhein nicht. So sei es auch mit der deutschen Einheit, die irgendwann kommen werde, denn die Deutschen würden sich niemals mit der Teilung abfinden. „Michail Gorbatschow hörte sich meine Überlegungen an und widersprach mir nicht mehr. Von diesem Zeitpunkt an setzte bei Gorbatschow ein Prozess des Umdenkens ein – nicht zuletzt deshalb, weil wir uns menschlich näherkamen und Vertrauen zueinander fassten"[37], behauptet Kohl.

Kohl konnte zweifellos sehr geschickt sein im Umgang mit Menschen. Von Honecker und Gorbatschow ist nicht bekannt, dass sie sich je in so einer familiären und inoffiziellen Atmosphäre ausgetauscht hätten. Am nächsten Tag, dem 15. Juni, stellte sich Gorbatschow vor seiner Rückreise der internationalen Presse. Gewollt oder ungewollt verursachte er mit einer denkwürdigen Antwort einen ersten Riss in der Mauer. Ein Journalist fragte ihn: „Glauben Sie, dass das gemeinsame Haus Europa, das von Ihnen angestrebt wird, möglich ist, solange die Berliner Mauer weiterhin existiert?" Gorbatschow rechtfertigte zwar ihren Bau 1961, sagte aber auch die für einen Sowjetführer völlig neuen Sätze, die Honecker empört und tief beunruhigt haben dürften: „Es gibt nichts Ewiges auf der Welt. […] Die Mauer kann verschwinden, wenn die Voraussetzungen wegfallen, die sie hervorgebracht haben. Ich sehe hier kein großes Problem."[38] Die Wirkmächtigkeit dieser Worte nicht nur auf die Bürger der DDR, sondern auch auf jene in anderen Ostblockstaaten, lässt sich nicht beziffern. Zweifellos haben sie aber die Angst gemindert und die Hemmschwelle herabgesetzt, sich gegen die jeweiligen Regime aufzulehnen. Im Laufe der folgenden drei Monate spitzte sich die Lage in der DDR dramatisch zu aufgrund der Flüchtlingswelle von DDR-Bürgern über die ungarisch-österreichische Grenze und über die Botschaften der Bundesrepublik in Budapest – vor allem aber in Prag. In jener akuten Staats- und Systemkrise der DDR kam Gorbatschow am 6. Oktober 1989 nach Ostberlin, um an ihrer 40-Jahr-Feier teilzunehmen. Er selbst hatte daheim nicht geringere Probleme, weshalb er die Zusage, an der „Feier" teilzunehmen, erst sehr spät gab.

Wer zu spät kommt, den bestraft das Leben

Kurz nach seiner Ankunft in Ostberlin legt Gorbatschow in der Gedenkstätte für die Opfer des Faschismus einen Kranz nieder. Er stellt sich an der Prachtstraße *Unter den Linden* kurz den Journalisten, gibt Antworten auf drei Fragen, von denen sich die letzte der Erinnerung einschreibt. Sie lautet: „Glauben Sie nicht, dass die Situation in der DDR gerade gefährlich ist?" Die Antwort Gorbatschows: „Nein, das denke ich nicht. Insbesondere im Vergleich zu unseren eigenen Problemen. Wir sind abgehärtet und haben gelernt zu führen. Ich meine, Gefahren lauern nur auf jene, die nicht auf die drängenden Fragen des Lebens reagieren. Aber diejenigen, die die Impulse des Lebens aufnehmen und sie in eine entsprechende Politik einfließen lassen, brauchen keine Schwierigkeiten zu fürchten."[39]

Unter den Linden bekräftigt Gorbatschow, dass sein Verhältnis zu Honecker freundschaftlich sei. Bei der Frage, ob die DDR eine Perestroika brauche, verweist er auf das Selbstbestimmungsprinzip. Gewissermaßen eine verspätete Antwort auf die Fragen der US-Präsidenten Reagan und Bush bezüglich der Mauer gibt Gorbatschow dann während seiner Festrede im Palast der Republik: „Wir hören auch die Aufforderung, die UdSSR solle die Berliner Mauer beseitigen. Dann könne man erst endgültig an ihre friedlichen Absichten glauben […] Vor allem sollten unsere westlichen Partner davon ausgehen, dass *die* Fragen, die die DDR betreffen, nicht in Moskau, sondern in Berlin entschieden werden (*großer Applaus*)."[40]

Wie schlecht Gorbatschow informiert war von seinen eigenen Mitarbeitern und Deutschland-Experten über den wirtschaftlichen Zustand der angeblichen sozialistischen Musterschülerin DDR, die zu diesem Zeitpunkt nicht nur aufgrund der Montagsdemonstrationen vor der Implosion stand, zeigt seine folgende realitätsferne Beurteilung: „Schon Ende der 1960er-Jahre nahm die DDR einen dauerhaften Platz unter den zehn leistungsstärksten Industriestaaten der Welt ein. Und seither wächst ihre Wirtschaftskraft beharrlich.“[41] Gorbatschow, der Opfer der eigenen sozialistischen Propaganda und Realitätsverzerrung war, erfuhr erst nach dem Mauerfall, dass die DDR im Grunde bankrott war.

Am zweiten Besuchstag kommt Gorbatschow mit ausgesuchten Mitgliedern des SED-Politbüros im Schloss Niederschönhausen zusammen, dem Gästehaus der DDR-Regierung. Laut Gesprächsprotokoll schildert Gorbatschow den SED-Politbüro-Mitgliedern dort den Verlauf und die Schwierigkeiten der Perestroika in der Sowjetunion. Von der DDR ist daher auch eindeutig nicht die Rede, sondern von der Sowjetunion insgesamt und ihrer Führung, als Gorbatschow sagt: „Wenn wir zu spät kommen, bestraft uns das Leben. Aus diesem Grund haben wir den Termin für den 28. Parteitag der KPdSU vorgezogen.“[42] In der anschließenden Pressekonferenz tritt sein Sprecher Gennadi Gerassimow (1930–2010) vor die Journalisten. Dieser ändert Gorbatschows ursprünglichen Satz leicht ab zum Russischen Äquivalent von „Wer zu spät kommt, den bestraft das Leben“.[43] Dieser Ausspruch, der als Schlüsselsatz zum Fall der DDR und der deutschen Einheit gilt, war im Grunde also überhaupt nicht auf die DDR gemünzt und stammte in dieser Form auch nicht von Gorbatschow. Beides wurde dennoch über Jahrzehnte hinweg kolportiert, sogar vereinzelt von Historikern.[44] Natürlich haben auch die Demonstranten in der DDR ihn als Kritik an Honecker verstanden oder bewusst so verstehen wollen. Gorbatschow selbst erinnert sich gut an ihn:

> Der berühmte Satz, der so unterschiedlich interpretiert wird! Ich traf mich mit den SED-Politbüro-Mitgliedern. Ich habe sie nicht kritisiert. Das wäre unanständig und falsch gewesen. Ich begann über die Peres-

19 Das Ehepaar Gorbatschow im Palast der Republik mit Gastgeber Erich Honecker am 7. Oktober 1989

> troika zu sprechen, auch über die Diskussionen darüber in der sowjetischen Führung. Ich sagte, dass dort, wo wir zu spät gekommen sind, wir auch verloren haben. Deshalb: Wer zu spät kommt, der verliert. Und so nahm der Satz dann seinen Lauf.[45]

Gorbatschow antwortet auf die Nachfrage, ob das an Honecker gerichtet gewesen sei mit den Worten: „Ich schilderte dies der SED-Führung, damit sie verstünde, wie der Perestroika-Prozess bei uns lief, wie es mit unserer Perestroika bestellt war. Aus den Schilderungen folgte, dass andere daraus Lehren ziehen können. Natürlich habe ich mir nicht erlaubt, Forderungen zu stellen. Auf keinen Fall!" Auch kein subtiler Hinweis, keine subtile Aufforderung an Honecker sei der Satz gewesen.[46]

Am Abend des zweiten Besuchstags in Ostberlin spielten sich gespenstische Szenen ab. Während sich auf dem Festbankett im Palast der Republik Michail Gorbatschow, seine Frau Raissa, Erich Honecker, dessen Frau Margot und andere „Honoratioren" beim Essen zuprosteten, demonstrierten vor dem Gebäude, aber auch rund um die Gethsemanekirche, Tausende DDR-Bürger. Wie schon die Bundesbürger im Juni skandierten sie: „Gorbi, Gorbi". Dem sowjetischen

Hoffnungsträger sollten Kritiker bald schon vorwerfen, er habe nichts getan, um diese Demonstranten zu schützen.

Der Gewalteinsatz bahnte sich an und geschah kurz nach dem Abflug der Gorbatschows vom Flughafen Schönefeld. Es herrschte in jenen Tagen zweifellos eine explosive Lage, nicht nur in Ostberlin, sondern vor allem in Leipzig, aber auch anderswo in der DDR. In der Rückschau kann Gorbatschows Schweigen gegenüber den Protestierenden nur als klug und verantwortungsbewusst bezeichnet werden. Eine verbale Ermunterung der Demonstranten oder beispielsweise ein Eklat in Form eines scharfen Protestes gegenüber Honecker hätte unabsehbare Folgen haben und den Funken liefern können für den Umschwung hin zu einer flächenmäßig gewalttätigen Entwicklung, die es punktuell gegeben hat. Folglich lehnen Demonstranten, die von der Volkspolizei und der Stasi in jenen Tagen drangsaliert oder gar zusammengeschlagen wurden, den Begriff „friedliche Revolution" verständlicherweise ab.

Der Mauerfall aus sowjetischer Sicht

Es entsprach Gorbatschows neuem Prinzip der Nichteinmischung, dass er auch dann keinerlei Anstalten machte, die innenpolitische Entwicklung in der DDR zu stoppen, nachdem er am Morgen des 10. November 1989 erfahren hatte, dass die Berliner Mauer gefallen war.

Er hielt sich über die alljährlichen Revolutions-Feiertage in der Regierungsdatscha *Barwicha 4* auf, rund 25 Kilometer westlich von Moskau. Die in der DDR stationierten sowjetischen Soldaten hatten den üblichen Befehl zur sogenannten Kasernenpflicht bekommen. Er besagte im Jahr 1989, dass die Soldaten vom 6. November (Montag) bis zum 12. November (Sonntag) in den Kasernen bleiben mussten. Und dort befanden sie sich auch, als DDR-Oberstleutnant Harald Jäger, diensthabender Leiter des Grenzübergangs Bornholmer Straße, gegen 23:30 Uhr dem Druck der DDR-Bürger nachgab und die Grenze zu Westberlin öffnete, um Gewalt zu verhindern.

Seit 1989 werden unbegründete und unsinnige Spekulationen angestellt, und immer wieder wird die gleiche überflüssige Frage aufgeworfen, ob Gorbatschow oder die Militärführung in Moskau oder das sowjetische Militär in der DDR Gewalt einsetzen wollten. Die

20 Montagsdemonstration am 23. Oktober 1989 in Leipzig. Auch Rufe wie „Gorbi hilf" werden laut während der friedlichen Revolution in der DDR.

sowjetischen Militärs und Diplomaten waren ausschließlich an einer friedlichen Entwicklung interessiert und an nichts anderem. Politisch gesehen hätte der Einsatz von Gewalt nicht nur die neue Entspannungspolitik zum Westen zerstört, sondern auch Gorbatschows Glaubwürdigkeit ruiniert. Der Befehlshaber der sowjetischen Streitkräfte in der DDR, General Boris Snetkow (1925–2006), war ein Freund des sowjetischen Verteidigungsministers Dmitri Jasow; beide waren in jungen Jahren gemeinsam an der Militärakademie und kannten sich seit dieser Zeit.[47] Ohne einen Befehl aus Moskau hätte Snetkow nicht einmal besagte Kasernenpflicht aufheben können, und auch Verteidigungsminister Jasow war nicht der Oberbefehlshaber der sowjetischen Armee. Das war einzig und allein Gorbatschow.

Jasow versetzte dennoch am 10. November die in der DDR stationierte Westgruppe der sowjetischen Armee in erhöhte Alarmbereitschaft.[48] Dies geschah aber nicht, um möglicherweise Entwicklungen in der DDR zu stoppen oder gar rückgängig zu machen, sondern um die sowjetischen Soldaten in der DDR zu schützen. Aufgrund der Ereignisse, die sich der Kontrolle der SED-Führung entzogen hatten, befürchtete er Übergriffe auf sowjetische Kasernen.

Auch Fritz Streletz, Chef des Hauptstabes der Nationalen Volksarmee der DDR, versichert, es habe seitens der sowjetischen Militärs in der DDR und in Moskau niemanden gegeben, der einen Gewalteinsatz gefordert habe. Auch bestand in den entscheidenden Stunden vor der Grenzöffnung offenbar kein direkter Austausch: „In den Nachtstunden vom 9. zum 10. November gab es keine Kontakte mit Armeegeneral Snetkow oder der Westgruppe. Ich habe Armeegeneral Snetkow am 10. November um 8:30 Uhr über die Öffnung der Grenzübergangsstellen in Berlin und die entstandene Lage informiert."[49]

In der sowjetischen Botschaft in Ostberlin war der Gesandte Igor Maximytschew zum Zeitpunkt des Mauerfalls die ranghöchste anwesende Person, weil Botschafter Wjatscheslaw Kotschemassow schon schlief. Maximytschew erinnert sich:

> DDR-Funktionäre oder Militärs, denen gerade der Boden unter den Füßen wegrutschte, hätten eine Anfrage aus Moskau als Folge unserer Alarmmeldung falsch interpretieren können, nämlich als Versuch, Druck auf die DDR auszuüben, um die Grenzöffnung zu stoppen. Wir entschieden uns, Moskau nicht zu kontaktieren bzw. zu alarmieren, zumal es an den Berliner Grenzübergängen zu keinen Zwischenfällen kam, alles friedlich blieb […] Wir wären ohnehin nicht zu ihm durchgestellt worden. Bevor entschieden worden wäre, ob Gorbatschow geweckt werden sollte, wären unsere Informationen erst auf mittlerer und dann höherer Ebene diskutiert worden.[50]

Es ist erstaunlich, dass selbst der ehemalige Bundespräsident Richard von Weizsäcker in seinem Buch *Der Weg zur Einheit* völlig abwegige

Dinge behauptete. Er schrieb dramatisierend, unzutreffend und ohne Belege: „Trotz ausdrücklicher Anforderung durch die Sicherheitskräfte der DDR blieben sowjetische Streitkräfte auf Befehl aus Moskau in ihren Quartieren.“[51] Richtig ist vielmehr, dass der neue SED-Chef Egon Krenz aufgrund der zunehmenden Spannungen in der DDR schon am 3. November 1989 als Vorsitzender des Nationalen Verteidigungsrates den schriftlichen Geheimbefehl Nr. 11/89 herausgegeben hatte, der in Punkt 7 lautete: „Die Anwendung der Schusswaffe im Zusammenhang mit möglichen Demonstrationen ist grundsätzlich verboten.“[52]

Gorbatschow schickte Egon Krenz, der Erich Honecker als Generalsekretär der SED abgelöst hatte, am 10. November ein Glückwunsch-Telegramm. Der Kreml-Chef war froh, dass die Berliner Mauer als Belastung in seinem Verhältnis zum Westen endlich weggefallen war. Krenz, der als Nachfolger von Erich Honecker noch acht Tage vor dem Mauerfall zu einem Besuch nach Moskau gekommen war, hatte beteuert, er wolle radikale Reformen in der DDR einleiten. Davon war Gorbatschow angetan gewesen; er sah in Krenz einen Führer, der den Sozialismus modernisieren wollte – so wie er selbst auch. Bei ihrem Treffen am 1. November 1989 hatte Gorbatschow ihm deshalb versichert, dass „die Frage der Wiedervereinigung Deutschlands nicht aktuell sei.“[53]

Zumindest in der Bundesrepublik ist im Freudentaumel untergegangen, dass einen Tag nach dem Mauerfall der dienstälteste Ostblockherrscher entmachtet wurde – Todor Schiwkow, der seit 1954 an der Spitze Bulgariens stand. Er hatte zuvor beim sowjetischen Botschafter noch ersucht, nach Moskau kommen zu dürfen, um sich zu „beraten.“ Das lehnte Gorbatschow nach eigener Darstellung ab mit dem Hinweis, dass die „bulgarischen Angelegenheiten von bulgarischen Genossen, bulgarischen Kommunisten geregelt werden sollten“.[54] Der Mauerfall in Deutschland, die überwältigenden Fernsehbilder davon sowie die Wende in Bulgarien hatten eine große Wirkung auf die noch verbliebenen kommunistischen Regime des Warschauer Pakts, sodass es nur noch eine Frage der Zeit war, bis auch die Tschechoslowakei, wo es bereits im Jahr zuvor zu größeren Demonstrationen gekommen war, und Rumänien von der Diktatur befreit sein würden.

Nach Studentenprotesten, die sich zum Generalstreik ausweiteten, lenkte die kommunistische Partei der Tschechoslowakei am 19. November 1989 ein und erklärte sich zum Dialog bereit. Am Ende der Verhandlungen am Runden Tisch unter Beteiligung der Opposition standen die Wahl des noch im Januar 1989 eingesperrten Bürgerrechtlers Václav Havel zum Staatspräsidenten durch das Parlament sowie freie und demokratische Wahlen für die Bürger im Juni 1990.[55]

Mit Rumänien fiel im Dezember 1989 die letzte sozialistische Diktatur des Ostblocks. Es war die einzige Freiheitsrevolution, die Tote unter den Aufständischen forderte. Gorbatschow war sehr erschüttert darüber sowie über die Exekution seines langjährigen Verbündeten Nicolae Ceauşescu und dessen Frau Elena, wenngleich sie sich persönlich nicht gemocht hatten. Die Toten der rumänischen Revolution und das Ende des Herrscherpaares sorgten mit dafür, dass bei Gorbatschow ein Umdenken in der deutschen Frage einsetzte. Der Mauerfall allein hatte dafür nicht gereicht.

Als sich Gorbatschow und US-Präsident Bush gut drei Wochen nach dem Mauerfall vor der Küste Maltas trafen, erklärten sie den Kalten Krieg für beendet, doch sie waren beide eher ratlos und besorgt in der Deutschlandfrage. Wenige Tage später, am 6. Dezember, empfing Gorbatschow Frankreichs Präsident François Mitterrand in Kiew. Das Ausloten und die Diskussion um die Wiedervereinigung gewannen an Dynamik, auch wenn Gorbatschow wie gehabt betonte, die Zweistaatlichkeit sei eine Folge der Realitäten des Zweiten Weltkriegs. Doch bei dem Gespräch mit Mitterrand thematisierte er schon die militärische Bündniszugehörigkeit im Falle einer „Konföderation" beider deutscher Staaten. Gorbatschow hatte Hans-Dietrich Genscher am Tag zuvor in Moskau getroffen und ihm seinen großen Unmut über den von Bundeskanzler Kohl öffentlich vorgetragenen „Zehn-Punkte-Plan" geäußert, der konföderative Strukturen mit dem Ziel der deutschen Einheit zum Gegenstand hatte. Gegenüber Mitterrand sagte Gorbatschow: „Ich habe Genscher gefragt: Was heißt das, Konföderation? – Das setzt eine gemeinsame Außenpolitik in solch einem Gebilde voraus. Das steht in jedem Lehrbuch. Ich fragte ihn: Wohin führt so eine Konföderation? In die NATO oder in den

21 Gipfeltreffen zwischen Gorbatschow und US-Präsident George H.W. Bush auf dem sowjetischen Kreuzfahrtschiff „Maxim Gorki" vor Malta, 2. Dezember 1989. Im Bildvordergrund die beiden Außenminister Eduard Schewardnadse (links) und James Baker (rechts)

Warschauer Pakt? Oder wird eine Konföderation militärisch neutral? Was bleibt dann von der NATO? Haben Sie das alles durchdacht?"[56]

Dabei wurde Gorbatschow in jener Phase von den innersowjetischen Problemen fast erdrückt und konnte oder wollte daher der Deutschlandfrage nur wenig Zeit widmen. Zu sehr dominierten die sich überschlagenden Ereignisse in ganz Ost- und Mitteleuropa die Tagesordnung. Am selben Tag etwa, als Gorbatschow vom friedlichen Mauerfall erfuhr (10. November), erhielt er nicht nur die Nachricht vom politischen Sturz seines bulgarischen Verbündeten Schiwkow, sondern er musste sich plötzlich auch mit einem ganz anderen Ereignis befassen: In Kischinjow, der Hauptstadt der Sowjetrepublik Moldawien, war es zu schweren Zusammenstößen zwischen Sicherheitskräften und rund 8 000 Demonstranten gekommen. Ein Teil von ihnen wollte das dortige Innenministerium stürmen. Es gab mindestens 129 Verletzte, viele von ihnen schwer.[57] Der örtliche Parteichef bat den Befehlshaber der dort stationierten sowjetischen Südwest-Armee um Hilfe. Dieser wollte aber militärisch nur dann eingreifen, wenn Gorbatschow als Oberkommandierender den Befehl dazu gab. Gorbatschow lehnte ab und ordnete stattdessen an, die regulären Polizei-Einheiten sollten für Ordnung sorgen.[58] Durch die Erfüllung der Forderung nach Freilassung von Demonstranten, welche die traditionelle Militärparade am 7. November gestört hatten, konnte die Lage beruhigt werden.

Wieder zeigte sich, dass Gorbatschow eine Abneigung gegen militärische Einsätze hatte, wobei er natürlich auf das staatliche Gewaltmonopol grundsätzlich nicht verzichten wollte. Als großer Reformer und Wegbereiter der deutschen Einheit gilt er jedoch auch aus anderen Gründen.

13. DEUTSCHE EINHEIT FÜR NICHT-ERWEITERUNG DER NATO GEN OSTEN?

Ob es zur deutschen Einheit kommen würde, hing schlussendlich davon ab, ob die vier Siegermächte des Zweiten Weltkriegs sich über die militärische Bündniszugehörigkeit Gesamtdeutschlands verständigten oder nicht. Gorbatschow wird nicht selten vorgeworfen, er habe eigentlich keine klare Deutschlandpolitik gehabt, sei widersprüchlich gewesen, habe nur nachgegeben, weil die Sowjetunion in immensen wirtschaftlichen Schwierigkeiten steckte, oder gar gegenüber der DDR Verrat begangen. Letzteres trugen insbesondere die ehemaligen Repräsentanten dieses Staates vor.

Tatsächlich kann ein Vergleich von Gorbatschows Aussagen vom Anfang der 1980er-Jahre, von vor und kurz nach dem Mauerfall und im Verlauf der Verhandlungen zur deutschen Einheit im Frühjahr und Sommer 1990 diese Schlüsse nahelegen. Aus zwei Gründen wird solch eine Bewertung aber der Komplexität der deutschen Frage einerseits und der Ereignisdichte nach dem Mauerfall andererseits nicht gerecht. Nicht nur die sowjetische Position zur deutschen Frage geriet nach dem 9. November 1989 ins Wanken. Auch der Westen stand vor einer neuen Situation.

Alle drei westlichen Siegermächte waren zunächst überfordert, bewegten sich gemeinsam mit der Sowjetunion auf unbekanntem Terrain und suchten nach einem gangbaren Weg. Nachdem der Westen jahrzehntelang Freiheitsrechte für DDR-Bürger eingefordert sowie immer wieder das Selbstbestimmungsrecht hochgehalten hatte und verbal für die Überwindung der Teilung Deutschlands eingetreten war, kehrte sich diese Haltung nun ins Gegenteil. Skepsis, Bremsen und ausgerechnet Großbritannien unter Margaret Thatcher, die wie keine andere als Kämpferin für Freiheit und Selbstbestimmung aufgetreten war, war offen und beharrlich ablehnend gegenüber der Wiedervereinigung, was faktisch einer Verweigerung des Selbstbestimmungsrechts gleichkam.

Grünes Licht für die Wiedervereinigung

Rund zweieinhalb Monate nach dem Mauerfall gab Gorbatschow das Prinzip der Zweistaatlichkeit auf: Am Freitag, den 26. Januar 1990, fiel in seinem Büro im ZK-Gebäude am Alten Platz in Moskau die Entscheidung zugunsten eines wiedervereinigten Deutschlands. Das Ergebnis dieser Sitzung im engsten Kreis blieb aber noch zwei Wochen geheim. Teilnehmer waren neben Gorbatschow neun Personen, unter ihnen sein Berater Tschernajew, KGB-Chef Krjutschkow, Deutschland-Experte Falin, Ministerpräsident Ryschkow und Generalstabschef Achromejew.

Es war Krjutschkow, der ausdrücklich sagte: „Die Tage der SED sind gezählt […] Wir müssen unser Volk darauf einstimmen, dass Deutschland wiedervereinigt wird."[1] Doch trotz dieser unmissverständlichen Worte bezichtigte er später Gorbatschow, Verrat an der DDR begangen zu haben. Auch Ryschkow äußerte bei dieser Geheimsitzung: „Alle staatlichen Strukturen in der DDR sind zerstört. Die DDR retten zu wollen, ist und wäre ein unrealistisches Unterfangen."[2] Gorbatschow hatte schon eingangs gesagt, dass in der DDR keine realen Kräfte mehr existierten, und stellte klar: „Das Wichtigste ist, dass niemand damit rechnen soll, dass ein vereinigtes Deutschland in die NATO kommt."[3] Dennoch nahm das jahrzehntelang Unvorstellbare Gestalt an: Er beauftragte Generalstabschef Achromejew, einen Plan für den Abzug der Sowjetarmee aus der DDR auszuarbeiten. In der Sitzung wurde auch das Konzept einer Verhandlungsgruppe bestehend aus den Siegermächten und den beiden deutschen Staaten angenommen, die später den Namen „Zwei-plus-Vier" bekam.

Gorbatschow hoffte bis zuletzt, dass die Bürger der DDR dem Weg des erneuerten Sozialismus folgen würden, den die neue SED-PDS-Führung gehen wollte, und dass sie deren radikale Reformen begrüßen würden. Dass letztlich aber die Mehrheit der DDR-Bürger die

Einheit wollte und die Wiedervereinigung immer stärker auf den Straßen einforderte, war nach Ansicht seines engsten Beraters Tschernajew ausschlaggebend für die Wende Gorbatschows in der Deutschlandpolitik. Tschernajew konstatierte: „Uns war auch klar, dass wir die Einheit nicht mehr aufhalten können, die ja faktisch im Gange war. In Deutschland gab es ja schon eine echte Volksbewegung."[4] Er riet Gorbatschow ebenfalls – im Gegensatz zum Berater Falin –, einer NATO-Mitgliedschaft zuzustimmen.

Gorbatschow tat sich aber mit der „Entlassung" der DDR schwerer als mit der anderer Ostblockländer. Das lag nicht nur am völkerrechtlichen Sonderfall des geteilten Deutschlands, sondern auch an der anders gelagerten Historie: Deutschland hatte die Sowjetunion 1941 mit Krieg überzogen. In der Geheimsitzung vom 26. Januar 1990, wo die Teilnehmer unter sich waren und nicht für die sowjetische Öffentlichkeit oder das Ausland redeten, kamen die psychologischen Nachwirkungen davon zum Tragen. Ministerpräsident Ryschkow warnte: „Wenn wir alles Kohl überlassen, wird Deutschland in 20 bis 30 Jahren den dritten Weltkrieg entfachen." Und KGB-Chef Krjutschkow sagte: „Unser Volk hat Angst, dass Deutschland wieder eine Bedrohung wird."[5]

Klaus Blech, Botschafter der Bundesrepublik in Moskau von 1989 bis 1993, hatte damals die sowjetische Haltung zu Deutschland permanent im Blick. Er erinnert sich: „Natürlich haben wir uns – und nicht nur wir uns – alle nachher gefragt: Wie kam es zu dem Wechsel der Position bei Gorbatschow, der sich noch im Dezember gegen die Vereinigung aussprach? Ein entscheidender Punkt dürfte gewesen sein, als dort in den Demonstrationen nicht mehr die Rede war von *Wir sind das Volk!*, sondern von *Wir sind ein Volk!*"[6] Jene, die früher die Selbstbestimmung mit Nachdruck gefordert hatten, schwiegen allerdings überwiegend in ihren westlichen Regierungszentralen, als Zehntausende in zahlreichen Städten das Ende der SED und die Einheit forderten; bei der Montagsdemo am 21. November 1989 in Leipzig waren es sogar 250 000 Menschen. Nach Gorbatschows Darstellung bremsten der französische Präsident und die britische Regierungschefin sogar: „Sie wollten mich zu ihrem Werkzeug machen, um die deutsche Wiedervereinigung zu verzögern."[7]

Letztlich entzog Gorbatschow der DDR die Unterstützung – nicht weil er dieses Land als einen Unrechtsstaat ansah, sondern in erster Linie, weil auch er inzwischen die offensichtliche Abkopplung der DDR-Bürger von ihrer Führung und mehrheitlich selbst von einem reformierten Sozialismus wahrnahm. „Verraten" mag er die Führung in Ostberlin haben, die Menschen in der DDR aber nicht. Als zweiter Grund für seinen Positionswechsel kommt hinzu, dass er die Bundesrepublik als starken wirtschaftlichen Partner gewinnen wollte, und drittens lieferte ihm Honeckers Nachfolger Krenz ein realistisches Bild über die tatsächliche wirtschaftliche Lage in der DDR, über die Gorbatschow erschrocken war.

Dennoch empfing er wenige Tage nach dem Treffen im ZK, wo das Schicksal der DDR besiegelt worden war, DDR-Ministerpräsidenten Hans Modrow, auf den „seine" Bürger ohnehin kaum hörten. Zu diesem Zeitpunkt saßen Erich Mielke und andere SED-Größen bereits in Untersuchungshaft. Erich Honecker, der auch festgenommen worden war, wurde nach kurzer Zeit als haftunfähig entlassen. Vollmundig verkündete Gorbatschow bei diesem Treffen mit Modrow am 30. Januar 1990: „Das Wichtigste ist die Erhaltung der staatlichen Souveränität der DDR."[8] Einer Einladung an ihn und Ministerpräsident Ryschkow nach Ostberlin, von dem sich Modrow offensichtlich eine Stärkung seiner noch regierenden Führung erhoffte, wich Gorbatschow allerdings höflich und heuchlerisch aus:

> Ich denke, wir können Ihre Einladung mit Dankbarkeit annehmen. Obwohl ich ja erst kürzlich bei Ihnen war. Vielleicht könnte jetzt Nikolaj Iwanowitsch (Ryschkow) diesen Gegenbesuch in Berlin machen. Allerdings ist es derzeit schwer, das Land zu verlassen, denn bei uns ist der Perestroika-Prozess in eine stürmische Phase gekommen. Die Ereignisse in Ihren Ländern schlagen schon auf uns zurück. Es gibt schon Leute, die hier erklären, man sollte in der Sowjetunion so verfahren wie in der DDR und in Rumänien.[9]

Zu hohen sowjetischen Besuchen in der DDR sollte es nicht mehr kommen.

Westliche und östliche Positionssuche in der Bündnisfrage

Derweil prescht der Westen in der Deutschlandfrage zunächst zugunsten Moskaus vor: Am 2. Februar 1990 treten US-Außenminister James Baker und sein Amtskollege Genscher nach einer Unterredung in Washington vor die Presse: Genscher sagt: „Wir waren uns einig, dass nicht die Absicht besteht, das NATO-Verteidigungsgebiet auszudehnen nach Osten. Das gilt übrigens nicht nur in Bezug auf die DDR […], sondern das gilt ganz generell.“[10] Und eine Woche später, am 9. Februar 1990, fragt Baker im Kreml Gorbatschow, ob er sich die Einbettung Gesamtdeutschlands in die NATO vorstellen könnte mit der Zusicherung, dass der Geltungsbereich und die Truppen der NATO „keinen Zoll“ von der geltenden Bündnisgrenze nach Osten verschoben, also nicht mal auf die DDR ausgedehnt würden. Gorbatschow erwidert: „Jegliche Ausdehnung wäre inakzeptabel“. Baker darauf: „Wir stimmen darin überein.“[11]

25 Jahre später relativierte Baker offen seine Aussage, um den späteren Positionswechsel der USA zu erläutern:

> Ich hatte das weder mit dem Weißen Haus noch mit dem Nationalen Sicherheitsrat abgestimmt. Ich hatte das mit Genscher erörtert. Wir standen da am Anfang des Verhandlungsprozesses. Innerhalb einiger Tage […] änderten die USA ihre Position, weil das Weiße Haus sagte: Moment mal! Wie soll das funktionieren? – ein Land zu einer Hälfte in einem Bündnis, zur anderen Hälfte draußen? Das macht überhaupt keinen Sinn![12]

Die Ereignisdichte jener Wochen und Monate des Jahres 1990, die unzähligen Wortmeldungen von befugter und unbefugter Seite, die Nicht-Unterscheidung, was schon vor den Verhandlungen der vier Siegermächte und den beiden deutschen Staaten gesagt wurde und was tatsächlich Verhandlungsgegenstand war, macht es nötig, im nachträglichen Diskurs über die NATO-Osterweiterung klarzustellen, was Gorbatschow mit seinen westlichen Partnern damals tatsächlich verhandelt und beschlossen hatte.

Der russische Präsident Putin und Interimspräsident Dmitri Medwedew stellten die Behauptung auf, im Zuge der deutschen Wiedervereinigung hätte die damalige sowjetische Führung – also Gorbatschow –, die Zusage erhalten, das westliche Verteidigungsbündnis würde sich nicht nach Osten ausdehnen. Diese Behauptung würde bedeuten, Gorbatschow sei nachträglich betrogen worden und die deutsche Einheit nur aufgrund falscher Versprechungen des Westens möglich geworden. Diese Legende reproduzieren nicht wenige im vereinigten Deutschland. Offensichtlich wirkmächtig sagte auch Putin 18. März 2014 im Kreml: „Wir wurden in der Vergangenheit vom Westen oft betrogen. So war es auch mit der NATO-Osterweiterung."[13]

Richtig ist, dass Gorbatschow lange versucht hat, die Zugehörigkeit Gesamtdeutschlands zum westlichen Militärbündnis zu verhindern. 2014 sagte er dazu: „Wir bestanden zunächst darauf, dass Deutschland neutral wird. Es gab ja nicht nur bei uns, sondern auch im Westen Befürchtungen, dass ein vereinigtes Deutschland alte Reflexe wieder reaktivieren könnte."[14] Er spielte damit auf die Sorgen an, es könnten Ansprüche auf deutsche Gebiete aufkommen, die 1945 verloren gegangen waren, oder dass allgemein die Kriegsgefahr steigen könnte. Das war auch Thema bei seinem historischen Treffen mit Bundeskanzler Kohl und Außenminister Genscher am 10. Februar 1990 in Moskau. Hier trug Gorbatschow im ersten Gespräch, an dem sonst nur die Berater Tschernajew, Teltschik und die beiden Dolmetscher teilnahmen, die Weltsensation vor, dass *alle* Deutschen ihr Schicksal selbst bestimmen dürfen. Am zweiten Gespräch nahmen dann auch die beiden Außenminister teil.

Was Kohl von Gorbatschow zu hören bekam, war die faktische Aufgabe der DDR und die Akzeptanz einer kommenden Wiedervereinigung, wie es schon beim Geheimtreffen im ZK zwei Wochen zuvor von sowjetischer Seite beschlossen worden war. Horst Teltschik, der mit Kohl Zeuge dieses historischen Augenblicks war, erinnert sich:

> Ich musste dieses Gespräch ja protokollieren. Als er diese Aussage machte, lief mir wirklich ein Schauer über den Rücken. Ich dachte, ich höre nicht richtig. Ich dachte in dem Augenblick: Jetzt vollzieht sich Ge-

schichte. Sensationell! Und ich habe dem Bundeskanzler zugeflüstert, er soll dafür sorgen, dass Gorbatschow diese Aussage wiederholt, weil es ja darum ging, jedes Wort festzuhalten – präzise festhalten –, um kein Missverständnis zu haben. Und Gorbatschow hat es wiederholt![15]

Aufgeregt und voller Glücksgefühle traten Kohl und Genscher noch gegen 22 Uhr an jenem Samstagabend vor die Weltpresse, um diese damals unglaubliche Aussage Gorbatschows zu verkünden. Kohl und Genscher, die auf dem Podium Platz genommen hatten, waren sich offenbar nicht bewusst, dass die Mikrofone der Kameras ihre nicht für die Öffentlichkeit bestimmten Sätze vor Beginn der Pressekonferenz einfingen. Kohl zu Genscher: „Gib mir mal ein bisschen Wasser". Genscher streckt sich nach der Wasserflasche, bricht ab, erwidert: „Jetzt gib mir erst mal deine Hand." Beide geben sich unter dem Podiumstisch die Hand und lächeln sich an. Als Genscher dann die Wasserflasche öffnet, kommentiert Kohl: „Eigentlich müssten wir uns jetzt besaufen."

Kurz nach Eröffnung der Pressekonferenz liest Kohl die Erklärung ab mit dem Kernsatz, der um die Welt geht: „Ich habe heute Abend an alle Deutschen eine einzige Botschaft zu übermitteln: Generalsekretär Gorbatschow und ich stimmen darin überein, dass es das *alleinige* Recht des deutschen Volkes ist, die Entscheidung zu treffen, ob es in einem Staat zusammenleben will."[16] Diese epochale Zusage hatte Gorbatschow also nicht an Bedingungen geknüpft, auch nicht an jene, dass Gesamtdeutschland nicht der NATO angehören dürfe. Im Gespräch mit Kohl hatte er lediglich auf die geplanten Zwei-plus-Vier-Prozess-Verhandlungen hingewiesen, die erst drei Tage später von allen beteiligten Staaten beschlossen wurden. Für diese Verhandlungen machten Gorbatschow und das Politbüro Außenminister Schewardnadse, der sie für die sowjetische Seite führte, tatsächlich zunächst die Vorgabe, eine NATO-Mitgliedschaft Gesamtdeutschlands nicht zuzulassen. In diesem Sinne äußerte sich dieser dann auch bei der Auftaktkonferenz in Bonn, wo sich am 5. Mai 1990 unter dem Ansturm der Weltpresse die Vertreter beider deutscher Staaten und der vier Siegermächte versammelten.

Hier, in Bonn, hätten die Vertreter der Sowjetunion auch die Gelegenheit gehabt, die früheren Äußerungen von Baker und Genscher zur NATO-Erweiterung auf den Tisch zu legen und die westlichen Verhandlungspartner damit zu konfrontieren. Doch genau das tat Moskau weder am 5. Mai noch bei den folgenden Konferenzen! Aus diesem Grund echauffierte sich Baker 2015 darüber, dass plötzlich Vorwürfe des Betrugs aufkamen. Zum Verhandlungsauftakt in Bonn und bezüglich der weiteren Zwei-plus-Vier-Konferenzen in Ost-Berlin und Paris stellte er klar: „Wir hatten offiziell unsere Position geändert! Die Sowjets wussten das! Sie verloren kein Wort darüber. Es gab niemals eine Diskussion über eine NATO-Erweiterung im allgemeinen Sinn. Bei den Zwei-plus-Vier-Verhandlungen wurde über die NATO ausschließlich im Zusammenhang mit der DDR gesprochen.[17]

Die sowjetische Position schwankte noch in der Zeit von der ersten Konferenz in Bonn bis zum Kaukasus-Treffen im Juli. Die USA hatten die ihre zwar einmal um 180 Grad geändert, blieben dann aber konsequent dabei. Präsident Bush und seine Militärstrategen hatten ihre definitive Haltung bereits Ende Februar 1990, als Bundeskanzler Kohl in die USA kam, unmissverständlich klar gemacht. Der Versuch Kohls, eine lockerere NATO-Mitgliedschaft mit Hinweis auf das französische Modell ins Gespräch zu bringen, hatte Bush zurückgewiesen. Auch Bakers und Genschers ursprüngliche Positionen waren da schon obsolet. Baker gab den Kern des Gesprächs zwischen Bush und Kohl am 26. Februar 1990 in Camp David wie folgt wieder: „Wir sagten zu ihm: Also Kanzler, wir Amerikaner werden die Wiedervereinigung unterstützen – offen gesagt: gegen Widerstände der Briten, der Franzosen und der Sowjets. Aber nur, wenn Sie mit uns damit übereinstimmen, dass das vereinte Deutschland der NATO angehört. Er sagte darauf: Einverstanden."[18]

Anfang Juni 1990 auf dem Gipfeltreffen in Washington und Camp David zwischen den USA und der Sowjetunion schien dann der Verhandlungsdurchbruch in der NATO-Frage geschafft: Gorbatschow widersprach Bush nicht, dass gemäß der Schlussakte von Helsinki auch das vereinigte Deutschland allein bestimmen dürfe, welchem Bündnis es angehören will. Andererseits bewertete er auf der gemeinsamen Pressekonferenz die Verhandlungsergebnissee mit den Worten: „Ich kann nicht sagen, dass wir eine Einigung erzielt haben. Das bedeutet aber nicht, dass unsere Anstrengungen umsonst gewesen sind.“[19]

Diese Ambivalenz, diese gelegentliche Unklarheit bezüglich seiner eigenen Position war für Gorbatschow nicht untypisch, nicht nur gegenüber den westlichen Partnern, sondern auch gegenüber seinen Untergebenen. Denn zuvor bei den Verhandlungen hinter geschlossenen Türen hatte er sogar zwei Mal Bushs Frage, ob die KSZE-Schlussakte, die den Staaten die freie Bündniswahl einräumt, auch für ein vereinigtes Deutschland gelte, bejaht.[20] Dass dies noch keine belastbare Positionsänderung Gorbatschows war, zeigte sich auch daran, dass Präsident Bush – nach den Aufzeichnungen von Horst Teltschik – Bundeskanzler Kohl noch in der Nacht in dessen Privathaus in Ludwigshafen anrief, um ihm zu berichten, auf dem Washingtoner Gipfel sei noch kein Durchbruch erzielt worden, dass er ihn aber jetzt für möglich halte.[21]

Gut eine Woche später rückte Gorbatschow aber wieder vom Washingtoner Stand ab, indem er eine assoziierte Doppelmitgliedschaft Deutschlands in der NATO und im Warschauer Pakt vorschlug. Dies wurde von Bush am 12. Juni 1990 umgehend zurückgewiesen mit den Worten: „Ein vereinigtes Deutschland sollte ohne Bedingungen zur NATO gehören.“[22] Die mangelnde Stringenz in der sowjetischen Position bezüglich der militärischen Bündniszugehörigkeit erklärt sich nicht nur durch das bereits erwähnte subjektive Bedrohungsgefühl in Teilen der Bevölkerung, sondern auch dadurch, dass Gorbatschow seine ohnehin angeschlagene innenpolitische Stellung nicht weiter schwächen wollte.

Es ist kein Zufall, dass Gorbatschow die klare, eindeutige und von ihm selbst kommunizierte Zustimmung zur NATO-Zugehörigkeit eines vereinten Deutschlands erst nach dem 28. Parteitag der KPdSU unmissverständlich gab, der am 13. Juli 1990 zu Ende ging. Der belastbare und verbindliche sowjetische Positionswechsel wurde also nach dem Kaukasus-Treffen am 16. Juli kommuniziert. Auf dem 28. Parteitag war Gorbatschow von seinen innenpolitischen Gegnern auf das

Schärfste kritisiert worden, hauptsächlich wegen der trostlosen Lage im Land, aber auch wegen seines angeblichen „Ausverkaufs" Osteuropas und des Sozialismus. Einen Freifahrtschein für eine gesamtdeutsche NATO-Zugehörigkeit vor dem Parteitag hätte seine Kritiker und Feinde nur zusätzlich provoziert. Insofern ist Gorbatschows Lavieren auch vor dem Hintergrund des innenpolitischen Drucks zu betrachten.[23] Auf dem KP-Parteitag wurde er mit einem wenig überzeugenden Ergebnis wiedergewählt: 3411 Delegierte stimmten für ihn, 1146 gegen ihn.

Zu differenzieren ist dabei allerdings, dass weder die militärische noch die politische Führung gegen die Wiedervereinigung oder den Truppenabzug aus der DDR waren. Generalstabschef Achromejew und weitere Militärs hatten den Abzugsplan ja selbst entwickelt. Verteidigungsminister Marschall Jasow stellte klar. „Wir waren nicht gegen die deutsche Einheit."[24] Und er warb ja auch in einer Rede vor dem Obersten Sowjet für die Deutschlandverträge.

Gegenfeuer kam nur von Valentin Falin, der aber Gorbatschow nicht überzeugen konnte. DDR-Außenminister Markus Meckel schreibt in seinen Erinnerungen, dass der westdeutsche Sozialdemokrat Egon Bahr „stark auf der Seite Falins" war und „versuchte, uns auf dessen Kurs zu bringen".[25] Und der damalige SPD-Kanzlerkandidat Oskar Lafontaine habe ihm, Meckel, und anderen Mitgliedern der Ost-SPD zugeredet, dem Einigungsvertrag nicht zuzustimmen.[26]

Rückblickend nennt Gorbatschow den Grund für den sowjetischen Positionswechsel in der deutschen und in der NATO-Frage. Dieser habe der politischen Logik entsprochen: „Da wir einerseits Deutschlands volle und uneingeschränkte Souveränität anerkannten, bedeutete das andererseits auch, dass Deutschland selbst über seine Bündniszugehörigkeit entscheiden darf.[27] Ist es somit ein Mythos, dass es entsprechende Zusagen des Westens gegeben habe? Gorbatschow darauf: „Ja, das ist tatsächlich ein Mythos. Es konnte so eine Vereinbarung gar nicht geben. Es ging nur um das Territorium der DDR. Es hat keine Tricksereien gegeben. Alles andere sind Erfindungen, mit denen man uns, den Deutschen oder sonst wem etwas anhängen will."[28]

Teilnehmer und Zeitzeuge der Verhandlungen im Kaukasus Mitte Juli 1990 war auch Wladislaw Terechow, damals sowjetischer Botschafter in der Bundesrepublik. Er konstatiert: „Der Begriff NATO-Osterweiterung ist ein Begriff einer späteren Epoche [...]; darüber wurde nicht gesprochen."[29] Vor allem aber wird in Moskau unter Präsident Putin mit oder ohne Absicht durcheinandergebracht, was westliche Politiker vor Beginn der Deutschlandverhandlungen geäußert haben und was am Verhandlungstisch der Zwei-plus-Vier-Staaten besprochen und beschlossen wurde. Auch vereinzelte Historiker wie Mary Sarotte und William Taubman unterscheiden da nicht und führen vor allem die Baker-Äußerungen vom 9. Februar 1990 als Beleg für einen angeblichen Betrug seitens des Westens ins Feld.[30]

Insbesondere Sarotte verbreitet zum sichtbaren Unmut des damaligen US-Außenministers Baker diese Legende.[31] In einem Aufsatz von 2019 suggerierte sie, dass die Aussage Kohls gegenüber Gorbatschow in Moskau am 10. Februar 1990, mit der er Bakers Aussagen vom Vortag bekräftigte, den Ausschlag gegeben hätte, dass Gorbatschow grünes Licht für die deutsche Wiedervereinigung gegeben habe.[32] Richtig ist aber, dass Kohl und der Westen zu diesem Zeitpunkt gar nicht wussten, dass Gorbatschow schon zwei Wochen zuvor – am 26. Januar 1990 – in seinem engsten Beraterkreis diese Entscheidung heimlich getroffen und die DDR abgeschrieben hatte.

Vor den Toren des kaukasischen Dorfes Archys wurde die NATO dann im Juli 1990 friedlich und mit Billigung des Kremls erweitert – aber lediglich um das Territorium der DDR. Die Legende vom Wortbruch im Jahr 1990 instrumentalisierte der Kreml unter Putin, nicht zuletzt für Rechtfertigungsversuche des völkerrechtswidrigen Vorgehens in der Ukraine, und warf damit einen Schatten auf ein diplomatisches Glanzstück und ein großes Kapitel europäischer Friedenspolitik, das Vertreter der Sowjetunion gemeinsam mit dem Westen gestaltet haben. US-Außenminister Baker stellte 2015 klar:

> Es widerspricht dem gesunden Menschenverstand anzunehmen, dass ein Staat einen Sicherheitsvertrag unterschreibt, ohne dass seine Sicherheitsinteressen darin berücksichtigt wären. Und jetzt – 25 Jahre danach – be-

haupten einige Leute, es habe Zusicherungen gegeben bezüglich der NATO. Es hat sie nicht gegeben! Gorbatschow sagt das, Schewardnadse sagte es, ich sage das, Genscher sagt das – und ich bin sicher, die anderen Beteiligten würden das Gleiche sagen. […] Wie kann man jetzt kommen und behaupten, es habe mündliche Zusagen gegeben, die über dem Vertrag stehen?[33]

Bei näherer Betrachtung stellt man fest, dass der Zwei-plus-Vier-Vertrag nicht einmal das Wort NATO, geschweige denn NATO-Osterweiterung enthält. Es würde auch der KSZE-Schlussakte von Helsinki widersprechen, wenn europäische Staaten, zu denen eben auch die ehemaligen Ostblock-Staaten und die ost- und mitteleuropäischen Nachfolgestaaten der Sowjetunion gehören, grundsätzlich nicht der NATO angehören dürften. Und die spätere Osterweiterung um Litauen und viele andere Staaten hat juristisch, politisch und historisch nichts mit der deutschen Einheit oder dem Zwei-plus-Vier-Vertrag zu tun. Auch die Behauptung, die Erweiterung hätte „gegen den damaligen Friedensgeist“ zwischen Ost und West verstoßen, trifft nicht zu.

Es ist ferner eine Legende, dass der Westen nur darauf gewartet hätte, die ehemals gegnerischen Staaten in die NATO aufzunehmen. Nach der Auflösung des Warschauer Paktes (1. Juli 1991) dauerte es acht Jahre, bis die osteuropäischen Staaten damit begannen, sukzessive der NATO beizutreten. Erst 1999 traten Polen, Tschechien und Ungarn der NATO bei, und sehr zögerlich war damals vor allem der Westen, der ihre Aufnahme lange nicht unterstützte. Von einer Expansionsabsicht kann daher keine Rede sein. Russland stellte sich offensichtlich nie die Frage, warum diese Länder Schutz im Westen suchten nach Jahrzehnten der Bevormundung und blutigen Unterdrückung durch Moskau im Kalten Krieg.

Im neuen Jahrtausend kritisierte zwar auch Gorbatschow die Erweiterung nach Osten, aber er wies den „Betrugsvorwurf“ und die Legende von gebrochenen Versprechen entschieden zurück. In seinem Buch von 2019 geht er nochmals auf das Thema ein: „Manche meiner Kritiker halten mir bis heute vor, ich hätte damals nicht darauf bestanden, vertraglich festzuhalten, dass die NATO sich zukünftig nicht nach Osteuropa ausdehnen dürfe. Eine solche Forderung wäre absurd, ja geradezu lächerlich gewesen, denn der Warschauer Pakt existierte ja noch. Man hätte uns sofort beschuldigt, ihn preisgegeben zu haben.“[34] Gorbatschow erwähnt allerdings nicht, dass das östliche Bündnis schon deutliche Risse hatte und Moskau mit den Regierungen in Prag und Budapest schon am 26. Februar beziehungsweise am 10. März 1990 bilaterale Verträge über den Abzug der sowjetischen Truppen aus der ČSSR und aus Ungarn geschlossen hatte. Juli Kwizinski, sowjetischer Botschafter in der Bundesrepublik von 1986 bis 1990, stellte diesbezüglich treffend fest: „Niemand wollte mehr unser Verbündeter sein.“[35]

14. DOPPELHERRSCHAFT IN MOSKAU – ANARCHIE UND AGONIE

Als die Außenminister der vier Siegermächte sowie der Bundesrepublik und der DDR Mitte September 1990 nach Moskau kamen, um den Zwei-plus-Vier-Vertrag zu unterzeichnen, der Deutschlands Einheit und Souveränität festschrieb, befand sich die einstige Siegermacht Sowjetunion schon seit Monaten in einem desolaten Zustand. Das Wort ‚Krise' griffe zu kurz: Die Lage war perspektivlos, bedrückend und spannungsgeladen. Gorbatschows Autorität und Beliebtheit, die im Westen immer noch stieg, bröckelte im eigenen Land seit Anfang 1990 massiv und schlug schließlich überwiegend in Antipathie um.

Seine Regierung war gezwungen, Lebensmittelkarten und Bezugsscheine für Produkte des täglichen Bedarfs einzuführen, die pro Kopf limitiert wurden. Die Bürger Moskaus mussten jetzt bei Einkäufen eine amtliche „Visitenkarte" mit ihrem Foto oder ihren Pass vorlegen, um zu belegen, dass sie in der Stadt gemeldet waren. Es herrschte großer Mangel an Fleisch, Wurst, Mehl, Zucker, Trockenmilch, Seife, Waschpulver und vielem mehr. Vor diesem Hintergrund war es ungeschickt und kontraproduktiv, dass Gorbatschow inflationär „eine neue Etappe der Perestroika" ankündigte, was die Mehrheit der Bürger zunehmend aggressiv machte. Wenige Tage vor der geplanten Unterzeichnung des Zwei-plus-Vier-Vertrags versuchte er in mehreren Telefonaten mit Helmut Kohl, eine größere Zahlung für den Abzug des sowjetischen Militärs aus der DDR herauszuschlagen. Nach teils zähem Ringen einigte man sich auf 15 Milliarden D-Mark, die Deutschland der Sowjetunion zahlen würde, davon drei Millionen als zinslosen Kredit.[1]

Auch wenn Gorbatschow es nicht wahrhaben wollte: Die Perestroika war in der Sowjetunion diskreditiert, alle Erklärungs- und Beschwichtigungsversuche, es stünde eine „neue Etappe“ bevor, gingen politisch-inhaltlich und bei den Bürgern spätestens seit dem Frühjahr 1990 völlig ins Leere. Die Grundpfeiler des Systems standen nicht mehr, und selbst das Machtmonopol der Kommunistischen Partei, das in der Verfassung in Artikel 6 festgeschrieben war, ließ Gorbatschow schließlich aufheben, was die Volksdeputiertengruppe, die sich um den inzwischen verstorbenen Andrej Sacharow formiert hatte, schon lange gefordert hatte. Es war Gorbatschow selbst, der am 5. Februar 1990 dem ZK vorschlug, diesen Verfassungsartikel entsprechend zu ändern, was er zuvor immer abgelehnt hatte. Vorausgegangen war am Vortag eine der größten Demonstrationen in der Geschichte der Sowjetunion mit etwa 200 000 Menschen, die genau das verlangten – das Ende des über 70 Jahre währenden Machtmonopols der KP.

Diese Entscheidung Gorbatschows war unvereinbar mit der Lenin'schen Lehre, widersprach ihr diametral. Gorbatschows Ideal, seine Hoffnung, ja seine Utopie, blieb ungeachtet dieses fundamentalen Schritts aber weiterhin, die Kommunistische Partei der Sowjetunion zu „demokratisieren“, damit sie an sich selbst eine Perestroika vollzöge und sich zu einer parlamentarischen Partei entwickelte. Das ZK stimmte nach heftigen und anfangs überwiegend ablehnenden Diskussionsbeiträgen letztlich für Gorbatschows Vorschlag und damit für die eigene formale Entmachtung. Wirkte auch hier noch das Standardargument, es gelte stets die kommunistische Parteidisziplin zu bewahren? Das spielte sicher auch eine Rolle, entscheidend war aber, dass de facto schon etliche andere Parteien und Bewegungen entstanden und aktiv waren, sodass den Kommunisten nichts anders übrig blieb, als die Verfassung und sich selbst der politischen Wirklichkeit anzupassen.

Boris Jelzin drängte sich nun innerhalb der oppositionellen Volksdeputiertengruppe stärker in den Vordergrund, konnte aber die intellektuelle und programmatische Lücke, die Sacharows Tod 1989 hinterlassen hatte, nicht schließen. Das kompensierte er mit Angriffen auf Gorbatschow, mit wirkungsvollen Schilderungen der desolaten Lage sowie mit populistischen Versprechungen einer besseren Zukunft. Spätestens mit seiner Wahl zum Vorsitzenden des Obersten Sowjets der Republik Russland begann dann die Doppelherrschaft in Moskau.

Er schaffte dies zwar erst im dritten Wahlgang, war nun aber der Chef der größten und mächtigsten Republik innerhalb der Sowjetunion. Zwei Wochen später erklärte der von ihm geführte Oberste Sowjet deren „staatliche Souveränität" – ganz so, wie es die baltischen Republiken bereits vorgemacht hatten. Das war ein herber Schlag gegen die Moskauer Zentralregierung und gegen Gorbatschow persönlich, bedeutete aber noch nicht den Austritt oder die völlige Loslösung. Allerdings standen damit die Republikgesetze über denen der Sowjetunion. Es versteht sich von selbst, dass ein Gesamtstaat unter dieser Prämisse auf Dauer nicht regiert werden kann, und es gab auch keine Hebel mehr, um Jelzin in die Schranken zu weisen. Das Gesetz des Handelns war auf ihn übergegangen, ebenso die Popularität.

In diese Zeit fielen zudem Ereignisse, die dafür sorgten, das Gorbatschow in seiner Amtszeit einmal nachweislich Gewalt anwenden ließ. Dies geschah in Aserbaidschan im Januar 1990: Er entsandte sowjetische Militär- und die Spezialeinheiten in die Hauptstadt Baku, zunächst nicht, um die Unabhängigkeitsbewegung niederzuschlagen, sondern um Pogrome zu stoppen: Aserbaidschaner waren ab dem 13. Januar mordend und brandschatzend durch Baku gezogen mit dem Ziel, armenische Bewohner aus ihren Wohnungen und aus der Stadt zu vertreiben. Dabei wurden schätzungsweise 90 Menschen getötet. Die Aserbaidschaner gingen nach Darstellung der Organisation *Human Rights Watch* nicht spontan vor, sondern hatten im Vorfeld spezielle Listen angefertigt.[2]

Unabhängig voneinander forderten das Europaparlament und eine Gruppe von US-Senatoren die Beendigung des Mordens an den Armeniern. Der Teufelskreis der Gewalt hatte allerdings schon vor diesen Pogromen dazu geführt, dass auch Aserbaidschaner aus Armenien vertrieben worden waren. Die herbeigerufene Sowjetarmee griff in Baku aber nicht zum Schutz der Armenier ein. Erst nachdem die aserbaidschanische Volksfront zum Sturz der kommunistischen Republikführung aufgerufen hatte, rollten in der Nacht zum 20. Januar Panzer in die Innenstadt. Das örtliche ZK drohte, von Aufständischen gestürmt zu werden, doch die Sowjetarmee und die Spezialeinheiten gingen ebenfalls gegen unbewaffnete und unbeteiligte Zivilisten vor, walzten

Autos nieder und schossen um sich. Diese Tragödie, die als „Schwarzer Januar" in die sowjetische Geschichte einging, forderte mehr als 120 Tote unter den Zivilisten. Als Folge dieses Gewalteinsatzes hörten zwar auch die Pogrome auf, doch in den Augen der Sowjetbürger war Gorbatschows Perestroika nun nicht mehr nur wegen der katastrophalen Versorgungslage, sondern auch wegen der nationalen Unruhen und der Gewaltexzesse diskreditiert. Ein sichtlich mitgenommener Gorbatschow rechtfertigte in einer Ansprache im sowjetischen Fernsehen den Gewalteinsatz mit den Worten: „Der Staat hatte die Pflicht, den Völkern Sicherheit und Frieden zurückzugeben."[3]

Mit dem allmählichen Auseinanderbrechen der Sowjetunion und dem Ende des Machtmonopols der KPdSU erodierte Gorbatschows Stellung noch weiter. Dieser versuchte, sich persönlich abzusichern, und schlug dem ZK vor, das Amt des Präsidenten der Sowjetunion einzuführen und in die Verfassung aufzunehmen. Damit, so sein Kalkül, würde er neben dem – im Vergleich zu früher – fast wertlos gewordenen Amt des KP-Generalsekretärs ein neues Machtfundament bekommen. Tatsächlich wählte der Kongress der Volksdeputierten Gorbatschow am 14. März mit 1329 zu 495 Stimmen zum Präsidenten. Seinen persönlichen Autoritätsverfall hielt das neue Amt aber nicht auf.

Einer Volkswahl wollte er sich nicht stellen, wahrscheinlich weil er sich seiner schlechten Popularitätswerte bewusst war. Dabei hatte er den Bürgern in den fünf Jahren seit 1985 zuvor nicht für möglich gehaltene Freiheiten gegeben, das Land grundlegend demokratisiert, die politischen Verfolgungen eingestellt, die Kultur wiederbelebt, Religionsfreiheit eingeführt und vieles, vieles mehr: Hätten die Bürger nicht dankbar sein müssen, könnte man fragen? Sie wären es vermutlich gewesen, wenn sie nicht in solche existenziellen Nöte geraten wären.

Gorbatschow entwickelte sich politisch nun in eine Richtung, die entgegen aller Beteuerungen seinerseits – sowohl 1990 als auch in der Retrospektive des 21. Jahrhunderts – nichts mehr mit den Perestroika-Zielen gemein hatte. Fünf Jahre nach seinem Amtsantritt im Kreml plädierte er nun für den Übergang zur Marktwirtschaft und für ein neues Eigentumsgesetz. War er zu dem Schluss gekommen, dass das sowjetische System nicht reformierbar war? War er nun davon überzeugt, dass ein weiteres Festhalten an der Planwirtschaft und am Einparteiensystem in den Ruin führen würde und diese sowjet-sozialistischen Grundprinzipien politisch unbrauchbar waren? Man wird diese Frage nie wirklich ergründen können, da sich Gorbatschow dazu zu oft widersprüchlich oder unklar geäußert hat, auch nach seinem Rücktritt.

Auf dem 28. Parteitag der KPdSU im Juli 1990, dem letzten in der Geschichte der Sowjetunion, mutete er den Delegierten programmatische Ziele zu, die in früheren Zeiten nicht nur dafür gereicht hätten, ihn aus der Partei auszuschließen. Er sagte: „Nichts hindert uns daran, schon heute mit der Umwandlung staatlicher Betriebe in Aktienunternehmen anzufangen, die reale Freiheit für die Unternehmertätigkeit zu schaffen."[4] Es war nicht mehr und nicht weniger als das öffentliche Eingeständnis, dass die jahrzehntelang verteufelte Marktwirtschaft der Planwirtschaft doch überlegen ist. Er führte ferner aus: „Wir betrachten den Markt [die Marktwirtschaft – I. L.] als Mittel zur Effektivitätssteigerung der Wirtschaft, zur Erhöhung des Lebensniveaus der Menschen. Der Markt soll uns dazu verhelfen, die Aufgabe rascher zu lösen, unserer Wirtschaft größere soziale Ausrichtung zu verleihen."[5] Insbesondere die Worte „größere soziale Ausrichtung" der Marktwirtschaft sind unmissverständlich als Bankrotterklärung für das eigene System zu verstehen, da sie ja dessen innersten Kern treffen. Waren nicht bisher Marktwirtschaftler und Aktienunternehmer Ausbeuter gewesen und für alles soziale Leid der Menschheit verantwortlich? Als Folge dieser neuen Einsichten wurde die sowjetische Planungsbehörde *Gosplan* – Inbegriff des Plansystems – am 1. April 1991 aufgelöst.

Die Erklärungen Gorbatschows vor der sowjetischen Öffentlichkeit für diese radikale Kehrtwende, die er selbst gar nicht als solche ansah, sind schwer oder gar nicht nachvollziehbar. Aufgrund seines Idealismus glaubte er offensichtlich selbst, was er vor den Parteitagsdelegierten sagte: „Schritt für Schritt haben wir unsere Vorstellungen von den Zielen und Methoden der revolutionären Veränderungen weiter vertieft. Dazu bedurfte es, um es mit Lenins Worten zu sagen, einer Revision unseres gesamten Bildes vom Sozialismus." Er behauptete sogar, diese neuen Schritte seien gedeckt von der kommunistischen Lehre: „Als Ergebnis sehen wir die Perestroika als eine neue Revolution und

22 Der 28. und letzte Parteitag der KPdSU im Juli 1990, immer noch mit einem überlebensgroßen Lenin-Bild als Kulisse. Gorbatschows Widersacher Boris Jelzin tritt hier überraschend und öffentlichkeitswirksam aus der kommunistischen Partei aus, die ohnehin ihren maßgeblichen Einfluss verloren hatte.

eine logische Fortsetzung des durch die Große Oktoberrevolution eingeleiteten Werkes."[6] Er hatte aber schon 1990 die Größe, einzuräumen, dass er kein stringentes Konzept hatte, und auch jetzt erklärte er: „Ich bin weit davon entfernt, die Theorie der Perestroika als etwas in jeder Beziehung Vollendetes oder als ein in sich geschlossenes System der Wahrheit in letzter Instanz hinstellen zu wollen."[7]

Ob es allerdings überhaupt ein erfolgversprechendes Konzept geben konnte, um das auf zentralistischen Kommandostrukturen und auf Intransparenz basierende System zu liberalisieren, ohne es zum Einsturz zu bringen, war schon damals fraglich. Im Westen verfolgten die meisten Bürger und wohl alle Regierungen aus sicherer Entfernung Gorbatschows Politik und wünschten ihm Erfolg für seine Reformen – aus Unkenntnis oder aufgrund übermäßiger Sympathie. In der Sowjetunion aber erreichte Gorbatschow die Menschen nicht mehr; seine Dekrete befolgte kaum noch jemand. Die Lage war so desolat, dass ab Sommer 1990 verstärkt Putschwarnungen aufkamen, die nicht nur in der Sowjetunion kursierten.[8] Auch die Bundesregierung in Bonn machte sich große Sorgen, wie Helmut Kohl in seinen Memoiren schrieb: „Die bange Frage nach der Zukunft des Riesenreiches bewegte uns im Westen außerordentlich. Auch innerhalb des Bonner Regierungsbündnisses wurde stundenlang über die Gefahr eines möglichen Putsches diskutiert."[9]

In den Augen der orthodoxen Kommunisten sowie jener, die lediglich ihren Besitzstand wahren wollten, hatte Gorbatschow – durchaus nachvollziehbar – Verrat an der kommunistisch-sozialistischen Weltanschauung begangen. Seine „Neu-Interpretation" des Sozialismus überzeugte sie nicht. Jegor Ligatschow, der auf dem 28. Parteitag vergeblich gegen Gorbatschow als Kandidat für das Amt des Generalsekretärs angetreten war, konstatierte 2010: „In der Partei bildeten sich Fraktionen, was nach Lenin völlig unzulässig war. Und dann begann ihr Niedergang, obwohl sie ja laut Verfassung die führende Rolle im Staate haben sollte. Wir wollten ja eine Perestroika, aber eine sozialistische! Übrigens ebenso, wie Gorbatschow!"[10]

Dieser sah im Jahr 1990 zwar die Rettung aus der Misere in der Marktwirtschaft, doch er konnte sich nicht durchringen, sie auch konsequent einzuführen. Er wollte eine sozialistische Marktwirtschaft. Dennoch ist seine Bereitschaft und seine Fähigkeit zu würdigen, ideologische Dogmen in begrenztem Maße auch in der Wirtschaft abzulegen. Er befand sich verzweifelt auf der Suche nach neuen Lösungsansätzen und hinterfragte dabei jahrzehntelang von ihm verteidigte Positionen. Die Not der Bürger setzte sich derweil nicht nur fort, sondern vergrößerte sich noch. Fast schon demütigend muss es für ihn und seine Politbüro-Kollegen gewesen sein, dass sie etwa bei der Parade zum 1. Mai 1990 auf dem Roten Platz ausgebuht wurden und die Tribüne des Lenin-Mausoleums daher vorzeitig verließen.

Wo materielle Not groß ist, bekommen in der Regel diejenigen Zulauf, die Versprechungen machen – und seien diese noch so haltlos. Die allgemeine politische Defensive Gorbatschows und jedes einzelne Problem, das er als Staatsführer in Verantwortung hatte, nutzte Boris Jelzin aus. Er, der von Wirtschaft sehr wenig verstand, hielt öffentliche

Reden, in denen er behauptete, wenn Russland erst einmal frei wäre vom sowjetischen Zentralstaat und seine Ressourcen nur für sich einsetzen könnte, würde es den russischen Bürgern besser gehen. Auch stellte er die Wirtschaft und die „Reichtümer" auf dem Territorium Russlands, wie es in der Souveränitätserklärung hieß, unter die Jurisdiktion der Russischen Republik. In der baschkirischen Millionenstadt Ufa (rund 1300 Kilometer westlich von Moskau) trat er am 12. August 1990 vor Zehntausenden Menschen auf und sagte dort unter anderem:

> Ich habe auf alle Privilegien verzichtet. Nur so kann man die Nöte und die Tragödie unseres Landes verstehen. Russland hat immer alle versorgt. Russland hat immer geopfert. Lasst uns das Leben *unseres* Volkes verbessern, weil es die Situation nicht mehr länger aushält. Unser Wirtschaftsprogramm unterscheidet sich vom Programm der Zentrale [Gorbatschows – I. L.], weil es keine Preiserhöhungen vorsieht, sondern die Erhöhung des Lebensstandards des Volkes nach zwei Jahren.[11]

Diese Ankündigung war völlig realitätsfremd. Zur Destabilisierung trug Jelzin darüber hinaus durch folgende aufstachelnde Äußerung bei: „Nehmt euch den Teil der Macht, den ihr selbst schlucken könnt."[12] Als die Tschetschenen tatsächlich dazu übergingen, überzog sie Jelzin, der inzwischen Kreml-Chef war, allerdings ab 1994 mit Krieg.

Das machtpolitische Patt zwischen Gorbatschow und Jelzin äußerte sich vor allem darin, dass, wenn einer ein Dekret herausgab, der andere umgehend mit einem Gegendekret reagierte. Dasselbe galt für die Obersten Sowjets der Sowjetunion und des russischen Teilstaates, die einander widersprechende Gesetze verabschiedeten. Es ist fast schon erstaunlich, dass es angesichts der Versorgungskatastrophe im Herbst/Winter 1990 nicht zu Unruhen und Ausschreitungen gekommen ist seitens der hungerleidenden Bevölkerung. Das westliche Ausland lieferte Lebensmittelpakete und andere Güter des täglichen Bedarfs, und die Hilfsbereitschaft war im gerade wiedervereinigten Deutschland besonders groß, wo die Aktion „Helft Russland" zu enormer Spendenbereitschaft bei den Bundesbürgern führte. Gorbatschows Autorität ging dennoch im eigenen Land nahezu komplett verloren.

Just in jener Phase kam die Nachricht vom Friedensnobelpreis: Wie sehr hatte sich die Welt verändert, dass mit Gorbatschow der Führer der Sowjetunion, eines Landes, das immer noch von Kommunisten regiert wurde, diese Auszeichnung erhalten konnte! Die Entscheidung wurde im Westen einhellig begrüßt, ausdrücklich auch von US-Präsident Bush. Persönlich konnte Gorbatschow den Preis im Dezember aber nicht entgegennehmen. Die Situation zu Hause erlaubte eine solche Reise nicht. Das Nobel-Komitee in Oslo würdigte, dass dank Gorbatschow „Konfrontation durch Verhandlungen ersetzt" wurden, „alte europäische Nationalstaaten ihre Freiheit wiedergewannen", und es hob seine Verdienste für die weltweite Abrüstung hervor. In Europa, so war es zumindest die Absicht der KSZE-Staaten, zu denen auch die Sowjetunion gehörte, sollte ein neues Zeitalter eingeläutet werden mit der *Pariser Charta,* die im November 1990 in der französischen Hauptstadt unterzeichnet wurde: Freiheit, Menschenrechte, Demokratie, Rechtsstaatlichkeit, Marktwirtschaft, unteilbare Sicherheit – von Vancouver bis Wladiwostok. Diese politische Riesenchance, die Gorbatschow mit eröffnet hatte, blieb in den Jahren darauf allerdings weitgehend ungenutzt.

Ebenfalls im November 1990 schloss die Sowjetunion mit Deutschland einen bilateralen Vertrag über „gute Nachbarschaft, Partnerschaft und Zusammenarbeit", den Helmut Kohl und Michail Gorbatschow bei der Unterzeichnung in Bonn als wahrhaft historisch herausstellten, nicht nur wegen seiner sicherheitspolitischen Bedeutung. Der Vertrag erfülle, wie es darin heißt, „das zutiefst menschliche Anliegen, Gräber der Toten, wo sie auch liegen mögen, zu besuchen und zu pflegen."[13]

Der Volksbund Deutsche Kriegsgräberfürsorge bekam nun die Möglichkeit, Nachforschungen vor Ort anzustellen und Gräber zu errichten. Auch wenn Gorbatschow 1999 nicht mehr im Amt war: Er hatte wesentlichen Anteil daran, dass in jenem Jahr die deutsche Kriegsgräberstätte *Rossoschka* nahe Wolgograd (ehemals Stalingrad) eingeweiht wurde, wo zunächst mehr als 20 000 Tote einen Namen und eine letzte Ruhestätte bekamen. Eine Reihe weiterer Kriegsgräberstätten wurde in den Jahren danach errichtet.

*

Als TV-Berichterstatter war ich bei der Einweihung im Mai 1999 dabei. Es war wohl das bewegendste Ereignis in Russland, das ich erlebt habe: Rund 56 Jahre nach der Schlacht von Stalingrad reiste eine Gruppe von Veteranen und Angehörigen der gefallenen Wehrmachtssoldaten hierher – einige hochbetagte Witwen, vor allem aber viele Männer und Frauen in ihren Sechzigern, die ihren Vater nur kurz erlebt hatten als Kinder oder die 1942/43 nicht in einem erinnerungsfähigen Alter waren. Es flossen viele Tränen.

In einer Stadthalle spielte ein Orchester und es wurden einige Frontbriefe der dem Untergang geweihten Wehrmachtsoldaten vorgelesen, die sie im Kessel von Stalingrad geschrieben hatten. Einige davon waren faktisch Abschiedsbriefe. „Erzieh' die Kinder zu aufrechten Menschen", hieß es in einem. Es gab auch eine festliche Zusammenkunft mit einem Abendessen für die Veteranen beider Seiten. Es wirkte bizarr und gleichzeitig ergreifend versöhnlich, dass die ehemaligen Feinde gemeinsam an Tischen saßen, sich so gut es ging unterhielten angesichts der Sprachbarriere, dass sie gemeinsam tranken, aßen und der Live-Musik lauschten – nachdem sie sich damals gegenseitig fast umgebracht hatten.

*

Vor allem aber setzte der deutsch-sowjetische Vertrag von 1990 einen Schlusspunkt unter die Benachteiligung von sowjetischen Bürgern deutscher Nationalität (umgangssprachlich: Russlanddeutsche, selbst wenn sie in Kasachstan lebten), deren kulturelle Rechte nun gestärkt wurden. Die Absicht dahinter war es allerdings auch, dadurch ihren Ausreisewillen zu bremsen. Denn es war Gorbatschow, der es mehr als zwei Millionen „Russlanddeutschen" ermöglichte, in die Heimat ihrer Vorfahren zurückzukehren. Diese Aussiedler begannen schon 1987, verstärkt in die Bundesrepublik zu kommen. Kohl, so Gorbatschow, sei „gegen eine Massenumsiedlung von Sowjetdeutschen nach Deutschland gewesen".[14]

Anerkennung und Hochachtung auf der einen Seite und Vorwürfe und Respektlosigkeit auf der anderen: Dass beides gleichzeitig möglich ist, musste Gorbatschow am 17. Dezember 1990 vor dem sowjetischen Volksdeputiertenkongress erfahren. Es war einer der bittersten Momente in seiner politischen Laufbahn, den er aber mit Fassung und Souveränität ertrug. Die Abgeordnete Sazhi Umulatowa erhielt vom Vorsitzenden Anatoli Lukjanow das Wort am Rednerpult. Sie bat ihn gleich zu Beginn, sie nicht zu unterbrechen, weil sie nun unangenehme Dinge sagen werde. Sie stellte völlig unangekündigt einen Misstrauensantrag gegen Gorbatschow und forderte, dass darüber abgestimmt werden solle, den Antrag auf die Tagesordnung zu nehmen oder nicht. Das allein war Ausdruck dafür, dass die Demokratie im sowjetischen Politalltag vollends angekommen war. Umulatowa begründete ihre Forderung unter anderem mit der Anklage:

> Michail Sergejewitsch [Gorbatschow] hat einfach nicht mehr das moralische Recht, das Land zu führen. Er hat es in den Zerfall getrieben und Völker gegeneinander aufgebracht. Als Großmacht betteln wir in der Welt. Ich empfinde das als beleidigend und es erniedrigt mich auch. Verehrter Michail Sergejewitsch: Das Volk ist Ihnen gefolgt, hat Ihnen vertraut. Doch das Volk wurde betrogen: Zerfall, Hunger, Kälte, Blutvergießen, Tränen! Es sterben unschuldige Menschen. Niemand weiß, wie er den morgigen Tag überlebt. Die Menschen sind schutzlos. Unter dem Applaus des Westens hat er vergessen, wessen Präsident er eigentlich ist.[15]

Die Abgeordnete erwähnte nicht, dass Gorbatschow es ihr durch seine Politik von Perestroika und Glasnost überhaupt erst ermöglicht hatte, nicht nur ihre Meinung zu sagen, sondern auch ihn selbst massiv anzugreifen. Vor 1985 wäre sie für so eine Rede, die zudem niemals vom Fernsehen übertragen worden wäre, in einen Gulag oder in eine Nervenheilanstalt eingeliefert worden. Dass die Bürger und ihre Volksvertreter es nach fünf Jahren Perestroika als selbstverständlich ansahen, ihre Meinung ungestraft zu äußern und selbst den Sowjetführer zum Rücktritt auffordern zu können, ist eine große Leistung und ein großes Verdienst Gorbatschows.

15. 1991: ZERFALL, PUTSCH UND DER UNTERGANG DER SOWJETUNION

Wie konnte Gorbatschow seinen Bürgern anlässlich der Neujahrsansprache für das Jahr 1991 entgegentreten? Immerhin räumte er ein, dass 1990 „das schwierigste Jahr" gewesen sei seit Beginn der Reformen. Auffällig war, dass er nun von einer „Perestroika des Sozialismus" sprach.[1] Darüber hinaus appellierte er, theoretisierte er, versuchte, Optimismus zu vermitteln, und zeigte sich überzeugt, dass die Krise im neuen Jahr überwunden und „die Wende zum Besseren" kommen würde. Von der Wirkung dieser Worte zeichnete sein treuer Berater Tschernajew ein realistisches Bild: „Die Glückwünsche des Präsidenten, auch die eindringlichsten Worte, wurden nicht mehr ernst genommen, und viele Menschen reagierten nur noch gereizt."[2]

Zu allem Übel war Außenminister Schewardnadse einige Tage zuvor mit der Begründung zurückgetreten, es drohe eine Diktatur. Damit spielte er auf einen möglichen Putsch in Moskau an. Zu Gorbatschows Macht- und Autoritätserosion kam hinzu, dass er orientierungslos schien. Zwischen den beiden extremen Lagern – den kommunistischen Bewahrern des Systems und denen, die es abschaffen wollten – hatte er seine Schiedsrichterrolle längst eingebüßt und sich Ersteren angenähert. Dies widersprach aber seinen verkündeten Zielen einer humanen Politik, in der die Menschen und deren politischer Wille im Mittelpunkt stehen sollten.

Der Blutsonntag von Vilnius

In Litauen hatte die überwältigende Mehrheit der Bürger schon im Frühjahr 1990 bei den Wahlen zum Obersten Sowjet den Kommunismus abgewählt und sich das von Stalin genommene Recht auf Selbstbestimmung zurückerobert. Dass Litauen 1940 die staatliche Unabhängigkeit geraubt worden und das Land zwangsweise zur Sowjetrepublik geworden war, wollte Gorbatschow jedoch nicht zur Kenntnis nehmen. Deshalb respektierte er das Votum der Bürger nicht, sondern berief sich auf die sowjetische Verfassung, die einzuhalten sei. Die rechtmäßige und demokratisch gewählte Regierung unter dem Republikführer Vytautas Landsbergis lehnte aber seine Forderung vom 10. Januar 1991 ab, die sowjetische Verfassung anzuerkennen. Dies hätte die Rücknahme der Unabhängigkeitserklärung Litauens bedeutet.

In der litauischen Hauptstadt standen sich jetzt die Unabhängigkeitsbewegung *Sajudis* und Moskau-treue Kommunisten gegenüber. Letztere vertraten aber nicht das Volk. KGB-Chef Krjutschkow, der sowjetische Verteidigungsminister Jasow sowie der sowjetische Innenminister Boris Pugo meldeten Gorbatschow nach dessen Darstellung, sie hätten „Maßnahmen vorbereitet" für den Fall, dass es zu Zusammenstößen zwischen diesen beiden Gruppen kommen sollte.[3] Damit war gemeint, dass diese drei Befehlshaber jeweils ihre militärischen Einheiten in und vor Vilnius zu verstärken gedachten, was auch geschah. Ziel war der Sturz der Regierung, die eine Loslösung von Moskau wollte, was insbesondere Krjutschkow um jeden Preis zu verhindern gedachte. Zunächst ließ er das „Komitee der nationalen Rettung Litauens" am 11. Januar gründen. Ihm gehörten Moskau-treue Kommunisten an, die die demokratisch vom Volk gewählte Regierung nicht anerkannten. An diesen Einschüchterungsversuchen gegenüber der litauischen Führung beteiligte sich Gorbatschow zweifellos.

Als sich Ministerpräsidentin Kazimiera Prunskiene am 8. Januar in Moskau mit Gorbatschow traf, weigerte er sich, mit ihr über die militärischen Operationen in Litauen zu sprechen.[4] Und das einzige westliche Land, das deutlich Stellung in dieser Angelegenheit bezog und Gorbatschow diplomatisch drohte, war Großbritannien. Am 12. Januar erklärte Außenminister Douglas Hurd, wenn die „Truppen aus den Straßen Litauens nicht zurückgezogen" würden und die „Unterdrückung der baltischen Republik" anhalte, müsse die Regierung in London die Beziehungen zur Sowjetunion „in wichtigen Aspekten neu bewerten".[5]

23 Sowjetische Militärpräsenz in der litauischen Hauptstadt Vilnius am 11. Januar 1991; zwei Tage später folgt ein Massaker an Zivilisten.

Die US-Regierung war zu diesem Zeitpunkt vollauf mit den Vorbereitungen zum ersten Golfkrieg beschäftigt, der am 17. Januar nach Ablauf eines Ultimatums an das irakische Regime von Saddam Hussein ausbrach. Gorbatschow hatte eine entsprechende UNO-Resolution passieren lassen, die militärische Gewalt zur Durchsetzung des Abzugs der irakischen Truppen aus Kuwait erlaubte, obwohl der Irak ein traditioneller Verbündeter der Sowjetunion war. Der Schulterschluss zwischen den USA und der Sowjetunion in der Golfkrise demonstrierte zusätzlich das langersehnte Ende dieser Blockkonfrontation.

Die sich zuspitzende Situation in Litauen wurde nachweislich am 12. Januar im Moskauer Föderationsrat besprochen – ein neu geschaffenes Beratungsgremium des sowjetischen Präsidenten. Dort fassten die Anwesenden den Beschluss, dass eine vierköpfige Delegation am nächsten Tag zur Deeskalation nach Vilnius fliegen solle. Gorbatschow und der Föderationsrat strebten also allem Anschein nach eine Verhandlungslösung an. Am selben Tag noch eilten jedoch in der litauischen Hauptstadt friedliche und unbewaffnete Bürger zum Fernsehzentrum und vor den Obersten Sowjet in Vilnius, um beides vor der Einnahme durch die sowjetische Armee und Spezialeinheiten zu schützen. Eine Stunde nach Mitternacht, am 13. Januar, richteten die sowjetischen Einheiten ein Massaker an. 14 Menschen starben, mindestens 140 wurden verletzt. Es gehört zu den bis heute wohl größten Rätseln der Amtszeit Gorbatschows, ob er von dem Gewalteinsatz vorab wusste und ob er ihn gebilligt oder gar den Befehl dazu gegeben hat.

Er selbst erklärte, dass er erst am Morgen des 13. Januar von dem Gewalteinsatz erfahren habe. Wie hat er reagiert? In seinen Memoiren schreibt er, er habe sich sofort mit KGB-Chef Krjutschkow in Verbindung gesetzt, und führt aus: „Ich verlangte eine Erklärung. Der KGB-Vorsitzende teilte mir mit, weder er selbst noch Pugo hätten den Befehl zur Anwendung von Gewalt erteilt. Die Entscheidung sei vor Ort getroffen worden, von wem konkret, müsse noch geklärt werden."[6] Dann habe er, Gorbatschow, Verteidigungsminister Jasow angerufen und gefragt: „Wie konnte es dazu kommen, dass Truppen eingesetzt wurden? Wer hat das abgesegnet? Er antwortete: ‚Mir wurde gemeldet, dass der Befehl vom Chef der Garnison kam.'"[7]

Nach jahrelangen Spekulationen wurde Gorbatschow 2016/2017 zumindest etwas von den Vorwürfen entlastet, er habe von dem Gewalteinsatz gewusst oder ihn gar befohlen. Beweise für seine Unschuld sind damit aber nicht erbracht. Rund 25 Jahre nach dem „Blutsonntag von Vilnius" begann in Litauen einer der größten Strafprozesse des Landes, der die Tragödie von 1991 zum Gegenstand hatte und die damalige sowjetische Führung betraf. 65 Personen wurden angeklagt, darunter der ehemalige sowjetische Verteidigungsminister Jasow, und rund 1 000 Zeugen wurden benannt. Die litauische Staatsanwaltschaft hatte akribisch eine Anklageschrift von 13 Bänden zusammengetragen, jedoch keine Anhaltspunkte für eine Beteiligung Gorbatschows gefunden und daher entschieden, ihn lediglich als Zeugen zu hören.[8] Die russische Regierung lehnte es ab, Justizhilfe zu leisten, sowohl was die Angeklagten als auch was die Zeugen betraf. Gorbatschow stand in der Befehlskette als Oberbefehlshaber grundsätzlich immer ganz oben.

Michail Golowatow, im Januar 1991 stellvertretender Kommandeur der KGB-Elite-Einheit *Alpha*, die das Fernsehzentrum in Vilnius besetzte und an dem Umsturzversuch maßgeblich beteiligt war, gab dagegen 2016 einen Hinweis, der auf eine Beteiligung Gorbatschows schließen lässt oder bewusst schließen lassen soll. Auf die Frage, von wem er den Befehl bekommen habe, in Litauen gewaltsam einzugreifen, antwortete er: „In der Nacht zum 13. Januar kam der stellvertretende sowjetische Verteidigungsminister Atschalow in unseren Stab in Vilnius und sagte, dass er mit Verteidigungsminister Jasow gesprochen habe. Dieser habe die Genehmigung für den Einsatz des Militärs vom Oberbefehlshaber erhalten. Der Oberbefehlshaber war damals Gorbatschow."[9]

Diese Darstellung erscheint sehr zweifelhaft, weil Marschall Jasow seinerseits nie behauptet hat, dass Gorbatschow ihm eine Genehmigung oder einen Befehl gegeben habe. Stattdesseen hatte Jasow 2015 erklärt, was die Lage in Litauen 1990/1991 für ihn so brisant machte: Die jungen litauischen Männer befolgten den Einberufungsbefehl in die Sowjetarmee nicht mehr, verweigerten somit den Wehrdienst.[10] Zudem hatten die drei baltischen Republikführer am 10. Januar 1991 offiziell erklärt, dass sie sich künftig „nicht an der sowjetischen Armee beteiligen" würden.[11]

2016 veröffentlichte Witali Ignatenko, 1991 Gorbatschows Pressesprecher, seine Autobiografie. Darin schildert er detailliert den Tag und die Abläufe im Kreml nach der Tragödie. Vor lauter Empörung über das Blutvergießen wollte er seinen Rücktritt erklären im Glauben, Gorbatschow habe den Gewalteinsatz angeordnet.[12] Auch im Beraterstab herrschte Entsetzen. Anatoli Tschernajew schrieb Gorbatschow tatsächlich einen wütenden Rücktrittsbrief, den die Sekretärin aber bewusst nicht weiterleitete und im Safe einschloss.[13] Sowohl Ignatenko als auch Tschernajew überlegten es sich dann doch anders und blieben. Ersterer zeigt sich in seiner Autobiografie fest davon überzeugt, dass Gorbatschow vorab nichts von dem Gewalteinsatz wusste: „Zweifellos war er nicht involviert, aber er hätte die Verantwortlichen entlassen sollen."[14] Er zitiert einen Satz Gorbatschows, den dieser häufig benutzte – auch als sich die Militärs bei ihm beschwerten, dass sie die

Einberufungsbefehle für den Wehrdienst in Litauen nicht durchsetzen können: „Seht zu, dass da Ordnung herrscht. Handelt ihm Rahmen der Gesetze und der Verfassung."[15] Ignatenko geht zu Recht davon aus, dass das Wort „handelt" (russ. *dejstvujte*) von den Gewaltbefürwortern im Sinne ihrer Aktion ausgelegt worden ist.

Arvydas Anušauskas, Historiker und Mitglied des Ausschusses für nationale Sicherheit und Verteidigung im litauischen Parlament, hat sich mit der „Befehlsfrage" intensiv beschäftigt und kam zu dem Schluss, dass Michail Gorbatschow sogar viel zu verdanken sei. Er habe das Blutvergießen gestoppt. „Ich glaube, wegen der internationalen Öffentlichkeit wagte Gorbatschow nicht, der sowjetischen Armee den Einsatz großer Kräfte zu befehlen und das litauische Parlament zu besetzen. Als er erfuhr, was tatsächlich in Vilnius geschah, setzte er dem ein Ende."[16] Fakt ist, dass alle sowjetischen Befehlshaber aus Armee, Innenministerium und Geheimdienst sowie deren Vorgesetzte sieben Monate nach dem Gewalteinsatz in Vilnius den Putsch gegen Gorbatschow initiierten oder unterstützten. Dazu gehörte auch der Hauptorganisator KGB-Chef Wladimir Krjutschkow als Vorgesetzter des *Alpha*-Kommandeurs Golowatow.

In jedem Fall aber warf der Gewalteinsatz in Litauen ein schlechtes Licht auf Gorbatschow. Denn selbst wenn er ihn wahrscheinlich weder gebilligt noch angeordnet hat, offenbarte dies die Führungslosigkeit des Landes.[17] Und ganz gleich, ob er schon im Vorfeld etwas gewusst hatte oder nicht, hätte er politische Verantwortung dafür übernehmen müssen. Doch auch die blutigen Zusammenstöße in der lettischen Hauptstadt Riga am 20. Januar 1991, bei denen fünf Menschen getötet wurden, kommentierte er bloß als ein scheinbar Unbeteiligter, indem er sagte, dass „die Ereignisse in Vilnius und Riga auf keinen Fall Ausdruck der Präsidentenmacht" seien.[18] In der lettischen Hauptstadt war die Spezialeinheit *OMON*, die dem sowjetischen Innenministerium unterstellt war, gegen die Bevölkerung vorgegangen, die nicht mehr von Moskau regiert werden wollte. Gorbatschow verstieg sich sogar darauf, den Balten die Schuld dafür zu geben: „Der Ursprung der Tragödien liegt in der Missachtung der Verfassung der Sowjetunion."[19] Er versicherte gleichzeitig, dass die

„Umstände, unter denen der Einsatz von Waffengewalt befohlen worden ist, genau geprüft“ würden.[20]

Im Westen lösten die Ereignisse in Litauen und Lettland zwar insgesamt große Kritik aus, auch in den USA, aber es folgten keine politischen Konsequenzen. Dagegen verteidigte Italiens Ministerpräsident Giulio Andreotti das Vorgehen der sowjetischen Truppen. Gorbatschow könne es nicht zulassen, dass sein Land auseinanderfalle: „Ich verstehe, dass es große Emotionen verursacht, Panzer zu sehen, aber ich glaube, dass es bestimmte Punkte gibt, in denen ein Staat keine Kompromisse machen kann.“[21] Die Bundesregierung wiederum hielt sich mit einer Verurteilung der sowjetischen Führung zurück, und zwar aus Sorge um die Verträge zur deutschen Einheit und zum Abzug der sowjetischen Armee aus den neuen Bundesländern. Die Ratifizierung durch den Obersten Sowjet stand noch aus.

Aus diesem Grund protestierte die Regierung Kohl auch in einem ganz anders gelagerten Fall nur milde: Die Sowjetunion brüskierte das wiedervereinigte Deutschland, als sie Erich Honecker und seine Frau Margot mit einer sowjetischen Militärmaschine am 13. März 1991 von Beelitz nach Moskau ausflog. Damit sollte Honecker vor einer weiteren Verfolgung der bundesdeutschen Justiz geschützt werden. Nach Einschätzung des damaligen sowjetischen Botschafters in Bonn, Wladislaw Terechow, geschah das auch deshalb, weil es im Obersten Sowjet nicht wenige Abgeordnete gab, die gegen die Ratifizierung der Deutschlandverträge stimmen wollten. Gorbatschow habe mit diesem Schritt die Gegner etwas beruhigen können.[22] Außerdem fühlte er sich seinem ehemaligen Verbündeten moralisch verpflichtet, und er kritisierte entsprechend die Strafverfolgung der ehemaligen DDR-Größen mehrfach als „Hexenjagd“.[23]

Zwei Züge auf Kollisionskurs

Die Gegensätze zwischen den Besitzstandswahrern, die vorgaben, weiter an den Kommunismus zu glauben, und denen, die das bereits im Niedergang befindliche Sowjetsystem gänzlich demontieren wollten, konnten nicht mehr durch Kompromisse ausgeglichen werden. Zu unvereinbar waren die Positionen: Die einen wollten ein starkes

Moskauer Zentrum, die anderen ein schwaches oder gar die völlige Unabhängigkeit ihrer jeweiligen Republik. Früher oder später musste es zu einer Entscheidung kommen.

In Moskau gingen zudem inzwischen Hunderttausende für Jelzin und die Unabhängigkeit der Balten auf die Straße; die Parteifunktionäre und die Gorbatschow-Führung fürchteten seinen weiteren Machtzuwachs, hatten dem aber politisch nichts entgegenzusetzen, sondern machten weiter grobe Fehler. So sah sich Gorbatschow etwa im Gegensatz zu Jelzin nicht in der Lage, die Aktionen der kommunistischen „Rettungskomitees" im Baltikum zu verurteilen, die nichts anderes vorgehabt hatten, als „die Ablösung der gewählten Organe" zu betreiben, wie Jelzin es zutreffend formulierte.[24] Dieser erkannte sogar die Unabhängigkeit Litauens formal an.

Gorbatschow hingegen versuchte, die Sowjetunion mit einer Dezentralisierung zu retten. Dazu lud er die 15 Unionsrepubliken zu Verhandlungen über einen neuen Unionsvertrag ein. Doch nur neun nahmen die Einladung an, während die baltischen Republiken sowie Georgien, Moldawien und Armenien sie ausschlugen. Vytautas Landsbergis hatte Gorbatschow zuvor zu dessen Unmut immer wieder mitgeteilt: „Entschuldigung, aber wir Litauer können nicht die inneren Angelegenheiten eines benachbarten Staates erörtern."[25] Im Grunde war die Sowjetunion in ihrer bisherigen Form daher schon faktisch auseinandergefallen, als Gorbatschow im Frühjahr 1991 die Formel Neun plus Eins für die beginnenden Verhandlungen über eine neue Staatsform ausgab. Damit gemeint waren die neun verbliebenen Republiken und das Moskauer Zentrum. Allein das ging den Verfechtern eines starken Zentrums zu weit: Erstmals unternahmen sie deshalb auf dem ZK-Plenum am 24. und 25. April den Versuch, Gorbatschow als Parteichef zu stürzen.

Das ZK erklärte, der Generalsekretär verfolge eine Politik gegen die Interessen der Völker, woraufhin Gorbatschow seinen Rücktritt von dieser Position anbot, was ihm nicht so schwergefallen sein dürfte, weil er ja weiterhin Präsident des Landes geblieben wäre. Daraufhin trat eilig das Politbüro zusammen und empfahl dem Plenum, die Personalie Gorbatschow nicht auf die Tagesordnung zu setzen. Dieser

24 Massenkundgebung auf dem Moskauer Manege-Platz in Kreml-Nähe am 10. März 1991. Die schätzungsweise 400 000 Demonstranten richteten ihren

Protest gegen Gorbatschow und die Zentralregierung. Sie solidarisierten sich auch mit den Bürgern der baltischen Sowjetrepubliken.

blieb somit weiterhin auch Generalsekretär der Kommunistischen Partei, die im Land weitgehend diskreditiert war und viele Millionen ihrer Mitglieder verloren hatte. Wohin hatte Gorbatschow die große und allmächtige Kommunistische Partei der Sowjetunion innerhalb von sechs Jahren geführt?, fragten sich ihre Unterstützer und ihre Gegner.

Jelzin hatte instinktiv die Zeichen der Zeit erkannt und war schon 1990 publikumswirksam aus der KP ausgetreten. Machtpolitisch sollte er Gorbatschow am 12. Juni 1991 überholen – im realen, wenn auch nicht im formalen Sinne: Bei den ersten freien Präsidentschaftswahlen in „seiner“ Republik ging er als Sieger hervor und setzte sich gegen fünf weitere Kandidaten mit klarem Abstand durch (57,3 Prozent): Nun war Jelzin durch eine Bürgerwahl legitimiert, Gorbatschow nur durch ein Votum des Kongresses der Volksdeputierten. Damit stand nach einer langen Reihe von Zaren und kommunistischen Parteiführern in der über 1000-jährigen russischen Geschichte erstmals ein frei vom Volk gewählter Repräsentant an der Spitze des Gemeinwesens. Dessen Bezeichnung lautete Russische Sozialistische Föderative Sowjetrepublik (RSFSR) – mit 150 Millionen Bürgern einwohnerstärker als jeder europäische Staat, flächenmäßig das größte Land der Erde und dennoch ein Teilstaat der Sowjetunion![26]

Jelzin hatte den Kommunisten schon wiederholt den Kampf angesagt, doch jetzt, zehn Tage nach seiner Vereidigung am 10. Juli 1991, verbot er in Betrieben und Behörden, die sich auf russischem Gebiet befanden, Parteitätigkeiten und die bis dahin üblichen „Parteizellen“. Führende Vertreter der KPdSU versuchten, Gorbatschow zu überreden, ein Gegendekret herauszugeben, um Jelzins Erlass aufzuheben. Doch Gorbatschow lehnte das ab. Der Hauptgrund dafür war, dass er sich kurz zuvor mit Jelzin und acht weiteren Republik-Führern auf eine Kompromiss-Fassung für einen neuen Unionsvertrag geeinigt hatte, die auch schon von allen paraphiert worden war. Diese wenn auch brüchige Einigung auf den neuen Unionsvertrag alarmierte diejenigen, die die Sowjetunion in ihren bisherigen Grenzen erhalten wollten. Darunter waren auch viele Mitglieder von Gorbatschows eigener Führung, die sich aber nur teilweise als Gegner einer verkleinerten und dezentralisierten Sowjetunion zu erkennen gaben. Sie wussten, dass mit der Annahme des neuen Unionsvertrags die alte Sowjetunion Geschichte sein würde. Und sie wussten auch, dass ihre eigenen Ämter in den neuen Strukturen entweder überflüssig, an Bedeutung verlieren oder zur Disposition stehen würden.

Am 23. Juli 1991 unterschrieb eine ganze Reihe von Politikern und Militärs, darunter sogar zwei Mitglieder der Gorbatschow-Führung, das „Wort an das Volk". Dies war als offener Brief an die Bevölkerung und die Mitglieder der Kommunistischen Partei gerichtet und ein dramatischer Appell, der durchaus auch als Warnung verstanden werden musste. Zu den Mitunterzeichnern gehörten General Valentin Warennikow, Befehlshaber der sowjetischen Bodentruppen, und General Boris Gromow, stellvertretender sowjetischer Innenminister. Eigentlich hätte Gorbatschow sie beide entlassen müssen, zumal in der Verlautbarung die Rede von „sechs tragischen Jahren" war, für die er die Verantwortung trug. Gorbatschow, der politisch schon zu schwach und zwischen den beiden feindlichen Lagern wie in einem Schraubstock gefangen war, sah davon ab. Im „Wort an das Volk" hieß es unter anderem:

> Werte Einwohner Russlands! Bürger der UdSSR! Landsleute! Ein ungeheures, unerhörtes Unglück hat sich ereignet. Das Heimatland, unser Land, der große Staat geht zugrunde, zerbricht, versinkt in Finsternis und ins Nichts […]. Löschen kann man den Brand nicht mehr mit Wasser, sondern nur mit eigenen Tränen und Blut. Wir wenden uns an die Partei – die Kommunistische Partei, welche verantwortlich ist auch für die letzten sechs tragischen Jahre, als sie zuerst das Land führte, dann aber auf die Macht verzichtete und sie leichtfertigen und unfähigen Parlamentariern übergab.[27]

Zwei Lager standen vor dem entscheidenden Zusammenstoß, der eine Auflösung der lähmenden inneren Widersprüche des Zentralstaates erzwingen sollte. Denn ein freies und demokratisches Russland in einer sowjetischen, von Kommunisten regierten Sowjetunion – das konnte nicht gut gehen.

Der August-Putsch 1991

Die ganze Welt hielt den Atem an, als am 19. August 1991 Panzer in Moskau einrollten: Das sogenannte „Staatskomitee für den Ausnahmezustand“ hatte die Macht übernommen. Gorbatschow könne aufgrund seines Gesundheitszustandes seinen Amtspflichten nicht mehr nachkommen, lautete ab 6 Uhr morgens Moskauer Zeit eine Erklärung in Fernsehen und im Radio. Die Entscheidungsschlacht hatte offenbar begonnen. Die Putschgerüchte der Vergangenheit waren nun Wirklichkeit geworden, und die Demokraten in der Sowjetunion und der Westen befürchteten die Rückkehr zum alten Sowjetsystem und zum Kalten Krieg.

Was äußerlich vor allem aufgrund der Fernsehbilder von Panzern in der Moskauer Innenstadt und auf dem Roten Platz aussah wie ein konzertiertes Vorgehen, war in Wirklichkeit eine überstürzte Aktion, die in einer Geheimsitzung im Kreml am Vorabend und in den ersten Nachtstunden des 19. August beschlossen worden war.[28] Nur nach langen Diskussionen und auf Drängen des KGB-Chefs Wladimir Krjutschkow, der zu der Lüge gegriffen hatte, Gorbatschow sei an seinem Urlaubsort auf der Krim erkrankt, hatten sich die Anwesenden darauf verständigt.

An dem Putsch nahmen fast alle Mitglieder von Gorbatschows Führung teil, neben Krjutschkow auch Verteidigungsminister Dmitri Jasow sowie der im Januar 1991 ernannte neue Ministerpräsident Valentin Pawlow und viele andere. Gennadi Janajew, Vize-Präsident der Sowjetunion, trat nun – widerstrebend – an Gorbatschows Stelle. Auf der internationalen Presskonferenz des Staatskomitees für den Ausnahmezustand am 19. August betonte er daher auch, dass es sich um „vorübergehende Maßnahmen“ handele und er hoffe, bald wieder mit Michail Gorbatschow zusammenarbeiten zu können. Das meinte er wirklich so, auch wenn die martialischen Bilder rollender Panzer seine Aussage scheinbar konterkarierten. In Wirklichkeit war Gorbatschow nicht krank, sondern in der Staatsvilla bei Foros auf der Krim faktisch unter Hausarrest gestellt. Der KGB hatte am 18. August sämtliche Telefonverbindungen Gorbatschows nach Moskau und ins Ausland kappen lassen.

Zur Vorgeschichte des Putsches gehört, dass Gorbatschow noch kurz vor seinem Urlaub, den er am 4. August antrat, den KGB-Chef und andere Führungsmitglieder damit beauftragt hatte, Maßnahmen auszuarbeiten, sollte die Verhängung des Ausnahmezustandes nötig werden. Gorbatschow bestätigte diese Darstellung, erläuterte aber: „Die Absicht war nicht, ihn morgen zu verhängen oder wenn ich aus dem Urlaub zurückkäme."[29] Gorbatschow wusste, dass der Widerstand gegen den vereinbarten neuen Unionsvertrag in beiden Lagern groß war und auch Jelzin von einigen seiner eigenen Mitstreitern kritisiert wurde. Auslöser für den Putsch war Gorbatschows überraschende Ankündigung im sowjetischen Fernsehen am 2. August, dass der Unterzeichnungstermin vorgezogen würde auf den 20. August. Ursprünglich sollte er erst im Herbst unterschrieben werden, doch Gorbatschow hatte Eile, wollte rasch Fakten schaffen angesichts der angespannten Lage.

KGB-Chef Krjutschkow, der Kader-Chef der KPdSU Oleg Schenin sowie der Chef der sowjetischen Rüstungs- und Raumfahrtindustrie Oleg Baklanow waren die treibenden Kräfte, welche die Unterzeichnung des Unionsvertrages verhindern wollten. Am 17. August hatten sie sich konspirativ mit sieben weiteren Mitgliedern aus KGB, Armee und Regierung am Stadtrand von Moskau in einem Geheimobjekt des KGB getroffen und beschlossen, Gorbatschow dazu zu überreden, den Ausnahmezustand selbst auszurufen. Die Runde hatte weiterhin entschieden, dass zu diesem Zweck am nächsten Tag eine Delegation zu seinem Urlaubsort auf der Krim fliegen sollte. Ihr gehörten Baklanow, Schenin sowie General Valentin Warennikow und Gorbatschows Kanzlei-Chef Valeri Boldin an. Gorbatschow war zunächst sehr erschrocken über den unangekündigten Besuch dieser Delegation, die ihn am Nachmittag des 18. August in der Staatsvilla aufsuchte.

Ihre Kernforderung, den Ausnahmezustand zu verhängen, lehnte Gorbatschow ab. Die Delegation flog zurück nach Moskau und eilte zur bereits laufenden Geheimsitzung im Kreml, die der KGB-Chef zusammengerufen hatte. Nach den Behauptungen von Baklanow und Schenin, Gorbatschow sei schwer krank, und auf Drängen Krjutschkows setzte Vize-Präsident Janajew die Unterschrift unter die Dokumente zur Bildung des Staatskomitees. In ihrer „Botschaft an das sowjetische Volk" hieß es unter anderem:

> Über unserer großen Heimat schwebt eine tödliche Gefahr! Die Politik der Reformen, die auf Initiative von M.S. Gorbatschow begonnen wurde und als Mittel gedacht war für eine dynamische Entwicklung des Landes und für eine Demokratisierung des gesellschaftlichen Lebens, ist aus einer Reihe von Gründen in eine Sackgasse geraten. Wir erklären fest, dass wir es niemals und niemanden erlauben werden, sich an […] unserer territorialen Ganzheitlichkeit zu vergehen.

Die Putschisten dieses selbst ernannten Staatskomitees beriefen sich auf das nachweislich nicht aussagekräftige Ergebnis des Referendums vom März 1991, mit dem Gorbatschow und sie selbst vergeblich versucht hatten, ihren Kurs zum Erhalt der Sowjetunion zu legitimieren. Wider besseres Wissen wurde zudem der Eindruck erweckt, alle 15 Republiken hätten sich für den Erhalt des Gesamtstaates als „erneuerte Föderation" ausgesprochen, während doch, wie beschrieben, sechs Republiken überhaupt nicht mehr für derartige Verhandlungen und Abstimmungen zur Verfügung standen. Das behauptete „Ergebnis" von 76,4 Prozent Befürwortern der Union war insofern im Grunde wertlos. Gorbatschow war weder politisch stark genug, um ein Referendum in allen 15 Republiken durchzusetzen, noch um dafür zu sorgen, dass den verbliebenen Bürgern eine einheitliche Fragestellung vorgelegt wurde. Das machte das Ergebnis des Referendums doppelt wertlos. Die Putschisten wussten das, unterschlugen es aber, um sich eine Pseudo-Legitimität zu verschaffen. Was die katastrophale Versorgung der Bevölkerung angeht, beschrieben die Putschisten in ihrem „Wort an das Volk" hingegen wirklich, was viele Bürger damals empfunden haben dürften:

> Es ist längst an der Zeit, dem Volk die Wahrheit zu sagen: Wenn wir nicht schleunigst entschlossene Maßnahmen zur Stabilisierung der Wirtschaft ergreifen, so wird in nicht allzu ferner Zukunft Hunger regieren und eine weitere Verarmung einsetzen. […] Nur verantwortungslose Leute kön-

> nen auf irgendwelche Hilfe aus dem Ausland bauen. Keinerlei Almosen werden unsere Probleme lösen. Die Rettung liegt nur in unseren eigenen Händen!

Das war ein kräftiger Hieb gegen Gorbatschow, der einen Monat zuvor als Gast am Londoner G7-Gipfel hatte teilnehmen dürfen und dort um umfangreiche Hilfe gebeten hatte. Weil er aus Sicht des Westens kein überzeugendes Wirtschaftskonzept für sein Land vorgelegt hatte, wurde sie ihm allerdings verwehrt. Er konnte sich aus Überzeugung oder wegen des Drucks des konservativen Lagers nicht völlig von der Planwirtschaft lösen, trotz Beteuerungen, er wolle die Marktwirtschaft einführen. Der Wirtschaftsprofessor Grigori Jawlinski schilderte eine in diesem Zusammenhang bezeichnende Episode:

> Im Auftrag von Gorbatschow und Jelzin ging ich nach Harvard, um ein Reformprogramm zu entwerfen, das die Zustimmung der westlichen Staaten bekommen sollte, damit diese Finanzhilfen für uns freigeben. Dieses Programm habe ich sogar mit Präsident Bush sen. erörtert. Als ich damit nach Moskau kam, hat Gorbatschow ausgesuchte Wirtschaftsleute angewiesen, es zu überarbeiten. Es wurde dadurch völlig verwässert und somit kaputtgemacht. Er fuhr mit diesem Programm dann nach London zum Weltwirtschaftsgipfel. Ich weigerte mich, Gorbatschow zu begleiten, um jedermann klarzumachen, dass das ein unbrauchbares Programm ist, nicht meins ist und wieder nur Unsinn darstellt. Gorbatschow verstand nicht, dass eine funktionsfähige Wirtschaft ohne Konkurrenz, Privatisierung und Privateigentum nicht auskommen kann. Er konnte das Wort *Privateigentum* nicht aussprechen.[30]

Der Putsch war nominell gegen Gorbatschow, faktisch aber gegen Jelzin gerichtet, der aufgrund seiner Macht als frei gewählter Präsident der Russischen Republik und aufgrund seiner politischen Ziele eine Bedrohung für den konservativen Teil der sowjetischen Führung und für den Gesamtstaat darstellte. Jelzin rief daher zum Widerstand gegen das Staatskomitee auf und stieg auf einen Panzer, wohlwissend, dass ihm keine Gefahr drohte, weil die Soldaten den strikten Befehl bekommen hatten, keine Gewalt anzuwenden. Gorbatschow konnte das Geschehen in Moskau nur aus seiner Urlaubsvilla auf der Krim verfolgen. Zu diesem Zeitpunkt wusste die Öffentlichkeit nicht einmal, wo er sich aufhielt.

Bis heute kursiert die Falschdarstellung, es habe Befehlsverweigerungen gegeben oder sowjetische Soldaten und Offiziere seien zu Jelzin übergelaufen. Richtig ist, dass im Vorfeld nur halbherzig geplant worden war, die Machtzentrale Jelzins – das sogenannte Weiße Haus in Moskau – einzunehmen und den Widerstand der Demonstranten zu brechen. Ein entsprechender Befehl wurde aber niemals erteilt, folglich konnte es auch keine Befehlsverweigerungen geben. Drei Demonstranten kamen in der Nacht zum 21. August ums Leben: Der 23-jährige Dmitri Komar kletterte auf einen Panzer und verlor das Gleichgewicht, als dieser zurücksetzte. Er fiel mit dem Kopf auf den Asphalt und starb. Als die Besatzungen Warnschüsse abgaben, trafen einige Kugeln die offene Panzertür und ein Querschläger verletzte den 37-jährigen Wladimir Usow tödlich. Der 28-jährige Ilja Kritschewski warf einen Stein in Richtung der Panzer, woraufhin ihm ein Unbekannter in den Kopf schoss. Als Verteidigungsminister Jasow von diesen Toten erfuhr, gab er sofort und ohne Rücksprache mit dem Staatskomitee den Befehl, die Armee aus Moskaus Straßen abzuziehen. Gewaltbereite Putschisten versuchten noch, ihn umzustimmen, weil sie wussten, dass mit dem Abzug der Armee und mit einem Gewaltverzicht ihre Machtübernahme scheitern würde. Sie eilten am 21. August morgens zu ihm ins Verteidigungsministerium, wo sich die von Jasow geschilderte Schlüsselszene ereignete: „Einige waren gegen den Abzug. Sie würden den Kampf fortsetzen wollen, sagten sie. ‚Welchen Kampf?!', fragte ich. ‚Gegen wen?!' – Niemand gab eine Antwort. Ich entschied, die Truppen abzuziehen."[31]

Das selbst ernannte Staatskomitee scheiterte aber nicht nur an der Uneinigkeit seiner Mitglieder und der inkompetenten Vorbereitung durch KGB-Chef Krjutschkow, sondern auch, weil es die Lüge über eine Erkrankung Gorbatschows in die Welt gesetzt hatte. Die Bürger hatten einfach kein Vertrauen in dieses Komitee, das aus Repräsentanten der alten Sowjetunion bestand und keinen überzeugenden An-

25 Panzer im Zentrum Moskaus im August 1991. Zu keinem Zeitpunkt bekamen die Besatzungen den Befehl, Gewalt anzuwenden.

führer präsentieren konnte. Aus der Niederlage der Putschisten ging jedoch nicht Gorbatschow, sondern Jelzin, der sich ihnen entgegengestellt hatte, als großer Sieger und politischer Gewinner hervor. Die Putschisten – und damit fast die gesamte sowjetische Führung – wurden verhaftet und kamen ins Gefängnis. Gorbatschow kehrte in der Nacht zum 22. August 1991 von der Krim zurück nach Moskau – just in jenen Stunden, als das Denkmal des verhassten Geheimdienst-Gründers Felix Edmundowitsch Dserschinski vor dem KGB-Gebäude mithilfe eines Krans ausgehebelt, fein säuberlich demontiert und unter dem Jubel der Menge symbolisch gestürzt wurde. Mehr als 100 000 Menschen, was nicht viel ist bei einer Einwohnerzahl von neun Millionen, feierten am 22. August in Moskau den Sieg über die Putschisten. Unter dem Jubel der Menge erklärte Jelzin die weiß-blau-rote Flagge aus der Zeit vor 1917 zum neuen Symbol Russlands.

Damit war eine Ära an ihr Ende gekommen, doch Gorbatschow realisierte erst allmählich, wie deutlich sich nun die Macht zu Jelzins Gunsten verschoben hatte. Tatsächlich konnte er jetzt ohne die Zustimmung Jelzins nicht einmal mehr Personalentscheidungen auf Unionsebene treffen. Er verstand offensichtlich aber immer noch nicht die Zeichen der Zeit. Auf der mit Spannung erwarteten Pressekonferenz erklärte er am selben Tag, dass er bis zum Schluss für die Erneuerung der Kommunistischen Partei kämpfen werde. Wieder kam bei Gorbatschow der Idealist durch, und so war es Jelzin, der am nächsten Tag im Obersten Sowjet, wo nun die neue Flagge hing, die Tätigkeit der Kommunistischen Partei per Dekret aussetzte.

Er verbot die Partei nicht, wie vielfach unzutreffend dargestellt wurde. Gorbatschow war zu der Sitzung geladen und erlebte eine wahre Demütigung durch Jelzin. Dieser hatte ihm ein Protokoll der sowjetischen Ministerratssitzung vom 19. August übergeben, aus dem hervorging, dass fast alle Minister die Putschisten unterstützt hatten. Jelzin forderte Gorbatschow, der am Rednerpult stand, mehrfach auf, dieses Protokoll vorzutragen. Gorbatschow beschwichtigte, gab zu verstehen, dass er dies nach seinen eigenen Ausführungen machen werde. Jelzin jedoch war sich seiner neuen Machtposition bewusst, ging ungeduldig zum Rednerpult und suchte nach dem Protokoll. Gorbatschow blockte Jelzins Hand leicht ab, ergriff selbst das Schriftstück und hielt es hoch. Zu den Abgeordneten sagte Gorbatschow, dass er es vorhin von Jelzin bekommen, aber noch nicht gelesen habe. Jelzin erwiderte im Kommandoton und mit dem Zeigefinger gestikulierend: „Dann lesen Sie es jetzt!" Konsterniert schwieg Gorbatschow und ertrug das teilweise höhnische Gelächter der Abgeordneten des russischen Obersten Sowjet und den Applaus für Jelzin, der mit einem triumphierenden Lächeln zurück an seinen Platz ging. – Warum tat sich Gorbatschow das alles an? Er ließ vieles über sich ergehen und konnte sich immer darauf zurückziehen, dass er doch schimpfenden Bürgern und respektlos auftretenden Politikern und Widersachern überhaupt erst den Weg frei gemacht hatte. Politisch wertete er dies immer als Erfolg.

Die Demontage des alten Systems fand schon am 24. August 1991 ihre Fortsetzung: Gorbatschow trat als Generalsekretär der KPdSU zurück und empfahl dem ZK die Selbstauflösung! Auch territorial hörte die Sowjetunion in ihrer bisherigen Form zu existieren auf, denn die baltischen Republiken erreichten durch den gescheiterten Putsch endlich die Anerkennung ihrer Unabhängigkeit. Nachdem schon einige Monate zuvor Island und Dänemark diplomatische Beziehungen mit ihnen geschlossen hatten, zogen die meisten westlichen Staaten jetzt nach. Die „Rest-Sowjetunion" erkannte Estland, Lettland und Litauen am 6. September 1991 als unabhängige Staaten an, und der damalige US-Außenminister James Baker legt Wert auf die Differenzierung, dass die USA die Annexion der baltischen Staaten 1940 durch die Sowjetunion nie anerkannt, die Unabhängigkeit entsprechend auch nie aberkannt und 1991 somit lediglich die ruhenden diplomatischen Beziehungen wieder aufgenommen hätten.[32]

In seiner Regierungserklärung vom 5. September bewertete Bundeskanzler Kohl die dramatischen Tage, die alle führenden westlichen Staatschefs veranlasst hatten, ihren Urlaub abzubrechen und in ihre Regierungszentralen zu eilen, wie folgt:

> Ich bin sicher, der Sieg der demokratischen Idee in der Sowjetunion wird später in den Geschichtsbüchern als „August-Revolution" gewürdigt werden. Damit ist in der Sowjetunion nicht nur Stalin überwunden, sondern seit dem 21. August auch die Staatsdoktrin von Marx und Lenin. Mit dem Sturz des Denkmals von Felix Dserschinski endet hoffentlich auch endgültig der allgegenwärtige Terror des KGB. Welches Ereignis könnte uns diesen historischen Umbruch deutlicher vor Augen führen als der rapide Niedergang der KPdSU?[33]

Der damalige Kanzleramtschef Rudolf Seiters stellte hinsichtlich des rechtzeitigen Abschlusses der Zwei-plus-Vier-Verhandlungen zutreffend und dankbar fest: „Seien wir froh und glücklich, dass sich die Zuspitzung der innenpolitischen Situation in der Sowjetunion Monate nach der Wiedervereinigung ergeben hat."[34]

Dass nur rund acht Jahre nach dem Putsch mit Wladimir Putin ausgerechnet ein Geheimdienst-Angehöriger als Präsident in den Kreml einziehen würde, lag 1991 außerhalb der Vorstellungskraft vor allem in Russland. Es war Jelzin, der ihm den Weg gebahnt hat. Wie er hatte Putin 1991, damals Mitstreiter des demokratischen Bürgermeisters von Leningrad, gegen das Staatskomitee gekämpft, das die Sowjetunion erhalten wollte. Im neuen Jahrtausend allerdings ehrte Putin viele Komitee-Mitglieder.

Der Totenschein für die Sowjetunion

In den finalen Monaten seiner Amtszeit kämpfte Gorbatschow um den Erhalt eines verkleinerten Gesamtstaates. Er griff immer wieder zu düsteren Bildern für den Fall, dass keine Einigung zwischen den Republiken gelänge, und verwies dabei insbesondere auf das blutige Auseinanderbrechen Jugoslawiens, das im Juni 1991 begonnen hatte. Dass Sowjetrussland ab 1917 und anschließend die 1922 gegründete Sowjetunion durch Zwang, Gewalt, Eroberungen und Völker-Unterdrückung entstanden und gewachsen war, hat Gorbatschow nie eingestehen wollen.

Die Sowjetunion war im Grunde ein Großrussland, und die Unterwerfungen bedeuteten nichts anderes als die Restitution des Russischen Zarenreichs, das mit dem Ersten Weltkrieg untergegangen war. Bezeichnenderweise hatte die Sowjetrepublik Russland – im Gegensatz zu den 14 anderen Republiken – keine eigenen KP-Strukturen: Das Moskau der Republikebene war faktisch identisch mit dem Moskau der Unionsebene. Erst im Sommer 1990, als der Gesamtstaat auseinanderdriftete, wurde die *russische* Kommunistische Partei gegründet. Das schwächte natürlich die KP auf Unionsebene, die bis dahin als sowjetische und russische KP gegenüber Parteiorganisationen in anderen Republiken weisungsbefugt war.

Weil Partei und Staat im Grunde identisch waren, löste sich mit dem Niedergang der KPdSU allmählich auch die Sowjetunion auf. Was das Selbstbestimmungsrecht und Fragen der Wiedergutmachung anging, versuchte Georgi Schachnarasow als enger Berater Gorbatschow schon ab 1988 zu überzeugen, mit den baltischen Republiken Verhandlungen aufzunehmen. 1990 riet dann Tschernajew sogar, sie in die Unabhängigkeit zu entlassen. Beide Berater schildern unabhängig voneinander, Gorbatschow habe auf ihre Vorstöße fast unwirsch reagiert.[35] Die Behandlung der baltischen Frage gehört sicherlich zu den großen Fehlern in Gorbatschows Amtszeit, zumal ihn das Blockieren der berechtigten Forderung nach Selbstbestimmung und Unabhängigkeit allein im Jahr 1990 erhebliche Kraft gekostet haben dürfte.

In den ersten zwei Monaten nach dem August-Putsch 1991 erklärten dann bis auf Kasachstan und Russland alle noch verbliebenen Sowjetrepubliken ihre staatliche Unabhängigkeit von der Sowjetunion. Damit war Gorbatschow ab dem Spätsommer 1991 ein Präsident ohne Land. Er führte mit Jelzin und sechs weiteren Republikführern zwar zunächst in Nowo-Ogarewo bei Moskau noch Verhandlungen, doch auch diese wurden Ende November 1991 eingestellt. Jelzin wollte einen Staatenbund, Gorbatschow einen Bundesstaat, um den er – wie sein Berater Schachnarasow schrieb – verzweifelt und aussichtslos kämpfte. Zu Gorbatschows Gemütszustand bemerkte dieser: „Der verzweifelte Aktionismus wurde manchmal unterbrochen durch Phasen der Apathie, die ihm eigentlich gar nicht wesenseigen war."[36]

Eine besondere Bedeutung für den endgültigen Untergang der Sowjetunion hatten die Ukraine und ihr Republikführer Leonid Krawtschuk. Für den 1. Dezember 1991 waren in der Ukraine die ersten freien Präsidentschaftswahlen angesetzt. Gleichzeitig stimmten die Bürger darüber ab, ob der Parlamentsbeschluss vom August 1991 über die staatliche Unabhängigkeit von Moskau umgesetzt werden sollte oder nicht. Krawtschuk war bis dahin Vorsitzender des Obersten Sowjets der Ukraine und die Personifizierung des politischen Opportunismus. Als zuständiger KP-Funktionär für Ideologie hatte er zunächst die auf Eigenständigkeit hinarbeitende Volksbewegung *Ruch* bekämpft, dann aber noch rechtzeitig die Zeichen der Zeit erkannt und sich zum Vertreter derjenigen gewandelt, die von Moskau mehr oder volle Eigenständigkeit verlangten. Als dann die Putschisten in Moskau kurzzeitig die Macht ergriffen hatten und es zunächst so ausgesehen hatte, als würden sie sich durchsetzen und mit den Unabhängigkeitsbestrebungen Schluss machen, hatte Krawtschuk im sowjetischen Fernsehen plötzlich eine Loyalitätserklärung an das selbst ernannte Staatskomitee gerichtet. Am Abend des ersten Putschtages hatte er erklärt: „Es mag seltsam klingen: Aber was passiert ist, hat passieren müssen. Die Situation konnte man so nicht belassen – eine Situation der Steuerlosigkeit, in der das Zentrum nicht in der Lage war zu regieren."[37] Fünf Tage später hatte er noch mal einen kompletten Salto rückwärts vollbracht und nach der Niederlage der Putschisten die staatliche Unabhängigkeit der Ukraine erklärt.

Jelzin machte nun das Verbleiben Russlands in einer neu zu verhandelnden Union von der Ukraine abhängig. Damit war das Schicksal der Sowjetunion besiegelt, denn Krawtschuk erklärte wenige Tage vor dem ukrainischen Referendum – ganz offensichtlich, um seinen Stimmenanteil als Präsident zu steigern: „Ich werde mich nicht am Nowo-Ogarewo-Prozess beteiligen." Als „erfunden" bezeichnete er Behauptungen, er wolle dem Vertrag zu einem späteren Zeitpunkt beitreten.[38] Das hatte Gorbatschow in seiner prekären Lage verbreiten lassen. Dieser hätte angesichts der Machtverhältnisse längst zurücktreten müssen, wiederholte aber stattdessen, dass ein Auseinandergehen „großes Blut" zur Folge haben würde wie in Jugoslawien. Auch das war ein künstlicher Staat mit Serbien als Hegemonialmacht innerhalb Jugoslawiens, welches die nicht-serbischen Republiken letztendlich verließen, allen voran Kroatien. Gorbatschow aber hatte weder die Armee hinter sich, selbst wenn er zur Gewalt hätte greifen wollen, noch wie Jelzin die demokratische Legitimation durch das Volk.

Die Bürger der Ukraine sprachen sich bei dem Referendum zu sage und schreibe 90 Prozent für den Austritt aus der Sowjetunion aus – mehrheitlich auch auf der Krim und in der Ostukraine. Internationale Beobachter waren zugelassen und bestätigten, es habe keine Manipulationen oder Verstöße gegeben.[39] Nach diesem eindeutigen Votum war klar, dass der neu gewählte Präsident Krawtschuk sich nicht gegen den Volkswillen stellen würde. Wie es jetzt genau weitergehen würde, wusste dennoch niemand.

Jelzin flog am 7. Dezember 1991 auf Einladung von Stanislaw Schuschkjewitsch, dem Republikführer von Belarus, nach Minsk. Die internationale Presse reiste pflichtgemäß mit, hatte aber keine Vorstellung davon, dass innerhalb der nächsten 24 Stunden Weltgeschichte geschrieben werden und sie den entscheidenden Moment verpassen würde. Jelzin sprach zunächst im Parlament von Minsk, und bilaterale Abkommen wurden unterzeichnet. Dann erklärten die Minsker Gastgeber den Pressevertretern, es stünden keine weiteren Termine mehr an. Das jedoch war ein Verwirrspiel.

Derweil landete auch der ukrainische Präsident Krawtschuk in Minsk, und Gastgeber Schuschkjewitsch empfing ihn am Flughafen. Von dort flogen beide mit ihren Delegationen weiter – an einen der Öffentlichkeit noch unbekannten Ort, an den sich auch Jelzin mit seiner eigenen Regierungsmaschine begab. Die internationale und russische Presse reiste zurück nach Moskau, nur ein Kamerateam der belarussischen Sowjetrepublik blieb am Minsker Flughafen. Der Redakteur Wadim Bizan bat den belarussischen Ministerpräsidenten Wjatscheslaw Kebitsch, das Team mitfliegen zu lassen an den unbekannten Ort. Nachdem ihm zunächst eine Absage erteilt wurde, unternahm Kameramann Wladimir Andronow einen letzten Versuch: „Ich sagte dann: ‚Lassen Sie uns doch erst einmal filmen. Und Sie entscheiden dann, ob es gesendet wird.' – Er [Kebitsch – I. L.] war einverstanden, und so nahm man uns mit."[40]

Die Weltöffentlichkeit tappte im Dunkeln, und die Nachrichtenagentur dpa meldete zunächst: „Geheimverhandlungen über die Bildung einer neuen Union […] an einem nicht näher genannten Ort unter Ausschluss der Öffentlichkeit."[41] Es ging um das Schicksal von rund 282 Millionen (Noch-)Sowjetbürgern. Am Abend des 7. Dezember sickerte in der Presse immerhin durch, wohin die Troika geflogen war: an die Grenze zwischen Polen und der belarussischen Sowjetrepublik. Jelzin, Krawtschuk und Schuschkjewitsch trafen sich in der völlig abgeschiedenen Staatsresidenz Viskuli nahe der Stadt Brest.

*

Die Residenz befindet sich in einem einzigartigen Naturgebiet: im Belowescher Nationalpark, bei dem es sich um den letzten noch verbliebenen Urwald in Europa handelt. 1976 wurde das Gebiet von der UNESCO als Weltkulturerbe klassifiziert. Ohne ortskundige Hilfe ist die Residenz kaum zu finden, und das nächste Haus ist mehr als 20 Kilometer entfernt. Die einstige Gäste- und Erholungsstätte des ZK der KPdSU war nie für die Öffentlichkeit zugänglich. Heute liegt sie in einem militärischen Sperrbezirk.

Im Oktober 2016 versuchte ich, Zugang zu der Staatsresidenz zu bekommen, zunächst ohne Erfolg. Erst ein persönliches Gespräch mit Nina Bogusch, der stellvertretenden Direktorin des Touristen-Zentrums *Nationalpark Beloweschskaja Puschtscha*, brachte die überraschende Wende. Es war pures Glück, dass Nina Bogusch Jahre zuvor in der Präsidenten-Administration von Alexander Lukaschenko in Minsk gearbeitet hatte. Sie versuchte ich mit den Worten zu überreden, dass die russische Präsidentenadministration Wladimir Putins uns den exklusiven Zugang zu der Residenz in Archys gewährt hatte und wir auch die ehemalige sowjetische Staatsvilla in Foros auf der Krim gefilmt hatten, wo Gorbatschow während des Putsches 1991 festgehalten wurde. Ich fügte hinzu, dass es für das deutsche Publikum unverständlich wäre, wenn wir nur von der belarussischen Seite blockiert würden, denn auch die ukrainischen Stellen hätten uns unterstützt. Nina Bogusch rief dann tatsächlich Lukaschenko an, der gerade auf Staatsbesuch in Pakistan war. Er gab uns persönlich die Erlaubnis.[42]

*

Chruschtschow hatte die Staatsresidenz 1957 bauen lassen. Hierher hatten die Sowjetführer Erich Honecker und andere Diktatoren des sozialistischen Blocks eingeladen – zur Jagd und zur Entspannung, aber auch zu Abstimmungsgesprächen über das Vorgehen gegen den kapitalistischen Klassenfeind und die NATO. Und ausgerechnet hier treffen sich nun die drei Liquidatoren der Sowjetunion. Was sie unter Hinzuziehung ihrer wichtigsten Regierungsmitglieder genau beschließen werden, wissen sie bei der Ankunft allerdings selbst noch nicht.[43]

Eines wird bei diesem Treffen schnell klar: Der sowjetischen Zentrale will sich Leonid Krawtschuk kategorisch nicht mehr und auch nicht teilweise unterordnen. Er insistiert: Als neu gewählter Präsident der Ukraine habe er sich an das Ergebnis des Referendums zu halten.

Und Jelzin weiß: Wenn die Ukraine austritt, ist die Sowjetunion tot. Er wäre dann alleiniger Präsident im Kreml. Im Grunde ist das neue Referendum der Ukraine ein Geschenk für Jelzin, denn in seiner Republik hatten im März noch 71,3 Prozent der Bürger für eine „erneuerte Union" gestimmt, also für den Erhalt einer übergeordneten Moskauer Regierungszentrale.

Am Abend des ersten Verhandlungstages fällt der historische Beschluss. Dass dabei Alkohol den Lauf der Dinge mitentschieden habe, ist ein Mythos. Der ukrainische und der belarussische Präsident sind mehr oder weniger Abstinenzler. Und der Russe Jelzin war ebenfalls nüchtern, wie die Film- und Fotoaufnahmen sowie Zeugenaussagen beweisen. Ganz offensichtlich setzten Gegner des Abkommens dieses Gerücht in die Welt, um die Unterzeichner und ihren Auflösungsbeschluss zu diskreditieren.

Ko-Autor und einer der sechs Unterzeichner des Dokuments war Gennadi Burbulis, erster stellvertretender Ministerpräsident der Sowjetrepublik Russland. Er konstatierte: „Die entscheidende Formel, die ich einbrachte und auf die man sich einigte, lautete: ‚Die drei hohen Vertragsparteien erklären, dass die Sowjetunion als Subjekt des Völkerrechts und als geopolitische Realität aufhört zu existieren.'"[44] Für diesen Satz wird Burbulis bis heute in Russland angefeindet.

Die drei Republikchefs gaben ihren Untergebenen den Auftrag, den Gründungsvertrag für die „Gemeinschaft Unabhängiger Staaten" (GUS) auszuarbeiten. Sergej Schachraj, Jelzins Rechtsexperte, erinnert sich: „Wir arbeiteten bis tief in die Nacht. Morgens stimmten wir uns mit den ukrainischen und belarussischen Experten ab. Niemand hatte für diesen Vertrag eine Blaupause."[45] Es handelte sich dabei nicht um einen Akt der Zerstörung, sondern der Sowjetunion wurde lediglich der Totenschein ausgestellt, da es nach dem Putsch „weder eine handlungsfähige Legislative noch Exekutive auf der Ebene des Gesamtstaates" mehr gab.[46]

Die Grenzfrage wurde nicht verhandelt, denn das Ergebnis des Referendums vom 1. Dezember 1991 in der Ukraine war eindeutig. Auch die Bürger der „Autonomen Sowjetischen Sozialistischen Republik Krim" hatten mit 54,19 Prozent für eine Loslösung von Moskau und eine unabhängige Ukraine gestimmt. Der Vollständigkeit halber ist zu erwähnen, dass von den insgesamt 27 ukrainischen Wahlbezirken die Wahlbeteiligung auf der Krim mit 67,5 Prozent die zweitniedrigste war. In Sewastopol, der größten Stadt der Halbinsel, lag sie bei 63,57. In den anderen Wahlbezirken der Ukraine lag sie meist zwischen 85 und 98 Prozent.

Bei alle dem war es nicht so, dass die Verhandlungspartner nur darauf gewartet hätten, die Sowjetunion endlich begraben zu können, wie Stanislaw Schuschkjewitsch betont: „In uns allen war das herangereift, aber wir alle hatten auch Angst. Ich fürchtete mich noch zwei Stunden vorher, allein den Satz auszusprechen: ‚Die Sowjetunion ist tot'. Ich hatte Angst, man könnte mich zur Rechenschaft ziehen. Hätten wir uns noch mit den Grenzen beschäftigt, dann hätten wir noch Wochen dagesessen. Allen war klar, dass die Grenzen so bleiben, wie sie sind."[47]

Am Nachmittag des 8. Dezember war es dann soweit. Die drei Republikführer unterschrieben gemeinsam mit Wjatscheslaw Kebitsch (Ministerpräsident von Belarus), Witold Fokin (Ministerpräsident der Ukraine) sowie Gennadi Burbulis das historische Dokument. Wladimir Andronow, der als einziger Kameramann diesen Moment gefilmt hat, berichtete, dass er noch in der Nacht bei seiner Rückkehr nach Minsk von TV-Stationen aus der ganzen Welt bestürmt wurde: Alle wollten das Filmmaterial, boten teilweise hohe Summen dafür an.[48] Seine Bewegtbilder und die Fotos des einzigen anwesenden Fotografen Juri Iwanow werden seither in der Gedenkberichterstattung ständig wiederholt.

Die drei Republikführer waren weder mit einem fertigen Dokument in die Staatsresidenz im Nationalpark gekommen, noch hatten sie die simpelsten Vorbereitungen getroffen wie das Hinzuziehen einer Schreibkraft. Zweck des Treffens war es ursprünglich, sich darüber zu beraten, wie man weiter vorgehen sollte mit der sich auflösenden Union. Schuschkjewitsch schilderte in diesem Zusammenhang einige bezeichnende Details: „Wir hatten in der Residenz nicht mal eine Schreibmaschine. Das war ja eigentlich eine Erholungsstätte für die kommunistische Partei. Und auf einmal ging es hier um so wichtige Dinge, die man um keine Sekunde hätte herauszögern dürfen. Die Schreibmaschine – Computer gab es ja noch nicht – hat man dann noch mit Mühe im nächsten Dorf aufgetrieben."[49]

Mit dem Untergang der Sowjetunion endete auch die teils jahrhundertelange Vorherrschaft Moskaus über andere Völker. Boris Jelzin schrieb in seinen zweiten Memoiren von 1994:

> Als ich in die äußerlich ruhigen, aber dennoch sehr angespannten, ja sogar aufgeregten Gesichter Krawtschuks und Schuschkjewitschs schaute, kam ich nicht umhin zu verstehen, dass wir [die Russen – I. L.] die Ukraine und Weißrussland ernsthaft und wahrscheinlich für immer ‚loslassen' und ihnen schon allein durch den Vertragstext einen Status auf Augenhöhe mit Russland zugestanden haben.[50]

Niemand der Anwesenden in der Staatsresidenz mochte Michail Gorbatschow die Nachricht überbringen, dass es aus war mit seinem Staat und auch aus mit seinem Amt als Präsident der Sowjetunion. Schließlich rief Schuschkjewitsch Gorbatschow an – den Mann, der diese atemberaubende Entwicklung durch seine Reformen erst ermöglicht hatte. Schuschkjewitsch erinnert sich: „Die Person von der Vermittlung fragte mich zunächst, wer ich denn sei, von wo ich anriefe. Das hat mich furchtbar aufgeregt. Denn es war ja klar, wer von dieser Leitung [Regierungsleitung – I. L.] anrufen konnte und von wo aus."[51] Dieses Detail wird hier deshalb aufgeführt, weil viele Gegner der GUS-Gründung hinterher behaupteten, die Troika habe absichtlich erst den US-Präsidenten angerufen, dann erst den sowjetischen Präsidenten. So war es aber nicht.

Krawtschuk seinerseits erinnert sich an die Bemühungen, mit den USA in Kontakt zu treten: „Wir hatten gleichzeitig auch ein Telefonat mit US-Präsident Bush angemeldet. Das Weiße Haus in Washington fand es völlig befremdlich: Warum sollte auf einmal Jelzin aus den Tiefen von Belarus, aus Viskuli, anrufen? Zuerst haben sie das nicht geglaubt."[52] Schließlich wurde George Bush aber aus dem Bett geholt.

Jelzin und seine Kollegen waren sich nicht sicher, ob die USA diesen politischen Schritt anerkennen würden. Jelzin sprach mit Bush am Telefon, das auf „laut" gestellt wurde. Andrej Kosyrew, Mitglied der russischen Regierung und der englischen Sprache mächtig, übersetzte. Auch die Tatsache, dass kein professioneller Dolmetscher anwesend war, ist ein Hinweis darauf, dass das ganze Unterfangen nicht geplant war und sich daraus spontane Schritte ergaben. Krawtschuk, der mithörte, berichtet:

> Bush nahm unseren Auflösungsbeschluss als Tatsache hin, stellte dann einige Fragen. Die wichtigste war: „Was ist mit den Atomwaffen?" Und er fragte: „Weiß Gorbatschow Bescheid?" Jelzin hat ihm geantwortet: „Wir wollten Gorbatschow gerade informieren, aber er war nicht erreichbar." Und in diesem Moment, als er das sagte – da kam der Rückruf aus dem Kreml. Gorbatschow könne jetzt mit uns sprechen.[53]

Schuschkjewitsch, der wie alle anderen gebannt gelauscht hatte, wie das Telefonat mit Bush verlief, nahm den Anruf aus Moskau entgegen. Gorbatschow habe Schuschkjewitsch plötzlich gesiezt, nachdem er ihn bis dahin immer geduzt habe.[54] Schuschkjewitsch eröffnete ihm, worauf sich die Republikführer verständigt hatten, worauf Gorbatschow in einem belehrenden Ton reagiert habe. Den kurzen Dialog beschrieb er wie folgt: „‚Können Sie sich denn gar nicht vorstellen, wie die Welt reagieren wird? Man wird Kritik üben und das nicht einfach so hinnehmen.' Darauf sagte ich: ‚Ich kann mir das ganz gut vorstellen, da Jelzin gerade mit Bush spricht und der das recht positiv aufgenommen hat.' – Gorbatschow sagte nichts mehr. Wie in einem Stummfilm. – Schließlich legte er auf."[55]

Völlig anders stellt Gorbatschow diesen „Schlussakkord" in seinen Memoiren dar: „Ich bat ihn [Schuschkjewitsch], den Hörer an Jelzin zu übergeben, und sagte zu diesem: ‚Was ihr da hinter meinem Rücken ausgeheckt habt und dass ihr mit dem Präsidenten der Vereinigten Staaten geredet habt, bevor ihr das mit mir absprecht, ist eine Schmach und Schande.'"[56] Kein einziger der vielen Anwesenden in der Staatsresidenz hat je davon gesprochen oder geschrieben, dass es ein solches Telefonat zwischen Gorbatschow und Jelzin gegeben habe. Dabei wäre das ein legendärer Wortwechsel gewesen, der sich sicher schnell herumgesprochen hätte. Selbst Gorbatschow führt nicht aus,

26 Sowjetische Staatsresidenz in Viskuli nahe der Stadt Brest. Hier wurde der Untergang der Sowjetunion am 8. Dezember 1991 beschlossen.

was Jelzin auf den angeblichen Frontalangriff erwiderte. Irgendeine Reaktion des um Widerworte nie verlegenen Jelzins müsste es ja gegeben haben. Außerdem spricht gegen Gorbatschows Darstellung, dass sich Jelzin noch weiter mit Bush unterhielt und sich der Telefonapparat für das Gespräch mit Moskau nicht in Reichweite befand.

Schuschkjewitsch kommentierte die Behauptung in Gorbatschows Memoiren, er sei von ihm aufgefordert worden, den Telefonhörer an Jelzin zu übergeben, wie folgt: „Gorbatschow lügt. Jedes Wort dazu ist von ihm gewissenlos gelogen!“[57] Wollte Gorbatschow in seinen Memoiren eine gewisse Stärke gegenüber Jelzin demonstrieren? Oder ist seine Erinnerung verblasst? Der Grund für diese punktuelle Falschdarstellung bleibt unklar. In jedem Fall war mit Bushs mündlicher Anerkennung der GUS Gorbatschows letzter Hoffnungsschimmer dahin; selbst der Westen sah nun in ihm einen Mann der Vergangenheit.

Die Obersten Sowjets der drei Republiken nahmen den Gründungsvertrag der GUS mit großer Mehrheit an, und am 21. Dezember 1991 schlossen sich acht weitere ehemalige Sowjetrepubliken dem lockeren Staatenbund an. Gorbatschow aber ließ noch immer nicht los und schrieb den Teilnehmern einen beschwörenden Brief, den diese allerdings nicht mehr ernsthaft zur Kenntnis nahmen.

Die Darstellung, es habe sich im Grunde um einen Machtkampf zwischen Gorbatschow und Jelzin gehandelt, den Letzterer schließlich für sich entschieden habe, wird den komplexen und vielschichtigen Gründen für den Untergang der Sowjetunion nicht gerecht. Gorbatschow selbst tendiert zu dieser Sichtweise und war immer davon überzeugt, dass die Sowjetunion hätte erhalten werden können. „Ich habe Jelzin ja zunächst gefördert. Aber ich habe mich in ihm getäuscht. Wenn das nicht passiert wäre, wäre das Schicksal der Sowjetunion womöglich anders verlaufen.“[58] Und durchaus mit einem gewissen Groll sagte er: „Ich denke, der Zerfall war die Folge des verantwortungslosen und subversiven Handelns der russischen Führung und von Jelzin. Und von Jelzin!“[59] Die Tragik Gorbatschows besteht insbesondere darin, dass er den Zentralstaat immer als etwas Erhaltenswertes angesehen hat und sein Ideal – oder besser gesagt seine Illusion – einer natürlich gewachsenen Völkergemeinschaft hochhielt. Dies tat er auch noch nach seiner Amtszeit.

Die Machtverschiebung in Russland hin zu Jelzin brachte wenige Tage nach dem Dreier-Treffen im Belowescher Urwald noch eine Fußnote zur deutschen Geschichte um Erich Honecker hervor. Hatte Gorbatschow ihn noch im März – illegal – aus der Bundesrepublik in die Sowjetunion ausfliegen lassen, verfügte Jelzin nun, Honecker müsse Russland verlassen. Daraufhin flüchtete dieser mit seiner Frau am 11. Dezember 1991 in die chilenische Botschaft in Moskau. Ende Juli 1992 war für den „letzten Botschaftsflüchtling der DDR“ auch dieser Weg zu Ende. In Berlin kam er in Untersuchungshaft und saß dort bis Mitte Januar 1993. Der Prozess gegen Honecker wurde aufgrund seines schlechten Gesundheitszustandes eingestellt.

Gorbatschow trat am 25. Dezember 1991 um 19:00 Uhr als Präsident zurück und hielt seine Abschiedsrede im sowjetischen Fernsehen. Zitiert seien daraus nur zwei Sätze: „Die Gesellschaft hat die Freiheit bekommen, wurde aus dem politischen und geistigen Joch herausgeführt. Das ist die allerwichtigste Errungenschaft." Weitgehend ungehört blieben seine zutreffenden Worte an die Bürger, dass er bis zum Schluss für den Erhalt der Sowjetunion gekämpft habe. Viele sehen ihn auch Jahrzehnte später fälschlicherweise als denjenigen an, der sie zerstören wollte.

Die sowjetische Flagge mit Hammer und Sichel über dem Kreml wurde um 19:36 Uhr eingeholt und an ihrer Stelle die russische gehisst. Auch die sowjetische Hymne war jetzt obsolet, die ohnehin nicht viel mit der historischen Wirklichkeit gemein hat: Die Sowjetunion wurde nicht durch den „Willen der Völker" errichtet, die „Freundschaft zwischen den Völkern" war nicht das „verlässliche Bollwerk" und auch das „Vaterland" nicht „frei". Entledigt hatten sich die Menschen nun der „Partei Lenins", der angeblichen „Volkskraft", wie es weiter in der Hymne heißt, die „zum Triumph des Kommunismus führt".

16. DAS LEBEN NACH DEM KREML

Gorbatschow war noch keine 61 Jahre alt, als er den Kreml verlassen musste – zu jung, um sich auf das Altenteil zu begeben und nur auf die staatliche Pension zu warten. Das hatte er auch nie vor. Ohne die riesige Bürde und Verantwortung für das Land musste er sich sein Arbeitsleben neu einrichten und mit Inhalten füllen. Jelzin gestand ihm bei dem achtstündigen Machtübergabegespräch Ende Dezember 1991 immerhin zu, dass er eine Stiftung betreiben dürfe. Alexander Jakowlew war auf Einladung der beiden Kontrahenten zu dem Gespräch hinzugezogen worden und berichtete hinterher, über den Namen dieser Stiftung habe es einen Streit gegeben. Jelzin wollte auf keinen Fall die Bezeichnung „Stiftung sozialer und politischer Forschungen". Jakowlew schlug vor, das Wort „politisch" durch „politologisch" zu ersetzen. Darauf einigten sie sich.[1] Des Weiteren verlangte Jelzin von Gorbatschow, sich künftig aus der Politik herauszuhalten. Es existierten keine Regeln für Staatsoberhäupter, die aus dem Amt schieden, und so diktierte Jelzin die Bedingungen: die Höhe der Pension, die Unterkunft, wie viele Leibwächter, Fahrer und anderes Personal Gorbatschow zustehen sollten. Dieser machte ruhige Mine zum unwürdigen Spiel.

Doch es zeigte sich nach dem Übergabegespräch, dass Gorbatschow überhaupt nicht daran dachte, sich aus der Politik herauszuhalten. Nun war er in der bequemen Lage, die Politik des neuen Kreml-Chefs zu kommentieren, zu kritisieren, zu verurteilen und Ratschläge als Beobachter zu erteilen. Jelzins bizarre und peinliche Forderung, ausgerechnet demjenigen, der allen Sowjetbürgern das Recht auf freie Meinungsäußerung ermöglicht hatte, dieses zu verweigern, zeigte erneut: Seine Wandlung vom Kommunisten und

Nomenklatur-Mitglied zum „Demokraten" war in erster Linie aus opportunistischen Gründen erfolgt, um damit die Macht zu erkämpfen. Verinnerlicht hatte er die demokratischen Werte nicht. Tragischer Beleg dafür war, dass er im September 1993 das ihm nicht genehme Parlament – den Obersten Sowjet – per Ukas verfassungswidrig auflöste und es Anfang Oktober 1993 mit Panzern beschießen ließ. Dabei starben Hunderte Menschen.

Auch seine Fehde mit Gorbatschow setzte Jelzin fort. Am 15. Mai 1992 sagte er bei einem Treffen der GUS-Staatsführer, Gorbatschow habe ihm „bei seinem Rücktritt Ende Dezember zugesichert, nicht mehr in die Politik zurückzukehren."[2] Gorbatschow erwiderte darauf in einem Zeitungsinterview für die *Komsomolskaja Prawda:* „Jelzin ist nicht Jesus Christus, er ist nicht der Mann, dem ich Rechenschaft schulde." Bei der Äußerung im Dezember, so Gorbatschow, sei es um die Stiftung gegangen. Jelzin habe ihn gefragt, ob er mit ihr eine oppositionelle Partei aufbauen wolle. Dies habe er verneint.[3] Ohnehin stellt sich die Frage, mit welchem Recht Jelzin auch den Verzicht auf eine Oppositionstätigkeit von Gorbatschow verlangte, die Jelzin für sich selbst 1989 vehement und publikumswirksam eingefordert hatte. Und wieso sollte Gorbatschow seine Stiftung nicht auch „politisch" nennen dürfen?

Dieser forderte Jelzin öffentlich zu „ernsthaften Korrekturen" bei den Reformen auf. Wenn die russische Führung dazu nicht in der Lage sei, solle sie das zugeben und zurücktreten, so sein Ratschlag.[4] Ende September 1992, kurz vor der Privatisierung der Staatsbetriebe mithilfe der Ausgabe von Anteilsscheinen an jeden einzelnen Bürger, ging Gorbatschow noch einen Schritt weiter: Auf einer internationalen Pressekonferenz im Gebäude seiner Stiftung antworte er auf meine Frage, was er von der Ausgabe der Anteilsscheine halte, wie folgt: „Ich denke, dass das Betrug ist."[5] – Damit sollte Gorbatschow recht behalten, denn in dem beginnenden Raubtierkapitalismus kauften windige Figuren, die später als Oligarchen bekannt wurden, Millionen von Bürgern diese Scheine für Bruchteile ihres Wertes ab. Diesen Bürgern war nicht bewusst, dass sie zu Akteuren eines riesigen Monopoly-Spiels gemacht worden waren, dessen Regeln ihnen niemand erklärt hatte und das sie bald noch stärker in Armut stürzen würde.

*

Ich habe im Herbst 1992 erlebt, wie in Metro-Stationen oder auf Moskaus Straßen nicht nur hochbetagte Frauen und Männer bedrängt und überredet wurden, ihren Anteilsschein zu verkaufen. Die überwiegend jungen Männer, die sehr wahrscheinlich im Auftrag von Hintermännern agierten, boten Bargeld an Ort und Stelle an. Eine Rentnerin sagte mir den Tränen nahe: „Ich verstehe das alles überhaupt nicht, weiß nicht, was dieser *Voucher* ist. Für mich ist das alles irgendwie eine Belastung."[6] Die Bevölkerung war ganz offensichtlich überfordert. In einer veralteten Reifenfabrik – einer der rund 5 500 zu privatisierenden Staatsbetriebe – gab eine junge Arbeiterin offen zu: „Ich habe keine Ahnung, was es mit diesen Anteilsscheinen auf sich hat." Und ein Arbeiter mittleren Alters meinte: „Egal ob staatlich oder privat. Ich will meine Familie ernähren können!"[7]

*

Diese Anteilsscheine, die im russischen Fernsehen und in der Zeitungspresse „Voucher" genannt wurden, suggerierten den Menschen den Beginn einer in materieller Hinsicht besseren Zeit. Aber bald schon hatten die späteren Oligarchen mit dem Aufkaufen der Anteilsscheine den Großteil an ehemaligen Staatsbetrieben untereinander aufgeteilt und das Land faktisch ausgeplündert. Es waren die „üblen Neunziger" [Lichije Dewjanostije], wie dieses Jahrzehnt in Russland heute oft genannt wird. Wie kleinlich und rachsüchtig Jelzin mit Gorbatschow umging, gerade in Anbetracht der politischen Angriffe, die Letzterer durch ihn während der Perestroika-Jahre hatte ertragen müssen, zeigt sich auch daran, dass Gorbatschow im russischen Fernsehen kaum noch zu Wort kam und man ihn dort in negativem Licht darstellte. Selbst als er im Frühjahr 1992 die USA und Ex-Präsident Reagan besuchte, wurde er seinem heimischen Publikum nur in einer kurzen Filmsequenz gezeigt mit dem Kommentar: „Gorbatschow reist mit einem Cowboy-Hut durch die USA, während unser Land und Volk Not leiden muss."[8]

Zur Eskalation kam es im Oktober 1992 – kurz nach Gorbatschows Betrugsvorwurf bezüglich der „Voucher" und wenige Wochen, nachdem der Prozess gegen die ehemalige KPdSU begonnen hatte. Jelzin hatte das Verfahren forciert und tat nun so, also ob er nie ein exponierter Teil dieser Staatspartei gewesen wäre. Vergessen schien, dass er bis zum Kandidaten des Politbüros aufgestiegen war. Gorbatschow weigerte sich, an dem Prozess teilzunehmen. Daraufhin ließ Jelzin die Türen des Gebäudes der Gorbatschow-Stiftung polizeilich versiegeln. Die Räumlichkeiten überschrieb er einer neugegründeten Finanzakademie und verfügte per Ukas, dass diese der Gorbatschow-Stiftung 1000 Quadratmeter in dem Gebäude zu üblichen Marktkonditionen vermieten müsse.[9] Jelzin verhängte zusätzlich ein Ausreiseverbot gegen Gorbatschow, den lediglich sein internationales Ansehen vor weiteren Unannehmlichkeiten schützte. Als am 8. Oktober 1992 Willy Brandt starb, gelang es Gorbatschow nur aufgrund von diplomatischen Interventionen aus dem Ausland, eine Ausnahmeregelung für seinen Besuch bei der Trauerfeier zu erwirken.[10]

Erst Ende 1999, als Jelzin seinerseits als Präsident zurücktrat, flachten die Streitigkeiten zwischen den einstigen Kontrahenten ab.

Buchautor und Kommentator

Gorbatschow hatte als Präsident a. D. ein großes Mitteilungs-, Erklärungs- und Kritikbedürfnis. Seine Kommentare in russischen und internationalen Medien lassen sich in zwei Kategorien unterteilen: in Erläuterungen und Deutungen seines politischen Wirkens an der Staatsspitze der Sowjetunion und in Einlassungen zur jeweils aktuellen Lage in Russland und der Welt. Kaum ein anderer ehemaliger Staatschef nahm so umfänglich zu seinem eigenen Wirken in politischer Verantwortung oder zur aktuellen Tagespolitik Stellung wie Gorbatschow – allenfalls Bismarck nach 1890. Dafür gab es zwei Gründe: Zum einen hatte er aufgrund seiner herausragenden Bedeutung für die Weltgeschichte im ausgehenden 20. Jahrhundert mehr zu sagen und zu kommentieren als jeder andere Staatsmann seiner Epoche. Zum anderen verstand er sich nicht als Polit-Pensionär, sondern behauptete noch im Jahre 1993, die Ära Gorbatschow hätte erst begonnen.[11]

Allein die schiere Zahl der Bücher, die er über seine Amtszeit veröffentlichte, Memoiren und Dokumentensammlungen, macht Gorbatschow als Staatsmann einzigartig. 29 Bände (Stand Oktober 2020) zählen seine „Gesammelten Werke", die den Zeitraum vom November 1961 bis November 1991 umfassen. Natürlich haben ihm bei diesem gigantischen Werk die wissenschaftlichen Mitarbeiter seiner Stiftung geholfen, und auch seine Ehefrau Raissa verriet in einem Interview, dass sie ihrem Mann bei den Memoiren helfe, indem sie Dokumente sammle und auch redigiere.[12] Und mit diesen Publikationen ist Gorbatschow überaus erfolgreich: Allein seine „Erinnerungen", die in Russland unter dem Titel „Leben und Reformen" veröffentlicht wurden, haben ihm durch die Übersetzung in Dutzende Sprachen und die weltweite Vermarktung einen hohen Millionen-Betrag in US-Dollar eingebracht, den er teilweise für den Kauf eigener Räumlichkeiten für seine Stiftung einsetzte, um von der staatlichen Obrigkeit unabhängig zu sein.

Gorbatschow nahm zudem eine Reihe von Angeboten verschiedener Pressehäuser an, als Kolumnist oder als Gastautor zu schreiben, darunter auch für die *New York Times.* Besondere Aufmerksamkeit bekam jedoch sein Beitrag für die italienische Zeitung *La Stampa* vom 3. März 1992. Der Kernsatz lautete: „Alles, was in diesen Jahren in Osteuropa geschehen ist, wäre ohne diesen Papst [Johannes Paul II.] nicht möglich gewesen."[13]

Nachdem Wladimir Putin im Jahr 2000 Präsident Russlands wurde, lobte Gorbatschow ihn häufig. Doch das Verhältnis kühlte vorübergehend ab, als er ihn ab 2009 wegen des zunehmend autoritären und repressiven innenpolitischen Kurses offen kritisierte. Putins Partei *Einiges Russland* bestehe aus „Bürokraten und der schlimmsten Version der KPdSU", sagte Gorbatschow.[14] Zwei Jahre später verschärfte er die Kritik noch und forderte Putin zum Rücktritt auf. Unter dem Eindruck der Massenproteste, bei denen die Demonstranten Putin Fälschungen bei der Parlamentswahl 2011 vorwarfen, freute Gorbatschow sich: „Ich bin froh, dass ich das noch erleben durfte, wie die Menschen aufwachen. Das lässt viel hoffen.“[15] Die Proteste fanden bezeichnenderweise auf dem Sacharow-Prospekt statt, der gegen Ende von Gorbatschows Amtszeit zu Ehren des ehemaligen Dissidenten und Kämpfers für die Demokratie umbenannt wurde, nachdem er bis dahin einem kommunistischen Parteifunktionär gewidmet gewesen war.

Putin ging ab Ende 2012 mit landesweiten Razzien gegen Nichtregierungsorganisationen vor und brandmarkte NGOs als „ausländische Agenten“, die Projekte gemeinsam mit ausländischen Staaten betrieben oder von dort auch nur einen Teil ihrer Gelder bekamen. Nach Darstellung der Professorin Olga Zdrawomyslowa, seit 2005 Direktorin der Gorbatschow-Stiftung, stellte auch ihre Organisation deshalb ein Projekt ein, wurde daraufhin allerdings nicht weiter behelligt.[16] Gorbatschow ging den russischen Präsidenten dennoch mit den Worten an: „Wenn Wladimir Putin und andere meinen, dass es ein Zurück zu alten Methoden gibt, Angst einzujagen und durch Angst zu regieren, müssen sie verstehen: Das wird nicht funktionieren. Wer eine Diktatur will, soll dorthin gehen, wo es schon eine Diktatur gibt.“[17]

Putins Außenpolitik begrüßte Gorbatschow hingegen ausdrücklich. Auch die Annexion der Krim rechtfertigte Gorbatschow wiederholt, was die Regierung in Kiew im Dezember 2016 mit einem Einreiseverbot quittierte. Und ihn kümmerte es offensichtlich auch nicht, dass er seine Glaubwürdigkeit bei russischen Demokraten und im Westen infrage stellte, als er Ende 2014 zum allgemeinen Erstaunen äußerte: „Ich bin absolut überzeugt, dass Putin besser als alle anderen die Interessen Russlands schützt. Es gibt natürlich in seiner Politik etwas, das kritisierbar ist. Aber ich will dies nicht tun, und ich will auch nicht dass jemand anderes dies tut.“[18] Dabei hatte er selbst genau das mehrfach getan, insbesondere als er Putin 2011 zum Rücktritt aufforderte mit einem Frontalangriff: „Wir haben ein Parlament, Gerichte, einen Präsidenten und einen Premierminister. Aber das ist kaum mehr als ein Blendwerk“. Putins Partei *Einiges Russland* sei eine „schlechte Kopie der Kommunistischen Partei der Sowjetunion.“[19] Noch drastischer hatte er sich in Berlin auf einer Pressekonferenz am

21. November 2011 geäußert: „Stalin hat bestimmt, bei den Wahlen ist nicht die Abstimmung das Wichtigste, sondern die Auszählung."[20] All diese Äußerungen Gorbatschows zusammengenommen ergeben bis heute keine klare Position zu Putin. Tatsächlich scheint es ihm grundsätzlich eigen zu sein, sich gelegentlich widersprüchlich zu äußern und Positionen häufig zu ändern, womit er unter den *elder statemen* nicht allein ist. Auch Konrad Adenauer bekannte sich dazu mit den entwaffnenden Worten: „Sehen Sie, meine Damen und Herren, jeder Mensch, wir alle miteinander und jede Fraktion und jede Partei hat [...] das Recht, klüger zu werden!"[21]

Ein zuverlässiges Sprachrohr, um sich in Russland bemerkbar zu machen, blieb Gorbatschow mit der Zeitung *Nowaja Gazeta.* 2006 übernahm er gemeinsam mit dem damaligen Duma-Abgeordneten und Multimillionär Alexander Lebedew 49 Prozent der Aktien dieser Oppositionszeitung.[22] Doch sein Wort hat in Russland kaum noch Gewicht – im Gegensatz zum Westen: In Deutschland wurde sein 2019 erschienenes Buch zu Fragen der Gegenwart und Vergangenheit ein Bestseller.

Publikumsmagnet im Ausland

Es dürfte kein Zufall sein, dass Gorbatschow sowohl seine erste Auslandsreise nach seinem Rücktritt als Kreml-Chef (1992) als auch seine letzte (2014) nach Deutschland unternahm. Danach sah er auf Anraten seiner Ärzte grundsätzlich von Flügen ab. Doch wohin er im Ausland auch reiste, überall schlug ihm und seiner Frau Raissa, die ihn bis zu ihrem Tod 1999 immer begleitete, nichts als Sympathie, Bewunderung und Begeisterung entgegen. Die meisten Anlässe der schätzungsweise 150 Reisen waren Vorträge, Preise, die er entgegennahm oder anderen überreichte, Buchvorstellungen oder historische Gedenktage. Ihm und seiner Frau ist besonders der begeisterte Empfang in Deutschland in Erinnerung geblieben, wo das Paar Anfang März 1992 fünf Städte besuchte, darunter München.[23] Auf dem Marienplatz feierten ihn damals mehr als 10 000 Bürger immer wieder mit „Gorbi"-Rufen – wie bei seinem Besuch in der Bundesrepublik 1989.[24]

Sein langjähriger Mitarbeiter Karen Karagezyan, der zwischen 1977 und 1982 als sowjetischer Korrespondent in Bonn gearbeitet hatte, begleitete ihn auf sehr vielen Reisen und fungierte bei den Deutschland-Besuchen als Dolmetscher. Horst Teltschik, der als Berater von Helmut Kohl ausgeschieden war, um Geschäftsführer der Bertelsmann-Stiftung zu werden, hatte die erste Reise organisiert. Er fädelte auch den Vertrag über die weltweiten Rechte von Gorbatschows Memoiren ein.[25] Als Weltreisender ohne politische Verantwortung ging es Gorbatschow natürlich auch darum, finanzielle Mittel für seine Stiftung zu sammeln, die anfangs rund 70 Mitarbeiter zählte, die alle aus dem Privatvermögen von Gorbatschow bezahlt werden mussten; in späteren Jahren kam noch ein ganz besonderes Projekt dazu: der Bau einer Klinik in St. Petersburg für krebskranke Kinder. Auch bei seiner zweiwöchigen Reise im Mai 1992 durch die USA, wo Fundraising durch hochrangige Persönlichkeiten eine Selbstverständlichkeit ist, machte Gorbatschow daher keinen Hehl daraus, dass er mit Spenden, Vorträgen und anderen Auftritten viel Geld zu sammeln gedachte. Die Rede war von drei Millionen US-Dollar, die zusammenkamen.[26] In New York etwa veranstaltete der *Forbes*-Geschäftsführer ein Abendessen, an dem der Geldadel der Stadt teilnahm und Gorbatschow und seine Ehefrau feierte. Damit war der ehemalige Staatschef der untergegangenen kommunistischen Weltmacht Sowjetunion endgültig im Kapitalismus angekommen und lernte persönlich dessen Vorzüge kennen. *Forbes* stellte auch einen Firmenjet für die Flüge innerhalb der USA zur Verfügung. Bekannt wurde in diesem Zusammenhang, dass Gorbatschow für Vorträge sechsstellige Summen verlangte und bekam.[27]

Er hatte etwas von einem Superstar, denn auch bei den jungen Menschen kam er auf seiner USA-Reise unglaublich an. Im Amphitheater der Standford-Universität bereiteten ihm 9 000 Zuhörer und Zuhörerinnen einen begeisterten Empfang, schrieb die Deutsche Presse-Agentur (dpa).[28] Im September 1992 reiste Gorbatschow wieder nach Deutschland und sorgte unter anderem für einen Rekordbesuch auf einer Betriebsversammlung der Volkswagen AG in Wolfsburg, wo ihm 30 000 Mitarbeiter zujubelten.[29] Ferner nahm er am Kongress der Sozialistischen Internationale in Berlin teil, zu dem ihn der Vorsitzende Willy Brandt eingeladen hatte. Brandt selbst hatte krankheitsbedingt absagen müssen, weshalb ihn Gorbatschow, der sich ihm tief verbunden fühlte, in Unkel bei Bonn besuchen wollte. Hierzu die Schilderung seines Begleiters und Dolmetschers Karen Karagezyan:

> Michail Sergejewitsch wollte ihn wenigstens kurz sehen, ihn ermuntern, ihm einfach die Hand drücken. Ich sollte die Privatadresse herausfinden. Das habe ich getan, und wir sind einfach losgefahren – begleitet von einem Wagen mit deutschen Sicherheitsbeamten. Als wir am Garten-Eingang standen, wo sich eine Sprechanlage befand, fragte ich Gorbatschow, was ich sagen soll nach dem Klingeln. „Sag, Gorbatschow ist hier. Er möchte gerne, wenn möglich, Willy Brandt nur kurz sehen." Wir haben geklingelt; nach einer Pause meldete sich eine Frauenstimme. Ich bat den Satz, den Gorbatschow mir vorgegeben hatte, den Sicherheitsbeamten aus unserer deutschen Begleitung sagen zu lassen, weil ich mit leichtem Akzent spreche. Dieselbe Frauenstimme antwortete: „Das ist leider nicht möglich." Wir wussten nicht, wer da geantwortet hatte, ob es die Gattin von Herrn Brandt war oder eine Ärztin. Wir standen noch etwa eine halbe Stunde vor dem Haus, weil Leute vorbeikamen, die Gorbatschow erkannten und ihn ansprachen. Sie fragten auch, warum er hier sei. Er antwortete. Dann fuhren wir weg.[30]

Drei Wochen später, aus Anlass von Brandts Tod, sandte Gorbatschow ein Kondolenzschreiben mit den Worten: „Deutschland, Europa und die ganze Welt haben einen herausragenden Politiker unseres Zeitalters verloren. Ich bin stolz darauf, dass mich wahre Freundschaft mit diesem Mann verband, der den Namen verdiente, den man ihm gab: Ein Demokrat mit großem ‚D'."[31]

Im Folgejahr 1993 schrieb Gorbatschow an seinen Memoiren über sein Leben bis zum Ende der Sowjetunion und sammelte weiter Geld für seine Stiftung. Dabei nahm er gelegentlichen auch Anfragen an, die seinem Status als Weltpolitiker wenig gerecht wurden. Beispielsweise hielt er die Festansprache zum 170-jährigen Jubiläum eines Geldinstituts in Eichstätt.[32] Zweifellos geschadet hat ihm in Russland der lukrative Werbespot für die Fast-Food-Kette *Pizza Hut*, an dem er 1997 mit seiner jüngeren Enkelin teilnahm. Das Honorar für den

40-Sekunden-Spot betrug ca. 800 000 US-Dollar. Es war eine schwindelerregende, für viele Menschen auch irritierende und empörende, gleichzeitig aber eine faszinierende Wandlung des einstigen Kommunistenführers. Auf die Frage, ob Politiker überhaupt werben sollten, antworte er lapidar: „Das Leben ist nun mal so, wie es ist."[33]

Ein anderes Mal ließ er sich einspannen von einer österreichischen PR-Firma, die einen Preis ersann: den großspurig klingenden *Women's World Award*. Bei der Premiere 2004 in Hamburg gab Gorbatschow sich und seinen Namen dafür her, mehr als einem Dutzend prominenter Frauen diesen Preis in verschiedenen Kategorien zu verleihen, zum Beispiel den *World Fashion Icon Award* für das Model Naomi Campbell. Der Showmaster Rudi Carrell hielt die Laudatio auf sie.

Bittere Kritik, zum Beispiel in der *Süddeutschen Zeitung*[34], meist aber bloß Kopfschütteln erntete er Anfang 1998 in Deutschland, als er in einer Talkshow eines öffentlich-rechtlichen Senders zu Gast war. Bei der Sendung mit Gorbatschow ging es um das Thema „Menschen im Hotel". War er so tief gesunken, dass er sich öffentlich fragen lassen musste, ob er in einem Luxushotel die Seife stiehlt? Oder die peinliche, unkundige Frage des Moderators beantworten musste: „Wie war der Putsch, Sie waren damals ja auch im Hotel?"[35] Gorbatschow rechtfertigte ähnliche Auftritte in Unterhaltungssendungen damit, dass er Mittel für seine Stiftung, für die Kinderklinik und für die Umwelt- und Wohltätigkeitsorganisation *Internationales Grünes Kreuz* (GCI), deren Gründungspräsident er 1993 geworden war, benötige.[36] Er blieb auch nach dem Jahr 2000 gefragt, seine Fernsehauftritte wurden aber seltener. Dafür hielt er weiterhin viele Vorträge, hatte aufgrund der vielen Anfragen zeitweise einen Agenten und Manager, und noch 2008 betrug Gorbatschows Honorar als Vortragredner bis zu 50 000 Euro pro Auftritt.[37]

Gorbatschow, der Politiker nach 1991

Gorbatschow hatte seinen Ehrgeiz, in die Politik zurückzukehren, nicht aufgegeben. Er begriff offenbar nicht, dass sich die Menschen und die Medienmacher in Russland größtenteils von ihm abgewandt hatten, wenngleich es ihm das Umfeld seines Intimfeindes Jelzin sehr

27 Gorbatschow bei einem seiner Rede-Auftritte im Westen nach seinem Amtsverlust. Im Robins Center in Richmond (US-Bundesstaat Virginia) sprach er im April 1993 vor ca. 10 000 Zuhörern. Die Einnahmen betrugen rund 125 000 US-Dollar. (Quelle: Paul Grant: Gorbachev in Richmond. UPI, 11. 04. 1993)

schwer machte, medial präsent zu bleiben. Kleinlich und rachsüchtig verhielt sich dieser auch, als er Gorbatschow 1995 den Dienstwagen ersatzlos streichen ließ.[38]

Von den Comeback-Versuchen Gorbatschows sind drei hervorzuheben: 1996 trat er bei der russischen Präsidentschaftswahl als einer von neun Kandidaten gegen Amtsinhaber Boris Jelzin an. Gorbatschow belegte im ersten Wahlgang den siebten Platz mit gerade einmal 0,51 Prozent; das waren lediglich 390 000 Stimmen[39] – ein ernüchterndes Ergebnis. Warum tat er sich das an? Sein Grundoptimismus, sein Selbstvertrauen mögen ebenso eine Rolle gespielt haben wie seine Selbstsicherheit, die an Selbstüberschätzung grenzte. Nicht nur viele seiner politischen und persönlichen Freunde, sondern auch seine Frau Raissa hatten sich gegen die Kandidatur ausgesprochen. Sie tat es sogar öffentlich im Interview für eine russischen Zeitung.[40] Dies ist auch ein Beleg dafür, dass Gorbatschow keineswegs „unter dem Pantoffel seiner Frau" stand, wie in Russland häufig behauptet wurde. An dem desaströsen Wahlergebnis hätte es höchstwahrscheinlich nicht viel geändert, wenn Gorbatschow Sendezeit im Fernsehen bekommen und seine Veranstaltungen im Lande ohne Schikanen der örtlichen Regierungsstellen hätte absolvieren können. Sergej Medwedew, 1996 Jelzins Pressechef, gab mehr als zwanzig Jahre nach diesen Wahlen zu: „Er [Gorbatschow] wurde natürlich benachteiligt. Er bekam weder eine Tribüne noch die Möglichkeit, sich zu äußern oder die Entwicklung des Landes zu kommentieren. Er bekam nichts."[41]

Als Gorbatschow vor den Präsidentschaftswahlen 2000 von der russischen Nachrichtenagentur *Interfax* gefragt wurde, ob er wieder antreten wolle, legte er eine realistischere Einschätzung der Chancen an den Tag und verneinte mit den Worten: „Ich hatte mich seinerzeit angeboten wurde aber (1996) von unserem Volk abgewiesen."[42] Das hielt ihn aber nicht davon ab, ein Comeback auf anderer Ebene zu versuchen: Am 11. März 2000, auf den Tag genau 15 Jahre nach seinem Amtsantritt als Sowjetführer, gründete er die *Russische Vereinigte Sozialdemokratische Partei* (ROSDP), die ein Jahr später aufging in der neu gegründeten *Sozialdemokratischen Partei Russlands* (SDPR), der sich 18 weiter Splitterparteien anschlossen.[43] Gorbatschow wurde 2001 sogar zum Vorsitzenden der SDPR gewählt, doch nach Querelen verließ er die Partei schon drei Jahre später wieder, nur um im Herbst 2007 – im Alter von fast 77 Jahren – die *Union der Sozialdemokraten* zu gründen. All diese Aktivitäten sind von ihrer Bedeutung her kaum der Rede wert. Sie zeigen aber Gorbatschows neue politische Positionierung nach einem langen und einzigartigen Weg voller Brüche und Widersprüche. Er war auf der Suche nach einer neuen politischen Heimat und schloss daher nach seiner Wahl zum Vorsitzenden der SDPR eine Zusammenarbeit mit den Kommunisten kategorisch aus.

Die einzige politische Funktion Gorbatschows, die eine gewisse Bedeutung hatte in der Post-Kreml-Zeit, war die Leitung des Lenkungsausschusses des Petersburger Dialogs. Der damalige Bundeskanzler Gerhard Schröder und Präsident Wladimir Putin hatten dieses Forum ins Leben gerufen mit dem Ziel, die deutsch-russischen Beziehungen zu vertiefen und die Verständigung zwischen den Zivilgesellschaften beider Länder zu fördern. Die Leitung des Lenkungsausschusses obliegt jeweils einem Repräsentanten Russlands und Deutschlands. Gorbatschow vertrat die russische Seite zwischen 2002 und 2009. Der Petersburger Dialog, dem zahlreiche Persönlichkeiten des öffentlichen Lebens beider Länder angehören, versteht sich als Ideengeber und versucht auch in spannungsgeladenen Zeiten zwischen Deutschland und Russland, den Weg der Deeskalation zu beschreiten. Die Tatsache, dass Gorbatschow nur mit Zustimmung Putins den Vorsitz über einen Zeitraum von sieben Jahren bekleiden konnte, spricht für ein gegenseitiges Grundvertrauen, das sie offensichtlich lange hatten.

Gorbatschow, der Privatmann

In seinem engsten Familienkreis war Gorbatschow vor allen mit dem weiblichen Geschlecht umgeben. Seine Tochter Irina hat zwei Töchter, Xenia (*1980) und Anastasija (*1987). 2008 wurde er zum ersten Mal Urgroßvater, als Xenia eine Tochter zur Welt brachte – Alexandra, und 2015 gebar auch die Enkelin Anastasija einen Sohn – Nikita. Gorbatschow, der in der Sowjetunion viel für ein moderneres Rollenbild der Frau getan hat, beklagte sich dennoch einmal bei seiner Enkelin mit den Worten: „Lauter Frauen um mich und alle heiraten. Wer wird meinen Namen tragen?“[44] Dann fügte es sich aber, dass sie nach ihrer Scheidung den Namen Gorbatschowa annahm und die einzige in der Familie ist, die ihn weitertragen wird. Die Gorbatschows erlebten wie Millionen andere Familien auch, dass in der Liebe oft nicht alles für die Ewigkeit ist. Vor der Enkelin hatte sich schon Tochter Irina scheiden lassen, heiratete dann ein zweites Mal. Gorbatschow schätzt sich glücklich, dass der Zusammenhalt der direkten Familienmitglieder sehr groß ist, dass Harmonie herrscht.

Der größte Schicksalsschlag in seinem Leben erreichte ihn, nachdem bei seiner Frau Raissa eine besonders aggressive Form der Leukämie festgestellt wurde und sie nach einem zweimonatigen Todeskampf am 20. September 1999 im Universitätsklinikum in Münster verstarb. Ausgerechnet sie traf es, die sich seit Jahren für krebskranke Kinder eingesetzt und Hilfsprojekte initiiert hatte. In den Wochen ihres nahenden Todes setzte in Russland eine Welle der Anteilnahme ein für die ehemalige First Lady, die zuvor im eigenen Land nicht sonderlich beliebt gewesen war. Sie weinte vor Rührung, als ihr Mann ihr aus den russischen Zeitungsartikeln vorlas, die wohlwollende oder gar liebe Worte beinhalteten. An einen Moment erinnert sich Gorbatschow ganz besonders: „Sie sagte einen Satz, der sich mir eingebrannt hat: ‚Ja, ich muss sterben, damit man mich versteht. C'est la vie.'"[45]

Zu den Trauerfeierlichkeiten in Moskau kamen neben der Politprominenz aus aller Welt auch solche, die Gorbatschows Weltpolitik durch persönliches Erleben wertgeschätzt hatten. So schritt auch eine Gruppe von Männern in Tarnuniform und mit Blumen in der Hand vorüber; einer sagte: „Ich habe in Afghanistan gekämpft. Bin gekommen, weil ihr Mann unsere Truppen dort abgezogen hat. Dafür möchte ich meine Dankbarkeit ausdrücken."[46]

In seiner Trauer blieb Gorbatschow nicht allein, er fand Halt in der Familie: Tochter Irina zog mit ihren beiden Kindern für etwa zwei Jahre zu ihm.[47] Sie begleitete ihren Vater jetzt bei Reisen, wenn auch nicht bei jeder wie früher ihre Mutter. Am achten Todestag Raissas eröffneten beide in St. Petersburg das bis dahin wohl größte karitative Projekt in Russland: Das Hämatologie- und Transplantationszentrum für Kinder, das den Namen Raissa Maximowna Gorbatschowa trägt. Finanziert wurde es mit staatlicher Unterstützung vom Unternehmer und Gorbatschow-Geschäftspartner Alexander Lebedew, doch zum größten Teil von Michail Gorbatschow. In einem Interview bezifferte seine Tochter die Summe, die ihr Vater für karitative Zwecke allein bis zum Jahr 2009 spendete mit 11 Millionen Dollar.[48] Diese Klinik war immer ein Herzenswunsch von Raissa Gorbatschowa gewesen.

Michail Gorbatschows Liebe zu seiner Frau ging über den Tod hinaus; er stellte mehrfach klar, dass er Witwer bleiben werde und kein

Platz für eine neue Frau in seinem Leben sei. Eine besondere posthume Liebeserklärung machte er ihr, als er 2009 in einem Musikstudio ein Album aufnahm mit dem Titel *Lieder für Raissa*. „Meine Mutter hat gut gesungen. Wahrscheinlich hat mich das angesteckt", erinnert sich Gorbatschow. „In der Schule war ich in Chören. Zu meinen Lieblingskomponisten gehören Tschaikowsky und Rachmaninow. Auch die Deutschen und Chopin. Ich liebe Musik und habe viele Tonaufnahmen."[49] Für das Album, dessen Aufnahmen der bekannte sowjetische und russische Musiker Andrej Makarewitsch leitete und dessen Erlös ebenfalls an die Klinik in St. Petersburg ging, sang er russische Klassiker ein, darunter das Lied „Alte Briefe". Die ersten Textzeilen lauten: „In einem staubigen Bündel alter Briefe fand ich zufällig einen mit einer Zeile, die wie eine Perle zu einem lila Flecken verlaufen war. Und ich weiß nicht: Warum drängt mein Herz wie ein verletzter Vogel zu einem alten Brief?" Das einzige Exemplar der Aufnahmen ersteigerte ein ungenannter Brite bei einer Auktion für 164 940 US-Dollar.[50]

Gorbatschow erhielt im Vergleich zu westlichen Präsidenten oder Regierungschefs a. D. eine sehr niedrige Pension. 2006 betrug sie umgerechnet ca. 1 400 US-Dollar oder 1 150 Euro. Die hohen Summen für karitative Zwecke und die Finanzierung der Gehälter für seine Stiftungsmitarbeiter waren nur möglich, weil er noch bis weit in die erste Dekade des 21. Jahrhunderts zu den weltweit bestbezahlten Rednern gehörte und durch seine internationalen Buchrechte zusätzliche Millionen in US-Dollar verdienen konnte.

Als bevorzugten Ort des Rückzugs und der Erholung entdeckte er den Tegernsee. Er besuchte beispielsweise einmal Helmut Kohl in Bad Wiessee, der sich dort in einer Rehaklinik erholte; ein anderes Mal war er Gast bei Horst Teltschiks Geburtstagsfeier.[51] Die Landschaft erinnerte ihn an seine Heimat im Kaukasus. Zunächst hatte Gorbatschow eine Villa in Rottach-Egern als Refugium, in der seine Tochter mit Familie wohnte. Anfang der 2000er-Jahre erwarb er dort das Hubertus-Schlössl, eine Prachtvilla. Die Ortspresse in Bayern hatte häufig über den prominenten Besucher am Tegernsee berichtet, auch seine Lieblingslokale waren bekannt, ebenso seine Vorliebe für italienische Küche. Und die Deutschland-Affinität der Familie Gorbatschow setzte sich fort: Die beiden inzwischen erwachsenen Enkelinnen ließen sich in Berlin nieder. 2019 wurde bekannt, dass die prominente Familie das Hubertus-Schlössl für einen mittleren einstelligen Millionenbetrag verkauft hat.

Gorbatschow, der beim Mähdreschen in den Steppen des Nordkaukasus gelernt hat, hart zu arbeiten, verstand durchaus auch zu feiern. Das in Russland präsente Bild von ihm als „Mineralsekretär" ist schlicht eine Erfindung der Presse. Seinen 80. Geburtstag im Jahre 2011 feierte er nicht nur in Moskau, sondern auch in London, und zwar mit 4800 Gästen in der Royal Albert Hall mit Sharon Stone und Kevin Spacey als Moderatoren. Im Showprogramm traten unter anderen Shirley Bassey, Brian Ferry und Paul Anka auf. Teile der russischen Presse kritisierten Gorbatschow heftig dafür, dass er seinen Geburtstag im Ausland feierte. Sie unterschlugen dabei, obwohl es allgemein bekannt war, dass es sich um eine Wohltätigkeitsveranstaltung handelte, bei der nach Schätzungen der britischen Presse rund fünf Millionen Pfund gesammelt wurden, die wieder leukämiekranken Kindern zugutekamen. Und sie unterschlugen auch, dass Gorbatschow zuvor ein Geburtstagsfest in Moskau gegeben hatte.

In der Folgezeit absolvierte er noch einige Auslandsbesuche. Nachdem er seit Ende 2014 aus gesundheitlichen Gründen nicht mehr verreisen konnte, kamen seine Tochter und die Enkelinnen mit ihren Kindern regelmäßig aus Deutschland zu ihm in sein Haus bei Moskau. Insbesondere seit 2015 hat er eine Reihe von Krankenhausaufenthalten hinter sich bringen müssen, einmal sogar zwei Monate am Stück. Am meisten macht ihm die schwere Diabetes zu schaffen mit allen möglichen Folgeerkrankungen. Er wurde nicht müde, die von ihm begonnenen Reformen und seine Sichtweise auf die Welt und auf die aktuellen Entwicklungen in neuen Büchern zu kommentieren. Dabei wiederholte er sich teilweise aber auch. 2017 und 2018 erschienen in Russland zwei solcher Werke, 2019 in Deutschland eine Art kurze Denkschrift. Er lässt sich, so oft es geht, in sein Büro fahren, um zu arbeiten – auch im Greisenalter.

Gorbatschow galt als Atheist, weil er sich lange Jahre entsprechend

28 Gorbatschow in seinem Arbeitszimmer daheim in seinem Haus bei Moskau

geäußert hatte. Doch im Spätherbst seines Lebens hat sich in dieser bedeutenden Frage offensichtlich ein Wandel vollzogen. Ist er gläubig geworden? Seine Antwort: „Es gab in meinem langen Leben so viele Situationen, in denen sicher nicht die Menschen allein die Ereignisse geführt haben, sondern jemand anders."[52] Auf die Frage, ob es ihn nicht betrübe, dass er in seiner Heimat häufig mit Vorwürfen konfrontiert werde, er habe das Sowjetimperium verspielt, antwortet der Friedensnobelpreisträger äußerlich selbstbewusst, ruhig, keinesfalls trotzig, sondern eher etwas melancholisch: „Ach, ich weiß für mich, was ich alles Gute vollbracht habe."[53]

EPILOG

Seit 1985 hat mich Gorbatschow auf den Ebenen des Journalismus und der Wissenschaft interessiert. Seine Person sowie Glasnost und Perestroika waren seither Gegenstand meiner bevorzugten Recherchen und wissenschaftlichen Forschungen, auch in russischen Archiven.

Wie sein politisches Wirken historisch zu bewerten ist, kann jetzt mit einem größeren zeitlichen Abstand besser beantwortet werden, als dies nach seinem erzwungenen Rücktritt als Kreml-Chef 1991 der Fall war. Die ewige Frage, ob Gorbatschow gescheitert ist oder nicht, ob er ein starker oder schwacher Staatslenker war, ist leicht zu beantworten.

Hans Magnus Enzensberger prägte seinerzeit den Begriff „Held des Rückzugs". Namhafte Publizisten schrieben von Gorbatschows Größe im Scheitern oder in der Niederlage. Dies unterstellt, dass er die Dinge mehr oder weniger einfach habe geschehen lassen, eher passiv als aktiv war, sich dem Unvermeidlichen hatte fügen müssen. Das trifft zweifellos auf seine letzten beiden Amtsjahre als Kreml-Chef zu – aber nur bezogen auf die sowjetische Innenpolitik. Es greift zu kurz, Gorbatschows Rolle in Ost- und Mitteleuropa darauf zu reduzieren, dass er keine militärische Gewalt eingesetzt habe, um die Entwicklung zu stoppen, und die verbündeten sechs Staaten in die Freiheit entlassen habe. Außerdem ist jeder einzelne dieser Staaten individuell zu betrachten. Eine Sonderstellung hatte die DDR, weil für sie – wie auch für die Bundesrepublik – bezogen auf Berlin der Viermächte-Status als Folge des Zweiten Weltkriegs galt. Die Sowjetunion war demnach auch in das weitere Schicksal der DDR beziehungsweise der Bundesrepublik als aktiver Verhandlungspartner einbezogen, musste es juristisch sogar.

Der direkte Abgleich von Gorbatschows Absichten und dem Resultat seiner Politik ergibt, dass Gorbatschow in wesentlichen Bereichen sehr erfolgreich war, wenngleich er nicht immer konsequent vorging. Als Beispiel sei sein erklärtes Ziel genannt, die Bürger an den politischen Entscheidungsprozessen teilhaben zu lassen und sie in den Mittelpunkt zu stellen. Mit mangelnder Konsequenz in diesem Punkt ist gemeint, dass er das demokratische Votum der Bürger im Baltikum und in der Ukraine, die für die Unabhängigkeit von Moskau gestimmt hatten, lange nicht akzeptiert hat. Im Gegensatz dazu hat er den mittel- und osteuropäischen Völkern außerhalb der Sowjetunion das Recht auf Selbstbestimmung zugestanden, dabei aber nicht bedacht, dass sich dieses Recht nicht auf die verbündeten Staaten begrenzen lässt.

Außenpolitisch war er sehr erfolgreich, weil er seine frühzeitige Ankündigung, sich vom Moskauer Herrschaftsanspruch gegenüber den Satelliten-Staaten zu verabschieden, in die Tat umgesetzt hat. Gorbatschow hat mehr als 164 Millionen Menschen in die Freiheit entlassen: 38 Millionen Polen, fast 16 Millionen Tschechen und Slowaken, 23 Millionen Rumänen, jeweils fast neun Millionen Bulgaren und Ungarn sowie rund 16 Millionen Deutsche in der DDR. Ihnen allen hat er durch den erklärten Gewaltverzicht die Angst genommen und somit erst den Rahmen und die Voraussetzungen dafür geschaffen, dass Bürgerrechtsbewegungen, die schon vor Gorbatschow aktiv waren, noch mutiger wurden und an Breite gewannen. Die jeweiligen Regierungen dieser Länder hatte er zu einem Kurs der Liberalisierung ermuntert, wenn auch nicht dazu angehalten. Was diese Völker und ihre Regierungen, auch jene in Russland, danach aus dieser Freiheit gemacht haben, darf mit Gorbatschow nicht mehr in Verbindung gebracht werden.

Auch sein Ziel der umfassenden militärischen Abrüstung und Entspannung mit dem Westen hat Gorbatschow erreicht. Er hat im Wesentlichen den Kalten Krieg beendet, nicht der Westen. Seine erklärten Hauptziele – die Revitalisierung des Sozialismus und die Stärkung der Sowjetunion – hat Gorbatschow allerdings nicht nur völlig verfehlt, sondern ins Gegenteil verkehrt. Der Staat ging unter und der Kapitalismus wurde 1992 vom neuen Kreml-Chef Jelzin eingeführt. Spätestens 1989 war Gorbatschows innenpolitische Perestroika gescheitert. Alles was 1990 und 1991 im Innern dieses riesigen Landes geschah, entzog sich entweder seiner Kontrolle oder er sah sich gezwungen, den Kurs in die Richtung anzupassen, die von den Ereignissen oder von neu hinzugekommenen politischen Machtfiguren bestimmt wurde.

Bezogen auf die Ideologie stellte er immer wieder fest, die sozialistische Idee sei insbesondere in der Stalin-Ära, aber auch später unter Breschnew deformiert worden und er wolle sie wiederbeleben. Er selbst wollte das System umgestalten, gleichzeitig aber die Fundamente stärken, die Lenin gelegt hatte. Er verkannte dabei aber, dass die Sowjetunion mit Gewalt und Zwang geschaffen wurde und dass sie nach den von ihm initiierten Lockerungen nicht einfach so weiterbestehen konnte. Sie war nicht reformierbar in Gorbatschows Sinne, und insofern gehen auch seine Schuldzuweisungen in Richtung der Putschisten vom August 1991 sowie gegenüber jener Troika, die vier Monate später die GUS gründete, ins Leere. Diese Politiker haben nicht die Perestroika „abgebrochen", wie Gorbatschow seit 1992 behauptete,[1] sondern diese war schon zwei, drei Jahre vorher an ihr Ende gekommen und bis zum tatsächlichen Ende der Sowjetunion nur noch als Schimäre existent.

Gorbatschow wollte ursprünglich keine völlig unabhängige, sondern weiterhin eine parteigebundene Presse, und er wollte auch ursprünglich kein Mehrparteiensystem. Dies war jedoch nicht aus Gründen des Machterhalts der Fall, gab er doch bereitwillig Befugnisse an die von ihm neu gegründeten legislativen Institutionen ab. Vielmehr sah Gorbatschow keine Notwendigkeit dafür, weil es in seiner Gedankenwelt genügte, die „sozialistische Demokratie" umzusetzen und ihr „unermessliches Potenzial" endlich auszuschöpfen. Er selbst trug mit einer nachträglichen Deutung seiner ersten Jahre als Sowjetführer zur Legendenbildung bei, indem er zuletzt 2019 schrieb: „Es ist kein Zufall, dass wir die Reformen in unserem Land mit Glasnost begonnen haben, also mit Meinungs- und Pressefreiheit."[2] Richtig ist, dass ein Gesetz für eine Pressfreiheit westlicher Prägung erst 1990 angenommen wurde, als die Presse ohnehin schon außerhalb der Kontrolle der Partei agierte.

Und doch hat Gorbatschow kolossale historische Veränderungen vollbracht als souveräner Entscheider und ohne Druck der Ereignisse: In der Sowjetunion in den Jahren 1985 bis 1988/89, im äußeren Imperium und in der Welt während seiner gesamten Amtszeit. Im Innern gehören dazu die Religionsfreiheit, die Reisefreiheit, das Recht auf Information, die Versammlungsfreiheit, das Demonstrationsrecht, die Freilassung politischer Gefangener und die Beendigung der Verfolgung Andersdenkender, die Beendigung der Diskriminierung der Juden und die Annäherung an den Staat Israel, die Rehabilitierung von Stalins Terroropfern, der weltweite freie Informationsfluss, die Einführung von Wahlen auf Alternativbasis – und ganz wichtig: das Recht der Bürger, sich mit der dunklen Vergangenheit des Sowjetkommunismus zu befassen. Auch wenn Gorbatschow darauf drängte, die Presse-, Rede- und Meinungsfreiheit müsse sich „im Sinne der Perestroika" und „im Sinne des Sozialismus" vollziehen, hat er diese Freiheiten gegenüber den Bürgern nie beschnitten oder gar zurückgenommen, als er noch die Macht dazu gehabt hätte.

Das Resultat seines Wirkens – so widersprüchlich Letzteres stellenweise gewesen ist – beschrieb Gorbatschow selbst vielleicht am besten, als er einige Tage vor seinem Rücktritt vor die nationale und internationale Presse trat und Bilanz zog über seine Amtszeit im Kreml: „Wissen Sie, ich halte meine Aufgabe für erfüllt. Sie bestand nicht nur darin, dass wir das totalitäre System zerstört haben, das als uneinnehmbare Festung galt. Das Wichtigste ist, dass sich die Menschen verändert haben. Sie spüren den Geschmack der Freiheit, und ich hoffe, dass nichts und niemand mehr vermag, sie in ihre frühere Lage zurückzubringen."[3]

Er entzog Kuba und den sozialistischen Ländern der sogenannten Dritten Welt die finanzielle Unterstützung. Er setzte sein Vorhaben, die sowjetische Außenpolitik zu entideologisieren in die Praxis um, wenngleich er bis 1986 auch die traditionelle klassenkämpferische Rhetorik bemühte. Seit vielen Jahren, ohne es zeitlich zu präzisieren, sei für ihn „die Idee der Sozialdemokratie der Leitstern", schrieb er 2019. Und er glaube weiterhin an die Ideale des Sozialismus, aber „jetzt in einer zeitgemäßen, sozialdemokratischen Form."[4] Eine simple, durchaus nachvollziehbare Erklärung gab er für seinen langen, wechselhaften politischen Weg: „Als junger Mann war ich ein richtiger Stalinist, dann wurde ich zum Anti-Stalinisten, der den Totalitarismus bekämpft hat. Menschen verändern sich im Laufe ihres Lebens!"[5]

Gorbatschow bewies auch im sehr hohen Alter seine Fähigkeit, eigene Positionen infrage zu stellen. Jahrzehntelang hatte er die These vertreten, die Sowjetunion hätte erhalten werden können. Im August 2020 revidierte er diese These öffentlich, indem er auf seiner Internetseite *gorby.ru* das entsprechende Interview platzieren ließ, das er der Zeitung *Komsomolskaja Prawda* gegeben hatte. Darin sagte er – und wiederholte es auf Nachfrage –, dass die Frage, ob die Sowjetunion hätte erhalten werden können, offen sei und „noch analysiert werden muss".[6]

Gewürdigt wurde er für sein politisches Leben häufig, unter anderem mit dem Friedensnobelpreis, mit dem Großkreuz des Verdienstordens der Bundesrepublik Deutschland und überraschenderweise 2011 vom damaligen russischen Präsidenten Dmitri Medwedew mit dem Andreas-Orden – der höchsten Auszeichnung Russlands. Doch war Gorbatschow nun ein starker oder schwacher Staatslenker? In welche Richtung geht seine Bewertung als historische Figur? Zar Peter der Große, Zarin Katharina die Große haben ihren „aufwertenden" Beinamen bekommen, weil sie das Russische Reich vergrößerten. Auch Lenin und Stalin gelang das mit Sowjetrussland und der Sowjetunion. Breschnew strebte ebenso an, das Sowjetimperium auszuweiten, vor allem in den Entwicklungsländern. Gewalt und Tücke waren dazu als Mittel zum Erreichen dieser Ziele selbstverständlich. Und auch im Innern des Imperiums waren Repression und Gewalt zur Unterdrückung eines Aufbegehrens völlig selbstverständlich. Gorbatschow wirkte in der Gesamtschau auf andere Weise und in eine andere Richtung, wobei Macht um der Macht willen nicht maßgeblich war. Doch gerade deshalb wird er in einem Russland, in welchem der imperiale Leitgedanke sowohl bei der politischen Elite als auch bei den Bürgern dominiert, niemals die historische Anerkennung bekommen, die ihm zusteht. Für sie war er ein schwacher Staatslenker, weil er das Imperium abgewickelt hat. Für liberale russische Politiker wie Grigori Jawlinski ist er dagegen ein Held, „weil er den Käfig geöffnet hat". Ebenso ist er es für diejenigen Bürger, die für eine freiheitliche Zivilgesellschaft kämpfen oder mit ihr sympathisieren.

Bei allen Widersprüchen und politischen Fehleinschätzungen, die man in Gorbatschows Wirken entdecken kann, ist er immer einem inneren Kompass gefolgt: Er war geleitet von einem ausgeprägten Humanismus und überzeugt, dass dieser die Grundidee des Sozialismus/Kommunismus bildet. Michail Sergejewitsch Gorbatschow, der einstige Bauernjunge aus dem Nordkaukasus, hat als Idealist die Welt verändert und ist einer der größten Reformer des 20. Jahrhunderts.

29 Michail Gorbatschow mit seiner Tochter und seinen Enkelinnen (stehend). Im Hintergrund das Porträt seiner verstorbenen Ehefrau Raissa

DANKSAGUNG

1981, ein Jahr vor meinem Abitur, schrieb ich im Geschichte-Leistungskurs des Friedrich-Wilhelm-Gymnasiums zu Köln eine Hausarbeit über das Thema „Ideologie und Machtdenken in der sowjetischen Außenpolitik". Es faszinierte mich so sehr, dass es in der Absicht mündete, russische Sprache und Geschichte zu studieren, um mehr über die damals furchterregende UdSSR zu erfahren. Meine inzwischen verstorbenen Eltern waren erstaunt über die Studienwahl, aber sie unterstützten mich in jeder Hinsicht uneingeschränkt – auch als ich ihnen nach dem Abschluss eröffnete, dass ich gern ein Aufbaustudium Journalistik/Publizistik aufnehmen möchte. Ihnen gebührt mein größter und tiefster Dank.

Seit 1985 hat sich in meinem Privatarchiv eine kaum überschaubare Menge an Quellenmaterial zu Gorbatschow angesammelt. Die vage Absicht, eine Biografie über ihn zu schreiben, regte sich spätestens, nachdem ich 2009 die wichtigsten Zeitzeugen und Akteure der Perestroika zu persönlichen Gesprächen getroffen hatte und in Moskau im Rahmen meiner Forschungen zum August-Putsch 1991 einzigartige Quellen erschließen konnte. Darunter war die fünfbändige Anklageschrift zum Strafprozess gegen die Putschisten. Tamara Schenina, Ehefrau des verstorbenen Putschisten Oleg Schenin, danke ich dafür, dass sie mir diese wertvolle Quelle überließ. Nach der damaligen russischen Strafprozessordnung bekamen die Angeklagten jeweils ein Exemplar zur Vorbereitung auf das Verfahren. Diese als Staatsgeheimnis Russlands deklarierten Dokumente haben alle Zweifel und Verdächtigungen beseitigt, dass Gorbatschow ein Mitwisser oder Komplize der Putschisten gewesen ist. Nur auf der Grundlage dieser gesicherten Erkenntnisse war es aus meiner Sicht überhaupt möglich, eine fundierte Biografie über Gorbatschow ins Auge zu fassen und sich ein Urteil über seine persönliche Integrität zu erlauben.

Meine langjährige gute Freundin Dr. Ulrike Grunewald hatte mich darin bestärkt, die Biografie in Angriff zu nehmen. Sie begleitete die Entstehung interessiert und mit mancher Anregung. Ihr gebührt mein besonderer Dank. Und so begann ich, dieses Riesen-Puzzle zusammenzufügen und die noch fehlenden Teile über Gorbatschows frühe Lebensjahre im Nordkaukasus aufzuspüren. Dabei half mir Frau Marina Asurmanjan, die in Stawropol für die *Komsomolskaja Prawda* arbeitet. Sie hatte ich gebeten zu versuchen, den Kontakt zu Nikolaj Porotow herzustellen, der 1955 ein entscheidender Wegbereiter der politischen Karriere Gorbatschows war. Ihr danke ich herzlich für die erfolgreiche Vermittlung. Nikolaj Porotow danke ich, dass er mich in seiner Wohnung zu einem mehrstündigen Gespräch empfing und mir sein nicht mehr erhältliches Buch zur Verfügung stellte, in welchem er Gorbatschows Jahre in Stawropol beschrieb – eine bisher unentdeckte historische Quelle. Raissa Kopejkina aus dem Geburtsdorf Gorbatschows bin ich ebenso dankbar, weil sie mir als Gorbatschows Klassenkameradin völlig neue und von ihm bestätigte Informationen zu seinen Kindheits- und Jugendjahren gab. Von Verlagsseite möchte ich besonders Regine Gamm danken für die engagierte Betreuung des Buchprojekts.

Für organisatorische Hilfestellungen danke ich schließlich Rainer Poppl in Wiesbaden sowie Frau Prof. Olga Zdrawomyslowa und Frau Anna Maskaewa in Moskau.

ANMERKUNGEN

Der letzte Aufruf der Online-Quellen erfolgte am 19. 09. 2020. Daher wird das Datum des Aufrufs nicht nach jeder einzelnen Quelle angegeben.

Vorbemerkung

1 „Es war unmöglich, so weiterzuleben wie zuvor". Michail Gorbatschow im Interview mit Anna Sadovnikova, in: *Der Spiegel* 46/2019, 9. 11. 2019, S. 46. Im Folgenden wird Michail Gorbatschow mit M. G. abgekürzt.

1 Strickjacken und der Mantel der Geschichte

1 Gespräch des Autors mit Valentina Schaposchnikowa am 16. 05. 2015 in Archys.
2 Gespräch des Autors mit Horst Teltschik am 05. 01. 2016 in Rottach-Egern.
3 Gespräch des Autors mit M. G. am 21. 11. 2015 in Berlin.
4 Erklärung der NATO-Gipfelkonferenz in London, 06. 07. 1990, zitiert nach: http://www.chronik-der-mauer.de/system/files/dokument_pdf/58700_cdm-900706-nato.pdf.
5 Ignaz Lozo: TV-Dokumentation: Poker um die deutsche Einheit. Wurde Russland in der NATO-Frage getäuscht? ZDFinfo/Phoenix 2015, Erstausstrahlung auf Phoenix, 14. 07. 2015
6 Helmut Kohl: Erinnerungen 1990 – 1994. München 2007, S. 166
7 Hans Klein: Es begann im Kaukasus. Berlin / Frankfurt am Main 1991, S. 102.
8 Ebd., S. 147.
9 Ebd., S. 153.
10 Gespräch des Autors mit Klaus Blech am 09. 06. 2015 in Königswinter.
11 Diese unzutreffende Darstellung findet sich beispielsweise in Kristina Spohr: Wendejahre. München 2019, S. 319. Die Autorin schreibt: „Irgendwann gelangten sie an einen rauschenden Bergfluss … […]."
12 M. G.: Erinnerungen. Berlin 1995, S. 725.
13 Kohl, Erinnerungen 1990 – 1994, S. 174.
14 Ebd.
15 Gespräch des Autors mit Valentin Falin am 14. 05. 2015 in Moskau; Lozo, TV-Dok. Poker
16 M. G.: Wie es war. Die deutsche Wiedervereinigung. Berlin 1999, S. 145
17 Helmut Kohl: Erinnerungen 1982 – 1990. München 2005, S. 891
18 Gespräch des Autors mit Hans-Dietrich Genscher am 09. 06. 2015 in Wachtberg bei Bonn; Lozo, TV-Dok. Poker.
19 Dokumententeil in Hans Klein: Es begann im Kaukasus. Berlin/Frankfurt am Main 1991, S. 306
20 Ebd., S. 307
21 Gespräch des Autors mit Markus Meckel am 06. 09. 2020 (Telefonat).
22 Gespräch des Autors mit Horst Teltschik am 07. 09. 2020 (Telefonat).
23 Klein, Kaukasus, S. 310.
24 Vgl. Christoph Bertram: Das westliche Bündnis gibt sich reformbereit, in: *Die Zeit*, 28/1990, 06. 07. 1990. Darin wird der sowjetische Außenminister mit der Aussage zitiert, viel werde von den Londoner Entscheidungen abhängen.
25 M. G.: Wie es war, S. 148.
26 Markus Meckel: Zu wandeln die Zeiten. Leipzig 2020, S. 404.

2. Kindheit und Jugend im Nordkaukasus

1 Gespräch des Autors mit Iwan Budjakow am 26. 11. 2015 in Priwolnoje. Die wissenschaftliche Transliteration erfolgt bei russischen Eigennamen, Orten u. a. nicht im Buchtext oder bei der Angabe der Gesprächsquelle, lediglich bei der Angabe der schriftlichen Originalquelle im Russischen. So kommt es zu unterschiedlichen Schreibweisen, z. B. Ivan/Iwan oder Privol'noe/Priwolnoje.

2 Vgl. https://gorby.ru; Rubrik: Novosti, 21. 10. 2016

3 Gespräch des Autors mit M. G. am 24. 11. 2015 in Moskau.

4 Aleksej Kuznecov: Ne stoit sela bez chrama, in: *Diletant*. Privol'noe, 16. 10. 2019, S. 33.

5 Gespräch des Autors mit M. G. am 24. 11. 2015 in Moskau.

6 Zitiert nach: Simon Sebag Montefiore: Stalin. Frankfurt am Main 2005, S. 107 f.

7 Gespräch des Autors mit Iwan Budjakow am 26. 11. 2015 in Priwolnoje.

8 Gespräch des Autors mit M. G. am 24. 11. 2015 in Moskau.

9 Gespräch des Autors mit M. G. am 22. 10. 2019 in Moskau.

10 Gespräch des Autors mit Raissa Kopejkina am 17. 10. 2019 in Priwolnoje.

11 Gerd Ruge: Gorbatschow. Frankfurt am Main 1990, S. 50 und 51.

12 Vgl. Lew Sozkov: Agressija – Rassekrečennye dokumenty služby vnešnej razvedki Rossijskoj Federacii 1939 – 1941. Moskva 2011.

13 Gespräch des Autors mit M. G. am 24. 11. 2015 in Moskau.

14 Gespräch des Autors mit M. G. am 22. 10. 2019 in Moskau.

15 Davon hat M. G. laut Theo Waigel und Hans Klein beim Abendessen in Archys erzählt. Vgl. Theo Waigel: Ehrlichkeit ist eine Währung. Erinnerungen. Berlin 2019, S. 200; Klein, Kaukasus, S. 225.

16 Gespräch des Autors mit Raissa Kopejkina (geb. Litowtschenka) am 17. 10. 2019 in Priwolnoje.

17 Gespräch des Autors mit Iwan Budjakow am 26. 11. 2015 in Priwolnoje.

18 Gespräch des Autors mit Chalimat Tokowa am 16 05. 2015 in Archys.

19 Gespräch des Autors mit M. G. am 24. 11. 2015 in Moskau.

20 Gespräch des Autors mit M. G. am 22. 10. 2019 in Moskau.

21 Gespräch des Autors mit M. G. am 24. 11. 2015 in Moskau; Ignaz Lozo: TV-Dokumentation: Michail Gorbatschow – Weltveränderer und Privatmann. ZDF 2016. Erstausstrahlung im ZDF, 28. 02. 2016. Ausschnitte aus diesem ZDF-Film und aus dem Rohmaterial finden sich in dem 2018 erschienenen Dokumentarfilm „Meeting Gorbachev“ von Werner Herzog und Andre Singer.

22 Gespräch des Autors mit M. G. am 24. 11. 2015 in Moskau.

23 Gespräch des Autors mit Iwan Budjakow am 26. 11. 2015 in Priwolnoje.

24 Gespräch des Autors mit Raissa E. Kopejkina (geb. Litowtschenka) in Priwolnoje am 17. 10. 2019; Lozo, Ignaz: Als „Gorbi“ ein reitender Postbote war. Eine Begegnung mit Michail Gorbatschow – und einer Klassenkameradin, in: *Wiesbadener Kurier* und *Allgemeine Zeitung Mainz*, 14. 11. 2019, S. 3.

25 Gespräch des Autors mit M. G. am 24. 11. 2015 in Moskau.

26 Ebd.

27 Gespräch des Autors mit Raissa Kopejkina am 17. 10. 2019 in Priwolnoje.

28 Gespräch des Autors mit M. G. am 22. 10. 2019 in Moskau.

29 M. G., Erinnerungen, S. 60.

30 Gespräch des Autors mit M. G. am 24. 11. 2015 in Moskau.

31 Ebd.

32 Ebd.

33 Ebd.

34 M. G., Erinnerungen, S. 65

35 Häufig melden sich Weggefährten, Weggefährtinnen oder solche, die sich dafür halten, zu Wort, wenn es jemand nach ganz oben schafft – in diesem Fall zum mächtigsten Mann der Sowjetunion. Der Wahrheitsgehalt solcher Darstellungen, die irgendwann von der Presse aufgestöbert werden oder sich von sich aus melden, ist jedoch schwer zu überprüfen. Darauf sei an dieser Stelle hingewiesen.

36 Gespräch mit M. G. am 22. 10. 2019 in Moskau.

37 Ja zaščiščaju našu junost'. Interv'ju Ju.N.. Karagodinoj R.Kozlovu, in: Sobesednik. 1991, Nr. 21, zitiert nach: Nikolaj Zen'kovič: Michail

Gorbačev – Žizn' do kremlja. Moskva 2001, S. 38.
38 Ebd., S. 39.
39 Ebd., S. 40.
40 Interv'ju Ju.N.Karaogidoij, Sobesednik 1991, zitiert nach Zen'kovič, M. G., S. 44.
41 In vom Autor am 17. 10. 2019 in Augenschein genommenen Schul-Gästebuch.
42 Gespräch des Autors mit M. G. am 24. 11. 2015 in Moskau.
43 Ebd.
44 Ebd.
45 Ebd.; Ignaz Lozo: TV-Dok. M. G. – Weltveränderer
46 Gespräch des Autors mit M. G. am 24. 11. 2015 in Moskau.

3. Hochzeit in geliehenen Schuhen

1 Gespräch des Autors mit M. G. am 24. 11. 2015 in Moskau. Gorbatschow und der tschechoslowakische Reformer Mlynář führten mehr als vierzig Jahre nach ihrer gemeinsamen Studentenzeit, wo sie zeitweise in einem Gemeinschaftsraum lebten, 1993 und 1994 drei lange Gespräche in Prag, Wien und Moskau; diese Dialoge erschienen in Buchform 2019 auch in Deutschland. Die beiden hatten ganz offensichtlich schon im Studentenwohnheim *Stromynka* ähnliche, vorsichtige, aber niemals das kommunistische System infrage stellende Reformgedanken, wenn sie auch beide zunächst stramme Verfechter ihrer Gesellschaftsordnung blieben.
2 Klaus Kukuk (Hrsg.): Michail Gorbatschow und Zdeněk Mlynář. Gespräche in Wien, Moskau und Prag. Berlin 2019, S. 23.
3 Ebd., S. 15.
4 Gespräch des Autors mit M. G. am 24. 11. 2015 in Moskau.
5 Gespräch des Autors mit M. G. am 22. 10. 2019 in Moskau.
6 Kukuk, M. G. und Mlynář, S. 15.
7 Gespräch des Autors mit M. G. am 24. 11. 2015 in Moskau.
8 Ebd.
9 Ebd.; Lozo, TV-Dok. M. G. – Weltveränderer.
10 Michail Gorbačev: Naedine s soboj. Moskva 2012, S. 95.
11 Ebd.
12 M. G., Naedine, S. 99.
13 Gespräch des Autors mit M. G. am 24. 11. 2015 in Moskau.
14 Raisa Gorbačeva: „Ja nadejus' …". Moskva 1991, S. 59.
15 Gespräch des Autors mit M. G. am 24. 11. 2015 in Moskau.
16 Gorbačeva, nadejus', S. 58.
17 Gespräch des Autors mit M. G. am 24. 11. 2015 in Moskau.
18 M. G., Naedine, S. 102.
19 Ebd., S. 104–105.
20 Anna Belgžanina: Otkrovenennoe priznanie Michaila Gorbačeva; My c Raisoj poterjali syna, in: *Komsomol'skaja Pravda* (online), 02. 03. 2019.
21 M. G., Naedine, S. 107.
22 Ebd.
23 Ebd.
24 Kukuk, M. G. und Mlynář, S. 25.
25 Ebd., S. 24.
26 Gespräch des Autors mit M. G. am 24. 11. 2015 in Moskau.
27 Ebd.
28 Zoja Erošok: Politbjuro doma ne zasedalo, in: *Rossijskaja Gazeta* (online), 28. 02. 2011; gorby.ru (Rubrik: Publikacii v SMI, 28. 02. 2011)
29 Gorbačeva, nadejus', S. 15.
30 Ebd., S. 21.
31 Ebd., S. 16.
32 Gespräch des Autors mit Maria Michalkowa am 26. 11. 2015 in Priwolnoje; Lozo, TV-Dok. M. G. – Weltveränderer.
33 M. G., Naedine, S. 119.
34 Gorbačeva, nadejus', S. 74.
35 Kukuk, M. G. und Mlynář, S. 19.

4. Vom Juristen zum Parteifunktionär

1 Gespräch des Autors mit Nikolaj Porotow am 16. 10. 2019 in Stawropol.
2 Nikolaj Porotov: Sbornik izbrannych statej, intervj'u i vystuplenij 1955–1997 gody. Stavropol' 1997, S. 117.
3 Ebd.
4 M. G., Erinnerungen, S. 86.
5 Porotov, Sbornik, S. 117.
6 Gespräch des Autors mit Nikolaj Porotow am 16. 10. 2019 in Stawropol.
7 Ebd.
8 Porotov, Sbornik, S. 121.
9 Gespräch des Autors mit M. G. am 24. 11. 2015 in Moskau.
10 Ebd.
11 Nikolaj Porotov: Sbornik izbrannych statej, intervj'u i vystuplenij 1955–1997 gody. Stavropol' 1997.
12 Gespräch des Autors mit Nikolaj Porotow am 16. 10. 2019 in Stawropol.
13 Ebd.; Gespräch des Autors mit M. G. am 22. 10. 2019.
14 Gespräch des Autors mit Nikolaj Porotow am 16. 10. 2019 in Stawropol.
15 William Taubman: Gorbachev. His Life and Times. London 2017, S. XXI (Cast of Characters).
16 Gespräch des Autors mit Nikolaj Porotow am 16. 10. 2019 in Stawropol.
17 Gespräch des Autors mit M. G. am 22. 10. 2019 in Moskau.
18 Gespräch des Autors mit Nikolaj Porotow am 16. 10. 2019 in Stawropol.
19 Porotov, Sbornik, S. 114.
20 M. G., Erinnerungen, S. 86.
21 Porotov, Sbornik, S. 119.
22 Gorbačeva, nadejus', S. S. 72.
23 Gespräch des Autors mit M. G. am 24. 11. 2015.
24 Reinhard Lauer: Geschichte der russischen Literatur. München 2000, S. 759.
25 Oliver Manig: Adenauer verhandelt in Moskau über Kriegsgefangene, in: Deutschlandfunk 13. 09. 2015 (deutschlandfunk.de)
26 Kukuk, M. G. und Mlynář, S. 29.
27 Ebd., S. 27.
28 Ebd., S. 37.
29 Zitiert nach Zhores Medwedjew: Der Generalsekretär. Darmstadt/Neuwied 1986, S. 83.
30 Gorbačeva, nadejus', S. 75.
31 Ebd.
32 Ebd., S. 97.
33 Kukuk, M.G und Mlynář, S. 31.
34 Gorbačeva, nadejus', S. 69.
35 Ebd., S. 77.
36 Ebd.
37 *Neues Deutschland*, 20. 10. 1961, S. 1.

5. Zar in der Provinz

1 Gespräch mit M. G. am 24. November 2015 in Moskau.
2 M. G., Naedine, S. 149.
3 Ebd., S. 153.
4 Gespräch mit M. G. am 22. Oktober 2019 in Moskau.
5 Digitales Bundesarchiv: Aufenthalt von M.S. Gorbatschow vom 31. Mai bis 10. Juni 1966 in der DDR: http://www.argus.bstu.bundesarchiv.de/dy30bkr/mets/dy30bkr_281/index.htm?target=midosaFraContent&backlink=/argus-bstu/dy30bkr/index.htm-kid-fbbf68c5-930d-4b20-bc35-22a43693dba8&sign=DY%2030/IV%20 2/2 039/281#3.
6 M. G., Erinnerungen, S. 158–159.
7 Vgl. Digitales Bundesarchiv: Aufenthalt von M. S. Gorbatschow vom 31. Mai bis 10. Juni 1966 in der DDR: http://www.argus.bstu.bundesarchiv.de/dy30bkr/mets/dy30bkr_281/index.htm?target=midosaFraContent&backlink=/argus-bstu/dy30bkr/index.htm-kid-fbbf68c5-930d-4b20-bc35-22a43693dba8&sign=DY%2030/IV%20 2/2 039/281#3.
8 M. G., Erinnerungen, S. 158.
9 Michail Gorbatschow: Ausgewählte Reden und Aufsätze, Band 1–4. Berlin (Ost) 1987, hier: Band 1, S. 24–26.
10 M. G., Erinnerungen, S. 123.

11 Kukuk, M. G. und Mlynář, S. 92.
12 Ebd., S. 94.
13 Ebd., S. 47.
14 Ebd.
15 Ebd., S. 46.
16 M. G., Erinnerungen, S. 150.
17 Leonid Efremov, Renegat Gorbačev. Stavropol' 1996, S. 200.
18 Kukuk, M. G. und Mlynář, S. 30.
19 Ebd., S. 53.
20 M. G., Erinnerungen, S. 138.
21 Ebd., S. 166.
22 Ebd.
23 DKP (Hrsg.; mit einleitendem Kommentar ohne Autorenangabe): Michail Gorbatschow. Die Sowjetunion heute. Düsseldorf 1985, S. 132.
24 Ebd., S. 135.
25 Ignaz Lozo: Terrorismusmythen. In: *Osteuropa*, 67 Jg. 11-1-2/2017, S. 163 – 171, hier: S. 163.
26 DKP (Hrsg.): Gorbatschow: Die Sowjetunion heute, S. 135.
27 Herbert Mies: Anfang und Ende meiner Freundschaft mit Gorbatschow, in: *junge Welt*, 29. 08. 2015, S. 15.
28 z. B. *Neues Deutschland*, 06. 05. 1985, S. 2.
29 Herbert Mies: Anfang und Ende meiner Freundschaft zu Gorbatschow, in: *junge Welt*, 29. 08. 2015.
30 Peter Schutt: Wes Geld ich nehm', des Lied ich sing', in: *Die Zeit*, 08. 06. 1990.
31 Gespräch des Autors mit M. G. am 22. 10. 2019 in Moskau.
32 M. G., Erinnerungen, S. 168 – 169.
33 Iz doklada tov. M. S. Gorbačeva, in: *Stavropol'skaja Pravda*, 06. 05. 1978, S. 2.
34 Alexander Jakowlew: Die Abgründe meines Jahrhunderts. Leipzig 2003, S. 427.
35 Gespräch des Autors mit M. G. am 22. 10. 2019 in Moskau.
36 Montefiore, Stalin, S. 715 – 716.
37 M. G., Reden, Band 1, S. 193 – 194.
38 Gespräch des Autors mit M. G. am 22. 10. 2019.
39 Michail Gorbatschow und Daisaku Ikeda: Unsere Wege treffen sich am Horizont. München 1998, S. 78.
40 M. G., Erinnerungen, S. 31.

6. Im Moskauer Geflecht der Intrigen

1 M. G., Erinnerungen, S. 175.
2 Michael Voslenski: Nomenklatura. München 1987, S. 267.
3 M. G., Erinnerungen, S. 187.
4 Ebd.
5 Naina El'cina: Ličnaja Žisn'. Moskva 2017, S. 170. Naina Jelzina bestätigt auch, dass Gorbatschow mit der rigiden Abschottung der Führungsmitglieder untereinander Schluss machte. In seiner Amtszeit ab 1985 konnte jeder jeden auch privat besuchen.
6 M. G., Erinnerungen, S. 186 – 187.
7 Ebd., S. 194.
8 Ebd., S. 183.
9 Ebd., S. 185.
10 „Russland kauft wieder Weizen in den USA" (ohne Autorenangabe), in: *Der Spiegel*, 34/1975, S. 70.
11 M. G., Naedine, S. 275.
12 M. G., Erinnerungen, S. 186.
13 M. G., Naedine, S. 276
14 Rudolf Pichoja: Kak načalas' 'naša' afganskaja vojna", in: *Argumenty i Fakty* (online), 47/2001.
15 Ebd.
16 M. G., Erinnerungen, S. 190.
17 Ebd., S. 202.
18 Ebd., S. 196.
19 Rabočaja zapis zasedanija Politbjuro CK KPSS, 30. 07. 1981 goda. cgtr.livejournal.com/2842955.html
20 Hans Hielscher: Das Vietnam der Russen, in: *Spiegel Online*, 27. 12. 2019.
21 Wilfried Loth: Die Rettung der Welt: Entspannungspolitik im Kalten Krieg, Frankfurt/New York 2016, S. 224.
22 Evgenij Čazov, Zdorov'e i vlast', Moskva 2015, S. 17 und S. 86.
23 M. G. Naedine, S. 271.
24 Čazov, Zdorov'e, S. 145 – 146.
25 M. G., Erinnerungen, S. 204.
26 Čazov, Zdorov'e, S. 161.

27 Freundschaftliches Treffen zwischen Leonid Breshnew und Erich Honecker, in: *Neues Deutschland*, 12. 08. 1982, S. 1.
28 M. G., Erinnerungen, S. 219 – 220.
29 Čazov, Zdorov'e, S. 161 – 162.
30 Ebd., S. 164.
31 M. G., Erinnerungen, S. 215.
32 Zitiert nach: Leonid Mlečin: Andropov. Moskva 2018, S. 378.
33 M. G., Erinnerungen, S. 227.
34 Mlečin, Andropov, S. 17
35 *Der Spiegel*, 8/1984, 20. 02. 1984, S. 118; *Die Zeit*, 3/1983, 14. 01. 1983, S. 1.
36 Z.B.: Jürgen Marhuhn / Manfred Wilke: Die verführte Friedensbewegung. München 2002.
37 Gerhard Wettig: Die Sowjetunion in der Auseinandersetzung über den NATO-Doppelbeschluss 1979 – 1983, in: *Vierteljahrshefte für Zeitgeschichte*. München, Jahrgang 57 (2009), S. 217 – 259, hier S. 218.
38 Nikolaj Ryžkov: Ternistyj Put' Rossii. Moskva 2018, S. 72.
39 Nikolaj Ryžkov: Ja chotel izbežat' potrjasenij, in: *Novyj vzgljad* Nr. 7, 29. 02. 1992; Interviewer: Leonid Radzichovskij.
40 Stefan Karner: Von der Stagnation zum Verfall, in: Der Zerfall des Sowjetimperiums und Deutschlands Wiedervereinigung. Köln, Weimar, Wien, 2016, S. 18.
41 Ebd.
42 Čazov, Zdorov'e, S. 170.
43 M. G., Erinnerungen, S. 223.
44 Čazov, Zdorov'e, S. 174.
45 M. G., Ausgewählte Reden, Band 1, S. 413, S. 425, S. 431 und S. 435.
46 M. G., Erinnerungen, S. 229.
47 Ebd., S. 231.
48 M. G. Ausgewählte Reden, Band 1, S. 437.
49 Alexander Jakowlew: Die Abgründe meines Jahrhunderts. Leipzig 2003, S. 425.
50 Čazov, Zdorov'e, S. 178.
51 Ebd.
52 Ebd., S. 179.
53 President Reagan's Address to the Nation on the Soviet Attack on Korean Airliner, September 5, 1983. https://www.youtube.com/watch?v=dppdtCLvkts.
54 Wettig, Die Sowjetunion, S. 247.
55 Zitiert nach Mlečin, Andropov, S. 491.
56 Ebd., S. 492.
57 Protokoll der Politbüro-Sitzung, zitiert nach: Dmitrij Volkogonov: Sem' voždej, Band 2, Moskva 1995, S. 169.
58 Ebd., S. 170.
59 Ebd., S. 168.
60 Ebd., S. 171.
61 Ebd., S. 172.
62 Čazov, Zdorov'e, S. 180.
63 Ebd., S. 182.
64 Volkogonov, Sem' voždej, Band 2, S. 188.
65 Čazov, Zdorov'e, S. 185.
66 Vitalij Vorotnikov, Chronika Absurda. Otdelenie Rossii ot SSSR. Moskva 2011, S. 31.
67 Egor Ligačev: Kto predal SSSR? Moskva 2010, S. 7.
68 Čazov, Zdorov'e, S. 188.
69 Ebd., S. 187.
70 Ebd.
71 M. G., Erinnerungen, S. 238.
72 Čazov, Zdorov'e, S. 189.
73 Ebd., S. 292.
74 Ebd., S. 190.
75 Volkogonov, Sem' voždej, Band 2, S. 201.
76 Anatoli Tschernajew: Die letzten Jahre einer Weltmacht. Der Kreml von innen. Stuttgart 1993, S. 15.
77 Volkogonov, Sem' voždej, Band 2, S. 217.
78 M. G., Erinnerungen, S. 244.
79 Čazov, Zdorov'e, S. 193.
80 M. G., Erinnerungen, S. 245.
81 Film des sowjetischen Staatsfernsehens (ohne Autorenangabe): Visit Kim Ir Sena v SSSR v 1984 godu. Moskau 1984. https://yandex.ru/video/search?from=tabbar&text=kim%20er%20sen%20chernenko%201984%20moskva.
82 *Neues Deutschland*, 03. 05. 1977, S. 1.
83 Čazov, Zdorov'e, S. 62.
84 Ebd., S. 64.
85 M. G., Erinnerungen, S. 982. Niemand hätte sich vorstellen können, dass sich ein sozialistischer Kasernenhof-Staat wie die Mongolische Volksrepublik durch Gorbatschows spätere Reformpolitik ebenso verändern würde wie die ost- und mitteleuropäischen Staaten, doch am 29. Juli 1990 fanden auch dort die ersten freien Wahlen in einem Mehrparteiensystem statt.
86 Niederschrift eines Gesprächs von SED- und KPdSU-Politbüro-Mitgliedern unter Leitung von Erich Honecker und Konstantin Tschernenko in Moskau, 17. August 1984 [Auszüge]. http://www.chronik-der-mauer.de/

system/files/dokument_pdf/57365_cdm-840817-honecker-tschernenko.pdf.
87 Ebd.
88 Ebd.
89 Ebd.
90 Ebd.
91 Theo Sommer: Wie offen ist die deutsche Frage?, in: *Die Zeit*, 34/1984, 17. 08. 1984, S. 1.
92 AP, 15. 07. 2005.
93 Margaret Thatcher Foundation: https://www.margaretthatcher.org/document/105592.
94 M. G., Erinnerungen, S. 251.
95 Vgl. hierzu: Gerhard Simon: Zukunft aus der Vergangenheit. Elemente der politischen Kultur in Russland, in: Osteuropa, Heft 5/1995, S. 455–482.
96 Bericht der sowjetischen Hauptnachrichtensendung „Vremja" vom 28. 02. 1985.
97 Telefonat des Autors mit Jurij Prokofjew am 20. 12. 2019.
98 Ebd.
99 Andrej Gromyko: Erinnerungen. Düsseldorf/Wien/New York 1989, S. 467.
100 Ebd.

7. 1985: Endlich auf dem Kreml-Thron

1 M. G., Erinnerungen, S. 255.
2 Ebd.
3 M. G., Erinnerungen, S. 257.
4 Ligačev, Kto predal, S. 64.
5 Protokoll der Politbüro-Sitzung vom 11. 03. 1985, zitiert nach: Volkogonov: Sem' voždej. Band 2, S. 288.
6 Vladimir Lenin: O pečati. Moskva 1974, S. 371–379, zitiert nach: Ignaz Lozo: Kontinuität und Wandel der sowjetischen Presse im Zeichen von Glasnost. Diplomarbeit, Johannes Gutenberg-Universität Mainz. Mainz/Germersheim 1987, S. 12–13, S. 15.
7 Ebd., S. 14.
8 M. G.: Ausgewählte Reden, Band 2, S. 148.
9 Gespräch des Autors mit M. G. am 24. 11. 2015 in Moskau.
10 Prebyvanie M.S. Gorbačeva v Leningrade (15–17 maya 1985 goda.) (Sowj. Fernsehreportage ohne Autorenangabe).
11 Ebd.
12 Ebd.
13 Vgl. Dar'ja Cholturina/Andrej Korotaev: Russkij Krest. Moskva 2006.
14 Michail Solomencev: Začistka v Politbjuro. Moskva 2011, S. 182.
15 Žurnalist, 6/1985, S. 42, zitiert nach: Lozo, Kontinuität und Wandel, S. 40.
16 Andrej Gromyko: Erinnerungen, S. 492–493.
17 Lozo, Kontinuität und Wandel, S. 41.
18 Ligačev, Kto predal, S. 257.
19 M. G., Erinnerungen, S. 330.
20 ITAR-TASS-Interview mit M. G., veröffentlicht u.a. in der Zeitung *Obščaja Gazeta* am 30. 06. 2009 (online).
21 M. G., Ausgewählte Reden, Band 2, S. 170.
22 Volkogonov, Sem' voždej. Band 2, S. 300, zitiert nach: Ignaz Lozo: Der Putsch gegen Gorbatschow und das Ende der Sowjetunion. Köln/Weimar/Wien 2014, S. 30–31.
23 dpa vom 25. 04. 1990.
24 M. G., Ausgewählte Reden, Band 2, S. 173.
25 Ebd., S. 175.
26 Ebd., S. 186.
27 Ebd., S. 219.
28 M. G., Erinnerungen, S. 234.
29 Auszüge aus Schwewardnadses Memoiren „Die Zukunft gehört der Freiheit" publizierte das Nachrichtenmagazin *Der Spiegel* in einer Serie und verhalf dieser Version zu einer starken Wirkmächtigkeit. Zitiert nach: *Der Spiegel*, 23/1991, S. 141.
30 M. G., Ausgewählte Reden, Band 3, S. 355.
31 Der Begriff ‚Sandinisten' geht zurück auf den ermordeten Volkshelden August César Sandino (1895–1934), einem Widerstandsführer gegen die US-Besatzung in Nicaragua lange vor dem Zweiten Weltkrieg.
32 Johannes Grotzky: Freundliche Worte, wenige Taten, in: *Die Zeit*, 20/1985. 10. 05. 1985.
33 Interview Gorbatschows mit dem Nachrichtenmagazin *Time*, zitiert nach: M. G., Reden und Aufsätze, Band 2, S. 390.
34 Jakowlew, Abgründe, S. 428.
35 Willy Brandt: Erinnerungen. Berlin 1989, hier: Spiegel-Edition von 2006/2007, S. 416.
36 Michael Custodis, zitiert nach: Songlexikon der Universität Freiburg, Zentrum für

Populäre Kultur und Musik: https://portal.uni-freiburg.de/songlexikon/songlexikon/songs/russianssting.
37 Yvonne Wasserloos, zitiert nach: Songlexikon der Universiät Freiburg: https://portal.uni-freiburg.de/songlexikon/songlexikon/songs/russianssting.
38 Titelgeschichte „Raissa Gorbatschowa – Die Frau im Kreml“: *Der Spiegel*, 46/1985, 11. 11. 1985.
39 M. G., Reden und Aufsätze, Band 2, S. 492.
40 Ebd., Band 3, S. 47.
41 Zitiert nach: Bernd Dörries: Gnade für den schrecklichen Diktator, *Süddeutsche Zeitung* (online), 09. 08. 2018.
42 M. G., Ausgewählte Reden und Aufsätze, Band 2, S. 46 – 47.
43 Ebd., Band 3, S. 93 – 94.
44 Bernhard Gwertzman: Reagan exchanges greetings on TV with Gorbachev, in: *New York Times*, 02. 01. 1985, S. 1.
45 President Reagan's Address to the People of the Soviet Union (Broadcast on January 1, 1986): (https://www.youtube.com/watch?v=vzhZXeHIPqo.
46 M. G., Reden und Aufsätze, Band 3, S. 140.

8. Glasnost und die Nuklearkatastrophe von Tschernobyl

1 *Pravda*, 07. 03. 1986, S. 4 – 7, zitiert nach: Lozo, Kontinuität und Wandel, S. 61.
2 Vgl. *Pravda*, 27. 06. 1985, S. 1, zitiert nach: Lozo, Kontinuität, S. 62; *Pravda*, 21. 02. 1987, S. 1, zitiert nach: Lozo, Kontinuität, S. 63; und *Pravda*, 02. 03. 1987, S. 1, zitiert nach: Lozo, Kontinuität, S. 63.
3 *Literaturnaja Gazeta*, 20. 11. 1985, S. 13, zitiert nach: Lozo, Kontinuität und Wandel, S. 35.
4 Lozo, Kontinuität, S. 33.
5 Landeszentrale für politische Bildung Baden-Württemberg: Die Atomkatastrophe von Tschernobyl – 26. April 1986 (ohne Autorenangabe): https://www.lpb-bw.de/tschernobyl/.
6 M. G., Erinnerungen, S. 290.
7 Ebd., S. 289.
8 *Pravda Ukrainy*, 27. 04. 1986, S. 1, zitiert nach: Lozo, Kontinuiät und Wandel, S. 43 – 44.
9 TASS-Meldung vom 28. 04. 1986, zitiert nach Lozo, Kontinuität, S. 44.
10 Landeszentrale für politische Bildung Baden-Württemberg: Die Atomkatastrophe von Tschernobyl – 26. April 1986: https://www.lpb-bw.de/tschernobyl/.
11 Der Super-GAU von Tschernobyl (ohne Autorenangabe), in: *Die Zeit*, 20/1986, 09. 05. 1986, S. 5.
12 dpa, 26. 04. 2016.
13 M. G., Ausgewählte Reden, Band 3, S. 436.
14 Ebd., S. 440.
15 Ebd., S. 432 – 434.
16 Michail Gorbatschow: Gipfelgespräche – Geheime Protokolle aus meiner Amtszeit. Berlin 1993, S. 196.
17 Lozo, Kontinuität und Wandel, S. 49 – 50.
18 Ebd., S. 45.
19 Ebd., S. 46.
20 TASS (ohne Autorenangabe): Pervyj Telemost meždu SSSR i SŠA. Dos'e, 04. 09. 2017: https://tass.ru/info/4531528.
21 „Ženščiny govorjat s ženščinami“. Fernsehbrücke Leningrad-Boston vom 28. 06. 1986. Sowjetisches Fernsehen.
22 Ludmila Ivanova: v SSSR seksa ne bylo. Byla ljubov' (ohne Autorenangabe), in: *Metronews*, Petersburg, 20. 11. 2010 (online): https://www.metronews.ru/novosti/peterbourg/reviews/lyudmila-ivanova-v-sssr-seksa-ne-bylo-byla-lyubov-1097153/.
23 Am 05. 09. 1982 gab es im technischen Sinne die erste Fernsehbrücke zwischen den USA und der Sowjetunion, die aber völlig unpolitisch und bedeutungslos war, weil sie nicht im sowjetischen Fernsehen ausgestrahlt wurde. Es agierten auch keine Moderatoren, sondern es wurden lediglich Lieder von Musikgruppen dargeboten. Vgl. TASS (ohne Autorenangabe): Pervyj Telemost meždu SSSR i SŠA. Dos'e, 04. 09. 2017: https://tass.ru/info/4531528.
24 M. G., Reden und Aufsätze, Band 3, S. 474.
25 Egor Gajdar: Gibel' imperii. Moskva 2015, S. 322.

26 M. G., Reden und Aufsätze, Band 3, S. 475.
27 Stefan Karner: Von der Stagnation zum Verfall. Kennzeichen der sowjetischen Wirtschaft der 1980er-Jahre, in: Hanns Jürgen Küsters (Hrsg): Der Zerfall des Sowjetimperiums und Deutschlands Wiedervereinigung. Köln/Weimar/Wien 2016, S. 37.
28 Zitiert nach: Tschernajew, Die letzten Jahre einer Weltmacht, S. 114.
29 M. G., Reden und Aufsätze, Band 4, S. 131 – 132.
30 Ebd., S. 203.
31 Eduard Glezin: Obščestvenno-političeskie neformal'nie organisacii v RSFSR v 1987 – 1990 gg.: stanovlenie i razvitie. Dissertacija. Moskva 2008, S. 49.
32 M. G., Erinnerungen, S. 596.
33 Ebd.
34 Tschernajew, Die letzten Jahre, S. 109.
35 M. G., Erinnerungen, S. 302.
36 M. G., Reden und Aufsätze, Band 4, S. 185.
37 Andrej Sacharov: Vospominanija. Band 2. Moskva 1996, S. 254.
38 Lozo, Kontinuität und Wandel, S. 54.
39 Protokoll über die Politbüro-Sitzung vom 31. 12. 1986, zitiert nach: Glezin, Obščestvenno-političeskie neformal'nie organisacii, S. 50.
40 M. G., Erinnerungen, S. 433.
41 Rede anlässlich des 69. Jahrestags der Oktoberrevolution (07. 11. 1986), in: M. G., Reden und Aufsätze, Band 4, S. 214 – 215.
42 *Pravda*, 18. 12. 1986, S. 2; *Pravda*, 27. 12. 1986, S. 1.
43 *Literaturnaja Gazeta*, 01. 01. 1987, S. 10.
44 M. G., Erinnerungen, S. 480.

9. Perestroika – die zweite russische Revolution?

1 M. G., Reden und Aufsätze, Band 4, S. 40.
2 Ebd., S. 357.
3 Ebd., S. 414 – 415.
4 Ebd., S. 415.
5 Jörg Baberowski: Verbrannte Erde. München 2012, S. 303.
6 Vasilij Polikarpov: Fjodor Raskolnikov, in: *Ogonjok*, Nr. 26, 1987, S. 4 – 7, hier S. 6.
7 Maria von Welser: Stolz bis zuletzt, in: *Welt am Sonntag*, 06. 11. 2005, S. 16; dpa, 25. 07. 1994.
8 Spiegel-Gespräch: „So etwas darf sich nicht mehr wiederholen" – Der sowjetische Schriftsteller Anatolj Rybakow über Stalin und die Stalin Zeit. (Interviewer: Jörg R. Mettke), in: *Der Spiegel*, 43/1987, 19. 10. 1987, S. 170 – 183.
9 Zitiert nach: Tschernajew, Die letzten Jahre, S. 138.
10 Yuliya von Saal: KSZE-Prozess und Perestroika in der Sowjetunion. München 2014, S. 87.
11 Tschernajew, Die letzten Jahre, S. 142.
12 Gespräch des Autors mit Marschall Dmitri Jasow am 02. 04. 2012 in Moskau.
13 M. G., Erinnerungen, S. 346 – 347.
14 Ebd., S. 337.
15 APN (Hrsg.): Michail Gorbatschow: Über die Aufgaben der Partei bei der grundlegenden Umgestaltung der Leitung der Wirtschaft. Moskau 1987, S. 49.
16 Ebd., S. 72.
17 Ebd., S. 74.
18 Ebd.
19 Die erste westliche Musikgruppe, die in der Sowjetunion auftrat, war Boney M. (Dezember 1978). Elton John durfte im Mai 1979 einige Konzerte geben.
20 Nach der persönlichen Erinnerung des Autors von der Pressekonferenz der Rolling Stones am 11. 08. 1998 im Moskauer Hotel Kempinski anlässlich des ersten Russland-Konzerts in der Bandgeschichte, das am Abend des gleichen Tages im Luschniki Stadion stattfand. Jagger brachte die anwesenden Journalisten zum Lachen mit seinen Running Gag: „And she said: ----NO."
21 APN (Hrsg.): Michail Gorbatschow: Die Partei der Revolution – Partei der Umgestaltung. Moskau 1987, S. 32.
22 M. G., Erinnerungen, S. 353.
23 Zitiert nach: Lozo, Putsch gegen Gorbatschow, S. 29 – 30.
24 Ebd., S. 30.
25 Michail Gorbatschow: Die Rede zum 70. Jahrestag der Oktoberrevolution. Bergisch Gladbach 1987, S. 126.
26 APN (Hrsg.): Gipfeltreffen. Washington, S. 132.
27 Andreas Rüesch: Bedrohliche Rüstungsspirale, in: *Neue Züricher Zeitung*, 02. 02. 2019, S. 3.

28 Interfax, 1. 08. 2019: Michail Gorbatschow: Slom DRSMD delaet nepredskazuemoj mirovuju politiku, zitiert nach: gorby.ru: https://www.gorby.ru/presscenter/news/show_30039/.
29 APN (Hrsg.), Gipfeltreffen. Washington, S. 99
30 Gregory Freidin: Gorbachev's Other Woman, in: *The New Republic*, 28. 12. 1987: https://web.stanford.edu/~gfreidin/Publications/columns/gorb_other_woman.htm.
31 APN (Hrsg), Gipfeltreffen. Washington, S. 100 – 102.
32 Gespräch des Autors mit Eduard Schewardnadse am 12. 10. 2009 in Tiflis.
33 APN (Hrsg.), Gipfeltreffen. Washington, S. 99.
34 Michail Poltoranin: Vlast' v trotilovom ekvivalente. Nasledie Carja Borisa. Moskva 2012, S. 25.
35 Tschernajew, Die letzten Jahre, S. 156.
36 Boris Jelzin: Aufzeichnungen eines Unbequemen. München 1990, S. 15.
37 Gespräch des Autors mit M. G. am 24. 11. 2015 in Moskau.
38 Jelzin, Aufzeichnungen, S. 19.
39 Gespräch des Autors mit M. G. am 24. 11. 2015 in Moskau.
40 Ebd.
41 Vystuplinie t. El'cina B.N. pervogo sekretarja MGK KPSS na plenume ZK KPSS 21. 10. 1987: https://www.youtube.com/watch?v=doWLTyNqKYc.
42 Ebd.
43 Izvestija ZK KPSS, Nr. 2/1989.
44 M. G., Erinnerungen, S. 362.
45 Gespräch des Autors mit M. G. am 21. 11. 2011 in Berlin.
46 M. G., Erinnerungen, S. 363.
47 Jelzin, Aufzeichnungen, S. 224 und 226.
48 Ebd., S. 226.
49 M. G., Erinnerungen, S. 363.
50 Michail Gorbačev: Ostajus' optimostom. Moskva 2017, S. 211 – 212.
51 Naina El'cina: Ličnaja žizn'. Moskva 2017, S. 175.
52 Ebd., S. 174.
53 Telefonat mit Michail Poltoranin am 15. 02. 2020.
54 El'cina, Ličnaja žizn', S. 176.
55 Jelzin, Aufzeichnungen, S. 227 – 228.
56 Leitartikel „Ėnergično vesti perestrojku" (Ohne Autorenangabe), in: *Moskovskaja Pravda*, 13. 11. 1987, S. 1.
57 Ebd.
58 Z. B.: Helmut Altrichter: Russland 1989. München 2009, S. 50.
59 Poltoranin, Vlast', S. 44 – 45.
60 „Leux pour qui les privilèges sont le sens de la vie ne sont pas nos compagnons", in: *Le Monde*, 02. 02. 1988, S. 6; „Zur Sache, Genossen! Die Philippika des Boris Jelzin gegen Bürokratie und Korruption in der Sowjetunion", in: *Die Zeit*, 6/1988, 05. 02. 1988, S. 4; „Yeltsin Speech Turned An Attack on Privileges", *The New York Times*, 02. 02. 1988, Section A, S. 2; Eine Mafia (ohne Autorenangabe), in: *Der Spiegel*, 28/1988, 11. 07. 1988, S. 123 – 125, hier S. 124.
61 Zitiert nach der Übersetzung in *Die Zeit*, 6/1988, 05. 02. 1988, S. 4.
62 Tschernajew, Die letzten Jahre, S. 155 und 157.
63 Telefonat mit Michail Poltoranin am 15. 02. 2020.
64 Ignaz Lozo: Parteirebell schlägt zurück. Ein Blick in das Polit- und Privatleben von Boris Jelzin, in: *Mainzer Allgemeine Zeitung*, 14. 04. 1990.
65 Jelzin, Aufzeichnungen, S. 229.
66 M. G., Erinnerungen, S. 364.

10. Abschied vom sowjetischen System

1 Gespräch des Autors mit M. G. am 24. November 2015; Lozo: TV-Dok. M. G. – Weltveränderer.
2 Tschernajew, Die letzten Jahre, S. 180.
3 APN (Hrsg.): Michail Gorbatschow: Der revolutionären Umgestaltung – eine Ideologie der Erneuerung. Moskau 1988, S. 28.
4 Tschernajew, Die letzten Jahre, S. 197.
5 APN (Hrsg.): Gipfeltreffen. Moskau, 29. Mai – 2. Juni 1988. Dokumente und Materialien. Moskau 1988, S. 57.
6 Gespräch des Autors mit Pawel Palatschenko am 23 10. 2015 in Moskau; Lozo: TV-Dok. M. G. – Weltveränderer.

7 APN (Hrsg.): Gipfeltreffen. Moskau, 29. Mai – 2. Juni 1988, S. 142.
8 Gespräch des Autors mit Valentin Falin am 11. Februar 2010 in Moskau; Ignaz Lozo: TV-Dokumentation Mythos Gorbatschow. Der traurige Held der Perestroika. ZDF 2010. Erstausstrahlung ZDFinfo, 10. 03. 2010.
9 BBC-Interview mit Boris Jelzin vom 30. 05. 1988, zitiert nach: dpa, 30. 05. 1988 mit der Überschrift: „Jelzin fordert Ligatschow in der BBC zum Rücktritt auf".
10 M. G., Erinnerungen, S. 380.
11 APN (Hrsg.): XIX. Unionskonferenz der KPdSU. Dokumente und Materialien. Bericht des Generalsekretärs des ZK der KPdSU, Michail Gorbatschow. Entschließungen. Moskau 1988, S. 174 – 175.
12 XIX Vsesojuznaja Konferencija KPSS. Stenografičeskij otčet. Tom 2. Moskva 1988, S. 61.
13 Ebd.
14 Gespräch des Autors mit Jegor Ligatschow am 12. 02. 2010 in Moskau.
15 Zitiert nach: M. G., Erinnerungen, S. 403.
16 XIX Vsesojuznaja Konferencija, Stenografičeskij otčet. Tom 2., S. 224.
17 Glezin, Obščestvenno-polititčeskie, S. 95; Valerij Erofeev: Istoričeskaja Samara. (Online-Geschichtsportal der Stadt Samara).
18 Gespräch des Autors mit Juri Afanasjew am 08. 02. 2010 in Moskau.
19 M. G., Erinnerungen, S. 389 f.
20 dpa, 06. 12. 1988 (ohne Autorenangabe): „Besuch beim Kapitalisten Trump wurde fallen gelassen".
21 M. G., Erinnerungen, S. 684.
22 Gespräch des Autors mit Marschall Dmitrij Jasow am 02. 04. 2012 in Moskau.
23 Zitiert nach: M. G., Erinnerungen, S. 686.
24 Tschernajew, Die letzten Jahre, S. 232; Jakowlew, Abgründe, S. 547; Falin, Politische Erinnerungen, S. 438.
25 Jakowlew, Abgründe, S. 547; Falin, Politische Erinnerungen, S. 439.
26 dpa, 10. 12. 1988.
27 dpa, 17. 12. 1988.
28 dpa, 14. 12. 1988.
29 dpa, 11. 12. 1988 und 12. 12. 1988.
30 Wortlaut der vom Bundeskanzleramt mit Sperrfrist 31. 12. 1988 freigegebenen Neujahrsansprache von Helmut Kohl, zitiert nach: dpa, 30. 12. 1988.
31 dpa, 12. 12. 1988.

11. Kontrollverlust im Innern

1 Gespräch des Autors mit Juri Afanasjew am 08. 02. 2010 in Moskau.
2 Sacharov, Vospominanija, Band 2, S. 397.
3 Der armenische KP-Führer Zarobjan ging ein hohes persönliches Risiko ein mit seinem Bestreben, des Völkermords zu gedenken. Es hätte ihn auch die politische Karriere kosten können. Außenminister Gromyko fürchtete den Unmut der Türken, und auch der Ideologiewächter Michail Suslow war schwer zu überzeugen. Es gelang Zarobjan, die Oberen in Moskau mit dem Argument zu überzeugen, dass die mächtige armenische Exil-Gruppe im Ausland, insbesondere in den USA, als Fürsprecher der Sowjetunion gewonnen werden könnte, wenn diese das Vorhaben unterstützen würde. Andernfalls hätte man diese Gruppe als entschiedenen Gegner. Es dauerte noch mehr als zwei Jahre, bis die Gedenkstätte offiziell eingeweiht wurde. Dies geschah am 29. November 1967. Vgl. hierzu: Vigen Avetisyan: „Kogda-to v SSR publičnoe upominanie o Genocide armjan bylo nevozmožo", in: *Vne Strok* (online), 23. 07. 2017.
4 Drahtbericht Nr. 716/717; Referat 213, Bd. 147159, zitiert nach: Ilse Dorothee Pautsch (Hrsg.): Akten zur Auswärtigen Politik der Bundesrepublik Deutschland. 1989. Band I. 1. Januar bis 30. Juni 1989. Berlin/Boston 2020, S. 423.
5 APN (Hrsg.): M. G.: Die Umgestaltung der Arbeit der Partei ist die wichtigste aktuelle Aufgabe. Referat auf der Beratung im ZK der KPdSU. Moskau, 18. Juli 1989. Moskau 1989, S. 6.

6 Ebd., S. 34.
7 APN (Hrsg.) M. G.: In der Umbruchsphase der Perestroika. Ansprache beim Treffen mit den führenden Vertretern der Massenmedien. 29. März 1989. Moskau 1989, S. 22.
8 Zitiert nach: Gerhard und Nadja Simon: Verfall und Untergang des sowjetischen Imperiums. München 1993, S. 275.
9 Dies schrieben seine Mitarbeiter Jakowlew, Falin und Boldin in ihren Memoiren.
10 Gespräch des Autors mit Vytautas Landsbergis am 13. 05. 2011 in Frankfurt am Main; Ignaz Lozo: TV-Dokumentation: Ende einer Supermacht – Der Putsch gegen Gorbatschow. ZDF/3sat 2011, Erstausstrahlung in 3sat am 19. 08. 2011.
11 APN (Hrsg.): M. G.: Die Umgestaltung der Arbeit der Partei, S. 45.
12 Diese Bevölkerungszahl ergibt sich aus der Addition der Einzelzahlen der Sowjetrepubliken wie sie aufgeführt sind in: Bundesinstitut für Ostwissenschaftliche und Internationale Studien (Hrsg.): Sowjetunion 1990/91. Krise, Zerfall, Neuorientierung. München/Wien 1991, S. 353 – 353.
13 Ebd.
14 Simon, Verfall und Untergang, S. 160.
15 dpa, 29. 05. 1989.
16 dpa, 31. 05. 1989.
17 dpa, 14. 09. 1989.
18 dpa, 12. 09. 1989.
19 dpa, 14. 09. 1989.

12. Gorbatschow, die Befreiung Europas und der Mauerfall

1 Rede Konrad Adenauers auf dem Deutschlandtreffen der Schlesier in Hannover am 11. 06. 1961, Bulletin Nr. 106/61, S. 1022, zitiert nach: https://www.konrad-adenauer.de/quellen/zitate/polen-und-osteuropa.
2 Letzte außenpolitische Rede Konrad Adenauers in Madrid im Ateneo am 16. 02. 1967, Redemanuskript, S. 2, StBKAH 02 38, zitiert nach: siehe Fußnote 1.
3 Rolf Bachem/Kathleen Battke: „Unser gemeinsames Europäisches Haus", in: Frank Liedtke/Martin Wengeler/Karin Böke (Hrsg.): Begriffe besetzen. Strategien des Sprachgebrauchs in der Politik. Opladen, 1991, S. 295.
4 M. G., Reden und Aufsätze, Band 2, S. 127 (Großbritannien); ebd., S. 487 (Frankreich).
5 Ebd., Band 4, S. 539 – 541.
6 Miklós Németh als Zeitzeuge in: Tilmann Bünz: TV-Dokumentation: Helden des Mauerfalls. Spurensuche im Osten Europas. Phoenix 2019.
7 Joachim Jauer: Die Mauer fiel nicht am 9. November in: Bundeszentrale für politische Bildung, 09. 11. 2019: https://www.bpb.de/geschichte/zeitgeschichte/deutschlandarchiv/299956/die-mauer-fiel-nicht-am-9-november.
8 Ebd.
9 Németh als Zeitzeuge in: Bünz, Helden des Mauerfalls.
10 Thomas Jansen: Die Divisionen des Papstes, in: Domradio Köln (online), 01. 12. 2009.
11 Katholische Nachrichtenagentur (KNA) (online, ohne Autorenangabe): Vatikan und Russland nehmen volle diplomatische Beziehungen auf. 09. 12. 2009: http://kath.net/news/24855.
12 Sacharov, Vospominanija, Band 2, S. 442.
13 Redeausschnitt des SED-Bezirksvorsitzenden Ernst Timm vom 08. 06. 1989 in: Ignaz Lozo: TV-Dokumentation: Moskau, Mythen, Mauerfall – Wie der Kreml mit der Deutschen Einheit rang. ZDF/Phoenix 2009. Erstausstrahlung am 08. 11. 2009 auf Phoenix.
14 M. G. als Zeitzeuge in: Lozo, TV-Dok. Mythos Gorbatschow.
15 M. G., Reden und Aufsätze, Band 3, S. 413.
16 Egon Krenz: Wir und die Russen. Die Beziehungen zwischen Berlin und Moskau im Herbst '89. Berlin 2019, S. 85 – 86.
17 Ebd., S. 87.
18 Daniel Küchenmeister (Hrsg) : Honecker – Gorbatschow. Vieraugengespräche. Berlin 1993, S. 99.
19 Michail Gorbatschow: Wie es war. Die deutsche Wiedervereinigung. Berlin 1999, S. 63.
20 Melissa de Witte: Reagan's ‚Mr. Gorbachev, tear down this wall' was almost left unsaid", in: *Stanford University News*, 06. 11. 2019; nach

Robinson stammte die Aufforderung von Ingeborg Elz, die sie bei einem gemeinsamen Abendessen in Berlin geäußert hatte. Vgl.: Philipp Lichterbeck: Auf die Fahne geschrieben, in: *Der Tagesspiegel* (online), 11. 06. 2007.

21 APN (Hrsg.), Gipfeltreffen. Washington, S. 94 – 94.

22 Aleksandr Galkin/Anatolij Černjaev (Hrsg.): Michail Gorbačev i germanskij vopros. Sbornik dokumentov. 1986 – 1991 gg. Moskva 2006, S. 70 – 71.

23 Diese Version wurde z. B. im Bayerischen Rundfunk oder in der Zeitung *Die Welt* kolpotiert, als Quelle der damals mitgereiste Edmund Stoiber angeführt. Vgl. https://www.br.de/nachrichten/bayern/soeders-moskau-reise-tradition-seit-seehofer-stoiber-strauss,RotCsXa; https://www.welt.de/politik/deutschland/article151781518/Strauss-kam-beim-ersten-Mal-nur-bis-Stalingrad.html.

24 Franz Josef Strauß. Die Erinnerungen. Berlin 1989, S. 552 – 565.

25 Galkin/Černjaev, M. G. i germanskij vopros, S. 62.

26 E-Mail von Dr. Theo Waigel an den Autor vom 21. 03. 2020.

27 Galkin/Černjaev, M. G. i germanskij vopros S. 99.

28 Ebd., S. 133.

29 Stiftung Archiv der Parteien und Massenorganisationen der DDR (SAMPO) – Bundesarchiv, ZPA, IV 2/1/685, zitiert nach: Küchenmeister (Hrsg.), Honecker – Gorbatschow, S. 185.

30 Ebd., S. 188 und S. 206.

31 Gerd König: Fiasko eines Bruderbundes. Berlin 2012, S. 208.

32 Rede von Michail Gorbatschow vor dem Europarat in Strasbourg (sic!), in: *Neues Deutschland*, 07. 07. 1989, S. 3.

33 Rede von US-Präsident George Bush sen: http://www.chronik-der-mauer.de/material/178891/rede-von-us-praesident-george-bush-in-mainz-31-mai-1989.

34 Mary L. Dudziak: Desegregation as a Cold War Imperative, in: *Stanford Law Review* 41 (1988/89), zitiert nach: Jill Lepore: Diese Wahrheiten: Eine Geschichte der Vereinigten Staaten von Amerika. München 2019, S. S. 705.

35 Siehe Fußnote 32.

36 Kohl, Erinnerungen. 1982 – 1990, S. 888.

37 Ebd., S. 890.

38 APN (Hrsg.): Besuch Michail Gorbatschows in der BRD. 12.–15. Juni 1989. Dokumente und Materialien. Moskau 1989, S. 38.

39 Michail Gorbačev. Sobranie sočinenij. Tom 16. Moskva 2010, S. 195.

40 Ebd., S. 199; Redeausschnitt Gorbatschows in: Lozo, TV-Dok. Moskau, Mythen, Mauerfall.

41 M. G., Sobranie, S. 197.

42 Ebd., S. 208.

43 Pressekonferenz von Gennadij Gerasimov am 07. 10. 1989 in Ostberlin, in: Lozo: TV-Dok. M. G. – Weltveränderer.

44 Kristina Spohr reproduziert beispielsweise diese Legende. Vgl. Spohr, Wendezeit, S. 172.

45 Gespräch des Autors mit M. G. am 24. 11. 2015 in Moskau; Lozo, TV-Dok. M. G. – Weltveränderer und Privatmann.

46 Ebd.

47 Gespräch des Autors mit Marschall Dmitri Jasow am 29. 05. 2014 in Moskau.

48 Interview-Passage von Marschall Jasow in: Ignaz Lozo: TV-Beitrag im ZDF-Heute Journal: Der Mauerfall aus sowjetischer Sicht. Ausstrahlung am 10. 11. 2014.

49 Antworten per E-Mail von Fritz Streletz auf die Fragen des Autors vom 22. 10. 2014.

50 Gespräch des Autors mit Igor Maximytschew am 24. 10. 2014 in Moskau; E-Mail von Igor Maximytschew an den Autor vom 07. 11. 2014.

51 Zitiert nach: Krenz, Wir und die Russen, S. 200.

52 Mit dem Stempel „Geheim" deklarierter vierseitiger Befehl Nr. 11/89 vom 03. 11. 1989, der vollständige abgebildet ist in: Krenz, Wir und die Russen, S. 164 – 167, hier S. 164.

53 M. G., Sobranie, Tom 16, S. 374.

54 M. G., Wie es war, S. 145.

55 Michael Gehler: Die Umsturzbewegungen 1989 in Mittel- und Osteuropa, in: Bundeszentrale für politische Bildung (20. 03. 2009): https://www.bpb.de/geschichte/deutsche-einheit/deutsche-teilung-deutsche-einheit/43728/die-umsturzbewegungen-1989?p=1.

56 M. G., Sobranie, Tom 17, S. 294 – 295.

57 dpa, 11. 11. 1989.

58 Ruslan Ševčenko: Sobytija 10. nojabrja 1989 g. v Kišineve, in: *Moldavskie Vedomosti*, 06. 11. 2012: http://www.vedomosti.md/news/Sobytiya_10_Noyabrya_1989_G_V_Kishineve.

13. Deutsche Einheit für Nichterweiterung der NATO gen Osten?

1 Galkin/Černjaev, M. G. i germanskij vopros S. 308.
2 Ebd., S. 309.
3 Ebd., S. 308.
4 Gespräch des Autors mit Anatolij Tschernajew am 19. 10. 2009 in Moskau; Lozo: TV-Dok. Moskau, Mythen, Mauerfall.
5 Galkin/Černjaev, M. G. i germanskij vopros, S. 308 und 309.
6 Gespräch des Autors mit Klaus Blech am 24. 10. 2009 in Königswinter; Lozo, TV-Dok. Moskau, Mythen, Mauerfall.
7 „Haben Sie etwa Sehnsucht nach dem Kalten Krieg?". Michail Gorbatschow im Interview mit Stefan Aust, in: *Welt am Sonntag*, 20. 10. 2019, S. 13.
8 Galkin/Černjaev, M. G. i germanskij vopros, S. 321.
9 Ebd., S. 324.
10 TV-Statement von Genscher am 02. 02. 1990 in Washington, in: Lozo, TV-Dok. Poker.
11 Ebd.
12 James Baker im Gespräch mit dem Autor am 27. 05. 2015 in Houston; Lozo, TV-Dok. Poker.
13 Ansprache von Wladimir Putin am 18. 03. 2014 im Kreml, in: Lozo, TV-Dok. Poker.
14 Gespräch des Autors mit M. G. am 08. 11. 2014 in Berlin; Lozo, TV-Dok. Poker.
15 Gespräch des Autors mit Horst Teltschik am 23. 10. 2009 in München; Lozo, TV-Dok. Moskau, Mythen, Mauerfall.
16 Helmut Kohl auf der Pressekonferenz im Pressezentrum des sowjetischen Außenministeriums am 10. 02. 1990 in Moskau, in: Lozo, TV-Dok. Moskau, Mythen, Mauerfall.
17 James Baker im Gespräch mit dem Autor am 27. 05. 2015 in Houston; Lozo, TV-Dokumentation Poker
18 Ebd.
19 *Pravda*, 05. 06. 1990, zitiert nach: Galkin/Černjaev, M. G. i germanskij vopros, S. 477.
20 Gespräch des Autor mit James Baker am 27. 05. 2015 in Houston; Lozo, TV-Dok. Poker.
21 Horst Teltschick: 329 Tage. Berlin 1991, S. 257.
22 dpa, 12. 06. 1990; Lozo, TV-Dok. Poker.
23 Vgl. hierzu auch: Richard Kiessler/Frank Elbe: Ein runder Tisch mit scharfen Ecken. Der diplomatische Weg zur deutschen Einheit. Baden-Baden 1993, S. 160–163.
24 Gespräch des Autors mit Marschall Jasow am 23. 05. 2011 in Moskau.
25 Meckel, Zu wandeln die Zeiten, S. 343.
26 Ebd., S. 434
27 Gespräch des Autors mit M. G. am 08. 11. 2014 in Berlin; Lozo, TV-Dok. Poker.
28 Ebd.
29 Gespräch des Autors mit Wladislaw Terechow am 14. 05. 2015 in Moskau; Lozo, TV-Dok. Poker.
30 Paul Katzenberger: „Gorbatschow fühlt sich durch den Westen betrogen". Interview mit William Taubman, in: *Süddeutsche Zeitung* (online), 10. 02. 2020.
31 James Baker sagte am 27. 05. 2015 in Houston zum Autor im Vorgespräch zum Kamera-Interview, dass „Sarotte die Einzige ist, die das behauptet." – John Kornblum, 1987–1991 ständiger Vertreter der USA bei der NATO in Brüssel und später Botschafter in Berlin, äußerte sich noch drastischer, indem er ihre These als „völlig irrelevant" bezeichnete. – Gespräch des Autors mit John Kornblum am 10. 06. 2015 in Berlin. Nach dem Prinzip „audiatur et altera pars" – man möge auch die andere Seite hören – interviewte ich in Berlin auch Mary Sarotte, wobei die Fragen zu ihrer besseren Vorbereitung sogar vorher abgesprochen waren. Da sie keine schlüssigen und vor allem keine direkten Antworten lieferte, sondern ihre These gestützt auf den 9. Februar 1990 nur wiederholte, verzichtete ich darauf, Interviewpassagen von ihr in meine TV-Dokumentation *Poker um die deutsche Einheit* einzubauen.
32 Mary Elise Sarotte: „Wir haben uns durchgesetzt, sie nicht", in: *Der Tagesspiegel*, 13. 10. 2019, S. 7.
33 Gespräch des Autors mit James Baker am 27. 05. 2015 in Houston; Lozo, TV-Doku Poker.
34 Michail Gorbatschow: Was auf dem Spiel steht. München 2019, S. 14.
35 Juli Kwizinski: Vor dem Sturm. Erinnerungen eines Diplomaten. Berlin 1993, S. 113.

14. Doppelherrschaft in Moskau – Anarchie und Agonie

1 Vgl. Kohl, Erinnerungen 1990–1994, S. 211–214.
2 Robert Kushen (Autor), Human Rights Watch (Hrsg.): Conflict in the Soviet Union: Black January in Azerbaidzhan. New York 1991, S. 7.
3 dpa, 20. 01. 1990.
4 APN (Hrsg.) Michail Gorbatschow: Politischer Rechenschaftsbericht des ZK der KPdSU an den XXVIII. Parteitag der KPdSU und Aufgaben der Partei. Moskau 1990, S. 15.
5 Ebd., S. 14.
6 Ebd., S. 34.
7 Ebd.
8 Vgl. Lozo, Der Putsch gegen Gorbatschow, S. 36–45.
9 Kohl, Erinnerungen 1990–1994, S. 363.
10 Gespräch des Autors mit Jegor Ligatschow am 10. 02. 2010 in Moskau; Lozo, TV-Dok. Mythos Gorbatschow.
11 Redeausschnitt von Boris Jelzin in Ufa am 12. 08. 1990, in: Azamat Saitov: TV-Reportage: Prebyvanie B.N. El'cina v Baškirii. Ufa 1990.
12 Ebd.
13 Bulletin der Bundesregierung 133-90 vom 15. 11. 1990: Besuch des Präsidenten der Sowjetunion vom 9. bis 10. November 1990.
14 M. G., Wie es war, S. 150.
15 Redebeitrag von Saži Ulumatova am 17. 12. 1990 auf dem Kongress der Volksdeputierten in Moskau, übertragen im sowjetischen Fernsehen.

15. 1991: Zerfall, Putsch und der Untergang der Sowjetunion

1 Neujahrsansprache von M.G. 1991: https://yandex.ru/video/preview?text=novogodnoe%20obachenie%201991&path=wizard&parent-reqid=1605379032738700-979544121615174229600107-production-app-host-man-web-yp-259&wiz_type=vital&filmId=5871953981466591841.
2 Tschernajew, Die letzten Jahre, S. 340.
3 M. G., Erinnerungen, S. 1020.
4 dpa, 08. 01. 1991; Nachrichtenagentur AFP, 13. 01. 1991.
5 dpa, 12. 01. 1991.
6 M. G., Erinnerungen, S. 1022.
7 Ebd.
8 Rudolf Hermann: Litauen ringt mit seiner Vergangenheit, in: *Neue Züricher Zeitung* 05. 02. 2016, S. 4.
9 Gespräch des Autors mit Michail Golowatow am 31. 05. 2016 in Moskau; Ignaz Lozo: TV-Dokumentation: Der Untergang der Sowjetunion. Ko-Produktion ZDF/ZDFinfo/Phoenix 2016. Erstausstrahlung am 11. 12. 2016 auf Phoenix.
10 Gespräch des Autors mit Marschall Jasow am 23. 05. 2011 in Moskau.
11 AFP, 10. 01. 1991.
12 Vitalij Ignatenko: So mnoj i bez menja. Moskva 2017, S. 233.
13 Tschernajew, Die letzten Jahre, S. 349.
14 Ignatenko, So mnoj i bez menja, S. 243.
15 Ebd., S. 239.
16 Witold Janczys/Markian Ostaptschuk: 25 Jahre nach dem Blutsonntag von Vilnius, in: Deutsche Welle (online), 13. 01. 2016.
17 Tschernajew, Die letzten Jahre, S. 348.
18 dpa, 22. 01. 1991.
19 Reuter, 22. 01. 1991.
20 AFP, 22. 01. 1991.
21 Reuter, 15. 01. 1991.
22 Wladislaw Terechow im Gespräch mit dem Autor am 18. 03. 2020 (Telefonat).
23 Michail Gorbatschow: „Eine sehr komplizierte Zeit", in: *Der Spiegel*, 15/1998, 06. 04. 1998, S. 55.
24 AP, 21. 01. 1991.
25 Dubnov, Arkadij: Počemu raspalsja SSSR. Moskva 2019, S. 115.
26 Lozo, Der Putsch gegen Gorbatschow, S. 47.
27 Slovo k narodu, in: Sovetskaja Rossija, 23. 07. 1991, S. 1.
28 Die Darstellung des August-Putsches basiert auf der wissenschaftlichen Monografie des Autors: Der Putsch gegen Gorbatschow und das Ende der Sowjetunion. Köln /Weimar/Wien 2014.
29 Gespräch des Autors mit M. G. am 23. 03. 2011 in München: Lozo: TV-Dok. Ende einer Supermacht.

30 Gespräch des Autors mit Grigori Jawlinki am 10. 10. 2016 in Moskau; Ignaz Lozo: TV-Dok. Der Untergang der Sowjetunion.
31 Gespräch des Autors mit Marschall Jasow am 22. 11. 2015 in Moskau; Ignaz Lozo: TV-Dokumentation: Putsch gegen Gorbatschow. ZDF/ Phoenix 2016. Erstausstrahlung am 18. 08. 2016 in Phoenix.
32 Gespräch des Autors mit James Baker am 27. 05. 2015 in Houston.
33 Redeausschnitt von Helmut Kohl im Bundestag am 05. 09. 1991, in: Lozo, TV-Dok., Putsch gegen Gorbatschow; Presse- und Informationsamt der Bundesregierung: https://www.bundesregierung.de/breg-de/service/bulletin/erklaerung-der-bundesregierung-zur-lage-und-entwicklung-in-der-sowjetunion-und-jugoslawien-abgegeben-von-bundeskanzler-dr-helmut-kohl-vor-dem-deutschen-bundestag-791502.
34 Gespräch des Autors mit Rudolf Seiters am 12. 05. 2011 in Berlin; Lozo, TV-Dok. Ende einer Supermacht.
35 Tschernajew, Die letzten Jahre, S. 290; Georgij Šachnarazov: S voždjami i bez nich. Moskva 2001, S. 101.
36 Šachnarazov, S voždjami, S. 137.
37 Redeausschnitt von Leonid Krawtschuk in der sowjetischen Hauptnachrichtensendung Vremja am 19. 08. 1991.
38 Reuter, 24. 11. 1991.
39 Bei dem erneuten Referendum 2014, das der russische Präsident Putin nach der Annexion dort veranstalten ließ, waren hingegen keine unabhängigen Beobachter zugelassen.
40 Gespräch des Autors mit Wladimir Andronow am 07. 10. 2016 in Minsk; Lozo, TV-Dokumentation : Der Untergang der Sowjetunion (60-Minuten-Fassung). ZDF/ ZDFinfo/Phoenix 2016. Erstausstrahlung am 8. 12. 2016 in Phoenix.
41 dpa, 07. 12. 1991.
42 Gespräch des Autors mit Nina Bogusch am 06. 10. 2016 in ihrem Büro des Touristen-Zentrums *Nationalpark Beloweschskaja Puschtscha.*
43 Gespräch des Autors mit Leonid Krawtschuk am 30. 06. 2016 in Kiew; Gespräch des Autors mit Stanislaw Schuschkjewitsch am 04. 07. 2016 in Mainz.
44 Gespräch des Autors mit Gennadi Burbulis am 31. 05. 2016 in Moskau; Lozo, TV-Dok. Der Untergang der Sowjetunion.
45 Gespräch des Autors mit Sergej Schachraj am 12. 10. 2016 in Moskau; Lozo, TV-Dok. Untergang.
46 Simon, Zerfall und Untergang, S. 181.
47 Gespräch des Autors mit Stanislaw Schuschkjewitsch am 04. 07. 2016 in Mainz; Lozo, TV-Dok. Untergang.
48 Gespräch des Autors mit Wladimir Andronow am 07. 10. 2016 in Minsk.
49 Gespräch des Autors mit Stanislaw Schuschkjewitsch am 04. 07. 2016 in Mainz; Lozo, TV-Dok. Untergang.
50 Boris Jelzin: Zapiski presidenta. Razmyšlenija, vospominanija, vpečatlenija. Moskva 2008, S. 142 (Die Erstausgabe erschien 1994).
51 Gespräch des Autors mit Stanislaw Schuschkjewitsch am 04. 07. 2016 in Mainz; Lozo, TV-Dok. Untergang.
52 Gespräch des Autors mit Leonid Krawtschuk am 30. 06. 2016 in Kiew; Lozo, TV-Dok. Untergang.
53 Ebd.
54 Stanislaw Schuschkjewitsch: Moja žizn', krušenie i voskrešenie SSSR. 25 let spustja. Dnipro 2018, S. 209.
55 Gespräch des Autors mit Stanislaw Schuschkjewitsch am 04. 07. 2016 in Mainz; Lozo, TV-Dok. Untergang.
56 M. G., Erinnerungen, S. 1109.
57 E-Mail von Stanislaw Schuschkjewitsch vom 07. 04. 2020 an den Autor.
58 Gespräch des Autors mit M. G. am 21. 11. 2011; Ignaz Lozo: ZDF-Heute-Journal-Beitrag: 20 Jahre Untergang der Sowjetunion, 21. 12. 2011.
59 Gespräch des Autors mit M. G. am 24. 11. 2015 in Moskau; Lozo, TV-Dok., M. G. – Weltveränderer.

16. Das Leben nach dem Kreml

1 Jakowlew, Abgünde, S. 602.
2 Zitiert nach: dpa, 29. 05. 1992.
3 Ebd.
4 Ebd.
5 Ignaz Lozo: TV-Nachrichtenbeitrag: Ausgabe Privatisierungsscheine. ZDF-heute-journal, 30. 09. 1992.
6 Ebd.
7 Ebd.
8 dpa, 29. 05. 1992.
9 dpa, 08. 10. 1992.
10 dpa, 08. 11. 1992.
11 M. G. im Interview mit Jörg R. Mettke/Fritjof Meyer/Christian Neef: „Russland wird auferstehen", in: *Der Spiegel*, 3/1993, 18. 01. 1993, S. 126.
12 Hg. zwischen 2008 und 2020; zu Raissa vgl.: Dana Horakova: Interview mit Raissa Gorbatschowa, in: *Bild-Zeitung*, 06. 02. 1996.
13 Zitiert nach: dpa, 04. 03. 1992; dpa, 01. 04. 2005.
14 Nachrichtenagentur Associated Press (AP), 06. 03. 2009.
15 Radio Echo Moskvy, zitiert nach: Nachrichtenagentur DAPD, 26. 12. 2011.
16 Gespräch des Autors mit Olga Zdravomyslova am 12. 04. 2020 (Telefonat).
17 dpa, 01. 04. 2013
18 dpa, 06. 11. 2014.
19 Jasmin Lörchner: Gorbis Rache, in: *Financial Times Deutschland*, 25. 02. 2011, S. 1.
20 Notizen des Autors, der bei der PK anwesend war; Frank Herold: „Wir müssen wieder bei null beginnen", in: *Berliner Zeitung*, 22. 11. 2011, S. 1.
21 Konrad Adenauer in Dortmund auf einer Veranstaltung der CDU am 12. 10. 1952, zitiert nach Konrad Adenauer-Stiftung (online): https://www.konrad-adenauer.de/quellen/zitate/einsichten.
22 epd medien, 10. 06. 2006, S. 21.
23 Diese Information verdanke ich Herrn Karen Karagezyan, Begleiter und Dolmetscher der Gorbatschows.
24 dpa, 06. 03. 1992.
25 Gespräch des Autors mit Horst Teltschik am 05. 01. 2016 in Rottach-Egern.
26 dpa, 14. 05. 1992.
27 Francis X. Clines: In New York, Gorbachev looks for Cash, in: *New York Times*, 12. 05. 1992, Section B, S. 1.
28 dpa, 10. 05. 1992.
29 dpa, 18. 09. 1992.
30 E-Mail Karen Karagezyans vom 23. 03. 2020 an den Autor.
31 AP, 09. 10. 1992.
32 Vgl. Rubrik „Personalien" (ohne Autorenangabe), in: *Der Spiegel* 31/1993, 02. 08. 1993, S. 174.
33 Reuters, 04. 12. 1997; Gorbatschow macht Werbung für Pizza (ohne Autorenangabe) in: *Süddeutsche Zeitung*, 05. 12. 1997, S. 16.
34 Tomas Avenarius: Chefportier Gorbatschow, in: *Süddeutsche Zeitung*, 28. 02. 1992, S. 29.
35 Zitiert nach ebd.
36 Matthias Schepp: „Auch Jesus hat mit der Bergpredigt angefangen." Michail Gorbatschow über seine Wohltätigkeitsorganisation „Green Cross" und darüber, wo die Spendengelder landen, in: *Stern*, 23. 12. 1996, S. 134; 2017 trat Gorbatschow aus dem GCI aufgrund von internen Machtkämpfen. enttäuscht aus; siehe dazu dpa, 22. 02. 2017.
37 Christian Fröhlich und Steffi Döbmeier: Reden bringt Gold, in: *Thüringer Allgemeine*, 15. 03. 2008, S. 8.
38 Vgl. AP, 28. 02. 1995.
39 Reuter, 20. 06. 1996.
40 Zitiert nach: AP, 28. 06. 1995.
41 Gespräch des Autors mit Sergej Medwedew am 24. 11. 2015 in Moskau; Lozo, TV-Dok., M. G. – Weltveränderer.
42 Interfax vom 06. 07. 1999, zitiert nach: dpa, 06. 07. 1999.
43 Jens Hartmann: Gorbatschow versucht ein Comeback, in: *Die Welt*, 26. 11. 2001, S. 5.
44 Julia Smirnowa: Im Namen des Großvaters, in: *Welt am Sonntag*, 25. 08. 2013, S. 10.
45 Gespräch des Autors mit M. G. am 24. 11. 2015 in Moskau; Lozo, TV-Dok. M. G. – Weltveränderer.
46 Lozo, TV-Dok. M. G. – Weltveränderer.
47 Zoja Erošok: Polibjuro doma ne zasedalo, in: *Rossijskaja Gazeta* (online), 28. 02. 2011.
48 Ebd.
49 Gespräch des Autors mit M. G. am 24. 11. 2015 in Moskau.
50 Ivan Akimov: Lica pri ispolnenii, in: gazeta.

ru, 24. 10. 2014 https://www.gazeta.ru/culture/2014/10/24/a_6275101.shtml.

51 Gespräch des Autors mit Horst Teltschik am 05. 01. 2016 in Rottach-Egern; Telefonat am 15. 04. 2020.

52 Gespräch des Autors mit M. G. am 22. 10. 2019 in Moskau; Ignaz Lozo: Als „Gorbi" ein reitender Postbote war. Eine Begegnung mit Michail Gorbatschow – und einer Klassenkameradin, in: *Wiesbadener Kurier* und *Mainzer Allgemeine Zeitung*, 14. 11. 2019, S. 3.

53 Ebd.

Epilog

1 „Es war unmöglich, so weiterzuleben wie zuvor". M. G. im Interview mit Anna Sadovnikova, in: *Der Spiegel* 46/2019, 09. 11. 2019, S. 46.

2 M. G., Was jetzt auf dem Spiel steht. München 2019, S. 132.

3 M. G. am 14. 12. 1991 vor der internationalen Presse, zitiert nach: Šachnarazov, S voždjami i bez nich, S. 143.

4 M. G., Was jetzt auf dem Spiel steht, S. 81; „Nur freie Menschen konnten Perestroika und Glasnost verwirklichen. M. G. im Interview mit Stefan Scholl, in: *Frankfurter Rundschau*, 09. 11. 2019, S. 6.

5 „Ich finde die junge Generation smart." M. G. im Interview mit Simone Bergmann, in: *Der Tagesspiegel* (online), 08. 11. 2004

6 M. G. im Interview mit Alexander Gamow, *Komsomolskaja Prawda*, 18. 08. 2020 (https://www.kp.ru/daily/217170/4272467/); siehe auch: gorby.ru , 19. 08. 2020 (https://www.gorby.ru/presscenter/news/show_30166/).

QUELLEN- UND LITERATURVERZEICHNIS

Die wissenschaftliche Transliteration erfolgt bei russischen Eigennamen und Werken nur hier bei Schriftquellen, nicht im Buchtext. So kommt es zu unterschiedlichen Schreibweisen, z. B. Wladimir/ Vladimir oder Prawda/Pravda. Filmdokumentationen und -beiträge, Zeitungs- und Zeitschriftenartikel werden nur in den Anmerkungen als Quelle angegeben. Die Amtszeit der Akteure und Zeitzeugen in ihren jeweiligen Funktionen wird nicht aufgelistet. Obwohl es bis Ende 1991 offiziell keine Ukraine gab, sondern die ukrainische Sowjetrepublik, erscheint im Text auch die Bezeichnung Ukraine – analog Russland oder Georgien für die jeweiligen Sowjetrepubliken.

Persönliche Gespräche des Autors mit politischen Akteuren und Zeitzeugen

Michail Gorbatschow: 29. 09. 1992 in Moskau; 11. 09. 1994 in Mainz; 02. 11. 1997 in Moskau; 10. 05. 1998 in Moskau; 23. 03. 2011 in München; 21. 11. 2011 in Berlin; 08. 11. 2014 in Berlin; 24. 11. 2015 in Moskau; 22. 10. 2019 in Moskau

Juri Afanasjew: Geschichtsprofessor und Gründer der ersten oppositionellen Gruppe innerhalb der KP („Interregionale Deputiertengruppe"), deren Wortführer Andrej Sacharow war; 08. 02. 2010 in Moskau

Wladimir Andronow: Einziger Kameramann weltweit, der die konspirative Unterschriftszeremonie zur Auflösung der Sowjetunion gefilmt hat; 07. 10. 2016 in Minsk

Wladislaw Atschalow: Stellv. sowjet. Verteidigungsminister; 28. 05. 2011 in Moskau

James Baker: US-Außenminister; 27. 05. 2015 in Houston

Oleg Baklanow: Chef der sowjetischen Rüstungs- und Raumfahrtindustrie, Putschist im August 1991; 19. 10. 2009 und 16. 04. 2012 in Moskau

Klaus Blech: Botschafter der Bundesrepublik in Moskau; 24. 10. 2009 und 09. 06. 2015 in Königswinter

Iwan Budjakow: Grundschulfreund Gorbatschows; 26. 10. 2015 in Priwolnoje/Nordkaukasus

Gennadi Burbulis: Staatssekretär unter Jelzin und Wahlkampfmanager 1991, einer der engsten Berater; 25. 05. 2011 und 31. 05. 2016 in Moskau

Valentin Falin: Deutschlandberater Gorbatschows; 11. 02. 2010, 25. 09. 2012, 14. 05. 2015 in Moskau

Wjatscheslaw Generalow: Vom KGB-Chef eingesetzter Sicherheitschef, der Gorbatschow im August 1991 in der Staatsvilla auf der Krim festhielt; 01. 06. 2016 in Moskau

Hans-Dietrich Genscher: Bundesaußenminister; 09. 06. 2015 in Wachtberg bei Bonn

Michail Golowatow: Chef der KGB-Elite-Einheit *Alpha*, die am „Blutsonntag" in Litauen im Januar 1991 beteiligt war; 24. 05. 2011, 12. 04. 2012, 31. 05. 2015 in Moskau

Wladimir Grinin: Russischer Botschafter in Berlin; 03. 06. 2015 in Berlin

Grigori Jawlinski: Von Gorbatschow und Jelzin beauftragter Wirtschaftsprofessor; liberaler Oppositionspolitiker; 10. 10. 2016 in Moskau

Dmitri Jasow: Sowjetischer Marschall und Verteidigungsminister; 23. 05. 2011, 02. 04. 2012, 29. 05. 2014, 22. 11. 2015 in Moskau

Raissa Kopejkina (geb. Letowtschina): Grundschul-Klassenkameradin Gorbatschows; 17. 10. 2019 in Priwolnoje/Nordkaukasus

John Kornblum: Stellv. ständiger Vertreter der USA bei der NATO in Brüssel und später US-Botschafter in Berlin; 10. 06. 2015 in Berlin

Leonid Krawtschuk: Präsident der Ukraine; 30. 06. 2016 in Kiew

Vytautas Landsbergis: Präsident Litauens; 13. 05. 2011 in Frankfurt am Main
Jegor Ligatschow: Mitglied des Politbüros und zweitmächtigster Mann in der KP und in der Sowjetunion nach Gorbatschow von 1985 – 1988; 12. 02. 2010 in Moskau
Mary Elise Sarotte: US-amerikanische Historikerin; vertritt die These, dass der Westen 1990 Moskau das Versprechen gegeben habe, dass die NATO nicht gen Osten erweitert wird; 10. 06. 2015 in Berlin
Jack F. Matlock: Botschafter der USA in Moskau; 24. 03. 2011 in München
Igor Maximytschew: Gesandter der Sowjetunion, ranghöchster Diensthabender in der Botschaft in Ost-Berlin in der Nacht des Mauerfalls; 24. 10. 2014 in Moskau
Markus Meckel: DDR-Oppositioneller, Mitbegründer der Ost-SPD und DDR-Außenminister; 06 09. und 19. 09. 2020 (Telefonate)
Roj Medwedew: Sowjetisch-russischer Historiker, Mitglied des Kongresses der Volksdeputierten der Sowjetunion; 23. 11. 2015 in Moskau
Sergej Medwedew: Pressechef von Präsident Jelzin; 24. 11. 2015 in Moskau
Maria Michalowa: Cousine Gorbatschows; 26. 11. 2015 in Priwolnoje/Nordkaukasus
Pawel Palaschtschenko: Dolmetscher Gorbatschows; 23. 11. 2015 in Moskau
Michail Poltoranin: Redenschreiber von Boris Jelzin, Chefredakteur der Zeitung *Moskowskaja Prawda*; 12. 04. 2012, 15. 02. 2020 (Telefonate)
Nikolaj Porotow: Parteifunktionär in Stawropol, 1955 entscheidender Wegbereiter Gorbatschows; 16. 10. 2019 in Stawropol
Juri Prokofjew: Parteichef von Moskau-Stadt, erst Unterstützer, dann Gegner Gorbatschows; 27. 03. 2012 in Moskau, 20. 12. 2019 (Telefonat)
Alexander Ruzkoj: Vize-Präsident Russlands unter Jelzin; 24. 05. 2011 in Moskau
Sergej Schachrai: Jura-Professor, Jelzins Rechtsexperte; 12. 10. 2016 in Moskau
Valentina Schaposchnika: Köchin und Hauswirtin des KGB-Gebäudes in Archys, wo das sogenannte Strickjackentreffen zwischen Gorbatschow und Kohl stattfand; 16. 05. 2015 in Archys
Eduard Schewardnadse: Sowjetischer Außenminister; 12. 10. 2009 in Tiflis
Stanislaw Schuschkjewitsch: Republikchef von Belarus; 04. 07. 2016 in Mainz
Rudolf Seiters: Kanzleramtschef Helmut Kohls; 12. 05. 2011 in Berlin
Horst Teltschik: Außenpolitischer Chefberater Kohls; 23. 10. 2009 in München, 05. 01. 2016 in Rottach-Egern, 07. 09. 2020 (Telefonat)
Wladislaw Terechow: Sowjetischer Botschafter in Bonn; 14. 05. 2015 in Moskau, 18. 03. 2020 (Telefonat)
Chalimat Tokowa: Bewohnerin von Archys, deportiert unter Stalin; 16. 05. 2015
Anatoli Tschernajew: Einer der engsten Berater Gorbatschows; 19. 10. 2009 in Moskau
Theo Waigel: Bundesfinanzminister; 05. 10. 2009 in München
Olga Zdrawomyslowa: Soziologie-Professorin, Direktorin der Gorbatschow-Stiftung; 23. 11. 2015 in Moskau

Wissenschaftliche Monografien, Aufsätze, Zeitzeugenberichte und Autobiografien

Altrichter, Helmut: Russland 1989. München 2009
Baberowski, Jörg: Verbrannte Erde. Stalins Herrschaft der Gewalt. München 2012
Bachem, Rolf/Battke, Kathleen: „Unser gemeinsames Europäisches Haus“, in: Frank Liedtke u. a. (Hrsg.): Begriffe besetzen. Strategien des Sprachgebrauchs in der Politik. Opladen, 1991
Beschloss, Michael/Talbott, Strobe: At the Highest Levels. Boston 1993
Boldin, Valerij: Krušenie p'edestala: Štrichi k portretu M.S. Gorbačeva. Moskva 1995
Brandt, Willy: Erinnerungen. Hamburg 2007 (Erstausgabe: Berlin 1989)

Brown, Archie: Seven Years that Changed the World. New York 2007
Bundesinstitut für ostwissenschaftliche und internationale Studien (Hrsg.): Sowjetunion 1990/1991. Krise-Zerfall-Neuorientierung. München Wien 1991
Časov, Evgenij: Zdorove i vlast'. Moskva 2015
Chlobustov, Oleg: KGB SSSR 1954–1991, Moskva 2012
Chalturina, Dar'ja/Korotaev, Andrej: Russkij krest. Moskva 2006
Colton, Timothy J.: Yeltsin. A Life. New York 2008
Dubnov, Arkadij: Počemu raspalsja SSSR. Vospominajut rukovoditeli sojuznich respublik. Moskva 2019
Efremov, Leonid: Renegat Gorbačev. Stavropol' 1996
El'cin, Boris: Zapiski presidenta. Razmyšlenija, vospominanija, vpečatlenija. Moskva 2008 (Erstausgabe: 1994)
El'cina, Naina: Ličnaja žizn'. Moskva 2017
Falin, Valentin: Politische Erinnerungen. München 1993
Gajdar, Egor: Gibel' imperii. Moskva 2012
Glezin, Eduard: Obščestvenno-političeskie neformal'nie organisacii v RSFSR v 1987–1990 gg.: stanovlenie i razvitie. Dissertacija. Moskva 2008
Gorbatschow, Michail: Perestroika. München 1987
Ders.: Erinnerungen. Berlin 1995
Ders.: Das gemeinsame Haus Europa und die Zukunft der Perestroika. Düsseldorf / Wien /New York 1989
Ders. und Daisaku Ikeda: Unsere Wege treffen sich am Horizont. München 1998
Ders.: Wie es war. Die deutsche Wiedervereinigung. Berlin 1999
Ders.: Naedine s soboj. Moskva 2012
Ders.: Posle Kremlja. Moskva 2014
Ders.: Ostajus' optimistom. Moskva 2017
Ders.: V menjajuščemsja mire. Moskva 2018
Ders.: Was jetzt auf dem Spiel steht. München 2019
Gorbačeva, Raisa: „Ja nadejus' …". Moskva 1991
Grachev, Andrej: The Inside Story of the Collapse of the Soviet Union. Boulder 1995
Ders.: Gorbachev's Gamble. Cambridge 2008
Gromyko, Andrej: Erinnerungen. Düsseldorf/Wien/New York 1989
Hildermeier, Manfred: Geschichte der Sowjetunion 1917–1991. München 1998
Hosking, Geoffrey: The First Socialist Society. Cambridge 1993
Hough, Jerry F.: Democratisation and Revolution in the USSR 1985–1991. Washington 1997
Ignatenko, Vitalij: So mnoj i bez menja. Moskva 2017
Jakowlew, Alexander: Die Abgründe meines Jahrhunderts. Leipzig 2003
Janaev, Gennadij: GKČP protiv Gorbačeva. Moskva 2010
Jazov, Dmitrij: Udary sud'by. Moskva 2000
Jelzin, Boris: Aufzeichnungen eines Unbequemen. München 1990
Karner, Stefan: Von der Stagnation zum Verfall. Kennzeichen der sowjetischen Wirtschaft der 1980er-Jahre, in: Hanns Jürgen Küsters (Hrsg.): Der Zerfall des Sowjetimperiums und Deutschlands Wiedervereinigung. Köln/Weimar/Wien 2016
Kiessler, Richard/Elbe, Frank: Ein runder Tisch mit scharfen Kanten. Der diplomatische Weg zur deutschen Einheit. Baden-Baden 1993
Klein, Hans: Es begann im Kaukasus. Berlin/Frankfurt am Main 1991
König, Gerd: Fiasko eines Bruderbundes. Erinnerungen des letzten DDR-Botschafter in Moskau. Berlin 2012
Kohl, Helmut: Erinnerungen 1982–1990. München 2005
Ders.: Erinnerungen 1990–1994. München 2007
Krenz, Egon: Wir und die Russen. Berlin 2019

Krjučkov, Vladimir: Na kraju propasti. Moskva 2003
Kushen, Robert (Hrsg. Human Rights Watch): Conflict in the Soviet Union: Black January in Azerbaidzhan. New York 1991
Kwizinski, Juli: Vor dem Sturm. Erinnerungen eines Diplomaten. Berlin 1993
Lauer, Reinhard: Geschichte der russischen Literatur. München 2000
Lenin, Vladimir: O pečati. Moskva 1974
Lepore; Jill: Diese Wahrheiten: Eine Geschichte der Vereinigten Staaten von Amerika. München 2019 (Original der US-amerikanischen Ausgabe: These Thruths, 2018)
Ligačev, Egor: Kto predal SSSR? Moskva 2010
Loth, Wilfried: Die Rettung der Welt: Entspannungspolitik im Kalten Krieg. Frankfurt / New York 2016
Lozo, Ignaz: Der Putsch gegen Gorbatschow und das Ende der Sowjetunion. Köln/Weimar/Wien 2014
Ders.: Kontinuität und Wandel der sowjetischen Presse im Zeichen von Glasnost. Mainz/Germersheim 1987 (Diplomarbeit, Johannes Gutenberg-Universität Mainz)
Ders: Terrorismusmythen. Die Sowjetunion, der KGB und die RAF, in: *Osteuropa* 67 (2017). H. 11 – 12
Marhuhn, Jürgen/Wilke, Manfred: Die verführte Friedensbewegung. Der Einfluss des Ostens auf die Nachrüstungsdebatte. München 2002
Matlock, Jack F.: Autopsy on an Empire. New York 1995
Meckel, Markus: Zu wandeln die Zeiten. Leipzig 2020
Medvedev, Roj: Sovetskij Sojuz. Moskva 2009
Meißner, Boris: Das Parteiprogramm der KPdSU 1903 – 1961. Dokumente zum Studium des Kommunismus. Hg. v. Bundesinstitut zur Erforschung des Marxismus-Leninismus (Institut für Sowjetologie), Band 1. Köln 1962
Mlečin, Leonid: Andropov. Moskva 2018
Montefiore, Simon Sebag: Stalin. Frankfurt am Main 2005
Poltoranin, Michail: Vlast' v trotolivom ekvivalente. Moskva 2012
Porotov, Nikolaj: Sbornik izbrannych statej, intervj'u i vystuplenij 1955 – 1997 gody. Stavropol' 1997
Prokof'ev, Jurij: Kak ubivali partiju. Moskva 2011
Rödder, Andreas: Deutschland einig Vaterland. Die Geschichte der Wiedervereinigung. München 2009
Ruge, Gerd: Gorbatschow. Frankfurt am Main 1990
Ryžkov, Nikolaj: Ternistyj put' Rossii. Moskva 2018
Ders.: Glavnyj svidetel'. Moskva 2009
Saal, Yuliya von: KSZE-Prozess und Perestroika in der Sowjetunion. München 2014
Sacharov, Andrej: Vospominanija. Tom 1 i 2. Moskva 1996
Šachnarazov, Georgij: S voždjami i bez nich. Moskva 2001
Sarotte, Mary Elise: 1989. The struggle to create post-cold war Europe. Princeton 2009
Schachnarasow, Georgi: Preis der Freiheit. Eine Bilanz von Gorbatschows Berater. Bonn 1996
Schewardnadse, Eduard: Als der Eiserne Vorhang zerriss. Duisburg 2007
Ders.: Die Zukunft gehört der Freiheit. Hamburg 1991
Simon, Gerhard/Simon, Nadja: Verfall und Untergang des sowjetischen Imperiums. München 1993
Simon, Gerhard: Zukunft aus der Vergangenheit. Elemente der politischen Kultur in Russland, in: *Osteuropa* 45 (1995), H. 5
Snyder, Timothy: Bloodlands. Europa zwischen Hitler und Stalin. München 2011
Solomencev, Michail: Začistka v politbjuro. Kak Gorbačev ubiral „vragov perestrojki". Moskva 2011
Sockov, Lev: Agressija – Rassekrečennye dokumenty služby vnešnej rasvedki Rossijskoj Federacii 1939 – 1941. Moskva 2011
Spohr, Kristina: Wendezeit. Die Neuordnung der Welt nach 1989. München 2019
Strauß, Franz Josef: Die Erinnerungen. Berlin 1989
Šuškevič, Stanislav: Moja žizn', krušenie i voskrešenie SSSR. 25 let spustja. Dnipro 2018
Taubman, William: Gorbachev. His Life and Times. London 2017

Teltschik, Horst: Russisches Roulette. München 2019
Ders.: 329 Tage. Berlin 1991
Volkogonov, Dmitrij: Sem' voždej. 2 Bde., Moskva 1999
Vorotnikov, Vitalij: Chronika absurda. Otdelenie Rossii ot SSSR. Moskva 2011
Voslensky, Michael S.: Nomenklatura. München 1987
Waigel, Theo: Ehrlichkeit ist eine Währung. Erinnerungen. Berlin 2019
Wettig, Gerhard: Die Sowjetunion in der Auseinandersetzung über den NATO-Doppelbeschluss 1979–1983, in: *Vierteljahrhefte für Zeitgeschichte*. München, 57 (2009)
Zen'kovič, Nikolaj: Michail Gorbačev – Žizn' do kremlja. Moskva 2001
Zhores Medwedjew: Der Generalsekretär. Darmstadt/Neuwied 1986

Dokumente und Redensammlungen

Anklageschrift der Staatsanwaltschaft der Russischen Föderation in der Strafsache GKČP, Bd. 1–5; russische Dokumentenbezeichnung der Anklageschrift: General'naja prokuratura Rossijskoj Federacii. Obvinitel'noe zaključenie po ugolovnomu delu Nr. 18/6214-91. T. 1-5, 08. 12. 1992 (archiviert im Obersten Gericht der Russischen Föderation, allerdings in der Regel nicht zugänglich, da sie als Staatsgeheimnis deklariert sind)
Gründungsvertrag der UdSSR von 1922
Unionsvertrag von 1991
Gründungsvertrag der GUS
Dokumente des 27. Parteitags der KPdSU, Sonderausgabe Sowjetunion heute. Bonn 1986
Dokumente und Materialien (Hrsg. jeweils APN = Sowjetische staatliche Presseagentur Novosti; Erscheinungsort jeweils Bonn; Michail Gorbatschow wird mit M. G. abgekürzt):

1. M. G.: Das Leben der Werktätigen reicher und sinnvoller machen. Bukarest, 26. Mai 1987
2. M. G.: Über die Aufgaben der Partei bei der grundlegenden Umgestaltung der Leitung der Wirtschaft. Bericht und Schlusswort auf dem Plenum des ZK der KPdSU am 25.–26. Juni 1987
3. M. G.: Partei der Revolution – Partei der Umgestaltung. Leningrad, 13. Oktober 1987
4. Gipfeltreffen Washington, 7.–10. Dezember 1987
5. M. G.: Der revolutionären Umgestaltung – Eine Ideologie der Erneuerung. Rede auf dem Plenum des ZK, 18. Februar 1988
6. Gipfeltreffen Moskau 29. Mai–2. Juni 1988
7. 19. Unionskonferenz der KPdSU: Bericht des Generalsekretärs des ZK der KPdSU, M. G.; Entschließungen
8. M. G.: Das geistige Potential der Perestroika erweitern. Treffen mit Wissenschaftler und Kulturschaffenden, 6. Januar 1989
9. M. G.: In der Umbruchsetappe der Perestroika. Ansprache beim Treffen mit den führenden Vertretern der Massenmedien, 29. März 1989
10. Besuch M. G. in der BRD 12.–15. Juni 1989
11. M. G.: Die Umgestaltung der Arbeit der Partei ist die wichtigste aktuelle Aufgabe. Referat auf der ZK-Beratung, 18. Juli 1989
12. M. G.: Politischer Rechenschaftsbericht des ZK der KPdSU an den 28. Parteitag der KPdSU und Aufgaben der Partei, Moskau, 2. Juli 1990

Galkin, Aleksandr/Anatolij Černjaev (Hrsg.): Michail Gorbačev i germanskij vopros. Sbornik dokumentov. 1986–1991 gg. Moskva 2006
Rede Michail Gorbatschows in der Meistersingerhalle in Nürnberg am 7. Mai 1975, in: Michail Gorbatschow. Die Sowjetunion heute (Hrsg.: DKP-Parteivorstand, mit einleitendem Kommentar ohne Autorenangabe). Düsseldorf 1985
Gorbatschow, Michail: Ausgewählte Reden und Aufsätze, Band 1–4. Berlin (Ost) 1987

Ders.: Die Rede zum 70. Jahrestag der Oktoberrevolution. Bergisch-Gladbach 1987
Ders.: Gipfelgespräche. Geheime Protokolle aus meiner Amtszeit. Berlin 1993
Ders. (Hrsg): Sojuz možno bylo sochranit'. Moskva 2007
Ders.: Sobranie sočinenij. Tom 1–29. Moskva 2008–2020
Küchenmeister, Daniel (Hrsg.): Honecker – Gorbatschow. Vieraugengespräche. Berlin 1993
Kukuk, Klaus (Hrsg.): Michail Gorbatschow und Zdeněk Mlynář. Gespräche in Wien, Moskau und Prag. Berlin 2019
Pautsch, Ilse Dorothee (Hrsg.): Akten zur Auswärtigen Politik der Bundesrepublik Deutschland. 1989. Band I: 1. Januar bis 30. Juni 1989. Berlin/Boston 2020

PERSONENREGISTER

Abuladse, Tengis 215
Achromejew, Sergej 253, 293, 301
Adenauer, Konrad 81, 266, 267, 354
Afanasjew, Juri 249–51, 257
Aitmatow, Tengis 206
Akulowa, Oxana 52
Andrejewa, Nina 239
Andreotti, Giulio 322
Andronow, Wladimir 339, 342
Andropow, Juri 9, 96–99, 105, 110–14, 116, 117, 120, 122, 125, 127–49, 163, 165, 169, 183, 215
Anušauskas, Arvydas 321
Apel, Hans 154
Atschalow, Wladislaw 320
Augstein, Rudolf 254
Axen, Hermann 152

Baibakow, Nikolaj 122
Baker, James 265, 289, 290, 296, 299, 302, 335
Baklanow, Oleg 329
Bangemann, Martin 276
Belinski, Wissarion 45–46
Berija, Lawrentin 214
Bismarck, Otto 16, 351
Bizan, Wadim 339
Blech, Klaus 18, 19, 22, 24, 294
Boenisch, Peter 155
Bogoljubow, Klawdi 160
Boldin, Valeri 329
Bondarjow, Juri 249
Bonner, Jelena 206
Bosenko, Nikolaj 97
Brandt, Willy 180, 181, 206, 351, 355, 356
Breschnew, Leonid 80, 89, 92, 97, 100, 101, 106, 109, 110, 112–116, 118–120, 123–130, 134, 156, 165, 170, 171, 180, 215, 244, 258, 267, 269, 367, 369
Brokaw, Tom 226, 227, 274
Budjakow, Iwan 28, 41, 44
Burbulis, Gennadi 341, 342
Burda, Aenne 216, 217, 254
Bush, George H. W. 15, 265, 278, 282, 289, 290, 299, 300, 313, 331, 343–345
Bykow, Wasil 198

Carlebach, Emil 106
Carter, Jimmy 120, 123, 178, 180
Castro, Fidel 255
Ceauşescu, Nicolae 220, 289
Chruschtschow, Nikita 42, 50, 75, 80, 82, 85, 88, 89, 91, 92, 97, 156, 170, 213, 215, 268, 340
Churchill, Winston 24, 37, 253
Cole, John 155

de Maizière, Lothar 26
Dobrynin, Anatoli 276
Dolgich, Wladimir 131
Donahue, Phil 200
Dostojewski, Fjodor 46, 198
Dserschinski, Felix 333, 335
Dubček, Alexander 57

Ehrenburg, Ilja 80
Engels, Friedrich 36, 106

Falin, Valentin 21, 243, 254, 293, 294, 301
Fedortschuk, Witali 139
Fjodorow, Wladimir 143
Fokin, Witold 342
Furzewa, Jekaterina 222

Gagarin, Juri 85
Genscher, Hans-Dietrich 10, 11, 18, 19, 22, 24, 52, 216, 217, 274, 289, 296–299, 303

Gerassimow, Gennadi 283
Ghaddafi, Muammar el 185
Goebbels, Joseph 183, 276
Gogol, Nikolaj 198
Golembiowski, Igor 200
Golowatow, Michail 320, 321
Gopkalo, Pantelej 32, 33, 35, 36, 42
Gopkalo, Wasilisa 36, 40, 67
Gorbatschow, Alexander 49, 50
Gorbatschow, Andrej 30, 32, 35, 42
Gorbatschow, Sergej 29, 30, 32, 38, 42–44, 46–50, 53, 60, 67, 77
Gorbatschowa (geb. Titarenko), Raissa 24, 56, 62–64, 83, 85–87, 102, 116, 169, 205, 216, 217, 226, 361
Gorbatschowa, Maria 27, 38, 40
Gorbatschowa, Stepanida 32
Gorbatschowa, Xenia 360
Gorbatschowa-Wirganskaja, Irina 251, 360, 361
Grischin, Viktor 133, 136, 137, 148, 156–158, 161, 162, 165, 228
Gromow, Boris 327
Gromyko, Andrej 20, 121, 129, 136, 137, 142, 146–148, 151, 153, 155, 158, 160–162, 170, 175, 176, 267

Hager, Kurt 152
Haller, Gert 22
Havel Václav 289
Hitler, Adolf 37, 83
Honecker, Erich 92, 104, 107, 124, 126, 152, 203, 215, 220, 224, 272, 273, 277, 284, 288, 322, 340, 346
Honecker, Margot 284, 322
Hurd, Douglas 317
Husák, Gustav 94, 95

Ignatenko, Witali 320, 321
Iwanow, Juri 342
Iwanowa, Ludmilla 200, 201

Jäger, Harald 285
Jagger, Mick 222
Jakeš, Miloš 270
Jakowlew, Alexander 109, 136, 138, 180, 213, 222, 254, 348
Janajew, Gennadi 328, 329
Jasow, Dimitri 220, 253, 286, 287, 301, 317, 319, 320, 328, 332
Jefromow, Leonid 92 ,94, 97
Jelzin, Boris 120, 163–65, 191, 192, 195, 218, 227–38, 240, 243, 244, 246–49, 256, 257, 264, 265, 306, 307, 309–312, 323, 326, 329, 331–334, 336–339, 341, 343–346, 348–51, 357, 358, 359, 366
Jelzina, Naina 116, 234
Jeschow, Nikolaj 36
Jewdokimow, Jefim 50
Jewtuschenko, Jewgeni 198
Joel, Billy 222
Johannes Paul II (Papst) 269, 352
John, Elton 222

Karagezyan, Karen 354, 356
Karagodina, Julia 51, 52
Kasannik, Alexej 264
Kastrup, Dieter 22
Kebitsch, Wjatscheslaw 339, 342
Ketschekian, Stepan 68
Kim Il Sung 151, 203, 204
Kim Jung-un 203
King, Alexander 206
Kirilenko, Andrej 122, 134
Kirow, Sergej 217
Klein, Hans 18
Kohl, Helmut 9–14, 16, 18–22, 24–27, 62, 155, 183, 254, 272, 276, 277, 281, 289, 294, 297–300, 302, 305, 311, 313, 314, 322, 335, 355, 362
Kolbin, Gennadi 209, 210
Komar, Dmitri 332
König, Gert 277
Kopejkina, Raissa 41, 44, 372
Kornienko, Georgi 141
Kossygin, Alexej 118, 119
Kosyrew, Andrej 344
Kotschemassow, Wjatscheslaw 287
Krawtschuk, Leonid 337–340, 343, 344
Krenz, Egon 271, 288, 295
Kritschewski, Ilja 332
Krjutschkow, Waldimir 143, 293, 294, 317, 319, 321, 328, 329, 332, 333
Kulakow, Fjodor 90, 91, 97, 101, 111–113
Kunajew, Dinmuchamed 158, 209
Kurpakow, Iwan 16, 22
Kwizinski, Juli 22, 176, 304

Lafontaine, Oskar 277, 301
Landsbergis, Vytautas 263, 317, 323
Lauer, Reinhard 80
Lebedew, Alexander 354, 361
Lenin, Wladimir 18, 33, 36, 86, 89, 106, 111, 125, 127, 135–137, 163, 165, 170, 172–174, 183, 184,

202, 203, 206, 223, 224, 246, 247, 249, 251, 258, 259, 261, 306, 311, 335, 367, 369
Lermontow, Michail 46, 51
Li Peng 173
Liberman, Wladimir 60, 61
Liebknecht, Karl 104
Ligatschow, Jegor 135, 145, 162, 164, 169, 171, 172, 206, 227, 229, 230, 237, 240, 247, 311
Litowtschenka, Nadezhda 50, 51
Litowtschenko, Jefim 45, 51
Lukaschenko, Alexander 340
Lukjanow, Anatoli 315
Luxemburg, Rosa 104

Majakowski, Wladimir 46
Makarewitsch, Andrej 362
Martschenko, Anatoli 207
Marx, Karl 36, 106, 335
Maslennikow, Arkadi 22
Maximytschew, Igor 287
Meckel, Markus 26, 27, 301
Medwedew, Dmitri 297, 369
Medwedew, Sergej 359
Medwedew, Wladimir 19
Mengistu, Haile Mariam 184, 185
Menon, Narayana 206
Mertes, Alois 154
Michalowa, Maria 28, 71
Mielke, Erich 152, 295
Mies, Herbert 106–108
Miller, Arthur 206
Mironenko, Viktor 76–78
Mittag, Günter 272
Mlynář, Zdeněk 57–60, 94–96
Molotow, Wjatscheslaw 37, 38, 50, 261
Mugabe, Robert 184
Murachowski, Wsewolod 112
Murawjow, Jewgeni 250

Németh, Miklós 267, 268
Neuer, Walter 22
Nitze, Paul 176
Nixon, Richard 178, 187

Ogarkow, Nikolaj 120, 133, 141
Ortega, Daniel 178, 179
Ostrowski, Alexander 51

Palaschtschenko, Pawel 242
Palm, Viktor 257
Parada, Alexandra 70
Parada, Anastasija 70
Parada, Pjotr 70
Parks, Rosa Louise 279
Pasternak, Boris 215
Patriarch Pimen 225
Paul VI. (Papst) 269
Paulus, Friedrich 43
Petuchow, Wasili 75
Pichoja, Rudolf 120
Pinochet, Augusto 105
Podgorny, Nikolaj 269
Polikarpow, Wasili 214
Poltoranin, Michail 228, 233, 235, 237, 247
Ponomarjow, Lew 249
Popow, Gawril 257
Porotow, Nikolaj 74–79, 372
Posner, Wladimir 200
Prokofjew, Juri 157, 198
Prokofjew, Sergej 181
Prunskiene, Kazimiera 317
Pugo, Boris 317, 319
Puschkin, Alexander 46, 198
Putin, Waldimir 37, 157, 297, 302, 335, 336, 352–354, 360

Rau, Johannes 275
Reagan, Ronald 123, 140, 141, 142, 178, 179, 181, 182, 184, 187, 204–206, 225, 226, 241, 242, 264, 273, 282, 350
Reimann, Max 106
Robinson, Peter 273
Romanow, Grigori 156, 158
Roosevelt, Franklin 24, 253
Rusakow, Konstantin 151
Rust, Mathias 219, 220
Rybakow, Anatoli 217, 218
Ryschkow, Nikolaj 127, 131, 132, 164, 180, 193, 293–95

Sacharow, Andrej 98, 99, 183, 206–208, 243, 249–251, 257, 270, 306
Santos dos, José Eduardo 196, 197
Saretski, Anatoli 62, 63
Sarotte, Mary Elise 302
Schachnarasow, Georgi 336, 337
Schachraj, Sergej 341
Schaposchnikowa, Valentina 9, 10
Schenin, Oleg 329, 371
Schenina, Tamara 371
Scheslow, Nikolaj 101
Schewardnadse, Eduard 22, 24, 26, 27, 176, 177, 216, 217, 227, 242, 276, 289, 290, 298, 303, 316
Schiwkow, Todor 288, 290

Schmidt, Helmut 124, 131, 152
Schröder, Gerhard 277, 360
Schtscharanski, Anatoli 183
Schtscherbina, Boris 194
Schtscherbitzki, Wladimir 145, 158
Schtscholokow, Nikolaj 133
Schuschkjewitsch, Stanislaw 338, 339, 342–345
Scowcraft, Brent 265
Seiters, Rudolf 335
Simon, Claude 206
Sitarjan, Stjepan 22
Snetkow, Boris 286, 287
Sokolow, Sergej 220
Solomenzew, Michail 142, 169, 172
Solschenizyn, Alexander 89, 96, 97
Sommer, Theo 154
Somoza, Anastasio 178
Späth, Lothar 276
Stachanow, Alexej 185, 186
Stalin, Josef 24, 30, 31, 33, 35–37, 40–42, 50, 53, 59, 60, 82, 83, 85, 89, 110, 117, 161, 170, 186, 204, 213, 214, 229, 244, 246, 255, 258, 259, 261, 316, 335, 353, 369
Sting 181, 222
Strauß, Franz-Josef 275, 276
Streletz, Fritz 287
Suslow, Michail 110, 111, 116, 117, 119, 122, 124, 125

Taubman, William 77, 302
Teltschik, Horst 10, 11, 16, 22, 26, 272, 297, 300, 362, 355
Terechow, Wladislaw 22, 302, 322
Thälmann, Ernst 104, 203
Thatcher, Margaret 155, 255, 260, 292
Tichonow, Nikolaj 129, 137, 146, 148, 149, 151, 156–158, 160, 162, 180
Till, Emmett 279
Timm, Ernst 270
Titarenko, Alexandra 70
Titarenko, Andrej 70
Titarenko, Jewgeni 169
Titarenko, Ludmilla 70
Titarenko, Maxim 70
Toffler, Alvin 206
Tokowa, Chalimat 41
Topilin, Juri 61
Trudeau, Pierre 136
Truman, Harry 279
Trump, Donald 226, 252
Tschaikowsky, Pjotr 362
Tschasow, Jewgeni 123–128, 133, 134, 139, 143–47, 150–152, 158, 160, 232
Tschebrikow, Viktor 151, 207
Tschernajew, Anatoli 16, 205, 229, 237, 240, 293, 294, 297, 316, 320, 336
Tschernenko, Konstantin 113, 127–129, 134, 135, 138, 139, 141, 142, 144–153, 155–60, 162, 163, 165, 170, 215, 271, 276

Ulbricht, Walter 153, 273
Umulatowa, Sazhi 315
Usow, Wladimir 332
Ustinov, Peter 206
Ustinow, Dmitri 120, 121, 129, 131, 137, 141, 144–148, 150–152, 156

Voslenski, Michail 115

Waigel, Theo 10, 11, 18, 22, 276
Warennikow, Valentin 327, 329
Weinberger, Caspar 178, 208
Weiß, Andreas 16, 22
Weizsäcker, Richard von 152, 154, 273, 287
Wiesel, Elie 206
Wilson, Woodrow 253
Windelen, Heinrich 154
Wolkogonow, Dmitri 149
Woroschilow, Kliment 31
Worotnikow, Witali 144

Zarobjan, Jakow 258
Zdrawomyslowa, Olga 353, 372
Zedenbal, Jumdschagin 151, 152

BILDNACHWEIS

Gorbatschow-Stiftung: Abb. 2, 3, 4, 5, 6, 9, 10, 11, 13, 15, 18, 21, 22, 25, 26, 27, 28, 29
Hubert Burda Media Archiv: Abb. 14
Valeri Jerofejew: Abb. 17
Ignaz Lozo: Abb. 7, 8, 26
picture-alliance: Abb. 12 (dpa | Tass Sobolev), 16 (Boris Babanov/Sputnik/dpa), 19 (dpa | Boris Babanov), 20 (dpa / Lehtikuva | Markku Ulander), 23 (dpa | Lehtikuva), 24 (AP | Dominique Mollard)
Alexander Savenko: Abb. 1